DU BIST NICHT MEINE ERSTE LIEBE

Maja Roedenbeck

DU BIST NICHT MEINE ERSTE LIEBE

Zwanzig Frauen und Männer erzählen vom Umgang mit den Ex-Partnern

Schwarzkopf & Schwarzkopf
Verlag

VORWORT
Sie sind unter uns
Seite 8

LARA, 20, STUDENTIN
»Jeder von uns beiden könnte sich jemand anderes suchen, wenn er wollte, nur, keiner macht's.«
Seite 46

ANNA, 22, STUDENTIN DER KUNSTGESCHICHTE
»Ich habe gelernt, dass die stille Liebe schöner ist als die laute.«
Seite 57

ANABELL, 25, DOKTORANDIN DER BIOLOGIE
»Ich dachte, die Welt wäre böse und hätte Walter böse gemacht.«
Seite 70

LUKA, 26, JOURNALISTIN
»Es dauert Jahre, bis sich der Einfluss von Ex-Partnern endlich verflüchtigt.«
Seite 85

TOM, 27, INHABER EINER GEBÄUDEREINIGUNGSFIRMA
»Ich weiß, das ist eine Geschichte, wie viele sie erzählen.«
Seite 99

ELENA, 27, SOZIALPÄDAGOGIN
»Ich kann mir eine Zukunft ohne ihn, aber auch eine Zukunft mit ihm vorstellen.«
Seite 113

LILLY, 29, KRANKENSCHWESTER
»Die Mutter seiner Töchter drängt sich in unser Leben.«
Seite 122

Ralf, 30, Architekt
»Ich halte sie mir warm.«
Seite 133

Carmen, 30, Kindergärtnerin
»Ich hänge an meinem ersten Freund
wie an meinem ersten Teddy.«
Seite 146

Melanie, 32, Mitarbeiterin einer Anwaltskanzlei
»Mit dem einen Ex muss ich mich unserem Sohn zuliebe abgeben,
mit dem anderen habe ich eine Affäre.«
Seite 158

Philipp, 33, Biologe
»Die geistigen Orgasmen mit meiner Ex bleiben unvergessen.«
Seite 169

Leonie, 35, Bauingenieurin
»Er ist für mich wie eine bittere Medizin,
die ich täglich schlucke.«
Seite 184

Mandy, 36, Tagesmutter, Gärtnerin und Fernstudentin
»Vergessen kann ich ihn nicht, denn in unseren Kindern ist Jonas
immer präsent.«
Seite 195

Beate, 37, Bürokauffrau
»Vielleicht mussten wir einander begegnen, um zu verstehen, dass es
Himmel und Hölle gibt.«
Seite 210

Ilona, 38, gelernte Rechtsfachangestellte im Erziehungsurlaub
»Harald ist mein bester Freund und Frederico die eine unerledigte Angelegenheit in meinem Leben.«
Seite 223

Ole, 40, Programmierer
»Die Schuldgefühle gegenüber meiner Ex sind auch sieben Jahre nach der Trennung nicht verblasst.«
Seite 238

Britta, 42, Kreditsachbearbeiterin
»Meinen Ex halte ich immer noch für einen tollen Kerl, mit der Ex meines Mannes dagegen bin ich bis aufs Blut verfeindet.«
Seite 249

Elke, 43, Kaufmännische Angestellte
»Irgendwann wusste ich nicht mehr, ob er einen an der Waffel hatte oder ich.«
Seite 262

Rudolf, 45, Redakteur
»Mein Verhältnis zu meiner Tochter leidet darunter, dass meine Ex jeglichen Kontakt abblockt.«
Seite 274

Lars, 45, Lehrer
»Ich bin dankbar, dass meine Ex und meine Herzfrau beide warmherzige, goldene Seelen haben.«
Seite 286

Nachwort
Seite 298

SIE SIND UNTER UNS

Vorwort von Maja Roedenbeck

So schön die Idee von der einen ewigen, perfekten, vorbestimmten Liebe pro Person und Leben ist – wer darauf hofft und wartet, verpasst vielleicht das Beste, was unter realistischen Gesichtspunkten möglich ist. Also konzentrieren wir uns auf das vorhandene Angebot an potentiellen besseren Hälften, probieren, vergleichen und entscheiden dann. Entscheiden uns unter Umständen nach Jahren doch noch einmal um. Machen uns wieder auf die Suche. *Serielle Monogamie* nennen Experten diesen Trend, denn solange die Beziehung glücklich ist, glauben wir ja weiterhin an die Einzigartigkeit dieser Liebe, an Werte wie Treue, Vertrauen und das Topf-und-Deckelchen-Prinzip. Teenager verlieben sich per definitionem ständig neu, junge Erwachsene toben sich aus, bevor sie sich ernsthaft binden, Dreißig-, Vierzig-, Fünfzigjährige wagen einen partnerschaftlichen Neustart, und reife Menschen spüren im hohen Alter noch einmal Schmetterlinge im Bauch.

Die Konsequenz: In unserer Gesellschaft wimmelt es nur so von Ex-Partnern. Jeder ist einer, jeder hat welche, und im Schatten jeder Beziehung lauern mindestens zwei. Konstanze Fakih, Psychologin aus Berlin-Prenzlauer Berg, bestätigt: »Das Thema Ex-Partner gehört definitiv in unsere Zeit. Die Bereitschaft, Lebensabschnittspartnerschaften einzugehen, wächst. Oder sogar Ehen auf Zeit, denn wir wollen dokumentieren, dass wir uns für eine bestimmte Zeit mit einer bestimmten Person eng verbunden fühlen. Solange es funktioniert, funktioniert's, aber kaum jemand glaubt noch daran, dass diese Verbindungen für immer halten. Und so leben wir in einer Gesellschaft der Patchwork-Familien, die aus geschiedenen Ehen mit verschienenden Eltern von verschiedenen Kindern neu zusammen gebastelt werden. Die Ex-Partner gehören selbstverständlich zum Alltag und spielen eine wichtige Rolle auch in der Gegenwart.«

Interessant zu wissen wäre, von wie vielen Ex-Partnern wir im Durchschnitt eigentlich reden. Einen Anhaltspunkt könnte die Deutsche Sex-Studie 2003 liefern, die das Forschungsinstitut GEWIS im Auftrag der »Cosmopolitan« durchgeführt hat. Demnach gibt eine Mehrheit von zweiundvierzig Prozent der Männer und siebenunddreißig Prozent der Frauen zwischen zwanzig und neunundfünfzig an, sechs bis zehn Partner gehabt zu haben – allerdings ging es bei dieser Umfrage vordergründig um Bettgefährten, nicht um feste Beziehungen. Ein weiteres GEWIS-Ergebnis: Vierundfünfzig Prozent der verheirateten Frauen hatten mehr als drei feste Partner, bevor sie den richtigen trafen. Psychologin Konstanze Fakih setzt ihre Schätzung auf zugrunde liegender dreißigjähriger empirischer Therapieerfahrung weit höher an: »Frauen mit einem eher konservativen Weltbild kommen in ihrem Leben auf etwa zehn Partner, Frauen, die eine Laissez-Faire-Erziehung genossen haben, erleben zwanzig bis hundert echte Beziehungen von den ersten Schmetterlingen im Bauch bis zur Trennung. Männer, die zum Großteil auch heute noch zum Ausleben ihres Triebes erzogen werden, indem ihnen ihre Mütter zum Beispiel Kondome in die Reisetasche für die Klassenfahrt packen, blicken im Durchschnitt auf doppelt so viele Partnerschaften zurück wie Frauen. Es sei denn, sie sträuben sich gegen das Rollenbild, das ihnen auferlegt wird, geraten ins andere Extrem und bleiben *Jungmänner*.«

Unsere Verflossenen sind also reich an der Zahl, obwohl uns natürlich nicht jeder von ihnen gleichermaßen gegenwärtig ist. Dafür oft einer oder zwei umso mehr. Kein Wunder, dass die Ehemaligen ein Dauerbrenner unter den Themen in der Beziehung, am Single-Stammtisch, im Freundeskreis oder beim ersten Date sind. Schließlich haben sie uns mit zu dem gemacht, was wir sind. Schließlich haben sie uns gekannt, geformt, geliebt. Das scheint ihnen ein gewisses Existenzrecht auch in der Gegenwart zu verschaffen. Abschütteln lassen sie sich jedenfalls nicht, abschütteln wollen wir sie deshalb manchmal auch gar nicht. Unsere Ex-Partner lassen sich ihren Platz zuweisen oder erobern ihn sich auf eigene Faust. Wie auch immer – sie sind da.

Dabei ist das Spektrum reich an Facetten der »Beziehung nach der Beziehung«. Ex-Partner können unsere besten Freunde und Berater oder unsere ärgsten Feinde sein. Immer wieder gut für eine Nummer mit Vertrautheitsfaktor oder eine Gefahr für die aktuelle Beziehung. Das verklärte, kein zweites Mal erreichte Ideal oder das abstoßende Modell »Nie Wieder«. Die beständige Erinnerung daran, das Liebesglück zu genießen, solange es besteht, oder es zu schätzen, wenn es existiert. Ex-Partner sind Beweise für gelebtes Leben, und ihr Wissen über unsere Schwächen und Geheimnisse verleiht ihnen nicht zuletzt Macht. Wir begegnen ihnen mit Schuldgefühlen, einem Beschützerinstinkt oder Verantwortungsgefühl, mit Erinnerungen, Verletzungen oder einer ganz besonderen Art der nachklingenden Liebe.

Wo große Gefühle waren, stellen sich Normalität und Neutralität nicht leicht ein. Unter allen möglichen Nuancen ist deshalb ein ausgewogenes Verhältnis zu den eigenen Verflossenen nicht die Regel, aber durchaus möglich, häufig erwünscht und immer Ergebnis eines ausführlichen Prozesses der Umstrukturierung, des Umdenkens und der Gefühlskontrolle sowie eine Frage der Zeit. Noch mehr Konsequenz und Einsatz erfordert ein ausgewogenes Verhältnis zwischen *allen* Betroffenen innerhalb einer Beziehung, also zwischen den aktuellen Partnern und allen Exen, die in der Gegenwart noch eine Rolle spielen.

Dieses Buch ist keineswegs den eigentlichen Ex-Partnern gewidmet, sondern vorrangig denen, die Umgang mit ihren eigenen Verflossenen oder denen des Partners pflegen, weil sie es möchten oder sich dazu gezwungen sehen. Altersmäßig kommen Frauen und Männer zwischen zwanzig und fünfundvierzig zu Wort, weil wir die Hauptthematik nicht mit gebrochenen Teenagerherzen oder komplexen Lebensrückblicken überlasten wollten. Hier werden keine Erfolgsquoten gemessen oder Bestandslisten mit dem Anspruch auf Vollständigkeit aufgerollt. In der Hauptsache sollen grundsätzliche Einstellungen sowie der langfristige Einfluss von Ex-Partnern auf unser Leben beleuchtet werden: Was haben unsere Verflossenen

Wochen, Monate, Jahre nach der Trennung noch zu melden? Welche Bedeutung hat die durch unsere Ex-Partner personifizierte Vergangenheit in der Gegenwart und in der Zukunft? Auch wenn der Schwerpunkt auf dem »Danach« liegt, werden mal mehr, mal weniger ausführlich Beziehungsgeschichten und Trennungsakte erzählt, denn wie könnten wir, ohne die Vergangenheit zu kennen, Motivationen und Emotionen der Gegenwart verstehen?

Einige meiner Interviewpartner beschäftigt die Erinnerung an einen ganz bestimmten Ex-Partner, der sie am meisten geprägt oder verletzt hat. Andere stellen mehrere Verflossene einander gegenüber, um über die Zusammenhänge und ihre Beziehungsmuster zu reflektieren. Teils überwiegt die faktische, nüchterne Betrachtung der Beziehung zum Ex, teils die Emotionalität. Die meisten Interviewpartner beschäftigt ihre eigene Vergangenheit, während in einigen Geschichten die Ex-Partner der Lebensgefährten einen größeren Stellenwert einnehmen. Teils ist die Vergangenheit auch Jahre nach der Trennung noch höchst detailliert gegenwärtig, teils haben die aktuellen positiven oder negativen Erlebnisse mit den Verflossenen die Vergangenheit längst überlagert. In manchen Geschichten spielen das Umfeld, der Werdegang oder andere Aspekte der eigenen Entwicklung eine größere Rolle für das Verständnis der aktuellen Situation, in anderen eine kleinere oder gar keine. Gravierende Unterschiede in der Lagerung der Schwerpunkte also, die die Vielfalt der Möglichkeiten der Vergangenheitsbewältigung und -integration verdeutlichen.

Um die kontroverse Auseinandersetzung mit dem Thema Ex-Partner anzukurbeln, möchte ich es im Folgenden in seine Aspekte gliedern und entsprechende Auszüge aus den einzelnen Geschichten einander gegenüberstellen.

Freundschaft mit dem Ex-Partner

Ralf verdeutlicht, wie schmerzhaft die Aufforderung »Lass uns Freunde bleiben!« nach einer Trennung in die frische Wunde trifft: »Bin ich bescheuert? Du lässt mich sitzen und verlangst jetzt von mir, dass ich mir live anschauen soll, wie du das, was du mit mir nicht willst, mit einem anderen erlebst? Das grenzt ja an Selbstgeißelung!« Psychologin Konstanze Fakih bestätigt: »In dieser ersten Hardcore-Phase der Trennung, die von Streit und Schuldzuweisungen geprägt ist, werden keine Grundsteine für eine Freundschaft gelegt. Dem Partner, der sich bereits neu verliebt hat, mag es so erscheinen, als könne er diese Phase übergehen, aber das ist eine Illusion. Selbst wenn beide Partner beteuern, sie hätten sich friedlich getrennt, sogar für denselben Anwalt entschieden, müssen sie unterschwellig mit dem Trennungsschmerz klarkommen. In der zweiten Phase, in der die Trennung durch Auszug oder Scheidung vollzogen wird, stellt sich zunächst Erleichterung, wenig später jedoch Bedauern ein: »Warum haben wir uns eigentlich getrennt, es war doch eigentlich ganz nett mit uns?« Erst in der dritten Phase, wenn beide Parteien zur Trennung stehen und klar ist, dass es kein Zurück mehr gibt, werden die Weichen für das zukünftige Verhältnis gestellt.« Aus dem Ärmel schütteln oder gar erzwingen lässt sich eine Freundschaft unter Ex-Partnern nicht. Dennoch: »Lass uns Freunde bleiben!« ist oft genug mehr als eine leere Floskel, die bloß die Peinlichkeit der plötzlichen Leere zwischen zwei Menschen überspielen soll. Mandy erklärt, warum: »Es wäre schön, wenn Jonas und ich Freunde sein könnten, nachdem wir fast zehn Jahre unseres Lebens miteinander verbracht und uns sehr nahe gestanden haben. Ich kenne ihn nun einmal sehr gut und er mich auch, das ist doch die beste Voraussetzung, um einander beizustehen, wenn es das Leben einmal nicht so gut mit einem meint.« Beate teilt diese Hoffnung: »Es hat gute Zeiten und schlechte Zeiten zwischen Lars und mir gegeben, jetzt muss doch irgendwann einmal die Zeit des neutralen Umgangs miteinander anbrechen. Wie sehr wünsche ich mir ein freundschaftliches Verhältnis zwischen uns beiden. Es muss doch möglich sein, dem Menschen, den man einmal geliebt hat, mit Achtung und Respekt zu begegnen!?« Auch Ole hält eine Freundschaft mit den Verflossenen für erstrebenswert: »Schließlich sind unsere Ex-Partner Teil unserer ganz eigenen Geschichte, und mit den Ex-Partnern geht immer auch ein großes Stück dieser Geschichte verloren.«

Psychologin Konstanze Fakih unterstützt diesen Wunsch: »Eine Freundschaft zum Ex-Partner ist auf jeden Fall erstrebenswert. Zwar sollte man die Vergangenheit nicht wie einen Müllsack mit sich herumschleppen, doch eine recycelte Vergangenheit mit neuen Positionen zueinander ist ein Stück gelebte Wahrheit, die in einer Freundschaft zum Ausdruck kommen kann. Die beiden Ex-Partner müssen auf einem alten Weg in neuer Form zusammenfinden.« Philipp hat das erkannt und umgesetzt: »Beziehungen entstehen aus Situationen heraus. Situationen verändern sich. Und dementsprechend musste jetzt, in einer neuen Situation, eine neue Art von Beziehung geschaffen werden. Was ich für mich klären wollte, war die Frage, ob unsere enge geistige Verbundenheit, die ich während unserer Beziehung so sehr geschätzt hatte, auf das Danach übertragbar war? Ja, das war sie.«

Festzuhalten bleibt: Der Wunsch nach einer Freundschaft mit dem Ex allein reicht nicht aus. Um dieses Ziel zu erreichen, müssen beide Ex-Partner ein hartes Stück Arbeit leisten. Wann, wie und unter welchen Umständen kann ein harmonisches Verhältnis mit unseren Ehemaligen also erreicht werden und funktionieren? Ralf vermutet, dass sich nur eine bestimmte Art von Beziehung in eine Freundschaft ummünzen lässt: »Vielleicht mündet große, blinde Liebe eher in große, blinde Distanz, während bodenständige, von Gefühlen nicht allzu sehr verwirrte Beziehungen von Anfang an den Nährboden für eine Freundschaft bilden.« Diese Vermutung gilt sicher nicht in ihrer Ausschließlichkeit, aber sie gibt den wichtigen Hinweis: Je schwieriger sich die Partnerschaft gestaltet hat, desto mehr Disziplin erfordert es, anschließend eine harmonische Basis zu schaffen.

Ein erster Schritt sind einfache Verhaltensregeln, die einer Spielanleitung gleichkommen. Carmen steuert einige Anhaltspunkte bei: »Erstens: Themen, von denen wir wissen, dass wir ihnen mit gegensätzlichen Ansichten begegnen, werden einfach nicht angeschnitten. Zweitens: Einander die Meinung sagen ist erlaubt, aufeinander herumhacken, bloß weil man sich nicht einig wird, verboten. Ansonsten gilt, was für alle Freundschaften gilt: Beweise, dass du das Vertrauen, das man in dich setzt, verdienst.« Es gilt offenbar, bewusst gewisse Bereiche der Nähe, die zu einer Beziehung dazugehören, zu einer Freundschaft jedoch nicht, auszuschalten. Und plötzlich sind Zwistigkeiten, die innerhalb der Beziehung regelmäßig Sprengstoff waren, verflogen – bemerkt Ralf: »Wir kommen gar nicht erst in Versuchung, uns über Alltäglichkeiten in die Wolle zu kriegen, weil wir den Alltag nicht mehr miteinander teilen. Ohne diese ständigen Streitereien merkte ich nach und nach, dass ich keinen Gedanken mehr daran verschwenden sollte, wie wir diese Unterschiede überbrücken, sondern wie wir die Gemeinsamkeiten fördern können.« Ilona stellt dem Gelingen allerdings eine Bedingung voran: »Ein gutes Verhältnis setzt voraus, dass zwischen den Ex-Partnern alles ausdiskutiert ist, daran lag mir immer viel.« Spielregeln wie diese können natürlich keine Allgemeingültigkeit beanspruchen und müssen von jedem Ex-Paar neu definiert und an die konkreten Umstände und Bedürfnisse angepasst werden.

Zu einer Freundschaft gehören freilich immer zwei. Hat sie sich lediglich einer der Ex-Partner zum Ziel gesetzt und Ideen für die Umsetzung entwickelt, wird ihn das kaum weiterbringen. Und so liegt es manchmal nicht in der eigenen Hand, wie sich die Vergangenheit auf die Zukunft auswirkt – wie bei Anna: »Vielleicht habe ich Glück gehabt, weil ich immer diejenige war, die Schluss gemacht hat und der es einfacher fiel, sich auf eine Freundschaft mit den Exen einzulassen. Vielleicht habe ich insofern Glück gehabt, als dass die Leistung, wieder auf mich zuzugehen, nachdem ich sie verletzt habe, bei den Männern lag.« Auch Rudolf hat die Erfahrung gemacht, dass der eigene Wille nicht ausreicht: »Wir gaben eine prima Wohn- und Erziehungsgemeinschaft ab, aber Angelika drängte darauf, die Trennung durchzuziehen. Trotzdem standen, nachdem sich etliche Streitpunkte in Luft aufgelöst hatten, eigentlich alle Zeichen auf Freundschaft. Daraus ist offensichtlich nichts geworden.« Psychologin Konstanze Fakih fasst zusammen: »Eine Freundschaft zwischen Ex-Partnern lässt sich frühestens in der dritten Trennungsphase aufbauen, wenn der Schlussstrich deutlich gesetzt ist. Es handelt sich dabei nicht um eine Vernunft geprägte, sondern um eine innere Entscheidung, die jeder für sich treffen muss: Bin ich bereit dafür? Beide müssen im selben Rhythmus sein, bereit, die Vorwürfe und Verletzungen fallen und Fairness walten zu lassen. Solange einer von beiden sich in einer der ersten beiden Trennungsphasen befindet oder festgebissen hat, bleibt der Versuch, eine Freundschaft aufzubauen, fruchtlos.«

Fruchtlos bleibt der Versuch auch dann, wenn die Ansprüche beider Seiten nicht deckungsgleich sind – wie Ole es erlebt hat: »Freundschaft heißt, dass jeder von uns nach wie vor das Recht darauf hatte, sich auf den anderen verlassen zu können. Was mir zuviel war, was mir nichts mehr bedeutete, während Melissa darauf pochte.« Genauso fruchtlos bleibt der Versuch, wenn die Freundschaft nicht das eigentliche Ziel ist, sondern Mittel zum Zweck wird – wie bei Elena, die sie als Möglichkeit in Erwägung zieht, ihre Unsicherheit zu überbrücken: »Vielleicht sollten wir es erst einmal mit Freundschaft versuchen, statt Liebe zu erwarten. Aber würde das Sinn machen? Wir wüssten doch beide: Unsere Freundschaft ist nur eine Übergangslösung, bis wir ausgetestet haben, ob wir Mut genug für einen neuen Beziehungsversuch aufbringen. Und wer kann schon unter solchen Voraussetzungen unbefangen miteinander umgehen?«

Wenn all die eben beschriebenen Hindernisse überwunden sind und Verflossene zu Freunden werden, dann oft zu besten Freunden, die sich gegenseitig ein tiefes Vertrauen entgegenbringen. Anna beschreibt: »Ich ziehe viel aus dieser Freundschaft mit meinem Ex – vor allem Kraft. Kai hilft mir, wo er kann, und dass ich das zulasse, ist wirklich außergewöhnlich. Mein beständiger Unabhängigkeitsdrang lässt mich sonst selten Unterstützung von Menschen annehmen, mit denen ich in dieser Intensität verbunden war.« Auch Ilona findet überschwängliche Worte der Wertschätzung für ihren Ex: »Harald ist heute der liebste, zuverlässigste Freund, den man sich vorstellen kann. Ein guter Zuhörer, ein Ratgeber. Immer für mich da. Mein Bruder, mein Vater, mein ›Ehemann‹ – einfach alles.« Der Grund für diese überdimensionale Nähe: Der Ex als (bester) Freund kennt seinen Verflossenen *intimer* als jeder andere langjährige Bekannte und *länger* als der aktuelle Lebensgefährte. So wird die Bedeutung seiner Rolle in der Gegenwart noch verstärkt – wie bei Carmen: »Jörn hat sozusagen ein paar Joker im Blatt, die er einsetzen kann, um die Freundschaft wieder auf volle Punktzahl zu bringen, nachdem er es gar zu wild getrieben hat. Diesen Treuebonus hat er sich in den beinahe zwanzig Jahren, die wir uns kennen, erarbeitet. Da muss es mein Lebensgefährte Fabian noch eine ganze Weile an meiner Seite aushalten, bevor er einen Treuebonus in dem Maße genießen darf, wie ihn mein Ex genießt.«

Während Anna, Ilona und Carmen bewusst von einer Freundschaft zu ihren Ex-Partnern sprechen, sind sich andere gar nicht sicher, ob das Verhältnis, das sie mit ihren Verflossenen pflegen, diese Bezeichnung verdient, oder ob sie den Umständen gerecht wird. So vielseitig das Wort »Freundschaft« auch ist, manchmal drückt es doch nicht zutreffend aus, was die Ex-Partner verbindet. Während Ralf zugibt: »Ich halte mir Maren warm, nutze sie auf gewisse Weise auch aus«, versucht Lara zu beschreiben: »Eigentlich ist das, was Nico und ich teilen, mehr als eine einfache Freundschaft, aber weniger als eine Beziehung. Affäre oder Bettgeschichte ist auch nicht das richtige Wort. Da ist mehr als erotische Anziehungskraft zwischen uns. Ich fühle mich gut, wenn ich bei ihm bin, weil ich von ihm bekomme, was ich brauche, ohne mir einen festen Freund zu suchen.« Lars geht in mancherlei Beziehung so offen mit seiner Ex um, wie er es mit einem guten Freund tun würde, aus anderen Bereichen seines Lebens dagegen grenzt er sie aus: »Meine Ex weiß über Annika Bescheid, kennt jedoch keine intimen Details meiner neuen Beziehung. Ich schnüffele meinerseits nicht in ihrem Privatleben herum, frage nicht, mit wem sie ins Kino geht, wen sie vögelt. Andererseits würde ich mich schon als ihren Freund bezeichnen, denn wir reden durchaus über Privates, wenn uns danach ist.«

Während die einen ihre Freundschaft mit dem Ex genießen oder darüber nachdenken, ob es sich in ihrem Fall eigentlich um eine Freundschaft handelt, gibt es andere, die dieses Stadium nie erreichen werden oder nicht erreichen wollen. Manchmal aus schlichtem Desinteresse, das Carmen in Bezug auf ihren Ex Wolfgang an den Tag legt: »Ich muss nicht zwanghaft mit jedem Ex eine Freundschaft aufrechterhalten. Wenn nicht, dann nicht.« Schließlich können wir uns in unserem gegenwärtigen Leben nicht ständig mit allen unseren Verflossenen intensiv auseinander setzen, dann hätten wir ja für nichts anderes den Kopf frei. Und aus genau diesem Grund geht es für Lilly ums Prinzip: »Eine Freundschaft zwischen Ex-Partnern funktioniert nur, wenn man Distanz zulässt, sich selbst findet, um sich einander nach einiger Zeit auf einer anderen Ebene wieder anzunähern. Doch selbst wenn es so funktionieren könnte, bin ich dagegen. Wir sollten unsere Vergangenheit ruhen lassen, sonst wird sie zur Gefahr für die Gegenwart.« Rudolf formuliert es auf den Punkt: »Meine Ex soll nicht in der Gegenwart herumspuken, in der sie nichts zu suchen hat.« Melanie sieht schlicht keinen Sinn darin, sich an der Vergangenheit festzuklammern: »Auch wenn man in Freundschaft auseinander geht, verläuft sich der Kontakt zu den Ex-Freunden irgendwann im Sande. Es gibt immer einen Grund, warum man sich getrennt hat. Und wenn es kein Streit war, so waren es doch Unstimmigkeiten, die keine Freundschaft mehr zulassen, wenn man konsequent ist. Das muss ja nicht heißen, dass man seinen Ex-Partner hasst. Man hat eben nur für sich entschieden, dass ein Leben ohne diese Person einfacher ist.«

Der Ex-Partner als Feindbild

Freundschaft zwischen Ex-Partnern ist erwünscht, Feindschaft oft die Realität. Streit und Wut bestimmen die Begegnungen mit oder die Erinnerungen an die Verflossenen. Beate stellvertretend für die vielen Interviewpartner, die ihr in diesem Buch beipflichten, mit der meistgenannten Erklärung: »Wo große Liebe ist, ist großer Hass nicht fern, denn beide Empfindungen sind eine Art von Wahnsinn.«

Gründe für negative Emotionen gegenüber dem Ex-Partner gibt es unzählige, hier einige Beispiele. Anabell, deren Beziehung an der Drogensucht ihrer ersten großen Liebe zugrunde gegangen ist, sagt: »Ich hasse Walter, weil er sich als mein Prinz ausgegeben und dem echten Prinzen alles weggenommen hat.« Stalkingopfer Elke beschreibt die Hintergründe ihrer Wut wie folgt: »Mich hat er belogen, betrogen und verfolgt, das waren ja noch vergleichsweise Peanuts, Gitta hat er verprügelt und in den Keller gesperrt, wird er die Nächste umbringen? Der Mann ist eine tickende Zeitbombe, die irgendwann durchknallen wird.« Mandy, die unter der Unzuverlässigkeit ihres Ex-Mannes litt, drückt es so aus: »Sobald ein Problem größer wurde, als er mit wenig Aufwand zu ertragen vermochte, floh er davor. Für dieses Verhalten begann ich endlich, nach so vielen Jahren, ihn zu hassen.« Rudolf erlebt negative Emotionen nicht um seiner selbst Willen: »Die Gefühle, die zwischen Angelika und mir existierten, liegen so lange zurück, dass selbst die Erinnerung daran längst verblasst und unwichtig geworden ist. Doch meiner Liebe zu Maria wegen wünschte ich mir, meine Ex und ich wären nicht im Streit auseinander gegangen. Weil sie ihre persönlichen Befindlichkeiten über die unserer Tochter stellt und meine Gesprächsversuche boykottiert, bin ich sauer auf Angelika, genervt von ihr und ärgerlich.«

Intuitiv wissen die meisten Menschen, dass Aggression, Feindschaft oder ungeklärte Verhältnisse ungesund für die eigene Psyche sind. Allerdings stellt sich diese Erleuchtung weitaus einfacher in der Beobachterperspektive Dritten gegenüber als hinsichtlich der eigenen Beziehung ein. So erkennt Lars: »Viele Männer setzen sich Rosinen in den Kopf, wenn sie ihre Ex verteufeln und meinen: ›Mit der neuen Frau werde ich jetzt glücklich!‹ Irgendetwas stimmt doch da nicht!« Wer – wie Anna – angestauten Hass gegenüber Ehemaligen nicht kennt, mag ihn oft nicht als chronischen Zustand billigen: »Wenn sich zwei Ex-Partner ein, zwei Jahre nach der Trennung nicht wieder vertragen können, kann ich mir das nur durch ein sehr merkwürdiges, festgefahrenes Beziehungsbild erklären. Sicher haben sie sich eingeredet: ›Ich bin nur für diesen einen Menschen da!‹ und müssen nun plötzlich aus dieser Enge ausbrechen und alles schlecht reden, was damit zusammenhängt.«

Die Erklärungen der Betroffenen klingen kaum überraschenderweise anders, konfrontiert man sie mit der Frage: Warum ist es so unendlich schwer, den eigenen Hass zu überwinden? Oft ist eine Mischung aus Resignation und allzu tief sitzender Verletzung die Antwort – wie bei Mandy: »Jonas wird sich nie ändern, und so wäre es vielleicht das Beste, wir würden nie mehr etwas von ihm hören, damit endlich Ruhe einkehrt. Jedenfalls für die Kinder. Für mich selbst ist das Thema noch längst nicht abgeschlossen – dazu sind zwischen uns noch zu viele Rechnungen offen.« Melanie hat die Hoffnung auf ehrlichen, endgültigen Frieden aufgegeben: »Manchmal bin ich hart zu Guido und ungerecht, aber ich kann nicht über meinen Schatten springen. Was passiert ist, ist passiert, und hat sich für immer in mein Gedächtnis eingebrannt. Guido kann sein Verhalten von damals nicht mehr gutmachen, dafür hat er sich einfach zu viel erlaubt.« Diese Einstellung teilt Ilona: »Wenn ein Mann von einer Frau, die er angeblich liebt, verlangt, sein Kind nicht zu bekommen, wenn er diese Frau sitzen lässt, ohne ihr noch einmal Rede und Antwort zu stehen – was will dieser Mann der Frau noch erzählen? Dass es ein Fehler war. Dass es ihm Leid tut. Schön und gut, aber es lässt sich nicht mehr rückgängig machen. Und das wäre die einzige Möglichkeit, die Verletzung, die er mir zugefügt hat, zu tilgen: Sie ungeschehen machen.«

Während die einen der Chance auf Frieden keinerlei Potential mehr einräumen, schließen andere, deren Verhältnis zum Ex durch Feindschaft geprägt ist, die Möglichkeit, sich irgendwann zu vertragen, nicht völlig aus. Bevor sie allerdings einen Haken unter die Vergangenheit setzen und aufhören könnten, mit dem Schicksal zu hadern, wollen sie bestimmte Bedingungen erfüllt sehen – wie Beate: »Wie gern würde ich ein für allemal mit dem Kapitel Lars abschließen. Doch das geht nur, wenn er mir die Gelegenheit zu einem letzten, klärenden Gespräch gibt, bei dem wir die Missverständnisse ausräumen würden, die zwischen uns stehen. ›Hast du mich betrogen, oder bist du wirklich erst nach unserer Trennung mit Nina zusammen gekommen?‹ Ich brauche einfach die Antwort, um meinen Frieden mit der Angelegenheit machen zu können. Was das bringen soll? Nichts natürlich, außer Schmerz möglicherweise. Aber das ist mir die Wahrheit wert.« Ole gibt freimütig zu, dass er in Sachen Vergangenheitsbewältigung auf seine Ex setzt: »Ich hoffe darauf, die Sache erfolgreich auszusitzen. Schließlich sind auch meine anderen Ex-Beziehungen, an deren Ende unschöne Trennungen standen, irgendwann verjährt. Was aber viel eher gegen meine Schuldgefühle helfen würde, wäre zu sehen, dass es Melissa gut geht. Wenn sie auf mich zukäme und mir versichern würde, dass sie über unsere Trennung hinweg ist, dass sie keine Verletzungen davongetragen hat, dass zwischen uns keine Rechnungen mehr offen sind und sie mir keine Schuld am Scheitern unserer Beziehung gibt, dann wäre die Last von meinen Schultern genommen.«

Psychologin Konstanze Fakih empfindet sowohl den Unwillen zur Verarbeitung des Hasses auf den Verflossenen, als auch die Erwartung, dass die andere Seite dies leisten muss, als bedenklich: »Feindschaft zwischen Ex-Partnern ist immer der Ausdruck von nicht aufgearbeiteten Problemen, die die Betroffenen in ihrer eigenen Glücks- und Harmoniefähigkeit hemmen, blockieren, stören. Eine gesunde Psyche ist ein fließendes, harmonisches Organ, das durch Feindschaft irritiert wird. Darum ist es sehr wichtig, dass Partner, die sich trennen, dieses Ereignis innerlich aufarbeiten, mit sich selbst, mit Freunden oder im Extremfall mit professioneller Hilfe, um dem Vergangenen kein Gift beizumischen. Enttäuschungen, Schuldgefühle und Streitigkeiten sind immer belastend für die Psyche und Störfaktoren für neue Beziehungen.

Egal wie tief die Verletzungen liegen, man tut sich selbst keinen Gefallen damit, sie zu nähren. Und der Schmerz ist immer groß, denn wir Menschen sind verletzliche Wesen. Nicht die Schwere der Verletzungen ist entscheidend, sondern die Art, wie wir mit ihnen umgehen. Wir können die Tatsache nicht ändern, dass wir Menschen Herdentiere sind und dass es in Herden soziale Strukturen gibt, also so genannte ›Underdogs‹, die in einer bestimmten Situation den Schwarzen Peter gezogen haben, und Glückspilze. Doch auch ein ›Underdog‹ hat Bewegungsspielraum nach oben, kann zum Glückspilz werden.

Wie das funktioniert? Ganz einfach: Jeder ist seines Glückes Schmied. Alles, was uns in unserem Leben passiert, trägt die Handschrift unserer eigenen Regie – ob uns das bewusst ist oder nicht. Dabei geht es nicht um Schuldzuweisung, um Täter- und Opferrollen, sondern darum, uns als handelnde Person zu begreifen. Wir selbst sind das aktive Zentrum, und nur in der Aktivität liegt die reelle Kraft! Wir können nur uns selbst lenken, und Verletzungen, die uns einmal zugestoßen sind, werden uns wieder zustoßen, solange wir versuchen, die anderen zu ändern, statt uns selbst.«

Das hat schließlich auch Ilona eingesehen und erzählt, wie sie versucht, trotz nicht verarbeiteter Verletzungen ihren Frieden mit der Vergangenheit zu schließen: »Ich tendiere dazu, negative Eigenschaften zu vergessen oder zu verdrängen. Lieber erinnere ich mich an die Highlights einer Beziehung, aber durchaus auch an Pleiten, Pech und Pannen. An die Momente, in denen ich am meisten Gefühl investiert, gelacht oder geweint habe. Diese Erinnerungen kann mir niemand nehmen, und ich lache oder weine immer noch gerne, wenn ich daran zurückdenke.«

Sex mit dem Ex-Partner

Kein Aspekt im Zusammenhang mit unseren Verflossenen schürt die Neugier so sehr wie dieser. Wer hat es erlebt, wer würde es nie dazu kommen lassen? Was hat man davon? Wie fühlt es sich an? Wann kann Sex mit dem Ex als offizieller Abschiedsakt bei der Vergangenheitsbewältigung helfen, wann dabei behindern? Wann darf man sich davon einen Neuanfang versprechen, wann muss man ihn befürchten?

Manchmal passiert es einfach, ohne dass bewusst eine Entscheidung gefallen wäre – wie bei Beate: »Zweimal landeten wir danach noch im Bett. Um der guten alten Zeiten Willen. Oder weil ich seiner Neuen eins auswischen wollte. Keine Ahnung. Der klassische Sex mit dem Ex eben, schön und traurig zugleich, voller gemeinsamer Erinnerungen.« Oder bei Mandy: »In der Zeit, in der er mir beim Umzug half, machte er sich wohl die größten Hoffnungen, dass wir wieder zusammenziehen würden, wohl nicht zuletzt, nachdem wir in einer der Nächte nach dem Räumen leider im Bett landeten. Vielleicht passierte es aus Gewohnheit, vielleicht aus Dankbarkeit, jedenfalls fühlte ich nichts mehr dabei, gar nichts. Es war einfach nur reine körperliche Befriedigung.«

Für Ralf ist das Thema Sex mit dem Ex keine Frage der eigenen Prinzipien, sondern der äußeren Umstände: »Ich verzehre mich nicht nach Sex mit Maren und habe es nie getan, andererseits war es während unserer Beziehung und wäre es heute nicht anatomisch unmöglich, mit ihr zu schlafen. Ich würde nicht gleich schwören, dass ich neben ihr in der gemischten Sauna sitzen könnte, ohne dass ich in Stimmung käme, sie hinterher zu vernaschen. Und sei es nur der guten alten Zeiten wegen. Aber ich würde es nicht darauf anlegen, sie noch mal ins Bett zu kriegen.« Ob selbst oder vom Zufall initiiert, am häufigsten ergibt sich eine Situation, in der es zum Sex mit dem Ex kommt, relativ kurz nach der Trennung, wenn die Erinnerungen noch frisch sind – wie Tom bestätigen kann: »Das Verlangen stirbt nicht, nur weil die Beziehung nicht mehr funktioniert. Wie gigantisch wäre es gewesen, in dieser Atmosphäre des verzweifelten aneinander Klammerns mit ihr zu schlafen! Wie gern hätte ich Sex mit ihr gehabt, die gewohnte und dennoch schöne Nähe noch einmal gespürt, ganz egal, was die Zukunft bringen würde.«

Für Psychologin Konstanze Fakih ist es völlig normal, diesen Wunsch auszuleben: »Sex mit dem Ex findet sehr häufig in der zweiten Trennungsphase statt, in der man sich durcheinander, traurig und leer fühlt. Dann gehört er als Bestandteil des Trennungsvorgangs dazu und ist sogar äußerst positiv zu werten, wenn dadurch die Festsetzung bestimmter Ängste verhindert wird. Mir ist zum Beispiel ein Fall bekannt, in dem eine Frau mit ihrem ersten Partner nie einen Orgasmus erlebt hat, mit ihrem zweiten Partner aber schon. Daraufhin schlief sie noch einmal mit ihrem Ex, um die Erkenntnis, dass es nicht an ihr gelegen hatte, zu festigen und die Geschichte für sich abzurunden.« Einen völlig anderen Stellenwert nehme der Sex mit dem Ex allerdings ein, wenn er zu einem späteren Zeitpunkt stattfinde, so Fakih: »Wenn die Nachbeben einer Beziehung sich gelegt und die ehemaligen Partner sich eigentlich endgültig für das Auseinandergehen entschieden haben, ist der Sex mit dem Ex immer ein Neubeginn. Sexualität ist ein Zeichen von energetischer Verbundenheit, dessen müssen wir uns bewusst sein. Wer Monate oder Jahre nach der Trennung noch einmal mit seinem Ex-Partner schläft, handelt nicht mehr vergangenheitsbezogen, sondern öffnet sich für eine neue Gemeinsamkeit in der Zukunft. Und wer sich das nicht eingesteht, der fordert ein Seelenchaos geradezu heraus.«

Nicht selten jedoch ist es für einen psychologisch ungeschulten Menschen schwer einzuschätzen, wie der Wunsch nach Sex mit dem

Ex oder seine Umsetzung einzuordnen wäre – wie bei Elena: »Die körperliche Anziehungskraft zwischen uns ist bis heute ungebrochen – ein weiteres Zeichen dafür, dass wir miteinander noch nicht fertig sind. Keine Ahnung, wie ich reagieren sollte, wenn er es darauf anlegen würde, mit mir zu schlafen. Wahrscheinlich würde ich mich, weil es doch immer so schön mit ihm war, hinreißen lassen, in der Hoffnung, aus der körperlichen könnte neue geistige Nähe für eine zweite Auflage unserer Beziehung entstehen. Nur um es hinterher zu bereuen, weil der Sex doch zu nichts geführt hat als zu weiterer Unsicherheit. Vielleicht überinterpretiere ich die körperliche Anziehungskraft aber auch, obwohl sie eigentlich nichts weiter als eine Ausgeburt der Distanz zwischen uns ist.« Melanie hat die Dimension des Sex mit dem Ex als Neubeginn erlebt und beschreibt, wie sie sich anfühlt: »Ich wusste nur noch, dass ich den Sex mit ihm damals schön gefunden hatte. Details waren mir abhanden gekommen, nur an das Gefühl der Befriedigung und der Erfüllung, das mich nach dem Sex mit Markus jedes Mal überkam, konnte ich mich noch erinnern. Mir fiel ein, dass er mich damals oft darauf angesprochen hatte, also muss er es genauso empfunden haben.«

Manchmal bleibt der Sex mit dem Ex ohne Nebenwirkungen, manchmal birgt er Potentiale, manchmal Risiken. Manchmal liegt das Risiko allein in der Tatsache, dass der Sex mit dem Ex als Möglichkeit und Gefahr in der Luft liegt. So befürchtet Lilly, obgleich sie ihrem Partner vertraut, dass er sich dieses Risikos nicht bewusst sein könnte: »Während der Beziehung mit Gerti sehnte sich Ingo nach eigenen Aussagen oft nach Freiheit und Unabhängigkeit. Doch nachdem er diese Freiheit erlangt hat, verstehen sich die beiden besser als während ihrer Beziehung! Diese Nähe ist oft der Grund, aus dem es zum Sex mit dem Ex kommt. Die erforderliche Distanz wird nicht eingehalten, die positiven Erinnerungen überwältigen einen, und schon ist es geschehen.« Anna möchte ihre aktuelle Beziehung unter keinen Umständen auf diese Weise gefährden: »Freundschaft mit dem Ex entsteht erst, wenn beide wieder Partner haben. Partner und damit Zukunftsperspektiven. Ohne Zukunftsperspektive kommt es oft dazu, dass man sich auf Sex mit dem Ex einlässt. Dann verliert man sich aus Einsamkeit in seinen Phantasien, sehnt die Nähe herbei, die man mit diesem Menschen ja irgendwann mal empfunden hat, und schon ist es passiert.«

Gering ist die Möglichkeit, dass es zum Sex mit dem Ex kommt, wenn die Erinnerungen daran – wie im Fall von Carmen – nicht beschönigt werden: »Es heißt ja immer, wir Frauen würden an unserem ersten Mann hängen, weil für uns die erste sexuelle Erfahrung so prägend ist, aber das ist bei mir sicher nicht der Grund. Wir waren beide Jungfrauen, und die ersten Versuche verliefen – gelinde gesagt – scheiße, nichts funktionierte. Und auch danach gestaltete sich unsere Sexualität eher nüchtern als erhebend. Abgesehen davon finde ich Jörn heute körperlich überhaupt nicht mehr ansprechend, ja sogar langweilig.« Lara hingegen spürt das erotische Kribbeln bei ihrem Ex durchaus noch, doch ihr Körper legt ihr unmissverständlich nahe, von der Versuchung Abstand zu nehmen: »Diese Nähe, diese Vertrautheit zwischen Nico und mir wird oft durch kleine Berührungen ausgelöst. Bis zu einer gewissen Grenze fühle ich mich sehr wohl, wenn wir uns näher kommen. Aber schlafen würde ich nicht mit ihm. Kurz bevor es dazu kommt, wenn die Grenze erreicht ist, beginnt mein Magen zu rebellieren. Ich fühle mich schwer wie Blei und nicht mehr in der Lage, mich zu bewegen.«

Schließlich gibt es auch diejenigen, die das Thema Sex mit dem Ex für sich völlig ausschließen. Rudolf sieht diese Entwicklung nicht nur als Frage des Trennungs-, sondern auch als eine Frage des Lebensstadiums: »Vor zwanzig Jahren hätte ich ein Sexangebot von meiner Ex vielleicht nicht sofort abgelehnt. Jungbullen ergreifen nun einmal jede Gelegenheit, die sich ihnen bietet. Kann ich aus eigener Erfahrung bestätigen, denn ja, ich hatte schon einmal Sex mit einer Ex. Hinterher fragte ich mich dann allerdings leicht irritiert: ›Und was sollte das jetzt?‹ Ich hatte mich einfach treiben lassen und der Frau ihr Spielchen gegönnt. Das würde mir heute nicht mehr passieren, denn ich weiß, dass ich mit einem Seitensprung, egal ob mit einer Ex oder einer neuen Bekanntschaft, meine Ehe aufs Spiel setzen würde.« Philipp nennt andere Gründe, die gegen den Sex mit der Ex sprechen: »Was für eine kuriose Vorstellung, nach fünf

Jahren mit seiner Ex in die Kiste zu steigen! Das Knistern, das entsteht, wenn ein Mann und eine Frau auf derselben Wellenlänge funken, will ich nicht leugnen. Aber ich habe mich unter Kontrolle, ich habe das Knistern unter Kontrolle. Sex mit der Ex ist ein Feld, das ich nicht beschreiten, ein Wagnis, das ich nicht provozieren will, auch nicht mit Silja. Einerseits aus Selbstschutz – wer lässt sich schon freiwillig zweimal von derselben Frau das Herz brechen? – andererseits, weil die Trennung für mich definitiv vollzogen ist.«

Die erste große Liebe

Eine Person existiert im Kreise unserer Verflossenen, die eine herausragende Stellung einnimmt: die erste große Liebe. Sie gilt als besonders prägend – nicht nur sexuell, sondern auch geistig. Laut einer repräsentativen Umfrage der Zeitschrift »Laura« im Herbst 2003 träumen vierundfünfzig Prozent der Frauen und sogar einundsechzig Prozent der Männer im Alter der Zielgruppe dieses Buches noch heute von ihrer ersten Liebe. Kein Wunder, meint Psychologin Konstanze Fakih: »Die Entdeckung der Liebe und der Sexualität ist etwas derart Neues, das merken sich Körper und Seele. Das ist, wie wenn man zum ersten Mal nach Hollywood kommt. Man hat zwar alles schon im Fernsehen gesehen, aber wenn man dann wirklich da steht und mit Körper, Geist und Seele erlebt, ist das etwas völlig anderes.« Carmen, deren Geschichte bezeichnenderweise den Titel trägt: »Ich hänge an meinem ersten Freund wie an meinem ersten Teddy«, versucht eine Erklärung aus Sicht der Frau: »Wir Mädels entwickeln unseren Charakter zwischen dem sechzehnten und dem zwanzigsten Lebensjahr, genau in der Zeit also, in die meist auch die erste große Liebe fällt. Und so werden wir in dieser Phase doppelt geprägt: in Bezug auf allgemeine Vorlieben wie auch in Bezug auf das, was wir von einer Beziehung künftig erwarten werden.«

Im Sinne der »Laura«-Umfrage sind in die vierundfünfzig beziehungsweise einundsechzig Prozent der Frauen und Männer, die noch immer an ihre erste große Liebe denken, nur diejenigen eingerechnet, deren Erinnerungen positiver Natur sind. Dazu kommen all diejenigen, die sich ihre erste große Liebe nicht aus dem Kopf zu schlagen vermögen, weil die negativen Erinnerungen sie bis heute im Griff haben. So kann sich zum Beispiel Anabell nicht von der Wut auf ihre erste große Liebe freimachen: »Walter beeinflusst mein aktuelles Leben zwar nicht mehr als Person, aber sehr wohl noch als Zerstörer meines Traumbildes. Das Ideal der perfekten, vorbestimmten Beziehung besteht dennoch in mir fort. Und ich glaube, da bin ich nicht alleine. Viele Menschen sind innerlich an ihre erste Beziehung gebunden, interpretieren sehr viel hinein, erheben sie zum Ideal, zum Wunschbild. Wir bauen diese Schemata auf und versuchen immer wieder, daran anzuknüpfen, weil sie uns Halt geben.« Psychologin Konstanze Fakih erklärt: »Wer seine erste Beziehung sehr negativ in Erinnerung hat, hat sich meist schon, bevor er diese Beziehung eingegangen ist, durch selbst auferlegte Regeln und Erwartungen eingeengt. Und es ist nicht anders zu erwarten, als dass er angesichts der Ängste, die ihn bedrücken, nichts Fließendes, nichts Harmonisches erleben kann. Nicht der Ex hat die Erinnerung an die Beziehung zu einer negativen gemacht, sondern die Person, die sich selbst im Vorfeld derart eingeengt hat.«

Gemeinsame Kinder mit dem Ex-Partner

Die Entscheidung, wie die Vergangenheit am sinnvollsten in die Gegenwart zu integrieren ist, bereitet oft ohne zusätzlichen Ballast schon genug Schwierigkeiten. Doch wer Kinder vom Ex hat, weiß, dass es noch eine Nummer härter geht. Rudolf beschreibt, warum: »Gerade wenn Kinder involviert sind, können sich die Eltern nicht einfach so voneinander verabschieden, weil ihre Liebe eingegangen ist. Ihre Verbundenheit war während der Beziehung oder Ehe um die Nuance enger, die gemeinsame Kinder nun einmal ausmachen, und diese Verbundenheit lässt sich wegen der Kinder nicht ohne weiteres auflösen. Die Verantwortung, für den Nachwuchs zu sorgen und ihn zu begleiten, bis er erwachsen ist, bleibt bestehen.« Mandys Problem geht allerdings darüber hinaus: »Eigentlich würde ich mit diesem Lebensabschnitt gern endgültig abschließen, aber es geht nicht. Der Jähzorn meiner Jüngsten, die Gestik des Jungen, der Jonas so ähnlich sieht, die Langsamkeit und Schwatzhaftigkeit der Mittleren – alles erinnert an meinen Ex.« Ilona hat Ähnliches durchgemacht: »Mein Sohn hatte gleich nach der Geburt eine frappierende Ähnlichkeit mit Frederico. Als er mit drei Monaten anfing zu lächeln, sah ich seinen Vater. Jedes Mal, wenn ich ihn anschaute. Ich leiste wirklich harte Verdrängungsarbeit, bis heute.« Melanie beschreibt eine andere Art und Weise, wie ein Kind das Loslösen vom Ex-Partner verhindern kann: »Klar stört es mich, wenn Guido bei mir ein- und ausgeht, fünfmal die Woche anruft. Aber dann unterdrücke ich mein eigenes Bedürfnis nach Ruhe und Abstand meinem Sohn zuliebe. Klar habe ich Angst, dass die Verlogenheit und Rückgratlosigkeit seines Vaters sich auf ihn vererbt haben könnte.«

Psychologin Konstanze Fakih betont trotz dieser Beispiele: »Die Beziehung zum Ex wird durch gemeinsame Kinder nicht zwangsweise erschwert. Im Gegenteil, oft machen es Kinder leichter, das Verhältnis neu zu gestalten, weil die Verbundenheit eine andere ist. Die Verbundenheit zum Ex-Partner ist immer da, aber mit Kindern ist sie offensichtlich, und es bleibt einem gar nichts anderes übrig, als zu versuchen, kultiviert miteinander umzugehen.« Britta unterstützt diese Ansicht mit einem Plädoyer für das Wohl der Kinder, die nicht an der Trennung schuld sind und daher auch nicht darunter leiden dürfen: »Trennt die Eltern- und die Paarebene! Seht diesen Umbruch im Leben durch die Augen eurer Kinder, macht euch ihre Gedanken! Das schlimmste Verbrechen, das Eltern nach der Scheidung an ihren Kindern verüben können, ist, sie als Spielball gekränkter Eitelkeiten zu benutzen und gegen den Ex-Partner aufzuhetzen.« Ein lobenswerter Ansatz, der natürlich nur dann funktionieren kann, wenn beide Seiten am selben Strang ziehen. Und genau das fällt nach der Trennung ja so schwer.

Nach langer Zeit Kontakt zum Ex-Partner

Es gibt viele Gründe, aus denen der Kontakt zu unseren Ehemaligen abreißen kann. Räumliche Distanz, eine Trennung im Streit, ein neuer Lebensgefährte, der den Kontakt verbietet, das viel zitierte »Aus den Augen, aus dem Sinn«-Phänomen. Oder die Angst, dass eine zerstörerische Liebe, aus der man sich gerade befreit hat, wieder auflodern könnte, der neue Alltag, der einen so in Anspruch nimmt, dass man die Vergangenheit darüber einfach vergisst. Doch in manchen Fällen kommt es – durch Zufall oder gewollt – Jahre später zu einem erneuten Kontakt. Dann müssen Fronten geklärt werden. Psychologin Konstanze Fakih erklärt, warum so viele Menschen irgendwann in ihrem Leben auf die Idee kommen, ihre Ex-Partner noch einmal treffen zu wollen – wie es in den Filmen »High Fidelity« oder zuletzt »Liegen lernen« so anschaulich beschrieben wird: »Der Grund sind Enttäuschungen oder Belastungen in der Gegenwart, die einen zu dem Versuch anstiften, die Vergangenheit heraufzubeschwören oder sogar wieder zu beleben. Die Betroffenen wünschen sich, dieses Ritual gemeinsam mit den damals Beteiligten zu erleben, um es zu intensivieren, was in der Regel als Flop endet. Denn jeder der beiden Ex-Partner hat sich verändert, und jeder verbindet etwas anders mit der gemeinsamen Vergangenheit. Das Gefühl von damals ist unmöglich wieder zurückzuholen.«

Philipp jedoch hält die Konfrontation mit seiner Vergangenheit vier Jahre nach der Trennung für einen unumgänglichen Schritt im Prozess der persönlichen Weiterentwicklung: »Ich musste mich den Dämonen meiner Vergangenheit stellen! Dieses Ideal loswerden, diese Göttin, zu der Silja in meiner Erinnerung inzwischen mutiert war. Diese emotionale Sehnsucht stillen, damit ich das Vergangene nicht weiter auf meine Gegenwart und Zukunft projizierte.« Anna hat erlebt, wie es sich als passiver Part anfühlt, von der Vergangenheit eingeholt zu werden: »Nach vier Jahren Sendepause lag vor einigen Monaten plötzlich ein Brief von meinem Ex im Kasten. Ich war aufgeregt. Weinte Tränen der Rührung. Bei unserer Trennung waren die Worte gefallen: ›Wir sind einfach zum falschen Zeitpunkt aufeinander getroffen. Vielleicht sollten wir uns in ein paar Jahren wiedersehen.‹ Klar, dass mich sein Brief nachdenklich machte: Eine zweite Chance?«

Was aus dem zufälligen oder willkürlich herbeigelenkten Aufeinandertreffen nach Jahren wird, ist von Mal zu Mal verschieden. Bei Melanie führte eine neugierige Mail zu einer Affäre mit dem Ex, die sie über die Trennung vom Vater ihres Kindes hinwegtröstet: »Ich mag Markus deshalb so gern, weil wir uns in vielen Dingen ziemlich ähnlich sind. Geborgenheit gibt er mir nicht, so weit würde ich nicht gehen. Wir haben einfach Spaß zusammen, ich denke, das sieht er auch so. Vielleicht ist es auch mehr als eine Affäre, denn ich weiß, dass ich auf ihn zählen kann, wenn es darauf ankommt. Ab und zu nennt er sich selbst meinen ›Freund‹.« Lara lebt wie oben beschrieben ein Zwischending zwischen Freundschaft, Affäre und Beziehung mit ihrem Ex, kann aber nicht erklären, wie es dazu kam: »Warum Nico sich plötzlich wieder meldete, verstehe ich bis heute nicht. Und wie ich von dem Hass auf ihn, der nach der Trennung in mir brodelte, unbemerkt wieder auf Hilfsbereitschaft umschwenken konnte, eigentlich auch nicht. Oft habe ich mir seitdem den Kopf darüber zerbrochen, bin aber auf keinen plausiblen Grund gekommen.«

Im besten Fall leistet die Wiederaufnahme des Kontaktes zum Ex drei Dinge, die eng miteinander verkuppelt sind: Erstens hilft sie bei der Bewältigung der Vergangenheit, indem sie zweitens alle Ungewissheiten ausradiert und drittens Aufschluss über die Beschaffenheit des gegenwärtigen Verhältnisses gibt – wie bei Philipp, der nach einigen Treffen mit seiner Verflossenen weiß: »Mit meiner Ex verbinden mich auch fünf Jahre nach der Trennung Vertrautheit und die geistige Energie, die in Gesprächen zwischen uns entsteht. Aber Liebe ist das nicht mehr. Liebe beinhaltet für mich Verantwortungsgefühl, und dieses Element fehlt bei Silja.« Auch Anna und ihrem Ex ist es gelungen, bei einem Wiedersehen nach einiger Zeit der Funkstille eine Beziehung nach der Beziehung zu definieren, die beiden etwas bringt: »Da war schon ein ängstliches Gefühl dabei. Aufregung. Wie würde es sein, meinem Ex gegenüberzustehen? ›Ich bin‹, sagte Kai, ›immer noch in dich verliebt!‹ Zuerst erschrak ich, dachte: ›Das Treffen war wohl doch etwas verfrüht!‹, doch dann wusste ich, was er meint. Eine völlig andere Art von Liebe als die, die uns während unserer Affäre verband.«

Neue Beziehungen unter dem Einfluss der Ex-Partner

Die einzelnen Stadien zwischen akutem Trennungsschmerz und Rückkehr in die Welt der Lebenden ist in diversen Zusammenhängen zur Genüge beschrieben worden. Fangen wir lieber dort an, wo diese Bücher und Artikel aufhören zu fragen: Wie viel Vergangenheit tragen wir in uns, wenn wir eine neue Beziehung wagen? Inwiefern haben unsere Verflossenen Einfluss auf unsere Erwartungen an eine neue Beziehung und auf unsere Beziehungsentscheidungen?

Gerade wer von seinen Ehemaligen verletzt wurde, trägt ein hohes Maß an Skepsis in seine neuen Beziehungen hinein – wie Melanie: »Ich bin sehr vorsichtig geworden, traue so schnell keinem Mann mehr. Wer hat schon Lust, sich zweimal zum Narren machen und so schamlos belügen zu lassen? Die Angst davor, trotz aller Vorsicht noch einmal in eine solche Situation zu geraten, hält mich von Typen, die ich nicht kenne, fern. Nähe suche und finde ich stattdessen bei einem Mann, den ich bereits seit zehn Jahren kenne, also länger als Guido. Manchmal lasse ich meinen Ex die Wut spüren, die ich auf ihn habe, weil er mich so misstrauisch anderen Männern gegenüber, ja vielleicht im Moment sogar beziehungsunfähig gemacht hat.« Britta teilt diese Empfindungen: »Ich achte bis heute peinlich genau darauf, wie viel ein Mann trinkt und wie er sich unter Alkoholeinfluss benimmt. Ab und zu mal richtig über den Zacken hauen? Kein Problem. Machen wir auch. Aber sobald mich nur die Ahnung beschleicht, dass da etwas in Zusammenhang mit Alkohol im Argen liegt, gehe ich.« Aus gesunder Vorsicht und Skepsis wird übervorsichtiges, ängstliches Verhalten, das einschränkt und die Betroffenen sicherlich auch um die ein oder andere Chance in ihrem Leben bringt, das mit Sicherheit aber der neuen Beziehung die Leichtigkeit nimmt. So beschreibt Mandy, wie frühere Beziehungen als Altlasten auf neue Beziehungen einwirken: »Das Leben mit Jonas hat seine Spuren hinterlassen: die Enttäuschungen, die Lügen, die Versprechen, die er nie einhielt. Mich erfüllt sehr viel Angst, noch immer, und das schafft Distanz zwischen meinem Lebensgefährten Klaus und mir. Angst vor der Vergangenheit, die meine Gegenwart noch immer beherrscht, Angst vor der Zukunft, die weiterhin die Auseinandersetzung mit Jonas fordern wird. Wenig Vertrauen. Viele Schuldgefühle. All das lastet auf unserer Ehe, und Klaus muss zusehen, wie er damit zurechtkommt.«

Mit jeder Beziehung lernen wir ein wenig mehr, Kompromisse zu leben und die Bedürfnisse des Partners zu verstehen. Jede gescheiterte Beziehung gibt uns ein wenig mehr das Gefühl: »Beim nächsten Mal weiß ich aber wirklich, wie's geht, denn jetzt habe ich ja alle möglichen Fehler, die beide Seiten machen können, durchschaut!« Vielleicht sogar beim nächsten Mal mit dem Ex – hofft Elena: »Zumindest aber weiß ich jetzt, was ich anders machen würde, wenn wir wieder zueinander finden sollten. Und ich weiß, worauf ich mich mit einem Partner, der an Schizophrenie leidet, einlasse. Insofern ist meine Erwartungshaltung eine ganz andere als früher. Realistischer, leichter zu erfüllen, nicht mehr so rosarot.«

In den meisten Fällen wird »das nächste Mal« allerdings nicht den Ex-Partner, sondern einen neuen Menschen betreffen. Und im Eifer, mit ihm alles perfekt zu machen, gerät die Tatsache, dass jeder neue Partner andere Bedürfnisse hat als sein Vorgänger, dass beim einen falsch sein kann, was beim anderen richtig war, ins Hintertreffen. Bevor den frisch Verliebten dies nicht klar ist, werden sie es schwer haben, eine eigene Art des Miteinanderumgehens zu etablieren. Anabell beschreibt, wie sich dieses Phänomen in einer neuen Beziehung manifestieren kann: »Ich weiß, dass seine Ex-Freundinnen Mika oft vorgeworfen haben, zu sehr zu klammern. Und so bedeutet seine Verurteilung der symbiotischen Liebe eigentlich gar nicht die Ablehnung meiner Sehnsucht nach größtmöglicher Nähe, sondern den Versuch, in dieser Beziehung nicht die Fehler vorangegangener Beziehungen zu wiederholen.« Auch Mandy kennt dieses Problem: »Klaus wurde beigebracht, seine Gefühle zu unterdrücken. Vor allem von seiner ersten Frau, die viele Entscheidungen traf, ohne ihn zu konsultieren. Und nun lebt er mit mir, die ich sehr viel Wert auf Gefühle lege und darauf, sie zu zeigen und gezeigt zu bekommen. Da wird ganz schön viel von einem verlangt, sich plötzlich von den Verhaltensweisen, die man jahrelang für seine Verflossenen antrainiert hat, auf die Bedürfnisse des aktuellen Partners umzustellen.« Anderes Beispiel – Rudolf: »Trotz der fünf Jahre Entwöhnung musste ich mir anfangs schon klarmachen, dass Katrin nicht meine Ex ist, dass ich auf die eine nicht reagieren konnte wie auf die andere, dass jede Beziehung ihre eigenen Spielregeln hat. Ein Beispiel: Angelika neigte dazu, wahnsinnig aufzudrehen, wenn sie sich geärgert hatte, und kam dann nur schwer wieder auf den Boden, selbst wenn das Problem schon lange aus der Welt war. Als Katrin und ich die ersten Streits hatten, griff ich instinktiv ebenfalls nach ihrem Arm und aktivierte meine Beschwichtigungsformel: ›Hallo, ist gut jetzt!‹ Verständlicherweise ging meine Frau total an die Decke, fühlte sich zu Unrecht abgewürgt. Und ich musste eine völlig neue Art zu streiten lernen.« Davon kann auch Tom ein Lied singen: »Ich gebe mir doch nur größte Mühe, die Fehler, die ich in meiner Ehe gemacht habe, nicht zu wiederholen! Nun bin ich in Sachen »Was Frauen wollen« sozusagen elf Jahre lang bei meiner Ex in die Lehre gegangen, habe vermeintlich meinen Meister im Durchschauen der Sehnsüchte des anderen Geschlechts gemacht, und muss jetzt erfahren, dass jede Frau andere Bedürfnisse hat.«

Vergleiche zwischen der alten und der neuen Beziehung

Gerade weil wir – wie im vorangegangenen Kapitel beschrieben – oft und gern die Muster und Schemata aus vergangenen Beziehungen der aktuellen Beziehung überstülpen, weil wir keine anderen Anhaltspunkte dafür haben, was funktionieren könnte und was nicht, kommt es beinahe zwangsweise zu Vergleichen. Mal unwillkürlich von einem Gesichtsausdruck oder einer Geste ausgelöst, mal willkürlich herbeigeführt, mal in boshafter Absicht angebracht, mal einfach nur so dahingesagt, mal heimlich gedacht oder im letzten Moment hinuntergeschluckt.

Dabei haben die Vergleiche die Eigenschaft, im Laufe der Zeit immer seltener aufzutreten und irgendwann ganz zu versiegen, andererseits haben sie auch die Eigenschaft, sich gerade zu bestimmten Anlässen wieder in den Vordergrund zu drängen – wie Beate es erlebt: »Jedes Jahr im Herbst, wenn sich der Tag jährt, an dem Lars und ich ein Paar wurden, überkommt mich die Melancholie. ›Das war schon 'ne tolle Zeit!‹, denke ich dann und kann mir nicht verkneifen, Steffen mit Lars zu vergleichen. Für meinen Lebensgefährten ist das natürlich eine harte Nummer, mich sagen zu hören: ›Mit meinem Ex war das früher aber anders, mit dem konnte ich wenigstens in die Natur gehen!‹«

Die »Freundin« zitiert eine GEWIS-Umfrage: »Neunundneunzig Prozent aller Frauen träumen ab und zu von ihrem Ex und vergleichen ihn dabei mit dem aktuellen Partner. Dabei kommt ein Drittel zu dem Schluss, dass es im Bett mit ihm besser geklappt hätte. Jede Fünfte findet, es habe mehr gemeinsame Interessen gegeben als mit dem aktuellen Freund.« Offenbar bleibt uns nichts anderes übrig, als uns damit abzufinden, verglichen zu werden. Für Philipp kein Problem: »Sicher wird Tatjana mich mit ihren Ex-Freunden vergleichen, ist doch klar, das macht doch jeder. Aber ich ruhe ausreichend in mir selbst, um mir mit dreiunddreißig nun wirklich keine Gedanken mehr über Schwanzlängenvergleiche oder andere Albernheiten machen zu müssen.« Freilich hängt es von Art und Thema des Vergleichs ab, wie locker wir damit umzugehen vermögen. Ilona beschreibt eine Form des unwillkürlichen und relativ ungefährlichen Vergleichs: »Wenn ich einen Menschen kennen lerne, der ein ähnliches Verhaltensmuster an den Tag legt wie mein Verflossener, reagiere ich schon darauf, vergleiche leider auch. Es handelt sich um kurze Geistesblitze in allen möglichen und unmöglichen Situationen, in denen mir durch den Kopf schießt: ›Genau wie mein Ex!‹ und in denen ich meine Reaktion unbewusst danach ausrichte. Das sollte man nicht tun.« Einfach ist es für den neuen Partner auch, mit Vergleichen umzugehen, die zu den eigenen Gunsten ausfallen – so wie bei Ole: »Doris schildert mir meinen Vorgänger als ungeheuer doof. ›Ich habe mich‹, sagt sie dann immer, ›einfach in den falschen Mann verliebt.‹ Ob sie das ernst meint? Keine Ahnung, vielleicht will sie mir auch schmeicheln. Und wenn schon, ich höre mir die Geschichte gern an, so gut wie ich darin abschneide!«

Wann diese Vergleiche eine Gefahr für die aktuelle Beziehung werden, hängt oft davon ab, wie hart der neue Partner im Nehmen ist. Anabell erzählt, in welche intimen Bereiche der Vergleich vordringen kann – je privater das Thema, desto gefährlicher natürlich der Vergleich: »Mit Mika erlebe ich Sex zum ersten Mal so, wie er wirklich sein soll. Und doch höre ich das Echo unserer Vergangenheit, wenn ich keine Lust habe und Mika glaubt, ich hielte ihn für das Sexmonster, als das seine Ex-Freundin ihn bezeichnet hat. Wenn er keine Lust hat und beim Kuscheln einschläft und ich ihn wecke und anschreie: ›Das kenne ich! Das war mit Walter genauso! Das brauche ich nicht noch einmal!‹« Besonders schwer, wenn nicht unerträglich, ist es für den neuen Partner, gegen einen Verflossenen antreten zu müssen, der den Status eines Beziehungsideals innehat – wie bei Anna: »Ich frage mich schon manchmal: ›Ist es das? Erfüllt diese Beziehung meine Bedürfnisse? Würde ich für Olaf alles aufgeben, wie ich es für Pablo getan hätte?‹ Wenn er mir ein Kompliment macht, sagt er: ›Ich finde dich toll!‹ Nicht gerade Shakespeare. Meine Ex-Freunde hatten mich auf Händen getragen, geradezu vergöttert.«

Die Vergleiche scheinen also häufig vorzukommen, wenn nicht normal zu sein – fragt sich nur, was sie bringen. Nichts, meint Philipp: »Ich bin nicht daran interessiert, meine aktuelle Beziehung an dem zu messen, was ich mit meiner Ex hatte oder nicht, obwohl ich natürlich automatisch in eine Vergleichssituation gerate. Geistige Orgasmen in der Reinheit und Kraft, wie ich sie mit Silja erlebt habe, erlebe ich mit Tatjana nicht. Aber was soll ich denn tun? Soll ich etwa zu Tatjana sagen: ›Hör mal, Schatz, ich wünsche mir Gespräche mit dir, die mich in eine andere Welt entführen, so wie ich sie mit Silja immer hatte.‹? Tatjana wäre zu Recht verletzt und völlig überfordert. Das ist dasselbe, als wenn ich zu jemandem sagen würde: ›Sei kreativ!‹ – unter Druck schafft das erst recht niemand.« Psychologin Konstanze Fakih kann da nur zustimmen und rät von jeglicher Art Vergleich ab: »Vergleiche der neuen Beziehung mit der vergangenen sind immer ungesund. Wie heißt es doch so schön in diesem Schlager: ›Eine neue Liebe ist wie ein neues Leben …‹. Man sollte versuchen, seine Festplatte zu löschen, denn jeder Vergleich ist dazu verdammt zu hinken. Wir Menschen definieren uns in Relation zu unserem konkreten Gegenüber nämlich immer neu. Wer vergleicht, ignoriert diese Tatsache und betrügt sich selber. Er versucht, der Auseinandersetzung mit dem neuen Partner und der Kompromissbildung in der neuen Beziehung aus dem Weg zu gehen. Und wer sich dazu hinreißen lässt, sollte lieber bei seinem alten Partner bleiben, denn der wird ihm eher geben können, was er sucht, als der neue.«

Die Ex-Partner des aktuellen Lebensgefährten

In einigen Geschichten in diesem Buch spielen die Verflossenen des Partners gar keine oder nur eine periphere, in einigen eine große, in zweien die zentrale Rolle: bei Luka und Lilly. Beide suchen einen angemessenen Umgang, den alle Beteiligten akzeptieren können. Dabei ist es nicht unüblich, dass sich das Verhältnis im Laufe der Zeit verändert – wie bei Rudolf: »Natürlich mussten wir uns aneinander gewöhnen, mein Vorgänger und ich. Ein paar Wochen lang dominierte in mir das erhebende Gefühl, der bessere Mann zu sein – schließlich hatte ich ihn ausgestochen. (…) Ich glaube, man fühlt sich den Verflossenen seiner Lebensgefährtin gegenüber nur ohnmächtig, wenn man sich ihrer Liebe nicht sicher ist. Das mag zu Beginn einer Beziehung so sein. Doch inzwischen bin ich mir sicher und kann mit ihrem Ex umgehen wie mit einem normalen Bekannten.«

Wie emotionsgeladen dieser Aspekt des Themas Ex-Partner oft ist, zeigt sich am Ergebnis einer repräsentativen Forsa-Umfrage für die Zeitschrift »Madame« aus dem Herbst 2003. Demnach verbieten siebenundsechzig Prozent der Frauen im Alter der Zielgruppe dieses Buches ihren Männern, sich allein mit ihren Verflossenen zu treffen! Carmen hat es erlebt: »Wolfgangs Neue hatte ihm ›verboten‹, mit mir Kontakt zu unterhalten. Hätte er mich darum gebeten zu akzeptieren, dass wir den Kontakt erst einmal herunterfahren müssen, weil er Elena nicht verärgern will, hätte ich das, wenn auch nicht verstehen, so doch nachvollziehen können. Doch so wie die Sache gelaufen ist, kann ich nur sagen: bescheuert!« Psychologin Konstanze Fakih kann diese Verhaltensweise nicht billigen: »Natürlich haben es die neuen Partner schwer, wenn sie die Vertrautheit zwischen den Ex-Partnern erleben. Dass da Eifersucht hochkommt, ist ganz klar. Doch Konkurrenz belebt das Geschäft, und auch innerhalb einer Partnerschaft sollte man sich davor nicht scheuen.«

Ein rigoroser Schritt wie ein Kontaktverbot wird ohnehin leicht zum Bumerang, denn wer verbietet, vertraut nicht, und eine Beziehung ohne Vertrauen hat sicher keine langfristigen Überlebenschancen. Wo Kontakt zu den Ehemaligen besteht, wird ein Verbot auch selten akzeptiert – bestätigt Anna: »Ich will keine Geheimnisse: Wenn ich mich mit Kai verabrede, erzähle ich Olaf davon. Ich verstehe es, wenn er sagt: ›Ich habe ein bisschen Angst, wenn du Kai siehst.‹ Aber er kann mir vertrauen und muss akzeptieren, dass ich meine Vergangenheit nicht ihm zuliebe tilge.« Dazu ist auch Carmen nicht bereit: »Fabian dürfte mir den Kontakt zu Jörn nicht verbieten. Unakzeptabel! Doch jeder Mensch hat ein Recht zu entscheiden, mit welchen Menschen er sich umgeben möchte. So gebe ich auch meinem Freund die Möglichkeit zu entscheiden, ob er meinem Ex begegnen möchte oder nicht. Aber über *meine* Freunde bestimme ich immer noch selbst. Und Jörn ist und bleibt mein bester Freund, basta.« Lara argumentiert ähnlich: »Sollte mein Neuer eifersüchtig sein, was ich verstehen könnte, wäre ich bereit, auch diese ›harmlosen‹ Gemeinsamkeiten einzuschränken, allerdings nur bis zu einer gewissen Grenze. Denn Nico ist ein guter Freund, der sehr viel von mir weiß und auf den ich zählen kann, wenn es hart auf hart kommt. Und so etwas sollte man nicht leichtfertig aufgeben.«

Die Mutter des Wunsches, dem Lebensgefährten den Kontakt mit seinen Verflossenen zu verbieten, ist die Verlustangst, die allgegenwärtig ist, selbst wenn sich der Betroffene das Verbot verkneift. Melanie beschreibt: »Zeitweise war ich brennend eifersüchtig auf seine Ex-Frau, weil ich eben nicht sicher sein konnte, welche Rolle sie in seinem Leben noch spielte. Ich stellte mir vor, wie Guido seine Ex-Frau küsste, wie er sie anfasste, wie er mit ihr schlief, obwohl ich den Gedanken daran kaum ertragen konnte und jedes Mal schrecklich sauer wurde. Unmöglich hätte ich den Kampf gegen diese Frau aufgeben können – wollte ich doch ums Verrecken nicht diejenige sein, die verliert!« Auch wer im Unklaren gelassen wird, entwickelt Verlustangst oder Aggressionspotential gegenüber den Exen des Partners – wie Ralf: »Ich erinnere mich an einen Kirmesbesuch mit einer Verflossenen, die mich plötzlich hinter einen Wagen zog und zischte: ›Versteck dich, da ist mein Ex!‹ Na und? War der etwa groß und stark und wollte mich verprügeln? Was mich gewurmt hat, war die Tatsache, dass ich den Typen nicht kannte und nicht wusste, mit wem ich es zu tun hatte.« Oder Elena: »Meine eigene Vergangenheit ist ja nicht so spektakulär, Michael hat da mehr erlebt, einige Frauen geliebt, die ihm bis heute sehr wichtig sind. In seinen Erzählungen blieben diese Episoden geräumige Grauzonen. Nie konnte ich mir sicher sein, was und wie viel da noch zwischen ihm und diesen Frauen war. Dabei interessiert mich seine Vergangenheit sehr – wie alles, das zu ihm gehört.« Warum diese »Grauzonen«, warum das Schweigen über die eigene Vergangenheit? Philipp praktiziert es selbst: »Seit einem Jahr habe ich eine neue Partnerin, Tatjana, die ich liebe, der ich jedoch bislang nichts über mein Verhältnis zu meiner Ex erzählt habe. Vielleicht später, ja sicherlich bei passender Gelegenheit, doch die hat sich bislang nicht ergeben. Der Grund für mein Schweigen: Die negativen Erfahrungen, die ich diesbezüglich mit Siljas erster Nachfolgerin gesammelt habe, waren mir eine Lehre. Eine liebende Partnerin wird nie verstehen, warum meine Ex so wichtig für mich ist und warum ich sie nicht aufgeben mag. Egal wie bewusst ich mich bemühte, auf Vergleiche zu verzichten, Silja war laut ihrer Nachfolgerin dennoch omnipräsent.«

Besonders schwer ist es, sich gegen den Ex-Partner des Lebensgefährten zu behaupten, der ihn am meisten geprägt und berührt oder am schwersten verletzt hat. Wie sehr wünschen wir uns in solchen Momenten, den Stellenwert für unseren Partner einzunehmen, den sein Ehemaliger einnimmt, obgleich wir wissen, dass es erstens nie dazu kommen wird und zweitens nie dazu kommen sollte, denn wir sind eigenständige Menschen und unsere Partner erleben mit uns eigenständige Erfahrungen. Mandy weiß, wie es sich anfühlt, wenn die Ex eine so übermächtige Bedeutung hat: »Nadine war Klaus' große Liebe, mit ihr hat er sich seinen Traum von einer eigenen Gärtnerei erfüllt, und nach ihr war er sicher, nie wieder lieben zu können. Als wir uns kennen lernten, hing er nach wie vor sehr an ihr und trug ihr Bild noch lange Zeit mit sich herum. Es dauerte ewig, bis Besitztümer und Gefühle auseinanderdividiert waren, und ich glaubte anfangs oft, wenn er könnte, würde er zu ihr zurückgehen.« Anabell hat den Einfluss der Ex des Partners noch krasser erlebt – in Form einer Verstorbenen, deren Vermächtnis unantastbar war: »Wie soll man gegen eine Ex, die nicht mehr lebt, über die man nur mit größter Vorsicht sprechen darf, weil sie sich nicht mehr wehren kann, ankommen? Walter behauptete zu fühlen, wic sie über unserem Bett schwebte und auf uns hinab sah, und sah sich außerstande, mich zu berühren.«

Solange es nicht dazu kommt, dass Lebensgefährte und Verflossener zu einem angenehmen Nebeneinander mit klar definierten Positionen gefunden haben, wird gern und oft die Frage gestellt, über die Luka sich den Kopf zerbricht: »Wie konnte er bloß so eine Frau lieben, wenn er jetzt so jemanden wie mich liebt? Unterschiedlicher können doch zwei Menschen gar nicht sein! Entweder war er von geistiger Umnachtung heimgesucht, dann besteht die Gefahr, dass er wieder in diesen Zustand geraten und ich ihn an die unattraktivste, dümmste, uninteressanteste Tussi verlieren könnte, von der ich keine Gefahr erwarten und deshalb auch nicht rechtzeitig den Gegenangriff starten würde. Oder aber bei seiner Liebe zu mir handelt es sich um die Geschmacksverirrung, und er wird sich über kurz oder lang auf die Suche nach einer Frau machen, die ihm gibt, was er braucht, nämlich die Attribute seiner Ex.« Ole hat diese Frage so schnell wie sie aufkam auch wieder verdrängt: »Natürlich habe ich mir die Frage gestellt: Wie konnte sie bloß erst jemanden wie ihn lieben und dann jemanden wie mich? Die einzige sinnvolle Erklärung lautet: Doris war jung, sie hat sich von dem Mann getrennt, noch bevor ihr gemeinsames Kind auf der Welt war, und abgesehen davon liegt die Episode ewig weit zurück. Mehr will ich gar nicht wissen!« Vielleicht zu Recht, denn die große Frage wird oft nicht zufrieden stellend beantwortet – wie auch bei Britta: »Natürlich habe ich mir ein ums andere Mal die Frage gestellt: Wie konnte Thorsten so eine Frau lieben? Ich habe diese Frage auch oft an ihn weitergegeben: ›Wie konntest du bloß?‹ Er: ›Vor unserer Hochzeit war Tina eine ganz liebe und warmherzige Frau!‹ Diese Antwort muss mir reichen. Aber: Kann sich ein Mensch in so kurzer Zeit so vollkommen wandeln?«

Zurück bleibt das Gefühl, die Ereignisse selbst nicht unter Kontrolle zu haben – eine gewisse Ohnmacht gegenüber den Einflüssen der Verflossenen, die Lilly in ihrer Geschichte ausführlich beschreibt und die auch Anabell kennt: »Mikas Ex-Freundinnen waren schwache Frauen, die Probleme hatten, Frauen, die seine Hilfe brauchten. Danach sehnte er sich nach einer starken Frau, die ich versuche für ihn zu sein. Doch dass ich gerne manchmal schwach wäre und mich an ihn anlehnen würde, geht dabei unter.« Und obwohl der Lebensgefährte der Einzige ist, der seinen Ex-Partnern den angemessenen Raum im Leben zuweisen kann, hält er das oft nicht für nötig oder versagt dabei in den Augen des Betroffenen. Gleichzeitig fordert er Verständnis und Absolution – wie Ole: »Wenn wir Zoff haben, bringt Doris meine Ex gern wieder aufs Tapet, benutzt sie sozusagen als Munition. Mann, werde ich dann wütend! Ich kann und will das nicht akzeptieren und weise meine Frau in solchen Momenten bestimmt in ihre Schranken. Die Geschichten mit Melissa sind einfach zu lange her, und ich habe genug dafür gebüßt, finde ich.«

Wie arg die Differenzen mit den Verflossenen des Partners in einigen Konstellationen sein mögen, es gibt auch Fälle, in denen die beteiligten Parteien ein neutrales oder sogar freundschaftliches Verhältnis pflegen. Britta verdeutlicht die Einstellung, die dahinter steckt: »Natürlich habe ich ein gewisses Interesse am Vorleben meines Lebensgefährten, aber man sollte es mit den Nachforschungen nicht übertreiben. Bei Frauen, die allzu neugierig auf die Exen ihres Partners sind, ist oft mangelndes Selbstbewusstsein der Grund.« Und mangelndes Selbstbewusstsein, das aus der Angst vor dem Vergleich resultiert, kann nur durch Bestätigung getilgt werden – wie Anabell beschreibt: »Mir dreht sich der Magen um, wenn ich das Foto seiner fünften Bettgefährtin, einer Blondine, in der Hand halte, die eindeutig größere Brüste hat als ich. Warum bohre ich dann eigentlich immer mit solchen Fragen in Mikas Vergangenheit herum? Natürlich weil ich hören will, dass mit mir alles viel besser ist. Das sagt er dann auch immer sehr brav.« Tom glaubt, anders als Britta, dass die Beschäftigung mit der Vergangenheit alles andere als ungesund ist und den neuen Partner dennoch nicht unsicher machen darf: »Je mehr man über seine Ex redet, umso schneller verarbeitet man die Trennung. Irgendwann kommt doch zwangsläufig auch das Negative mal zur Sprache, die schlechten Erinnerungen, die Streits und die Momente, in denen man nur noch weg wollte. Und das ist gut. Dann gibt man sich wenigstens nicht so leicht der Versuchung hin, die Vergangenheit zu beschönigen und in Erinnerungen zu schwelgen. Man lernt, nach vorn zu schauen, anstatt im Gestern zu leben.«

Welches Verhältnis sich zu den Verflossenen des Partners manifestiert, hängt natürlich auch von ihnen selbst ab. So hat es Ilona geschafft, die neuen Freundinnen ihres Ex von ihrer Harmlosigkeit zu überzeugen: »Ich amüsiere mich heute noch köstlich, wenn ich daran denke, wie Harald meinen Nachfolgerinnen meine Telefonnummer gab, wenn sie ein Problem mit ihm hatten, und sagte: ›Ruf doch Ilona an, sie kennt mich in- und auswendig. Vielleicht kann sie dir Tipps geben, wie man mit mir klarkommt!‹ Sogar seine Frau Anita fragte mich über meinen Ex aus: ›Sag mal, konnte Harald bei dir damals auch nicht küssen?‹ Wir lachten uns schlapp, und sie schien nichts Schlimmes daran zu finden. Ich habe ihr auch nie Anlass zur Eifersucht gegeben, obwohl Gelegenheiten reichlich vorhanden waren.« Wer es mit einem solchen Ex-Partner zu tun hat, der sein Revier kennt und seine Macht nicht ausnutzt, ist schneller bereit, die unwillkürliche Abneigung, die dem anderen gegenüber entsteht, abzubauen. So hat Rudolf nicht einmal ein Problem damit, wenn seine Frau und ihr Ex auf der Bühne ein Liebespaar spielen: »Klar gibt es eine Ebene zwischen den beiden, zu der ich keinen Zugang finde. Aber ich strebe diesen Zugang auch nicht an. Mir gefällt es, Katrin auf der Bühne zu sehen, doch ihre Liebe zum Theater kann und will ich nicht auf dieselbe Weise teilen, wie es ihr Ex tut. Was wir gemeinsam haben, unsere Vorlieben, unseren Sohn, unsere Erinnerungen an schöne Zeiten und unsere Pläne, schätze ich sehr, in den anderen Teil ihres Lebens muss ich mich nicht hineindrängen.« Gerade diese gemeinsame Ebene zwischen den Ex-Partnern sorgt allerdings oft für Zündstoff mit dem neuen Partner, der sich ausgeschlossen fühlt. Philipp beschreibt die Gegenperspektive: »Eine Stunde lang telefonierte ich mit Silja, genoss die Vertrautheit, die sich sofort wieder zwischen uns einstellte. Ich verstehe hundertprozentig die Eifersucht meiner neuen Freundin, der klar geworden sein muss: Da gibt es einen Bereich zwischen Philipp und seiner Ex, in den ich nie vordringen werde, in dem ich nie das für ihn sein werde, was Silja für ihn ist. Das muss hart gewesen sein. Es folgte unmittelbar die Angst, dass ich zu meiner Ex zurückgehen würde. Eifersucht auf geistiger *und* körperlicher Ebene, wie meine neue Freundin selbst zugab.«

Auch für das Verhältnis zwischen neuen Partnern und ihren Vorgängern gilt: *Mit* Spielregeln funktioniert es besser. Dazu gehört, die gemeinsame Ebene, von der oben die Rede war, nicht auszureizen. Dazu gehört aber auch, eine Sensibilität dafür zu entwickeln, welche Details es sind, die das Verhältnis zu vergiften vermögen. Luka beschreibt in ihrer Geschichte ausführlich, wie diese Einzelheiten zu Missverständnissen und angestauter Wut führen können, hier jedoch ein Beispiel von Rudolf: »Was mir zu weit ging, war, dass Katrin anfangs ein Foto von sich und ihm im Zimmer hängen hatte. Ich hatte nun wirklich keine Lust, mir tagtäglich anzuschauen, wie sie ihren Ex anhimmelte. Doch sie wollte mich damit nicht verletzen. Das Bild hing einfach da, sie hatte sich daran gewöhnt und fand es schön. Doch als sie merkte, dass es mir wirklich etwas ausmachte, hatte sie auch kein Problem damit, es abzuhängen. Als Zeichen der Liebe.« Lars, der mit seiner Ex zusammenlebt, während er bereits eine neue Freundin hat, ist in seiner speziellen Situation ganz besonders auf Spielregeln angewiesen: »Dazu gehört, dass ich nie in Bettinas und meinem Haus mit Annika vögeln würde. Dazu gehört auch, dass Annika Bettina ihre Hilfe nicht verweigert, wenn sie darum gebeten wird.« Ilona erklärt, wie essentiell vor allem Offenheit ist: »Wichtig war für mich immer, mein Vorleben nicht zu verleugnen. Ich habe weder einen Hehl, noch ein Geheimnis daraus gemacht, denn ich habe nichts zu verbergen. Nur wenn man nicht offen mit diesem Thema umgeht, kommt es zu Missverständnissen.«

Psychologin Konstanze Fakih unterstützt jede Bemühung, Missverständnisse zu vermeiden und den Lebensgefährten gar darin zu unterstützen, ein lockeres Verhältnis zu seinen Verflossenen aufzubauen: »Wenn ein Mensch seine Vergangenheit aufgearbeitet und einen gesunden Umgang mit seinen Ex-Partnern gefunden hat, dann ist das ein gutes Zeichen. Dieser Mensch ist ausgeglichen, er hat sein Leben im Griff. Denn vergangene Beziehungen sind wie Jahresringe im Stamm eines Baumes. Sie gehören zum Leben und zu dem Menschen, in den man sich verliebt hat, dazu, aber nicht als Aktivum, sondern als Stütze, Erfahrung, Reife, Schönheit, gelebte Wahrheit.«

Wie sieht der optimale Umgang mit unseren Verflossenen aus?

Nicht, dass ich damit gerechnet hätte, im Laufe der Arbeit an diesem Buch eine definitive, allgemeingültige Antwort auf diese Frage zu finden, aber jetzt kann ich mit noch größerer Gewissheit sagen: Es gibt diese Antwort nicht. Jeder muss seinen eigenen Weg gehen. So verschieden die Situationen sind, in denen wir uns mit unseren Ehemaligen wieder finden, so verschieden sind auch die Fragen, die uns bewegen, und die Tipps, die wir brauchen. Darum kann und will dieses Buch nicht den widersinnigen Anspruch haben, ein Ratgeber zu sein, der in zehn Schritten den einen richtigen Weg zum Umgang mit unseren Verflossenen, zum Abschließen, Loslassen oder zur Integration unserer Vergangenheit aufzeigt. Denn »richtig« und »falsch« sind in diesem Zusammenhang unangebrachte Schubladen. Es gibt nur die Kategorie »für mich und meinen ganz konkreten Fall hilfreich«. Und dabei lässt sich aus den Erfahrungen anderer Menschen, die in den folgenden Geschichten ausführlich dargestellt sind, lernen. Vorher abschließend einige persönliche Versuche der allgemeinen Einschätzung des Themas »Ex-Partner«.

Während »Ex und hopp« nicht der einzige und sicher nicht der einzig richtige Weg ist, mit seinen Verflossenen umzugehen, fällt doch auf, wie schwer es manchen Menschen fällt, ihre Vergangenheit loszulassen, und wie sehr sie die eigene Weiterentwicklung dadurch behindern. Warum? Lara versucht eine Erklärung: »Ich glaube, die Menschen, die sich zu sehr an die Vergangenheit klammern, werden getrieben von der Angst vor dem, was sie erwartet. Die Vergangenheit dagegen habe ich schon gelebt, darauf kann ich zurückgreifen, daran kann ich mich erinnern. Das gibt ein Gefühl von Sicherheit.« Luka vermutet: »Wir haben Angst vor dem Alleinsein, Angst davor, mit niemandem mehr Erinnerungen zu teilen, wenn die aktuelle Beziehung zerbrechen würde und die Erinnerungen an diese letzte Gemeinsamkeit für eine Weile tabu sein sollten. Existente Ex-Partner sind wie Luftballons. Aufgebauscht zu weit mehr, als sie jemals waren, aus dem einzigen Grund, unserem Leben Fülle zu verleihen.« Elena denkt praktischer: »Sicher halten viele Menschen die Hoffnung in sich wach, dass es eine zweite Chance für sie und ihren Ex geben wird, auch wenn sie längst in neuen Beziehungen stecken. Die Gelegenheit, richtig zu machen, was man beim ersten Versuch vermasselt hat. Die Gelegenheit, eine Liebe zu erleben, bei der man vorher weiß, worauf man sich einlässt. Die Hoffnung darauf stirbt zuletzt.«

Wie so oft im Leben scheint auch hier der goldene Mittelweg gefragt. Wer die Vergangenheit zum Schwerpunktthema der Gegenwart macht, balanciert ebenso daran vorbei wie derjenige, der sich allzu sehr von seiner eigenen Vergangenheit, die ihn zu einem wichtigen Teil ausmacht, abstrahiert. Ilona erklärt, warum bestehende Verbindungen zu unseren Ehemaligen ihrer Meinung nach einen vernünftigen Umgang mit der Vergangenheit nicht ausschließen:

»Obgleich ich den Kontakt zu meinen Verflossenen pflege, würde ich nicht sagen, dass ich mich an meiner Vergangenheit festklammere. Vergangen ist vergangen, vergangen ist vorbei. In der Vergangenheit kann ich nichts mehr rückwirkend ändern. Ich kann daraus nur lernen. Jeder Mensch nimmt aus einer Beziehung etwas mit – was er daraus macht, bleibt ihm selbst überlassen.« Was wir aus der Vergangenheit mitnehmen, macht uns in der Gegenwart aus, weiß Mandy: »Wenn es anders gelaufen wäre, müsste ich jetzt auf vieles verzichten, auf das ich nicht verzichten will. Andererseits, wenn ich jetzt mit meinem zweiten Mann erlebe, wie sich eine Ehe auch anfühlen kann, sage ich mir schon: ›Schade um die vielen Jahre. Schade, dass ich Klaus nicht eher kennen gelernt habe.‹ Aber ›mit dem Schicksal hadern‹ würde ich das nicht nennen. Was ist schon Schicksal? Haben wir es nicht selber in der Hand, was wir aus den Gegebenheiten des Lebens machen?«

Das haben wir – und die Zukunft beginnt heute. Darauf versucht sich Lars zu konzentrieren: »Der heiße Juli unseres Lebens ist vorbei. Wenn ich darüber nachdenke, dass Annika ihre wilden Jahre mit anderen Partnern erlebt hat, werde ich schon etwas traurig. Doch dann besinne ich mich auf das, was vor uns liegt.« Auch Anabell weiß das Gewesene im Zaum zu halten: »Was bringt es, sich über die Vergangenheit zu grämen? Ich habe vor ihm geliebt, mit anderen geschlafen, mich hoffnungslos für sie aufgegeben. Und es darf Mika heute einfach nicht kümmern, weil es für mich heute keine Bedeutung mehr hat. Umgekehrt: Was kümmert mich seine Vergangenheit? Ich kenne sie und verstehe ihn deswegen. Damit nimmt sie aber schon genug Raum zwischen uns ein.« Zu viel Vergangenheit ist eindeutig dann im Spiel, wenn die Gegenwart hinter der Sehnsucht nach Gewesenem verblasst. Warum dieser Rückwärtsblick nichts bringt, erklärt Philipp: »Die Umstände haben sich geändert, wir haben uns geändert. Irrtümlicherweise neigen wir Menschen dazu, die Bedeutung des Vergangenen bis in die Gegenwart hinein wahnsinnig hoch zu hängen, dabei liegt jedes erlebte Ideal in der Vergangenheit. Es ließe sich in der Gegenwart kein zweites Mal erreichen.«

Die Vergangenheit zu integrieren bedeutet nicht nur, zu wissen, was wir daraus für die Gegenwart lernen können, sondern auch, sie richtig einzuschätzen. Nicht immer gilt die Weisheit, dass Neues auf Altem aufbaut, uneingeschränkt – weiß Rudolf: »Meine Vergangenheit ist keine Vergangenheit, in der ich die Grundsteine gelegt habe, auf denen ich nun mein Haus bauen kann. Es ist eher eine Vergangenheit, in der ich schon einmal beim Hausbau gescheitert bin und die mich veranlasst hat, es anderswo ein zweites Mal mit neuen Materialien zu versuchen.« Insofern kann die Vergangenheit nur integrieren, wer sich auf seine Intuition verlässt – sagt Ole: »Das Fernsehen gaukelt uns immer vor, es gäbe nur eine endliche Anzahl von Mustern, nach denen unser Leben ablaufen kann. Und es gaukelt uns vor, dass wir Sinn und Struktur darin finden können, wenn wir nur intensiv genug darüber nachdenken. Wenn ich so ausführlich über mein eigenes Leben erzähle wie jetzt, merke ich selbst, wie stark die Versuchung ist, sich diesem Schubladendenken hinzugeben. Aber vielleicht hat das Leben gar nicht notwendigerweise einen Sinn, ein Ziel und ein Happy End. Vielleicht kostet es viel Überwindung, setzt aber sinnvollere Energie frei, den Krautsalat so stehen zu lassen, wie er ist.«

So viel vorweg

Nachdem einführend alles gesagt ist, was mir an diesem Projekt wichtig ist, bleibt mir nur, Sie in die einzelnen Geschichten zu entlassen und Ihnen zu wünschen, dass Sie darin Inspiration, Anregungen, Gleichgesinnte oder Unterhaltung finden mögen. Bitte lassen Sie mich wissen, was Ihnen beim Lesen durch den Kopf geht, und mailen Sie mir Ihre Gedanken! Sie erreichen mich unter *maja.roedenbeck@schwarzkopf-schwarzkopf.de*

Berlin, im Frühjahr 2004 — *Maja Roedenbeck*

Lara, 20, Studentin

»JEDER VON UNS BEIDEN KÖNNTE SICH JEMAND ANDERES SUCHEN, WENN ER WOLLTE, NUR, KEINER MACHT'S.«

Die Geschichte von Nico und mir ist die klassische »Roller-Coaster-Beziehung«. Wir bewegen uns aufeinander zu und voneinander weg, immer im Wechsel. Was das irgendwann mal werden soll, ist, glaube ich, keinem von uns beiden so richtig klar.

Vor ungefähr einem Jahr fing alles an. Ich lernte Nico im Internet kennen, während ich in einer festen Beziehung steckte und auch er gerade anderweitig verknallt war. Unser Kontakt war also von Anfang an als Freundschaft angelegt. Bis sich nach etlichen stundenlangen Telefonaten doch mehr daraus entwickelte, eine intensive Bindung. Und plötzlich waren da, wenn ich an ihn dachte, Schmetterlinge in meinem Bauch. Wenn ich eine seiner zweideutigen SMSe auf meinem Handy entdeckte, freute ich mich wie ein kleiner Schneekönig und dachte: »So schreibt man keinem Bekannten, so schreibt man jemandem, für den man etwas empfindet!« Schließlich verließ ich meinen damaligen Freund und kam nach einigem Hin und Her mit Nico zusammen.

Die Umstände waren allerdings alles andere als glücklich. Ich hatte gerade ziemlich schlechte Erfahrungen mit einigen vermeintlich interessanten Internetbekanntschaften überwunden, die mich ziemlich abblitzen ließen, nachdem ich ihnen mein Foto geschickt hatte. Plötzlich zogen sich die Typen aus der Affäre, indem es entweder hieß: »Du bist nicht mein Typ!«, oder sie gar nichts mehr von sich hören ließen. Das verletzt einen schon ordentlich, wenn man so jemandem vorher offen und ehrlich sein

Herz ausgeschüttet hat. Es tat weh und nahm mir vor allem die Unbefangenheit, als Nico anfing, auf ein Treffen zu drängen. Ich mochte ihn wirklich und hatte schreckliche Angst, dass ich auch ihm in Natura nicht zusagen würde, und das hätte mich zerrissen. Wochenlang drückte ich mich vor unserem Date, zögerte es hinaus, bis es dann an meinem Geburtstag doch endlich soweit war.

Nur hatte ich gleichzeitig, ohne es darauf anzulegen, im realen Leben noch einen Typen, Maurice, kennen gelernt, der mich total faszinierte, an dem ich total interessiert war. Bisher hatte ich meine Gefühle für Nico und ihn klar trennen können, der Chat und die Wirklichkeit waren für mich komplett verschiedene Welten. Nun trafen sich die beiden also auf meiner Geburtstagsparty, wobei Nico von seinem Konkurrenten wusste, denn ich hatte ihm, als wir noch einfach nur Freunde gewesen waren, von dem anderen erzählt. Dementsprechend benahm sich Nico auch und baute bei mir rapide an Sympathiepunkten ab. Anders gesagt: Er ging mir auf die Nerven. Als er mich dann vor die Wahl stellte und mich zwang, mir Gedanken über uns zu machen und ihm deutlich zu sagen, was ich will, wusste ich eigentlich, was ich wollte: einen Schlussstrich ziehen und alles beenden, ehe es richtig angefangen hatte.

Prompt stand Nico am nächsten Tag vor meiner Tür. Ich ließ ihn ins Wohnzimmer, wo wir erst mal redeten. »Ich will«, sagte er, »nur dich und keine andere. So leicht gebe ich nicht auf!« Wie ein Häufchen Elend saß ich da, als er schließlich wissen wollte: »Warum bist du so?« Ich wusste nichts zu sagen, weil es in dem Moment einfach nichts zu sagen gab. Meine Feigheit war der einzige Grund für mein Verhalten. Bisher war ich immer erfolgreich vor solchen Situationen geflohen.

Es blieb nicht bei diesem einen Abend. Nico kam von nun an häufig zu mir, wir verbrachten geniale Stunden miteinander. Lagen in meinem Bett oder auf der Couch, sahen fern, kochten gemeinsam, redeten über Gott und die Welt oder kuschelten uns aneinander und schwiegen. Einfach schön. Er kam meist gegen neunzehn Uhr und fuhr erst am nächsten Morgen. Und ganz, ganz langsam näherten wir uns einander an – ich hätte nie gedacht, dass man sich so vorsichtig aufeinander zu bewegen kann –, bis wir uns schließlich küssten und ein Paar wurden. Ich brauche mehr Zeit als andere, um mich wirklich auf einen Menschen einlassen zu können. Auch, wenn es sich um rein platonische Freundschaften handelt. Aber ganz besonders, wenn es um männliche Wesen geht, zu denen ich mich hingezogen fühle. Ich kann stundenlang mit ihnen telefonieren, ihnen ellenlange Mails schreiben, nur wenn sie dann vor mir sitzen, ist es erst einmal vorbei mit der Offenheit. Nico gewährte mir die Zeit, die ich brauchte, statt mich mit Zudringlichkeiten zu überfordern. Als ich seine Nähe dann zulassen konnte, war ich für einige Zeit glücklich.

Doch unser Glück hielt nicht an. Wir beide trugen die Schuld daran. Ich meinerseits wollte meine Freunde nicht vernachlässigen, zog sie Nico deshalb unfairerweise immer vor. Er allerdings begann, gegen meine Freunde zu wettern, sie schlecht zu machen, mich gegen sie auszuspielen, was natürlich auch nicht okay war. Das führte nur dazu, dass ich sie nun aus Protest erst recht vorzog. So kam eins zum anderen, und dann war Schluss. Wir fetzten uns noch einmal ordentlich und hatten dann lange Zeit gar keinen Kontakt.

Irgendwann, Monate später, surfte ich mal wieder im Internet, schnuste auf den Profilen in der Community, in der wir uns kennen gelernt hatten, herum und stolperte dabei unabsichtlich über Nicos Profil. Hinterließ jedoch keine Nachricht, schließlich hatte ich die Sache zu dem Zeitpunkt ein für allemal abgehakt. Trotzdem merkte sich die Site, dass ich dort unterwegs gewesen war, und Nico hinterließ eine Beschwerde in meinem Gästebuch. In meiner typisch forschen Art, die ich so nur im Internet drauf habe, antwortete ich ihm sehr abweisend. Dennoch kam eine »Wie geht's dir«-Mail, in der er erzählte, dass es bei ihm drunter und drüber ginge. Er hatte seine Abschlussprüfung nicht gepackt und mal wieder tierisch Stress mit seinem Stiefvater deswegen. Ich hatte während unserer Beziehung einiges über das Verhältnis der beiden mitbekommen und versuchte nun zu helfen. Aber warum Nico sich plötzlich wieder meldete, sich sogar bei einer gemeinsamen Freundin beschwerte, dass ich ihm nicht zum Geburtstag gratuliert hatte, verstehe ich bis heute nicht. Und wie ich von dem Hass auf ihn, der nach der Trennung in mir brodelte, unbemerkt wieder auf Hilfsbereitschaft umschwenken konnte, eigentlich auch nicht. Oft habe ich mir seitdem den Kopf darüber zerbrochen, bin aber auf keinen plausiblen Grund gekommen. Zu dem Zeitpunkt wollte ich einfach nur für ihn da sein, so wie er während unserer langen Telefonate vor unserer Beziehung auch mir oft beigestanden hatte. Und so lebte unser Kontakt wieder auf. Erst per Mail, dann per SMS, später auch wieder per Telefon. Gleich beim allerersten Telefonat seit der Trennung konnten wir endlich ehrlich miteinander sein, endlich aussprechen, welche Fehler wir während unserer Beziehung gemacht hatten. Aber dabei blieb es nicht ...

Nico fing wieder kräftig an zu baggern, mir zu zeigen, wie sehr er mich mochte, wann immer wir uns zufällig in der Disco oder in der Stadt trafen. Und diese Werbung um meine Person begann mir wieder zu gefallen. Trotzdem ging ich eine Blitzbeziehung mit Maurice, Nicos ewigem Rivalen, ein. Meine Faszination für Maurice war ungebrochen, er hatte mir sein halbes Leben erzählt und, was ich besonders bewundernswert fand, stand zu all dem Mist, den er gebaut hatte. So ergab sich das zwischen uns. Maurice war einfach wieder einer der Kandidaten, bei denen ich mir sicher war, dass es diesmal wirklich halten würde. Leider war dem nicht so.

Nico zog sich derweil aus meinem Leben zurück, war aber sofort wieder präsent, als die Sache mit Maurice und mir gegessen war. Irgendwann ergab sich die Gelegenheit, dass er bei mir übernachtete, und wir schliefen Arm in Arm ein – wie früher. Leider kam es vorher nur zu einem verpfuschten Kussversuch, denn plötzlich – Klischee pur – piepste sein Handy: eine SMS von einer Frau, mit der er sich auch noch mailte. Aus dem geplanten leidenschaftlichen Kuss wurde also nur ein unkonzentriertes Bussi.

Ich witterte meine Chance, als Nico und ich zusammen auf den Geburtstag einer gemeinsamen Freundin fuhren und ich anschließend bei ihm übernachtete. Aber nichts war, außer dass er große Töne spuckte. Im Gegenteil, er benahm sich seltsam, irgendwie distanziert. Ich war total enttäuscht. Mittlerweile liebte ich ihn wirklich wieder und hatte fest geglaubt, wir würden wieder zusammenkommen. Also schrieb ich eine Mail: »Was soll das mit uns sein? Wo soll das mit uns hinführen? Ich liebe dich doch!« Wie zu befürchten war, stritt er alles ab, und ich bekam eine Abfuhr: »Ich habe einfach keine Zeit für Frauen, mein Basketballverein ist mir wichtiger.« Sein Wort in Gottes Ohr, zwei Monate später schleppte er plötzlich doch eine Freundin an. Ich, in meinem Stolz gekränkt und doppelt verarscht, schwor mir Rache. Erfand einen imaginären Freund, mit dem ich ja so überglücklich war, und es funktionierte. Nicos Überheblichkeit war wie weggeblasen, stattdessen wurde er zurückhaltend, redete nicht einmal mehr mit mir. Bis auf die kurze Nachfrage hin und wieder, ob ich denn noch mit meinem »Freund« zusammen wäre. Ja klar, war ich immer noch. In meiner Phantasie. Bis ich irgendwann eine Krise zwischen mir und »meinem Neuen« erfand. Und siehe da, Nico war wieder Feuer und Flamme, und die Spielchen begannen von vorn.

Damit sind wir in der Gegenwart gelandet. Mittlerweile habe ich mich von meinen Gefühlen losgeeist und kann Nico normal gegenübertreten. Na ja, was heißt normal. Ich fahre häufig zu ihm, und dann küssen wir uns und fummeln ein bisschen. Sind aber kein Paar. Jeder von uns beiden könnte sich jemand anderes suchen, wenn er wollte, nur keiner macht's. Trotzdem würde es mir wenigstens anfangs schwer fallen zu akzeptieren, wenn er eine Freundin hätte. Das muss daran liegen, dass da doch Gefühle im Spiel sind, sonst würde ich mich auf so eine Nähe gar nicht einlassen, glaube ich. Ich küsse niemanden einfach so aus lauter Jux und Dollerei, das macht einfach keinen Spaß. Nico zu küssen macht Spaß. Wir verstehen uns mittlerweile super, viel besser als während unserer Beziehung. Nähe, Liebe, Geborgenheit – all das, was ich im Moment so nötig habe, bekomme ich von ihm. Und dennoch habe ich meine Freiheit. Ich will nicht mehr und nicht weniger.

Was ist da zwischen uns, das uns immer wieder zusammenführt? Etwas ist da, das kann ich nicht leugnen. Auch wenn ich mir manchmal das Gegenteil einrede, möchte ich dieses »Etwas« nicht missen. Nico ist eine so wichtige Bezugsperson in meinem Leben geworden, er würde mir fehlen. In Gesprächen beschreibe ich ihn als Freund, als Kumpel, je nachdem. Doch eigentlich ist das, was wir teilen, mehr als eine einfache Freundschaft, aber weniger als eine Beziehung. So genau lässt sich das nicht definieren. Affäre oder Bettgeschichte ist auch nicht das richtige Wort. Da ist mehr als erotische Anziehungskraft zwischen uns. Ich fühle mich gut, wenn ich bei ihm bin, weil ich von ihm bekomme, was ich brauche, ohne mir einen Freund zu suchen. Dieses Herumirren in der Welt auf der Suche nach dem Richtigen kann ganz schön anstrengend sein. Besonders für einen schüchternen Menschen wie mich. Darum bin ich froh, wenn ich mich da ausklinken kann. Abgesehen davon gehe ich bald für ein Jahr nach Amerika. Keine noch so intensive Beziehung kann diese Distanz über so lange Zeit überstehen. Keine Chance. Warum soll ich also meine Energie verschwenden? Dann genieße ich doch lieber das Gefühl von Geborgenheit, das Nico mir gibt. Wenigstens für einen Abend oder für zwei eine Ahnung von Glück. Und das ist jetzt nicht so depressiv gemeint, wie es klingt.

Diese Nähe, diese Vertrautheit zwischen Nico und mir wird oft durch kleine Berührungen ausgelöst. Seine Hand auf meinem Knie. Eine flüchtige Umarmung in der Disco. Ich rede und rede, aber die richtigen Worte finde ich nicht. »Ein gutes Gefühl« klingt zu banal für das, was sich in mir ausbreitet, wenn ich ihn rieche, schmecke, seine Wärme spüre. Bis zu einer gewissen Grenze fühle ich mich sehr wohl, wenn wir uns näher kommen. Aber schlafen würde ich nicht mit ihm. Kurz bevor es dazu kommt, wenn die Grenze erreicht ist, beginnt mein Magen zu rebellieren. Ich fühle mich schwer wie Blei und nicht mehr in der Lage, mich zu bewegen. Spätestens dann wende ich mich ab.

Ein verhältnismäßig kleiner Teil meines Herzens hängt immer noch an Nico und ist nicht bereit loszulassen. Aber das Kapitel Beziehung ist seit meiner Racheaktion mit dem imaginären Freund zwischen uns abgehakt. Vielleicht einfach aus dem Grund, weil ein gemeinsames Leben mit Nico wohl kaum funktionieren würde. Er arbeitet von früh morgens bis spät abends als Systemelektroniker bei einer Computerfirma und trainiert nach Feierabend dreimal die Woche. Am Wochenende dann die Spiele. Ich würde in seiner Wohnung hängen, mich zu Tode langweilen und den zwei Tagen in der Woche entgegenfiebern, die uns für unsere Zweisamkeit blieben. Außerdem überfordert mich die Großstadt, in der er wohnt. Der Verkehr, die nervige Parkplatzsuche – das gibt es in dem Zweihundertseelennest, in dem ich wohne, nicht. Und Zug fahren ist zu teuer, besonders weil Nico immer dann auf die glorreiche Idee kommt, mich sehen zu wollen, wenn ich ohnehin schon pleite bin. Dazu kommt eben die Aussicht auf meine baldige Abreise nach Amerika.

Aber da ist noch etwas: gewisse Charaktereigenschaften, die mir als platonische Freundin schnurzpiepegal sind, über die ich für zwei Tage in der Woche sogar lachen kann, die ich als seine Partnerin jedoch nur schwerlich ignorieren könnte. Nico kann intolerant sein, stur, größenwahnsinnig, überheblich und gleichzeitig für seine vierundzwanzig Jahre noch ein ganz schönes Kind. Was mich beschäftigt, empfindet er als unwichtig. Meine heiß geliebten Daily Soaps, die ich mir gern zur Entspannung anschaue, wenn ich etwas Anspruchsloses brauche und sonst nichts zu tun habe, hält er für Kinderkram. Meine Rock-, Gothic- und Nu Metal-Musik beschimpft er als kommerziell. Und meine Freundinnen sind sowieso alle dumm, bloß weil die eine dick und die andere voll und ganz dem Metal verfallen ist. Nico auf der anderen Seite ist natürlich der Held, sein Sport, sein Leben – unübertroffen. »Dragon Ball Z«, seine Lieblingsserie, hält er nicht nur für anspruchsvoll, sondern oftmals für die Realität, den amerikanischen Underground Hip Hop, den er hört, für nicht zu toppen.

Natürlich ist es als gute Freundin auch meine Aufgabe, ihn auf Charaktermängel hinzuweisen, ich habe es auch mehr als einmal versucht. Nico aber blieb stur: »Nimm mich, wie ich bin, oder lass es!« Einzig und allein beim ersten Telefonat nach unserer Trennung zeigte er einen Anflug von Einsicht: »Das war wohl nicht immer so in Ordnung, wie ich mich verhalten habe, aber du hast es auch oft übertrieben!« Kurz danach meinte er sogar über meine rundliche Freundin: »Die ist ja gar nicht so verkehrt, die ist ja voll nett und super gut drauf!« Aber damit wollte er mich in dem Moment wohl einfach nur beeindrucken, denn kurz darauf war alles wieder wie früher.

Vielleicht funktioniert unsere »Beziehung« nach dem Motto »Gegensätze ziehen sich an«. Vielleicht sind wir uns aber in Wirklichkeit doch ähnlicher, als es auf den ersten Blick den Anschein hat, und liegen mehr auf einer Wellenlänge, als mir bewusst ist? Vielleicht spielt mir auch einfach nur die mystische Anziehungskraft der Ex-Freunde einen Streich. Wie oft habe ich mir darüber den Kopf zerbrochen, ohne zu einer Lösung zu kommen.

Angenommen, ich lernte einen anderen kennen, mit dem es mir wirklich ernst wäre, würde ich auf jeden Fall von mir aus sofort den sexuellen Aspekt unserer Beziehung einstellen, denn wenn auf der Liste meiner Werte etwas ganz oben steht, dann ist das Treue in einer Beziehung. Nico würde klipp und klar von mir zu hören bekommen, dass das nicht mehr läuft, und wenn er es partout nicht lassen könnte zu versuchen, mich ins Bett zu kriegen, wäre das ein Grund für mich, auf Distanz zu gehen. Einerseits glaube ich nicht, dass er so unverschämt wäre, andererseits würde ich meine Hand nicht dafür ins Feuer legen. Ich habe mich schon einmal in ihm getäuscht.

Telefonieren, mailen, etwas zusammen unternehmen – das würde weiterhin in Ordnung gehen, vorausgesetzt natürlich, Nico würde sich nicht genauso zurückziehen, wie er es damals getan hat, als ihm mein imaginärer Freund in die Quere kam. Sollte mein Neuer eifersüchtig sein, was ich verstehen könnte, wäre ich bereit, auch diese »harmlosen« Gemeinsamkeiten einzuschränken, allerdings nur bis zu einer gewissen Grenze. Denn das Sexuelle mal außen vor ist Nico ein guter Freund, der sehr viel von mir weiß und auf den ich zählen kann, wenn es hart auf hart kommt. Und so etwas sollte man nicht leichtfertig aufgeben. Vielleicht würde ich meinen Neuen auch gar nicht in alle Einzelheiten Nicos und meiner Geschichte einweihen. Wozu denn auch? Ich weiß ja von mir, dass es mich nicht ganz kalt lässt, wenn Nico von seiner Ex erzählt, selbst wenn es sich dabei meistens um negative Dinge handelt. Und eine Gefahr könnte mein Ex ohnehin nur dann werden, wenn zwischen meinem Neuen und mir ernsthaft der Haussegen schief hinge. Solange alles in Butter wäre, solange Nico wüsste, dass ich glücklich bin, würde er nicht versuchen, sich zwischen uns zu drängen. Glaube ich.

Was Nico eigentlich von unserer »Beziehung« hält, wie er sie definieren würde und was er daraus zieht, würde mich auch mal interessieren. Letztens kam das Thema mehr durch Zufall auf, als er mich zu einem gemeinsamen Wochenende überreden wollte, vielleicht dem letzten vor meiner Abreise. Da ich mitten im Prüfungsstress steckte und mir eine durchgemachte Nacht nicht leisten konnte, musste ich absagen. Aus irgendeinem Grund versuchte er mit allen Mitteln, mich umzustimmen. Vielleicht war ihm angesichts des baldigen Abschieds aufgegangen, was er im Begriff ist zu verlieren. »Ich würde dich«, lockte er, »knuddeln und knutschen, bis du nicht mehr weißt, wo oben und unten ist, wenn du kommst!« Ich konnte nicht einschätzen, wie ernst das gemeint war, schließlich hatte es noch ein paar Wochen vorher geheißen: »Ich küsse dich, weil es Spaß macht. Warum sollte ich es nicht machen, wenn es Spaß macht?« Nun plötzlich meinte er: »Du wirst dich noch wundern!« Und gewundert habe ich mich tatsächlich, als der Abend kam, an dem ich zu ihm fuhr, um die Einlösung seiner Versprechen zu fordern. Richtig liebevoll war er zu mir. Und wenn wir jetzt telefonieren, höre ich zwischen den Zeilen heraus, dass auch er noch etwas für mich empfindet. Damit konfrontiert, würde er das natürlich abstreiten. Also bleibt es offiziell bei einer »Bettgeschichte«, und unter der Hand, also inoffiziell, wissen wir beide sehr gut, dass zwischen uns mehr als das ist.

Manchmal wünschte ich, die Situation wäre anders. Nico wäre nie zum zweiten Mal in mein Leben getreten. Wäre längst Vergangenheit. So geht es mir immer dann, wenn meine längst tot geglaubten Gefühle für ihn wieder hochkommen, während er mir die kalte Schulter zeigt. In anderen Momenten, wenn wir uns näher sind als üblich, träume ich davon, dass er sich mir wieder mehr öffnen und uns die Chance für einen zweiten Versuch geben würde. Das würde so einiges einfacher machen.

Immer wenn ich so hin- und hergerissen bin, denke ich daran, was eine gute Freundin einmal zu mir gesagt hat: »Alles, was geschieht, formt unser Leben. Auch die guten und die schlechten Erfahrungen in der Liebe. Leider ist es notwendig, sie alle durchzumachen.« An den einen Ex erinnert man sich mehr, an den anderen weniger. Das hängt natürlich erstens davon ab, ob die Erfahrung vor dem Ende gut oder schlecht war, was man mit dem Menschen durchgemacht und wie sehr man seine Gefühle eingebracht hat, zweitens davon, wie verletzend das Ende selbst für einen war. Und drittens davon, wie sehr der jeweilige Mensch in seiner Vergangenheit lebt. Ich glaube, die Menschen, die sich zu sehr an die Vergangenheit klammern, werden getrieben von der Angst vor dem, was sie erwartet. Die Zukunft bietet uns ja nichts Greifbares, worauf wir blicken können. Vielleicht werde ich einen guten Job haben, vielleicht den Mann fürs Leben finden, vielleicht überfährt mich aber auch morgen ein LKW. Die Vergangenheit dagegen habe ich schon gelebt, darauf kann ich zurückgreifen, daran kann ich mich erinnern. Das gibt ein Gefühl von Sicherheit. Und dieser Zwiespalt ist eins zu eins übertragbar auf die Verflossenen. Man weiß nicht, wer als Nächstes kommt. Vielleicht wird der Neue viel besser sein als der Alte, vielleicht aber auch nicht.

Ich selbst hänge sehr an der Vergangenheit, an diversen Verflossenen. Aber nur an denen, in die ich nicht so arg viel Gefühl investiert beziehungsweise meine Gefühle zurückgehalten habe. Bei denen ich der Auslöser für die Trennung war oder bei denen die Initiative von mir ausgegangen ist. Alle anderen Erinnerungen sind mir zu negativ, ich denke lieber an schöne Zeiten zurück. Manchmal ist mir erst hinterher aufgegangen, was ich an einem Typen hatte. Zum Beispiel Nicos Vorgänger: größer als ich, sah wirklich gut aus, ein lieber goldiger Kerl, mit dem ich stundenlang quatschen und Scheiß machen konnte. Was wollte ich eigentlich mehr? Tja, vorbei. Aber in meinem Kopf eben noch irgendwie da. So ist das mit den Ex-Partnern, das können meine Freunde bestätigen. In der Clique ist das Thema immer wieder aktuell. Jeder hat so seine Erfahrungen mit Verflossenen sammeln dürfen, die plötzlich wieder ins Leben treten.

Nun steht also mein Amerika-Aufenthalt vor der Tür. Gerade jetzt fällt es mir unheimlich schwer, das überhaupt durchzuziehen, der bevorstehende Abschied tut mir in der Seele weh. Auf der einen Seite befürchte ich, dass wir uns aus den Augen verlieren könnten, auf der anderen Seite hoffe ich, dass es so kommen wird. Besonders schlimm ist es, wenn Nico so liebe Dinge sagt wie: »Du wirst mir fehlen! Ich hab' doch dann niemanden mehr zum Ärgern!« – »Such dir«, erwidere ich auf solche Ausbrüche, »eine andere!« Wenn er dankend ablehnt, wird mir ganz warm ums Herz. Und das, obwohl es in den letzten Tagen eher komisch zwischen uns war. Denn Nico beschäftigt die Situation genauso sehr wie mich. Er spricht nur ungern darüber, und wenn, dann scherzhaft: »Du willst weg? Dann sieh zu, dass du Land gewinnst!«

Vielleicht ist das, was zwischen uns noch ist, nichts anderes als der zweifelhafte Versuch, einen schönen Teil der Vergangenheit zu wiederholen. Um ihn nicht zu vergessen. Solange ich jedenfalls an Nico hängen bleibe und diese seltsame Art von Beziehung zulasse, verbaue ich mir die Chance, in meine Zukunft durchzustarten. Ich werde in Amerika wohl einiges erst einmal sacken lassen und verarbeiten müssen. Einiges mit Abstand betrachten. Vielleicht komme ich dann zu dem Schluss, dass Nico endgültig in den Status eines Ex-Freundes befördert werden sollte. Vielleicht hilft uns die Distanz aber auch wieder auf die Beine. Vielleicht lässt sie uns spüren, was wir aneinander haben, und macht uns Mut, es noch einmal miteinander zu versuchen. Vielleicht lerne ich in den Staaten ja auch den Mann meines Lebens kennen und Nico verliert ganz von selbst an Bedeutung. Wer weiß.

Anna, 22, Studentin der Kunstgeschichte

»ICH HABE GELERNT, DASS DIE STILLE LIEBE SCHÖNER IST ALS DIE LAUTE.«

Ich nenne nicht jede flüchtige Schwärmerei »Beziehung«. Und schon gar nicht »Liebe«. Das sind Worte, mit denen man sehr bewusst umgehen sollte, auf gar keinen Fall inflationär. Insofern hatte ich vier Beziehungen, die es verdient haben, Beziehungen genannt zu werden. Affären mit beziehungsähnlichem Charakter, aber ohne Verpflichtungen nicht eingerechnet. Der Kontakt zu einigen Männern, mit denen ich Affären hatte, besteht durchaus, passt aber laut meiner Definition nicht in die Kategorie »Kontakt mit Ex-Partnern«. Ex-Partner, das sind die Männer, mit denen ich echte Beziehungen eingegangen bin. Zwei von den Vieren bedeuten mir bis heute sehr viel.

Mein erster Freund hieß Pablo, kam aus Brasilien. Die erste große Liebe, irgendwie schon, andererseits auch nicht. Pablo war mehr als die erste große Liebe, die man als Teenager gewöhnlich durchmacht. Wir wollten heiraten. Pablo war der perfekte Mann für mich, und das war mir klar, obwohl ich sechzehn war, als wir uns kennen lernten, und siebzehn, als wir ein Paar wurden. Bis heute nehme ich das, was ich damals für Pablo empfand, absolut ernst. Das waren nicht die unschuldigen Gefühlsverwirrungen eines jungen Mädchens, das die Liebe nicht kennt. Das war Liebe, starke, ernsthafte Liebe.

Pablo war Künstler. Designte Schmuck und malte Bilder, verkaufte seine Werke gelegentlich. Verdiente sich jedoch seinen Lebensunterhalt als Koch. Er war vier Jahre älter als ich, innerlich wie äußerlich wahnsinnig anziehend. Ich, das junge Mädchen ohne Selbstvertrauen, fand ihn toll, sehnte ich mich doch selbst nach dem Leben als Künstlerin. Fasziniert von dem Schöpferischen, dem Geistreichen, das diese Menschen umgab. Neugierig auf ihr Leben am Existenzminimum, das ich heute so nicht mehr anstreben würde.

Pablo und ich waren uns im Verlauf eines Jahres zuerst einige zufällige Male auf Partys über den Weg gelaufen. Hatten irgendwann begonnen, miteinander zu quatschen. Quatschten stunden-, schließlich nächtelang. Eines frühen Morgens, nach acht Stunden Nähe, nannte ich ihn meinen »Seelenbruder«. Eines weiteren frühen Morgens begannen wir, uns zu küssen. Irgendwann gestand Pablo mir: »Ich liebe dich.« Ich: »Ich liebe dich auch.« Er: »Nein, wirklich: Ich liebe dich!« Ich: »Ja, ich dich auch!« Fünf unbeschreiblich intensive Wochen folgten, in denen außer uns niemand existierte. Dann fuhr ich heim.

Bei meinem zweiten, herbstlichen Besuch in Brasilien begann es, zwischen Pablo und mir zu kriseln. Innerhalb von drei Wochen galt es, unsere gemeinsame Zukunft auf die Beine zu stellen. Ich war bereit zu bleiben. Meinen Schulabschluss in Brasilien zu machen. Sogar mit meinen Eltern, die sehr verständnisvoll gewesen waren, hatte ich bereits gesprochen. Pablo und ich überlegten hin und her, für wen es einfacher wäre, dem anderen zuliebe alles aufzugeben.

Schließlich war er es, der zu mir nach Deutschland kam. Freude! Aufregung! Zugleich aber ein unruhiges, unsicheres Gefühl. Und dann die totale Desillusionierung. Da saß Pablo, den ich als souverän und weltmännisch kennen und schätzen gelernt hatte, plötzlich hilflos wie ein Kind im Wohnzimmer meiner Eltern: ohne Sprachkenntnisse, ohne Job, ohne Freunde, ohne Aufgabe. Völlig auf mich fixiert. Mit dieser grauenhaften Situation absolut überfordert, benahm ich mich furchtbar. Da lag meine Zukunft vor mir ausgebreitet, da hatte ich Entscheidungen zu treffen, brauchte Ruhe und Weitsicht, um meinem Leben Form zu geben, da war ich unsicher und deswegen ambitioniert, rastlos und viel beschäftigt. Pablo, der keinen Halt hatte außer mir, reizte mich allein durch seine Anwesenheit. Das krasse Ungleichgewicht, das zwischen uns herrschte, war zuviel. Angst überwältigte mich.

Nach zwei Monaten krampfhaften Aufeinanderhockens gewann in mir das Gefühl, dass es nicht funktionieren würde, Oberhand. War mir die körperliche Nähe zu Pablo von Anfang an unangenehm gewesen, konnte ich meine eigene Grausamkeit, mit der ich ihn auf Abstand hielt, nun nicht mehr ertragen. Und so war klar, dass wir es beenden mussten, obgleich sich für ihn emotional nichts geändert hatte. Pablo fuhr heim nach Brasilien, und ich hörte vier Jahre lang nichts von ihm. Die ersten eineinhalb Jahre vergingen langsam. Ich litt darunter, dass ich diesen wunderbaren Mann nicht mehr hatte haben wollen, dass ich ihn gemein behandelt und dann weggeschickt hatte. Wie konnte das Gefühl, die Liebe meines Lebens gefunden zu haben, sich innerhalb weniger Monate verflüchtigen? Eine Erfahrung, die schwer zu verarbeiten war.

Ich blieb lange allein. Niemand, aber auch wirklich niemand, reichte an das Ideal heran, das Pablo verkörperte. Nicht, dass ich *ihm* zuliebe enthaltsam gelebt und Versuchungen widerstanden hätte, nein, ich verliebte mich einfach nicht, nahm keine anderen Männer wahr. Während unserer Beziehung hatten Pablo und ich uns in einer ungesund autarken Welt verkrochen, in der andere Menschen keinen Platz hatten. Nach unserer Trennung fand ich nicht so ohne weiteres meinen Weg in die Welt der anderen zurück. Flirten, den Partner mit Anspielungen auf die Konkurrenz necken, wie ich es heute tue – auf die Idee kam ich gar nicht. Pablo war alles, was ich brauchte, alles, was ich wollte, mein Lebensmittelpunkt. An seiner Seite verflüchtigten sich die Zweifel, die ich an meiner Weiblichkeit hegte, denn ich war sein Schönheitsideal, seine Muse.

Mein neues Selbstbewusstsein, meine neue Ausstrahlung muss man mir angemerkt haben, denn kaum war ich aus Brasilien zurück, verliebten sich reihenweise Freunde und Bekannte in mich, was mich allerdings kalt ließ. Pablo war der schönste Mann der Welt für mich gewesen und ich die schönste Frau der Welt für ihn. Nun, da Pablo nicht mehr an meiner Seite war, fiel es mir schwer, mich auf andere Männer einzulassen, befürchtete ich doch, beziehungsunfähig und gefühllos zu sein, weil ich einen Rückzieher gemacht hatte, als meine große Liebe vor mir gestanden hatte. Was andere suchten, hatte ich gefunden und nicht gewollt. Die große Chance vertan. Andererseits wusste ich auch, warum: Weil mir meine Freiheit wichtig war. Und so definierte ich mich lange Zeit über meine Freunde und fand Erfüllung und Nähe bei meinem besten Freund.

Nach vier Jahren Sendepause lag vor einigen Monaten plötzlich ein Brief von meinem Ex im Kasten. Der Brief, auf den ich so lange gehofft hatte. Der unselige Abschied konnte doch nicht das Letzte gewesen sein, das ich jemals von Pablo hören würde! Ich wusste all die Jahre über sicher, dass er genauso oft an mich dachte wie ich an ihn, erfüllt von demselben Gefühl unerloschener, zärtlicher Liebe. Und nun hielt ich ihn in meinen Händen, den Brief. Aufgeregt. Weinte Tränen der Rührung. Pablo schrieb recht sachlich, was sich in den vergangenen vier Jahren ereignet hatte, um erst in den letzten Zeilen unterschwellig die Verbundenheit zu mir durchklingen zu lassen, mit der er an mich gedacht hatte. Jedenfalls meinte ich, unterdrückte Nähe herauszulesen. Gemeinsame Freunde aus Brasilien hatten mich wissen lassen, dass es ihm schlecht ging. Vielleicht hatte er unsere Trennung erst jetzt überwunden. Vielleicht hatte er auf Nachricht von mir gewartet oder bislang nicht die richtigen Worte gefunden. Jedenfalls war ich reichlich böse auf ihn gewesen, dass er so lange nichts von sich hören ließ.

Bei unserer Trennung waren die Worte gefallen: »Wir sind einfach zum falschen Zeitpunkt aufeinander getroffen. Vielleicht sollten wir uns in ein paar Jahren wiedersehen.« Klar, dass mich sein Brief nachdenklich machte: Eine zweite Chance? Jetzt? Ich weiß nicht, wie ich reagieren würde, wenn Pablo plötzlich vor mir stünde. Nervosität. Wehmut. Nostalgie. Diese Gefühle würde ich erwarten. Pablo war ein toller Mann damals, den ich natürlich rückblickend idealisiere. Oder nicht? Vielleicht bringe ich ihm jetzt auch erst den Respekt entgegen, den er vor Jahren schon verdient hätte. Natürlich könnte es sein, dass sich Pablo vollkommen verändert hat, dass wir gar nicht mehr zueinander passen würden. Aber nein, das glaube ich nicht. Die zentralen Wesenszüge eines Menschen wandeln sich nicht so grundlegend. Klar habe ich mich in den letzten vier Jahren verändert, bin weicher, erwachsener geworden. Und dennoch irgendwie dieselbe wie damals. Ich glaube, Pablo weiß aus dem Bauch heraus, wie ich jetzt bin, und er weiß auch, wie ich damals eigentlich war, woher meine Abwehrhaltung ihm gegenüber kam und warum es mit uns nicht funktioniert hat. Eine Kumpelbeziehung könnte ich wohl nie zu ihm aufbauen. Dazu war zuviel zwischen uns. Gleichzeitig würde mich dazu heute zuviel an ihm nerven – seine esoterische Ader, sein Desinteresse an aktuellen politischen Ereignissen und an der Philosophie. Doch könnte ich Pablo wieder lieben? Bevor ich mit meinem aktuellen Freund Olaf zusammenkam, dachte ich manchmal insgeheim, dass ich diese Möglichkeit nur unterbewusst blockierte, weil sie mein Leben so unheimlich durcheinander bringen würde. Inzwischen habe ich diese Bedenken abgelegt, Pablo wäre keine Gefahr mehr für meine aktuelle Beziehung zu Olaf, in der ich mich sehr verankert fühle.

Olaf ist nach Pablo der zweite Mann, zu dem ich gesagt habe: »Ich liebe dich.« Und ich benutze diese drei Worte nur, wenn es mir wirklich ernst damit ist. Trotzdem sind diese beiden Arten zu lieben so grundverschieden, dass es schwer fällt, sie unter demselben Begriff zusammenzufassen. Meine Liebe zu Pablo war wie Feuer, so intensiv. Meine Liebe zu Olaf ist dagegen still und schön, und sie wächst, dass es mich erstaunt. Sie war zwar nicht vom ersten Tag an in dem Maße wie heute da, aber gerade das gibt ihr die Möglichkeit zu gedeihen.

Ich würde nicht sagen, dass ich resigniert und mein Ideal aufgegeben habe. Vielleicht bin ich pragmatischer geworden. Das trifft es eher. Ich frage mich schon manchmal: »Ist es das? Erfüllt diese Beziehung meine Bedürfnisse? Würde ich für Olaf alles aufgeben, wie ich es für Pablo getan hätte?« Ich weiß es nicht. Olaf muss gegen ein großes Ideal antreten. Und doch kann ich mir durchaus eine Zukunft mit ihm vorstellen, wünsche sie mir und freue mich darauf – und das ist alles, was zählt –, aber es könnte auch anders kommen, dessen bin ich mir bewusst. Ich bin ein schwieriger, fordernder, verstörender Beziehungspartner. Mache alles mit mir selbst aus. Falle manchmal ohne ersichtlichen Grund in ein tiefes, schwarzes Loch. Olaf kann mir in diese Stimmung hinein nicht folgen, er braucht handfeste Ursachen für eine Krise. Ursachen, die man in Angriff nehmen kann. Dass es mir einfach so schlecht gehen kann, musste er erst verstehen. Doch er akzeptiert meine Empfindsamkeit und ist in seiner Gegensätzlichkeit am besten in der Lage, mir zu helfen. Er ist nicht wie ich ein Mensch, in dem sich Euphorie und Aufgabe die Hand reichen. Manchmal frage ich ihn ganz direkt: »Warum drehst du eigentlich nicht durch mit so einer komplizierten Frau wie mir?« Aber er dreht nicht durch, sondern liebt mich gerade für meine Begeisterungsfähigkeit und Empfindsamkeit, die mich so schwierig machen. Und genau das macht den Wert unserer Beziehung aus.

Es ist spannend zu beobachten, welche Fortschritte wir im vergangenen halben Jahr gemacht haben. Wie wir einander im Alltag annehmen, wie wir uns unterstützen, wie das Leben bunter, schöner ist durch unsere Gemeinsamkeit. Das ist Liebe. Olaf kann ich als ersten Mann stolpern, kleckern, blöd tanzen sehen, ohne mich abzuwenden, ohne dass er entmystifiziert wird – im Gegenteil: Es erfüllt mich mit einer tiefen Zärtlichkeit. Weil ich mit ihm nie wie mit Pablo in diesen stilisierten Ausnahmesituationen gelebt habe, sondern von Anfang an im Alltag. Insofern ist unsere Beziehung zwar weniger geballt und gewaltig, aber dafür lebensfähiger. Und auf ihre Art schöner.

Dass ich mich nach Pablo überhaupt wieder auf andere Männer, und jetzt zuletzt auf Olaf, einlassen konnte, verdanke ich Jean-Luc. Franzose, elf Jahre älter als ich, weltreisender Lebenskünstler, den ich in Spanien kennen lernte. Seit zweieinhalb Jahren ließ er sich von einem Ort zum anderen treiben, arbeitete illegal, lebte von der Hand in den Mund. Ich war verliebt. Mehr nicht, aber immerhin. »Du bist«, sagte Jean-Luc, »für mich nur eine Urlaubsbekanntschaft. Die Hoffnung, dass aus uns etwas werden könnte, ist doch utopisch!« Aber ich wollte ihn unbedingt wiedersehen: »Ich muss doch wissen, was das ist, das ich empfinde!«

Und so reiste ich Jean-Luc nach Griechenland hinterher, empfand jedoch in seiner Gegenwart unerwartet nur noch Müdigkeit. »So«, wusste ich, »willst du das nicht.« Plötzlich fiel mir auf, was mir an Jean-Luc auf die Nerven ging: seine ständigen Umarmungen, mit denen er Nähe, ja sogar einen Besitzanspruch demonstrierte. »Du kennst mich doch gar nicht!«, warf ich ihm vor, als er behauptete, mich zu lieben, und ging körperlich auf Distanz. Der Beginn meines Studiums stand kurz bevor, es gab jede Menge zu organisieren, und schon wieder wollte sich jemand in mein Leben drängen, alles für mich aufgeben. »Nein!«, dachte ich, die ich kurz zuvor noch bereit gewesen war, all meine Pläne Jean-Luc zuliebe sausen zu lassen, um mit ihm auf Weltreise zu gehen. »Das wird mein neues Leben, für dich ist darin kein Platz!« Also verabschiedeten wir uns, sandten ein paar Mails hin und her, bis der Kontakt im Sande verlief. Kein klarer Schlussstrich, eher ein stiller Rückzug. Ich erinnere mich gern an Jean-Luc zurück, der mir bewiesen hat, dass es ein Liebesleben nach Pablo gibt, der mich für die Zukunft geöffnet hat.

Für eine Zukunft, in der mich Kai erwartete. Arbeitskollege. Intensive Ausstrahlung, die mich völlig aus dem Konzept brachte, obwohl Kai als Typ nicht meinem Männerideal entsprach. Er lebte zu dem Zeitpunkt seit acht Jahren fest mit einer Frau zusammen, mit der er sogar einen kleinen Sohn hatte. Das erfuhr ich jedoch erst später, als wir uns ein wenig besser kannten. Ich hätte es nicht für möglich gehalten, dass meine Prinzipien es zulassen würden, mich auf eine solche Konstellation einzulassen. Selbst zu dem Zeitpunkt, als wir einander unsere Gefühle gestanden, hielt ich es noch nicht für möglich, dass sich eine derart intensive – und deshalb quälende – Beziehung zwischen uns entwickeln könnte.

Schließlich wusste ich mittlerweile von Kais kleiner Familie, doch ich wusste auch, wie unglücklich er mit seiner Situation war, wie sehr sich seine Beziehung vom Familienalltag auffressen ließ. Keinerlei Körperlichkeit, schon gar kein Sex – klar, dass Kai darunter litt. Nicht nur wegen seiner unterdrückten Bedürfnisse, sondern ganz besonders, weil ihm die Nähe fehlte, mit der man in einer gesunden Partnerschaft dem anderen bestätigt: »Du gehörst zu mir!«

Kai ist bestimmt nicht der Typ Mann, der beliebig fremdgeht, weil seine Freundin keine Zeit für ihn hat. Er hilft ihr, unterstützt sie, wo er kann, reflektiert die Beziehung intensiv und ergreift die Initiative, wenn es darum geht, sie zu retten. Doch wer mit seinen Bemühungen nur auf taube Ohren stößt und dadurch langsam, aber sicher das Gefühl bekommt, seinem Partner gleichgültig zu sein, wird sich umorientieren, zumindest andere Fixpunkte in seinem Leben suchen. Und diesen Status nahm ich nun in Kais Leben ein. Seine Freundin blieb die abstrakte Frau, die mir nicht sonderlich sympathisch war, seitdem ich mitbekommen hatte, wie sie Kai mit ihrer Distanz demütigte. Ich hätte nie gedacht, dass ich mit einem gebundenen Mann schlafen könnte, ohne seiner Frau gegenüber ein schlechtes Gewissen zu haben, doch genau das geschah.

Auf Dauer war die Situation allerdings nicht zu ertragen. Ich litt unsäglich darunter, dass wir uns nur alle paar Wochen, Monate sehen konnten. Entwickelte Besitzansprüche. Wollte unbedingt mit diesem Mann zusammen sein und wusste doch, dass das unter keinen Umständen möglich war. Zwar hatte Kai schon, bevor er mich kannte, über eine Trennung von seiner Freundin nachgedacht, doch wollte ich nicht, dass er sie meinetwegen forciert. Er sollte seine Entscheidung unabhängig von uns treffen. Die Beziehung zu der Mutter seines Sohnes nicht als »verloren« ansehen oder als »Anna zuliebe aufgegeben«. Auf der Basis einer solchen Hypothek hätte ich nie eine Zukunft mit ihm aufbauen können. Ich wollte Kai so sehr, ein Leben ohne Altlasten an seiner Seite, doch der Traum war nicht realisierbar. Wir litten beide sehr unter der Trennung, mit dem Unterschied, dass ich mich in Affären austoben konnte – er nicht. Wie gesagt, er war kein Mann, der an sein Recht auf Untreue glaubte, sondern er blieb seiner Freundin vor und nach mir stets treu. Genau deshalb war unsere Beziehung so besonders, weit mehr als eine flüchtige Affäre oder ein Verhältnis.

Mittlerweile verbindet mich mit Kai eine enge Freundschaft. Vor kurzem verabredeten wir uns nach langer Zeit zum ersten

Mal wieder, nachdem wir uns per Zufall über den Weg gelaufen waren. Da war schon ein ängstliches Gefühl dabei. Aufregung. Wie würde es sein, diesmal nicht nur in Gedanken, sondern wirklich meinem Ex gegenüberzustehen? Die Situation, zu der es mit Pablo nie gekommen war. »Ich bin«, sagte Kai, »immer noch in dich verliebt!« Zuerst erschrak ich, dachte: »Das Treffen war wohl doch etwas verfrüht!«, doch dann wusste ich, was er meint. Wieder eine völlig andere Art von Gefühlen als die, die uns während unserer Affäre verbanden, als die zu Pablo oder die zu Olaf. Während unserer Beziehung hatte ich Kai nie gesagt, dass ich ihn liebe, nur, dass ich ihn lieben könnte. Jetzt können wir gemeinsam sagen: »Wir haben uns lieb!« Auf einer anderen Ebene als früher. Wir stehen uns sehr nahe, wir sind einander sehr verbunden, wie kann ich es besser beschreiben?

Kai ist immer noch mit seiner Freundin zusammen, die er mit mir betrogen hat. Sie wusste damals nichts, weiß bis heute nichts, und das ist okay für mich. Ich fühle mich nicht als Eindringling oder als jemand, der einen Keil zwischen die beiden treiben würde, weil ich einen so tiefen Einblick in ihre Beziehung habe, dass ich mittlerweile auf eine merkwürdige Art helfen kann. Als Kais Außenperspektive. Wenn er mir von ihr erzählt und ich greife sie bewusst übertrieben an, ist es schön zu sehen, dass er sie verteidigt, und ihm dadurch zu beweisen, dass er immer noch Gefühle für sie hat, wenn auch verkümmerte. Unser erneutes Aufeinandertreffen löst in Kai zwei gegensätzliche Reaktionen aus. Einerseits bemüht er sich wieder um seine Beziehung, wehrt sich jedoch andererseits stärker gegen die unbefriedigende Situation. Meine Bestätigung steigert Kais Selbstbewusstsein, was seine Freundin wiederum spürt. Ihre Gleichgültigkeit weicht, sie nimmt wieder wahr, dass sich auch andere Frauen für Kai interessieren, und spürt Eifersucht.

Kai hat also durch unsere Beziehung von damals wie auch durch unsere Freundschaft heute neue Impulse bekommen und die Kraft, sein Leben als Vater durchzustehen. Durch mich sah er sich nicht mehr nur auf den Familienernährer reduziert, sondern als Mann bestätigt. Ob die beiden ihre Beziehung meistern werden, kann ich nicht sagen – nach wie vor hält sie vor allem das Kind zusammen.

Auch ich ziehe viel aus dieser Freundschaft mit meinem Ex – vor allem Kraft. Kai ist ein sehr empfindsamer Mensch, steht auf viel festeren Beinen im Leben als ich. Er hilft mir, wo er kann, und dass ich das zulasse, ist wirklich außergewöhnlich. Mein beständiger Unabhängigkeitsdrang lässt mich sonst selten Hilfe von Menschen annehmen, mit denen ich in dieser Intensität verbunden war. Kai ist wunderbar – all die Eigenschaften, die ich noch nicht entwickeln konnte, an denen ich noch arbeiten muss, weil ich so jung bin, repräsentiert er für mich: Souveränität, sicheres Auftreten. Er ist ein Mensch, der trotz seiner bewundernswerten Stärke die Empfindsamkeit bewahrt, anstatt abzustumpfen. Ich kann mich an ihm orientieren.

Wieder hohe Maßstäbe, an denen sich mein aktueller Freund Olaf messen muss. Obwohl ich das nicht von ihm erwarte, weil ich es genieße, ihm ebenbürtig zu sein. Wir sind im gleichen Alter, auf einer ähnlichen Entwicklungsstufe im Leben. Wir genießen unser Studentenleben und können all die Erfahrungen, die meine Ex-Partner mir immer schon voraus hatten, zusammen erleben: den ersten Job, den ersten Sieg, die erste Niederlage. Doch Olaf hat manchmal die unbegründete Angst, intellektuell hinter mir herzuhinken. Nein, er wäre wirklich nicht der Mensch, mit dem ich nächtelang über Nietzsche diskutieren würde. Aber das macht nichts, deshalb stelle ich unsere Beziehung nicht infrage. Ich habe gelernt, dass kein Partner alle Erwartungen erfüllen kann, dass Differenzen okay sind und dass Partnerschaft heißt: sich langsam aufeinander zu bewegen. Wer darauf spekuliert, seine Wunschwerte in dem einen Partner verkörpert zu sehen, wird in keiner Partnerschaft Zufriedenheit finden.

Olaf ist kein Mann der großen Worte. Wenn er mir ein Kompliment macht, sagt er: »Ich finde dich toll!« Nicht gerade Shakespeare. Das war ein Punkt, der mich sehr unsicher machte am Anfang. Meine Ex-Freunde hatten mich auf Händen getragen, geradezu vergöttert. Mich mit Liebesbekundungen überhäuft, die mich als Frau genauso wie als ebenbürtige Gesprächspartnerin bestätigten. Olaf ist einfacher gestrickt. Findet mich schön, das weiß ich, sagt es jedoch nicht, wie ich es von den anderen gewohnt war. Das empfand ich anfangs als schmerzhaft. Warum war er so wortkarg? Hatte das mit mir zu tun? Einige lange Gespräche später weiß ich, dass Olaf einfach Olaf ist. Dass es ihm nicht liegt, mir seine Gefühle ausführlich und komplex zu schildern. Seit ich weiß, dass ich nicht der Grund für seine Verschlossenheit bin, kann ich sie akzeptieren. Olaf muss sich nicht mehr mit der Wortgewandtheit meiner Ex-Freunde messen. Und siehe da, kaum hörte ich auf, ihn mit meinen Erwartungen zu erdrücken, öffnete er sich von ganz allein. Es ist schön, wenn er sich bemüht, meine Interessen ernst zu nehmen, und mir wie letztens ein paar Zeilen von meinem Lieblingsdichter schenkt. Obwohl ich es nicht von ihm erwarten würde, nur weil er mein Partner ist.

Ich will keine Geheimnisse: Wenn ich mich mit Kai verabrede oder an Pablo denke, erzähle ich Olaf davon. Als ich ihn fragte, ob er etwas gegen ein Treffen mit Kai einzuwenden hätte, war er einverstanden, vertraute mir. Ich verstehe es, wenn er sagt: »Ich habe ein bisschen Angst, wenn du Kai siehst.« Aber er kann mir vertrauen und muss akzeptieren, dass ich meine Vergangenheit nicht ihm zuliebe tilge. Olaf weiß von Pablos Brief und lacht sich kaputt, weil ich ihn wie so vieles andere verschlampt habe. Er weiß von der »Affäre« mit Kai und war deshalb anfangs einfach nur angewidert von diesem Mann, der seine Freundin betrogen hat. Olafs Abscheu hatte durchaus einen positiven Effekt, denn wir nutzten die Gelegenheit, uns mit verschiedenen Beziehungsmodellen auseinanderzusetzen. »Ein Seitensprung«, erklärte ich Olaf, »kann eine Bedeutung haben, einen Wert. Er kann etwas Positives sein, auch wenn man ihn moralisch verurteilt. Ich hätte es mir ja auch nicht träumen lassen, jemals in so eine Konstellation verstrickt zu sein.« Ich hoffe, ich konnte ihm verdeutlichen, was ich meine, denn Treue ist uns beiden sehr wichtig. Olaf sagt jedenfalls, dass er sich freut, dass ich in Kai einen echten Freund gefunden habe, der mir im Leben beisteht. Einander vorstellen würde ich die beiden aber nicht. Dafür ist es zu früh, dafür ist die Liebe zu Olaf zu jung, zu frisch! Es würde wohl beiden sehr zusetzen, jetzt schon miteinander konfrontiert zu werden.

Ob ich Olaf eine so innige Freundschaft zu einer Ex zugestehen könnte, ohne eifersüchtig zu sein, kann ich nicht beantworten, denn er hat keine feste Beziehung vor mir gehabt, nur kurze, beziehungsähnliche Erfahrungen. Darum ging er auch so lange nicht auf meine Annäherungsversuche ein. Genau wie ich fühlte er sich bindungsunfähig. Beide waren wir komplett unerfahren, was »normale« Beziehungen angeht. Das gefällt mir. Ich finde es schön zu wissen, dass ich die erste Frau bin, der Olaf sagt, dass er sie liebt. Vor zwei Jahren hätte ich ihm sicher keine echte Chance gegeben. Zu sehr hatte ich damals mit mir selbst zu tun, als dass ich einen anderen Menschen in meinem Leben zugelassen hätte. Jetzt sind wir beide bereit, ein Stück Weg miteinander zu gehen. Obwohl wir uns lieben, legen wir uns nicht fest, dafür sind wir beide zu jung. Obwohl wir uns eine gemeinsame Zukunft wünschen, wissen wir nicht, was kommt.

Einem Großteil meiner Freunde geht es ähnlich. Sie sind Single oder leben in Beziehungen, die noch nicht definitiv die ultimativen sind. Sie haben Ex-Partner, die nach wie vor eine Bedeutung haben. Wenn ich die Erfahrungen im Bekanntenkreis so beobachte, kann ich sagen, dass sich das Verhältnis zu den Verflossenen mit der Zeit normalisiert. Irgendwann denkt man nicht mehr: »Mit der Frau habe ich mal geschlafen, mit der kann ich doch jetzt keine dreckigen Witze reißen!«

Kontakt mit Ex-Partnern zu haben ist gut. Kontakt mit Ex-Partnern abzulehnen, würde bedeuten, zuzugeben, dass man sich in dem Menschen vollkommen geirrt hat. Na gut, das kann vielleicht ein- oder zweimal im Leben passieren, aber ich verstehe die Menschen nicht, die solch negative Konstellationen geradezu herbeirufen. Das ist doch absurd.

Wenn sich zwei Ex-Partner ein, zwei Jahre nach der Trennung nicht wieder vertragen können, wenn sie einander immer noch verteufeln, kann ich mir das nur durch ein sehr merkwürdiges, festgefahrenes Beziehungsbild erklären. Sicher haben sie sich eingeredet: »Ich bin nur für diesen einen Menschen da!« und müssen nun plötzlich aus dieser Enge ausbrechen und alles schlecht reden, was damit zusammenhängt.

Vielleicht habe ich einfach nur das Glück gehabt, die Menschen, mit denen ich eine Beziehung eingegangen bin, vorher sehr gut zu kennen, sodass mir kaum ernste Fehltritte unterlaufen sind. Aber selbst wenn das passiert, man muss doch zugeben können: »Wir haben beide Fehler gemacht!« Ich kann nicht glauben, dass all die Frauen, die sich über ihre Verflossenen die Mäuler zerreißen, immer wieder nur an Testosteron geschädigte Typen geraten sind, die wild durch die Gegend gevögelt haben. Natürlich weiß ich, dass es so etwas gibt. Besonders Hass gegenüber dem Ex nach einer von Abhängigkeitsstrukturen geprägten Liebe ist ja sehr verbreitet. Wenn man sich ungesund eng auf jemanden eingelassen hat. Nach so einer Beziehung kann natürlich keine Freundschaft mit dem Ex entstehen. Die entsteht sowieso meist erst, wenn beide wieder Partner haben. Partner und damit Zukunftsperspektiven. Ohne Zukunftsperspektive kommt es oft dazu, dass man sich auf Sex mit dem Ex einlässt. Dann verliert man sich aus Einsamkeit in seinen Phantasien, sehnt die Nähe herbei, die man mit diesem Menschen ja irgendwann mal empfunden hat, und schon ist es passiert. Für mich ist das kein Thema.

Vielleicht habe ich Glück gehabt, weil ich immer diejenige war, die Schluss gemacht hat und der es leichter fiel, sich auf eine Freundschaft mit den Exen einzulassen. Vielleicht habe ich insofern Glück gehabt, als dass die Leistung, wieder auf mich zuzugehen, nachdem ich sie verletzt habe, bei den Männern lag. Vielleicht habe ich Glück gehabt, dass Pablo nicht noch einmal vor mir gestanden und mein Leben durcheinander gebracht hat. Und Glück, dass Olaf meine Vergangenheit und ihren Einfluss auf die Gegenwart toleriert.

Anabell, 25, Doktorandin der Biologie

»ICH DACHTE, DIE WELT WÄRE BÖSE UND HÄTTE WALTER BÖSE GEMACHT.«

Als Kind und Jugendliche war ich verträumt, mit Anfang zwanzig immer noch. Bescheuert verträumt, sage ich heute. Zwischen den Märchenfilmen, Ölgemälden und Kerzen in meinem Zimmer malte ich mir meine Zukunft aus – realitätsfremd, aber wunderschön. Ich wollte in meinem Schoß ein Einhorn fangen können, was in der Mythologie symbolisch soviel bedeutet wie Jungfrau bleiben, sich verwahren für den einen Mann, für den ich geboren wurde, der in mein Leben treten würde, wenn ich nur geduldig auf ihn wartete. Den ich als meinen vorbestimmten Partner erkennen würde, ohne auch nur ein Wort mit ihm gewechselt zu haben, der mich als seine vorbestimmte Partnerin erkennen würde – vom ersten Augenblick an und für immer. Dass ich einmal von einem Ex-Freund berichten würde, war wahrlich nicht vorgesehen. Das Vertrauen in mir, dass meine Zukunftsvision sich erfüllen würde, war so stark, dass ich den Absprung in die Wirklichkeit nicht mehr rechtzeitig schaffte.

So hätte ich mit einundzwanzig noch mein Einhorn fangen können, so war ich mit einundzwanzig noch allein, so wartete ich immer noch auf meinen Prinzen, bis er mich tatsächlich fand. Aus den Augenwinkeln sah ich ihn in der Fußgängerzone auf mich zukommen. Groß, blond, nordischer Typ. Ich empfing ihn mit den Worten: »Es scheint, als wärest du auf der Suche.« Wir sahen uns in die Augen, sprachen über einen Mittelaltermarkt in der Nähe, den ich anbot, ihm zu zeigen, und ich war mir sicher: »Das ist *er*!« Walter. Als er mir wenige Minuten danach eine Rose schenkte, wertete ich das als sein Zeichen, mir zu sagen, dass er mich ebenfalls erkannt hatte. So sollte es sein. Meine Vorhersehung erfüllte sich.

Wir verabredeten uns zu einem Nachtspaziergang nur ein paar Stunden später, und ich erinnere mich noch heute, wie ich im wehenden Kleid barfuß den Berg hinunterlief und in Walters Arme fiel. Bereits in der zweiten Nacht schliefen wir miteinander. Ich empfing ihn ohne Schmerzen in Augenblicken voller Sanftmut. Auch das war Teil meiner Vision: So lange hatte ich enthaltsam gelebt, aber nun, da mein Prinz mich gefunden hatte, sollte die körperliche Verschmelzung die Vorbestimmung vollständig erfüllen. Ich handele bis heute sehr stark nach diesen Bildern, die ungebeten in meinem Kopf entstehen. Passt ein Mensch oder ein Ereignis in dieses Raster, wird, was ich mir ausgemalt habe, Wirklichkeit, denke ich nicht lange logisch nach, sondern handele einfach. Ich versuche, die Verwirklichung meiner Träume in der Realität zu erkennen. Mein Lebensgefährte Mika sagt mir immer wieder: »Anabell, wach auf! Ich bin nicht der Mann, von dem du phantasierst!« Dabei kommt Mika meiner Vorstellung von einem Prinzen wesentlich näher, als es Walter je war. Wer weiß, wie tief ich heute noch in meiner Phantasiewelt verankert wäre, wenn mir Mika statt Walter zuerst begegnet wäre.

Zwei Jahre lang lief in meinem Kopf das Muster der Vorbestimmung ab. Ich erlebte Walter als vorsichtig und liebevoll, blendete seine Fehler aus. Obwohl er mir schnell einen Beweis seiner Unzuverlässigkeit lieferte: Wir waren nach unserer ersten Liebesnacht bis fünf Uhr früh wach gewesen, hatten uns dann verabschiedet und für den Nachmittag verabredet, um den besagten Mittelaltermarkt zu besuchen. Walter erschien nicht am Treffpunkt. Ich wartete vergeblich und versuchte dann, ihn zu erreichen. »Ich habe«, entschuldigte er sich, »verschlafen!«, und ich verzieh ihm, aber Ereignisse wie dieses durchzogen unsere Beziehung wie ein roter Faden: Walter unzuverlässig, ich verzeihend und verdrängend.

Viel Zeit, in der mir die Augen hätten aufgehen können, blieb mir ohnehin nicht, denn ich war auf dem Sprung zu einer Exkursion an den Baikalsee. Ich fuhr nach Sibirien mit dem Bild im Kopf, dass zu Hause mein Prinz geduldig auf meine Rückkehr wartete, damit ich ihm der Vorhersehung entsprechend Kinder gebären würde, ich ging damals sogar davon aus, bereits schwanger zu sein. Als ich nach sechs Wochen tatsächlich heimkehrte, stand ein Auslandssemester in Wien bevor, acht gemeinsame Wochen blieben uns bis zu meiner erneuten Abreise. Acht Wochen, in denen ich Walter überhaupt erst einmal richtig kennen lernte, acht Wochen, in denen erste Anzeichen das Unheil, das auf mich zurollte, ankündigten. Seltsame Dinge gingen vor. Einmal riss mich das Telefon nachts aus dem Schlaf. Walter saß auf der Polizeiwache, sollte gegen einen Drogendealer aussagen. »Ich bin okay«, beruhigte er mich, »nur ein bisschen angetrunken. Ich möchte nicht, dass du mich in diesem Zustand siehst. Also mach dir keine Sorgen um mich und schlaf schön.« Ich verzieh ihm, und er machte es mir leicht, sanftmütig, wie er gewöhnlich unter Alkoholeinfluss war.

Ich brach auf nach Österreich, weiterhin mit dem Bild im Kopf, Lebenselixier für Walter zu sein. Da er arbeitslos war, konnte er mich oft in Wien besuchen. Ich ließ mein Studium Studium sein und spazierte mit ihm durch die herbstgetränkten Wälder, durch die maronenschweren Schlossgärten und Parks, durch den Schnee. Er holte Misteln für mich aus den Bäumen, und mein Märchen setzte sich fort. Es gab da diese kleine, heilige Flasche, die eine rosa Flüssigkeit enthielt. Methadon, aber das sagte mir nichts. Ich wusste nur, Walter brauchte diese Flasche mit der Medizin gegen ein angebliches Hüftleiden, und sie musste ständig gekühlt werden. Wir besorgten Eis und hüteten sie wie einen Schatz. Das Fläschchen war in meiner Traumwelt ein Symbol, das uns noch enger verband.

In Wien beichtete ich Walter, dass er der erste Mann ist, mit dem ich geschlafen habe, und dass ich glaubte, wir seien füreinander geboren und sollten miteinander leben. Zurück in der Heimat suchten wir uns einen Bauernhof, Walter zog ein, einige Wochen, bevor ich endgültig aus Österreich heimkehrte. Es war verabredet, dass er mich am Bahnhof abholen und in unser neues

Heim geleiten, dort über die Schwelle tragen würde. Er kam nicht. Ich ließ mich – erniedrigend war das – von seinen Eltern zum Bauernhof fahren. Dort empfing uns der aufgelöste Vermieter. »Was mit Ihrem Freund los ist«, meinte er, »würden wir wirklich gern wissen.« Walter hatte die Fenster mit Mülltüten zugeklebt, die Tage verschlafen, die Musik aufgedreht. Der Streit mit dem Vermieter eskalierte, wir mussten kurz darauf ausziehen und gingen nach M., um ein neues Leben anzufangen. Ich war immer noch sicher, dass sich alles wieder einrenken würde.

Eines Tages holte mich Walter mit dem Auto von der Uni ab. Er war betrunken, deutete auf den Penner mit dem Sabber verschmierten Bart neben sich und sagte: »Schau mal, ich habe diesen netten Mann kennen gelernt!« Ich erwiderte: »Walter, schaff den Penner weg, hol mich hier ab und bring mich nach Hause.« Er setzte zurück, erwischte ein anderes Auto und merkte es erst, als er dessen gesamte Seite aufgeschrammt hatte. Die Polizei stellte fest, dass Walter unter Drogen- und Alkoholeinfluss stand, den Führerschein war er los.

Meine Welt zerbrach in tausend Scherben, ich stand zu Hause in der Küche und heulte so sehr, dass ich kaum Luft bekam. Erfuhr fassungslos, dass Walter kurz zuvor beim Ladendiebstahl erwischt worden war. Dass unser letztes Auto nicht geklaut und im Straßengraben wieder aufgefunden worden war, sondern dass Walter es unter dem Einfluss von elf Schlaftabletten selber hineingefahren hatte. Dass er Arztstempel geklaut und Rezepte gefälscht hatte, weshalb eines Nachts die Polizei mit gezogener Pistole und Durchsuchungsbefehl im Raum stand. Es gibt einige entsetzliche Bilder aus diesen letzten Wochen mit Walter, die ich nicht aus meinem Kopf geprügelt bekomme. Das schleimig-rote Klopapier in der Toilettenschüssel, als er von den Drogen Magenbluten bekam. Walter auf dem Boden vor mir kriechend auf der Suche nach dem Fünfmarkstück, auf dem ich saß, um zu verhindern, dass er betrunken zur Tankstelle fuhr, um Kippen zu kaufen. Walter, wie er mitten im Satz einschlief und mit Sabber im Gesicht kopfüber in den Suppenteller fiel.

Besonders schlimm für mich: Walter war nicht mehr imstande,

mit mir zu schlafen. Anfangs war er sanft gewesen, vorsichtig, zittrig, märchenhaft, nicht einmal die Entjungferung hatte mir wehgetan. Er war oft sofort gekommen – wegen der Drogen, wie ich später erfuhr, damals hatte ich es für einen wunderschönen Liebesbeweis gehalten. Ich hatte ja keine Vorstellung, wie »normaler« Sex ablief, wie er sein sollte. Fernsehsex bei »Wa(h)re Liebe«, Worte aus der »Bravo« wie »Heavy Petting« oder »Vibrator« fand ich ekelhaft, die pubertären Erfahrungen, die andere machten, stießen mich ab. Bei der Vereinigung mit Walter fand die Befriedigung für mich nicht in meinem Körper, sondern in meinem Geist statt, wenn ich wusste, dass ich mit meinem Prinzen verschmolz, weil das so vorbestimmt war. Ich musste keine Erwartungen erfüllen, dass ich die Initiative ergriff, wurde nicht verlangt. Ich gab mich hin.

Doch gegen Ende unserer Beziehung konnte selbst ich den Traum nicht mehr aufrechterhalten. Walter schlief mitten im Akt auf mir liegend ein, seine Hand bohrte sich in mein Auge und sein Speichel tropfte auf meine Wange, während mich sein Gewicht erdrückte. Ich war verstört: Wie konnte Walter die Vorbestimmung nur so mutwillig zerstören? Ich fand keine Erklärung, suchte die Schuld bei mir. Dachte, mein Körper wäre ekelhaft, hässlich. Riss mir die Kleider vom Leib und schrie: »Schau mich doch an!« Walter entgegnete: »Du bist nicht mehr der Engel, die Fee, in die ich mich verliebt habe, du bist eine hysterische Zicke geworden, die mich sogar im Schlaf schlägt.« Das tat so weh.

Walter begann, ständig in Erinnerungen an seine Ex-Freundinnen zu schwelgen. Ihre Fotos steckten in seinen Tagebüchern, in der Schreibtischschublade, im Kalender. Wie ich meine Beziehung mit ihm, beschrieb er seine Beziehung mit seiner ersten Freundin nun als heilig. Sanft sei sie gewesen, unschuldig und besonders. Was Walter allerdings nicht davon abgehalten hatte, sie monatelang zu betrügen. Seine zweite Verflossene: eine Powerfrau, hart im Nehmen, die zwei ungewollte Kinder von ihm abgetrieben hatte und Zigarettenautomaten eintrat, wenn sie streikten. Meine direkte Vorgängerin hatte sich das Leben genommen – erst recht heilig. Walter hatte damals versucht, in die Leichenhalle einzubrechen, um den letzten Ritus ihres religiösen Selbstmordes zu vollbringen, damit ihre Seele ins Nirwana gelangen konnte.

Wie soll man gegen eine Ex, die nicht mehr lebt, über die man nur mit größter Vorsicht sprechen darf, weil sie sich nicht mehr wehren kann, ankommen? Die Frau war allgegenwärtig. Wir besuchten die Tanne, die Walter an dem von ihr gewählten Sterbeort gepflanzt hatte. Er betrank sich ihr zu Ehren am Tag des chinesischen Jahreswechsels, ihrem Todestag. Erzählte mir hundertmal von den Nächten kurz vor ihrem Tod, als sie elfengleich mit bloßen Lehm verschmierten Füßen in sein Bett gekrochen kam, nachdem sie mitten in der Winternacht in die Natur gelaufen war, »um ihre Füße zu spüren«. Walter behauptete zu fühlen, wie sie über unserem Bett schwebte und auf uns hinabsah, und sah sich außerstande, mich zu berühren.

Was mich besonders verletzte: dass die Heiligsprechung meiner Vorgängerin erst erfolgte, als unsere Beziehung bereits bröckelte. Anfangs hatte Walter mir mehr als einmal versichert, seine Ex sei krank gewesen und er nicht aus Liebe, sondern allein aus Mitleid bei ihr geblieben. Sie hätten kaum miteinander geschlafen. Ich dagegen sei so völlig anders als sie, *unsere* Beziehung heilig, unsere Berührung einzigartig. Nun war seine Ex, waren alle seine Exen in unserer Beziehung mit einem Mal präsenter als ich. Walter lebte in einer Vergangenheit, die ein Jahrzehnt (!) zurücklag, verlor sich darin. Ich hatte – wie seine Drogen – keinen Zugang zu diesem goldenen Abschnitt seines Lebens. Und selbst wenn Walter, was selten genug vorkam, von mir sprach, dann von unserer ersten Begegnung, niemals vom Jetzt.

Und dennoch: Zurückgestoßen und gedemütigt von meinem Prinzen hielt ich an meinem Traumbild fest. Endgültig aufwachen konnte ich erst, als Walter einen letzten schweren Autounfall verursachte und es an mir hängen blieb, sein Blut von den Sitzen zu wischen. Als ich ihn im Krankenhaus liegen sah, mit aufgedunsenen, blutigen Beulen – ekelhaft. Schocktherapie. Endlich ließ ich eine Außenperspektive zu. Später rief Walter dann noch zweimal an, röchelte und stöhnte ins Telefon, das war's. Mir blieb nichts übrig, als allein zurechtzukommen.

Ich war wütend auf die Welt, die mich so schlecht behandelte. Wurde tatsächlich zu der hysterischen Kotzkugel, als die Walter mich beschrieben hatte. Ich legte mir folgende Erklärung zurecht: Die Welt war böse und hatte Walter böse gemacht. Die Drogen musste er nehmen, um mit seinem sanften, schwachen Charakter vor der bösen Welt zu fliehen. Meine Eltern, Geschwister und Freunde, die nicht einsehen konnten, warum ich noch immer nicht von Walter loskam, waren unverschuldet Teil der bösen Welt da draußen und konnten darum nicht sehen, was ich sah: Dass Walter mein Prinz war und unser Zusammensein Vorbestimmung. Dass ich zu ihm halten musste. Bis ich nicht mehr konnte und mir eingestehen musste, dass ich nicht die Kraft hatte, ihn mit meinem Traumbild vor der bösen Welt zu retten. Meine Vision oder ich selbst war nicht stark genug.

Ich glaube, wenn man sich einundzwanzig Jahre lang ein Traumbild aufgebaut und keine Erfahrung mit der Boshaftigkeit der Welt da draußen gesammelt hat, wenn man sich als junge Erwachsene immer noch an das Weltbild einer Dreizehnjährigen klammert, dann müssen die Ereignisse irgendwann eskalieren, dann muss man auf die Schnauze fallen, bevor man aufwacht.

Ich war mit Anfang zwanzig einfach nicht vorbereitet auf soviel Unheil. Ich weiß nicht, was meine Eltern hätten anders machen können, um mich davor zu schützen, aber ich weiß eins: Mein Traumbild von der Liebe, mein Glaube an das Gute in jedem Menschen waren pure Rebellion gegen den Realismus meines bodenständigen und strengen Vaters. Und gegen meine Schwester, die sich ständig neue Bettgesellen suchte und so inflationär mit der Liebe umging. Dazu kam: Niemals zuvor hatte ich Kontakt zu einem Drogenabhängigen gehabt, niemand hatte mir gesagt, wozu Methadon gebraucht wird. Erst als meine Mutter zögernd fragte: »Walter nimmt doch wohl kein Methadon, Anabell!?«, lief es mir eiskalt den Rücken herunter, weil ich ahnte, das muss etwas Schlimmes sein. Walter hatte mir erklärt, er brauche das Medikament, um die Erinnerung an die zerschmetterte Leiche seiner Ex-Freundin aus seinem Hirn zu verbannen, die er nach ihrem Selbstmord hatte identifizieren müssen. Ich verstand, hatte Mitleid. Die klassischen Ausreden eines Drogenabhängigen durchschaute ich nicht. Hätte ich meine Kindheit nicht in einer heilen Welt verbracht, wäre die Geschichte mit Walter vermutlich nicht zu einer derart derben Erfahrung ausgeufert. So traf zu, was meine Eltern vorausgesagt hatten: Ich kehrte als gescheitertes Kind in den Schoß der Familie heim und ließ mich auffangen. Wie peinlich! Die Erfahrung der Zerstörung meiner naiven Idealwelt hätte mir niemand erleichtern können, aber es hätte mich vielleicht nicht ganz so hart getroffen, wenn ich ein wenig mehr darauf vorbereitet worden wäre.

Nachdem mein Traumbild geplatzt war, schlug mein Verhalten ins Gegenteil um. »Na gut«, dachte ich, »ich hab's begriffen. Die Realität ist schlecht und dreckig, Sex ist eine geile Sache. Also los.« Ich ließ mich auf Karl ein, einen Außenseiter, sechzehn Jahre älter als ich, der in einem Wohnwagen lebte, der Koks genommen hatte, jetzt aber clean war, mit dem ich offener über meine Erfahrungen sprechen konnte als mit meiner Familie. Wir hatten Sex von oben, von unten und von allen Seiten, hechelten uns zum Höhepunkt, ohne darüber zu reden. Wieder dachte ich: »So ist es wohl ›normal‹. Wie denn sonst als rau, wenn es das Vorsichtige nicht gibt??«

Mein Leben war immer noch irgendwie krank. Ich sagte zu Karl: »Ich brauche diese Erfahrung mit dir jetzt, aber ich suche jemand anders, mit dem ich ein Haus und Kinder haben kann. Ich suche jemanden, den ich meinen Eltern vorstellen kann, wie meine Geschwister es ständig tun, den meine Familie mögen wird. Einen Außenseiter schleppe ich nicht noch einmal an. Du darfst mit mir zusammen sein, aber träume nicht von einer gemeinsamen Zukunft.«

Dann nahm ich an einer Exkursion meiner Universität nach B. teil. Auf der Hinfahrt verliebte sich (warum eigentlich?) jemand auf den ersten Blick in mich. Mika. Ein Mann mit der zotteligen Ausstrahlung eines Außenseiters, die mich nach wie vor faszinierte, aber mit demselben Heilewelthintergrund eines gutsituierten Elternhauses, aus dem ich selbst kam. Er vereinte beides, meine Sehnsucht nach dem Anderen und die nicht zu leugnende Erziehung unter Werten wie Sicherheit und Geborgenheit. Mika war wie ich.

Mein erster Gedanke: »Was für ein unerfahrener kleiner Junge!« Mit achtundzwanzig mein bis dato jüngster Freund. Mein zweiter Gedanke: »Das ist *er*!« Mein Traumbild bekam neue Nahrung. »Du kannst mich haben«, sagte ich zu Mika und machte mit Karl Schluss, »du kannst mich heiraten, du kannst der Vater meiner Kinder sein.« »Nein«, entgegnete Mika und war der Erste, der sich widersetzte. »Ich will dich nicht heiraten, und Kinder werden wir erst haben, wenn wir ihnen ein schönes Zuhause bieten können und du dich von deinem Traumbild verabschiedest.« Er schlief nicht gleich am ersten Abend mit mir, obwohl ich es ihm angeboten hatte. Er fragte nach Verhütung, im Gegensatz zu Walter und Karl, nach denen ich mich zitternd auf Tripper und HIV untersuchen lassen musste. Von Schwangerschaft ganz zu schweigen – ich hatte immer gedacht: »Wenn du von deinem Prinzen schwanger wirst, ist auch das vorbestimmt.« Nach vier Wochen fragte Mika sehr süß: »Die Tabletten, die du da nimmst – sind die eigentlich gegen einen dicken Bauch?« Noch ein paar Tage später, wir saßen in der Badewanne, fragte ich ihn: »Willst du nicht endlich mit mir schlafen?« und bekam zu hören: »Das geht mir zu schnell!« Unbegreiflich, dieser Mann.

Mika wehrt sich bis jetzt dagegen, eine Traumfigur zu sein. Ich plante ein überdimensionales Ölgemälde von ihm als König, der mich, seine Prinzessin, auf den Armen trägt. Mika weigert sich, Modell zu stehen. »Schau nicht so zu mir auf!«, forderte er. »Liebe mich, wie ich bin, nicht, wie du mich sehen willst!« Von Zeit zu Zeit kommt es zu furchtbaren Streits, dann flehe ich ihn an: »Kannst du nicht einmal sagen, dass ich die schönste Frau der Welt für dich bin? Dass du mich brauchst? Dass du ohne mich nicht leben kannst?« Und er bringt es fertig zu antworten: »Warum sollte ich lügen? Ich bin ohne dich lebensfähig! Und ich bin mir nicht auf den ersten Blick hundertprozentig sicher, ob das mit uns für immer hält!« Ich weine: »Du bist kalt, du bist nicht für mich geboren!«, die schlimmste Beschimpfung, die es in meinem Traumbild gibt. Sie lässt ihn kalt, er sagt: »Du gibst deine Eigenständigkeit, in die ich mich verliebt habe, auf, indem du dich mir und deinem Traum so unterwirfst!«

Ich muss lernen zu verstehen, dass Mika mit meiner Phantasiewelt nichts anfangen kann. Er hat andere Frauen vor mir geliebt und kennt die Idee, für jemanden geboren zu sein, nicht. Er hat mir sehr geholfen, über meinen Ex hinwegzukommen und meine Naivität und Weltfremdheit zu überwinden, dafür bin ich ihm dankbar. Aber mein Traumbild fehlt mir so sehr! Die Erkenntnis, dass Mika andere Frauen vor mir geliebt hat, ist genauso hart wie die Erkenntnis, dass auch ich eine weitere Beziehung führen könnte, wenn diese in die Brüche gehen sollte. Mika holt mich mit seiner Logik in die Realität zurück, macht unsere Beziehung alltagstauglich und mich gleichzeitig wahnsinnig. Sagt: »Totale Liebe ist totale Symbiose, und die will ich nicht!«

In solchen Momenten bin ich sehr anfällig für die Aufmerksamkeit anderer Männer. Für Karl zum Beispiel. Er ist nach zweieinhalb Jahren immer noch nicht darüber hinweg, dass ich ihn von jetzt auf gleich für Mika verlassen habe, obwohl ich glaube, ihm nie falsche Hoffnungen gemacht zu haben. Wenn wir uns sehen, was selten genug passiert, und er mir sagt: »Du bist die schönste Frau, hast die sanftesten Schultern, die ich je gesehen habe!«, klingt das wie Gold in meinen Ohren. Wenn mich ein Mann anspricht: »Dein Lächeln ist bezaubernd!«, springe ich sofort darauf an. Dann stelle ich mir vor, etwas anderes auszuprobieren als diese Beziehung, die ich lebe, vielleicht doch noch jemanden zu finden, der an das Füreinanderbestimmtsein glaubt.

Walter beeinflusst mein aktuelles Leben zwar nicht mehr als Person, aber sehr wohl noch als Zerstörer meines Traumbildes. Das Ideal der perfekten, vorbestimmten Beziehung besteht fort. Ich denke weiterhin in diesen Mustern. Und ich glaube, da bin ich nicht alleine. Viele Menschen sind innerlich an ihre erste Beziehung gebunden, interpretieren sehr viel hinein, erheben sie zum Ideal, zum Wunschbild. Wir bauen diese Schemata auf und versuchen immer wieder, daran anzuknüpfen, weil sie uns Halt geben. Ist es erst einmal soweit gekommen, fällt es schwer umzudenken.

Ich hasse Walter, bin wütend auf ihn, weil er sich als mein Prinz ausgegeben und dem echten Prinzen alles weggenommen hat. Hätte ich Mika mit zweiundzwanzig kennen gelernt, wäre ich nicht mit so einem harten Aufprall in der Realität gelandet. So repräsentiert Mika jetzt die Wirklichkeit, die bisher mein Vater repräsentierte, und von Zeit zu Zeit regt sich in mir der Wunsch, dagegen zu rebellieren. Dann bin ich richtiggehend verletzt, weil Mika sich nicht ausschließlich auf mich konzentriert, sondern auf die Welt da draußen, auf seinen Job, auf seine Freunde. Weil er unsere Nähe nicht demonstrieren will, indem er in der Öffentlichkeit meine Hand hält oder mich küsst.

Wir Menschen sind in unserem Weltbild sehr egozentrisch. Das hat seine guten Seiten, denn wir lieben nur zu unserem eigenen Wohl, und nur wer die Egozentrik auszuleben vermag, ist kaltblütig genug, Erfüllung aus einer Beziehung zu ziehen. Andererseits kann einem die Egozentrik auch im Weg stehen. Ich darf nicht vergessen, dass Mika wie ich eine Vergangenheit hat, dass auch er durch seine Erziehung, sein Umfeld, seine Erfahrungen, seine Ex-Freundinnen geprägt wurde. Während er sich zu sehr in die Anti-Traumbild-Haltung hineinsteigert, steigere ich mich zu sehr in das vergebliche Vorhaben hinein, ihm ein Stück von meinem Traumbild zu vermitteln. Ich weiß, dass seine Ex-Freundinnen Mika oft vorgeworfen haben, zu sehr zu klammern. Und so bedeutet seine Verurteilung der symbiotischen Liebe eigentlich gar nicht die Ablehnung meiner Sehnsucht nach größtmöglicher Nähe, sondern den Versuch, in dieser Beziehung nicht die Fehler vorangegangener Beziehungen zu wiederholen.

Ein anderes Beispiel: das Thema Sex. Mit Mika erlebe ich Sex – für mich übrigens immer noch ein scheußliches Wort – zum ersten Mal so, wie er wirklich sein soll. Wir probieren, was man erlebt haben muss, kennen keine Tabus. Es dauert lange, wir sind am Ende beide befriedigt, besser könnte es nicht sein. Und doch höre ich das Echo unserer Vergangenheit, wenn ich keine Lust habe und Mika glaubt, ich hielte ihn für das Sexmonster, als das seine Ex-Freundin ihn bezeichnet hat. Wenn er keine Lust hat und beim Kuscheln einschläft und ich ihn wecke und anschreie: »Das kenne ich! Das war mit Walter genauso! Das brauche ich nicht noch einmal!«

Nicht nur meine, sondern auch Mikas Vergangenheit wirkt in unsere gemeinsame Gegenwart hinein. Während ich alleine zu Hause saß und auf meinen Traumprinzen wartete, liebte er und trennte sich in beständigem Wechsel, ohne zu lernen, allein zu sein. Seine Beziehungen als solche sind genauso abgehakt wie meine, ich brauche keine Angst zu haben, dass er wieder Interesse an seinen Verflossenen entwickeln könnte. Aber dennoch wirken sie bis heute nach. Mikas Ex-Freundinnen waren schwache Frauen, die Probleme hatten, Probleme mit Misshandlung, Frauen, die seine Hilfe brauchten. Nach ihnen sehnte er sich nach einer starken Frau, die ich versuche für ihn zu sein. Doch dass ich gerne manchmal schwach wäre und mich an ihn anlehnen würde, geht dabei unter.

Ich bat Mika, mir seine alten Fotos zu zeigen. Bei einem Bild blieb er hängen: »Dieses Mädchen ist wichtig. Meine erste Freundin. Ich sehe sie noch manchmal zu Weihnachten in der Heimat. Im letzten Jahr kamen drei Leute auf mich zu und fragten: »Hast du die Sarah gesehen? Die ist einfach immer noch unglaublich nett und schön.« Was versprechen seine Kumpels sich davon? Die Beziehung der beiden liegt doch Ewigkeiten zurück, was gibt es jetzt noch darüber zu sagen? Doch auch Mikas Mutter sinniert über die Vergangenheit, meinte letztens auf einem Spaziergang zu mir: »Die Sarah war auch eine sehr, sehr Nette.« Als ich schluckte, beeilte sie sich anzufügen: »Äh, aber du bist natürlich auch nett.« Was ein weiteres Mal bestätigt: Die erste Freundin oder der erste Freund haben nicht nur für einen Menschen selbst, sondern auch für sein Umfeld einen besonderen Status.

Dann gibt es eine weitere Frau aus Mikas Vergangenheit, mit der er fünf Jahre lang zusammen war, die mich bereits beeindruckte, noch bevor ich sie kennen gelernt hatte. Nele lebt vom Banjospielen in einer Countryband. Kennt alle Straßenmusiker bei uns in der Stadt. Brachte uralte Landhausmöbel und Brokatkissen in die gemeinsame Wohnung. Das klingt doch wahnsinnig interessant, nach einer Frau, auf die ein Mann stolz sein kann. Gleich zu Beginn unserer Beziehung wies Mika mich in meine Schranken: »Ich kann mich noch nicht in dir fallen lassen, denn ich habe in Gedanken mit meiner Vergangenheit noch nicht abgeschlossen.« Sehr ermutigend. Zumal ich wusste, dass er nach der Trennung, als Nele schon einen neuen Freund hatte, noch einmal mit ihr im Bett gelandet war. Der Klassiker: Sie hatten sich bei einem Bier zu einer letzten Aussprache getroffen und sich einfach treiben lassen. Man war eben so aneinander gewöhnt, einander so vertraut. Oh Gott, wenn ich mir die Szene vorstelle, wird mir schlecht. Dementsprechend rasend eifersüchtig war ich, als sich Mika, ein halbes Jahr, nachdem wir zusammengezogen waren, noch einmal mit Nele traf. Wie das so ist – man trennt sich selten in Frieden, und irgendwann fallen einem tausend Dinge ein, die man dem Ex-Partner noch an den Kopf werfen müsste. Bis null Uhr vierunddreißig starrte ich auf die Uhr und kochte, bevor ich endlich Mikas Schlüssel in der Tür hörte. Zum Glück war zwischen den beiden nichts passiert. Zum Glück ist er seither nicht mehr auf die Idee gekommen, sich mit seiner Ex zu verabreden.

Ich selbst begegnete Nele vor einigen Monaten auf einer Party zum ersten Mal. Es war dunkel draußen, wir wollten gerade klingeln, da hielt ein riesiger Camper vor uns. Die Frau am Steuer rief: »Hej Mika! Na, wie isset?« Er grinste sie an, sie rief weiter: »Yeah, wir kommen gleich, müssen nur noch ’nen Parker suchen.« Parker! So ein cooler Ausdruck kommt in meinem Sprachschatz gar nicht vor! Und dann steuerte sie ihr ebenso cooles Schlachtschiff durch die engen Gassen, durch die ich nicht einmal einen Polo gelenkt hätte, mit einer Souveränität, die mich vor Neid erblassen ließ. Mit mir wechselte sie während der gesamten Party kein Wort, und ich frage mich bis heute, wessen Pflicht es gewesen wäre, auf den anderen zuzugehen.

Diese paar Geschichten sind aber tatsächlich die einzigen Altlasten, mit denen ich zu kämpfen hatte. Das zu betonen ist mir wichtig. Mika ist kein Mann, der nicht loslassen kann. Er spricht nicht über seine Verflossenen, wenn ich ihn nicht dazu anhalte. Er will die alten Fotos nicht mehr sehen, die alten Geschichten nicht mehr hören. »Das ist Vergangenheit«, sagt er mir immer.

Details musste ich aus ihm herauszerren wie einen Endlospopel. Und wenn er mir dann den Gefallen tat und sie erzählte, wollte ich sie meist gar nicht mehr hören, weil sie mir wehtun und sich mir der Magen umdreht, wenn ich das Foto seiner fünften Bettgefährtin, einer Blondine, in der Hand halte, die eindeutig größere Brüste hat als ich.

Warum bohre ich dann eigentlich immer mit solchen Fragen in Mikas Vergangenheit herum, obgleich ich mir ohne sie einige Magengeschwüre ersparen könnte? Fishing for compliments natürlich – ich will hören, dass mit mir alles viel besser ist. Das sagt er dann auch immer brav: »Es gab schließlich einen Grund, aus dem wir uns getrennt haben. Ich könnte heute nichts mehr mit diesen Frauen anfangen. Und ich will die Erinnerungen an sie nicht mit unserer gemeinsamen Gegenwart vermischen.« Klingt wunderschön. Doch Mika klammert in seinen Erzählungen nicht nur seine Vergangenheit vor mir, sondern auch unsere Vergangenheit als Paar aus mit der Begründung: »Wenn wir im Damals schwelgen, findet keine Beziehung in der Gegenwart statt.« Irgendwie richtig. Aber ich höre ihn halt so gern unsere Kennenlerngeschichte erzählen. Er verdreht die Augen, wenn ich ihn darum bitte, ich darf sie jetzt nur noch zu unseren Jubiläen abfragen. Und wenn er sie erzählt, fällt mir auf: »Du bist gar nicht mehr so aufgeregt wie früher, wenn wir uns sehen.« Er: »Nein, bin ich nicht. Aber ich fühle Wärme, weil ich dich jetzt kenne mit all deiner Sturheit und Bockigkeit, und weil ich Vertrauen zu dir habe.«

Mikas Worte geben mir Frieden. Nein, eigentlich kommen mir dabei Glückseligkeitstränen. Ich weiß jetzt, dass er mir seine Vergangenheit nicht verschweigen will, wie ich anfangs befürchtete, und dass er mich auch nicht aus böser Absicht nie nach meinen Verflossenen fragt. Mika hat Recht: Was bringt es, sich über die Vergangenheit zu grämen? Ich habe vor ihm geliebt, mit anderen geschlafen, mich hoffnungslos für sie aufgegeben. Und das darf Mika einfach nicht kümmern, weil es für mich heute keinerlei Bedeutung mehr hat. Umgekehrt: Was kümmert mich seine Vergangenheit? Ich kenne sie, und das hilft mir, ihn als Mensch zu verstehen. Damit nimmt sie genug Raum zwischen uns ein. Ich bin froh, dass ich einen solchen Mann heute und hoffentlich in aller Zukunft an meiner Seite habe!

In der Summe passen wir wirklich gut zusammen. Wir hoffen, voneinander zu lernen, gemeinsam zu wachsen und das Optimum zu finden. Das Potenzial ist durchaus vorhanden. Ich wünschte nur, ich könnte diese innere Unruhe abstellen. Und ich glaube, inzwischen erkannt zu haben, dass ich das nur für mich allein regeln kann, dass ich den Abstand zu Mika brauche, um mich endgültig von meinem Traumbild zu verabschieden und mich an die Realität zu gewöhnen. Erst dann kann ich mich wieder auf ihn zubewegen und eine »normale« Beziehung führen, akzeptieren oder sogar genießen.

Glücklich? Überschwänglich? Irrational? Nein, das bin ich jetzt nicht mehr. Feuer? Fehlt in meinem Leben, ist abgehakt wie mein Ex. Aber ich bin ehrlicher, realer zufrieden. Mika ist da, er steht hinter mir, betrügt mich nicht. Ich muss mir um grundlegende Dinge wie Vertrauen und Halt keine Sorgen machen, muss für diese Basiswerte keine Kraft aufwenden und kann meine Kraft darum in Freudenenergie umwandeln, in schöne Dinge investieren. In meinen Beruf. Irgendwann vielleicht in unsere Kinder. Die Zufriedenheit des Jetzt klingt im direkten Vergleich zu dem Feuer von damals natürlich immer erbärmlich. Aber so darf ich das nicht sehen. Mika ist mein Zuhause. Er ist das Zuhause, das man als Kind hat: Wärme, Sicherheit. Als Kind springt man ja auch nicht jubelnd durch die Gegend und ruft: »Juchuhh! Ich habe ein schönes Zuhause!«, sondern man nimmt es dankbar und schweigend entgegen – und genießt.

Luka, 26, Journalistin

»ES DAUERT JAHRE, BIS SICH DER EINFLUSS VON EX-PARTNERN ENDLICH VERFLÜCHTIGT.«

Angenommen, ich lerne einen Mann kennen und ahne, dass aus uns etwas werden könnte, dann schert mich kein Stück, welche Art der Kommunikation in so einer Situation angemessen, üblich wäre. Smalltalk ist doch Zeitvergeudung, bei mir geht's gleich ans Eingemachte. Seine Träume und Ziele, seine Prinzipien und Werte – das ist es, was mich interessiert, wonach ich mit Vorliebe gleich während unserer ersten Unterhaltung forsche. Ohne Umschweife, ohne sinnlose Zurückhaltung, irgendwann müssen diese elementaren Dinge sowieso abgeglichen werden, warum also nicht gleich? Auf diese Weise ist mir schon so mancher fatale Irrtum erspart geblieben. Ganz besonders das Thema Ex-Partner schüttet mitunter Hinweise auf die Kompatibilität zweier Menschen aus: Was haben wir erlebt? Was wünschen wir uns? Auf was können wir verzichten? Leider gehen dieser nüchterne Betrachtungswinkel und das Gespür für die Wahrheit zwischen den Zeilen oft bald verloren, wenn Gefühle im Spiel sind, aber dazu gleich. Sorgen, den Mann mit meinem ungebremsten Vormarsch in seine Intimsphäre zu überfordern, kenne ich jedenfalls nicht, denn wer so schnell an seine Grenzen stößt, scheidet ohnehin aus. Mit meiner Taktik, an die ich nach wie vor glaube, habe ich bisher schnell, gezielt und erfolgreich Männer sortiert, wunderbare Gespräche über das Leben geführt, die nicht unbedingt immer in eine Beziehung, aber schließlich doch in meine Ehe mit Jörn mündeten.

Alles will ich über seine Ex-Freundinnen wissen, und zwar sofort: Wie viele Frauen hat er gehabt? Wie sahen sie aus? Wie haben sie sich bewegt? Und mit welchen Leuten haben sie sich umgeben? Was haben sie gedacht, getan, wonach haben sie sich gesehnt? In welche ihrer Attribute hat er sich verliebt, und welche haben zur Trennung geführt? Was haben sie für ihn gekocht, und welche sexuellen Phantasien haben sie ihm erfüllt? Bei den Frauen, die diesen Mann begehrt und verführt haben, soll es sich bitte um möglichst wunderschöne, aufregende Wesen handeln, Wesen mit wallendem Haar, elfengleicher Figur, bis auf die quellenden, weich geformten Brüste. Gleichzeitig um selbstbewusste Frauen mit ausgefallenen Hobbys und Berufen, mit Power, Sexappeal und Know-how im Bett, das dem Traum eines jeden Mannes gleichkommt. Dennoch hat bestenfalls er sie verlassen, und wenn sie dann auch noch bis heute darunter leidet – optimal!

Ein Typ, dessen Vergangenheit mit solchen Ex-Freundinnen geschmückt ist, der jetzt aber in tiefster Liebe zu mir entbrennt, ist genau der Richtige für mich. Je zauberhafter er die Frauen malt (und ich nehme es ihm durchaus nicht übel, wenn er seine Erinnerungen dabei ein wenig pudert und aufrüscht, solange es der Dramatik dient und sich im Rahmen der Wahrheit bewegt), desto größer wird mein Begehren. Reden wir übers Kochen mit der Ex, gehe ich die Rezepte meiner Mutter auf der Suche nach einem Menü für unser erstes gemeinsames Dinner durch. Reden wir über gelungene Weihnachtsgeschenke von der Ex, gestalte ich in meiner Phantasie einen noch pompöseren, noch liebevolleren, noch ideenreicheren Gabentisch. Reden wir über Sex mit der Ex, beginne ich zu prickeln. Wie hat er's gern im Bett? Welche Phantasien hat ihm seine Ex nicht erfüllt? Was kann ich mir von ihr abgucken? Womit hat sie ihn zur Weißglut getrieben? Auf meiner inneren Festplatte wird eifrig notiert, und egal, in welchem Hormontaumel ich mich bereits befinde, diese Stichpunkte, diese Informationen der ersten Stunde sind ein für allemal eingebrannt, ich werde sie nie, nie, nie vergessen (im Gegensatz zu vielen Dingen, die er mir später über sich erzählen wird), und genau das wird irgendwann zum Problem werden.

Wenn der erste Rausch des Süßen, Neuen, Ungewissen vergangen ist und die Sicherheit »Er ist jetzt tatsächlich *mein* Mann«

Oberhand gewinnt, werde ich mir plötzlich wünschen, er hätte damals ganz anders auf meine Fragen nach seinen Verflossenen geantwortet. »Ich habe«, hätte er vielleicht lieber sagen sollen, »in meinem Leben die ein oder andere Liebe kommen und gehen sehen, aber meine Erwartung, mein Sehnen wurden bislang leider nicht erfüllt, leider nicht gestillt.« Stattdessen muss ich nun zerknittert und gepeinigt mit Erinnerungen wie dieser leben: »Einmal, als ich mit meiner Ex geschlafen habe, ist sie nach dem Orgasmus in Ohnmacht gefallen, und ich habe sie ganz sanft zurück in die Wirklichkeit gestreichelt.« Aaah! Furchtbare Bilder in meinem Kopf, gefräßige Minderwertigkeitskomplexe! *Ich* bin noch nie beim Sex in Ohnmacht gefallen!

Nun liegt der Einwand nahe, und ich habe ihn mir durchaus nicht selten anhören müssen: »Warum fragst du mich denn dann? Jeder von uns hat seine Vergangenheit, lassen wir sie doch einfach ruhen!« Ja, wenn das mal so einfach wäre. Erstens *will* ich doch von ihm über meine Ex-Partner ausgefragt werden, damit ihm aufgeht, wie begehrt ich bin und welch außerordentliches Glück er gehabt hat, mich kennen gelernt und abbekommen zu haben. Zweitens erlaube ich mir, zwei Sprüche zu klopfen, die den Nagel auf den Kopf treffen: »Wissen ist Macht« und »Nur wer den Feind kennt, kann ihn besiegen«.

Ich dränge ihn also, mich seinen Verflossenen vorzustellen. Sollen sie sehen, dass sie ihn ein für allemal an mich verloren haben! Sollen sie jammern! Sollen sie mir ihre Fehlbarkeiten offenbaren! Ich jedenfalls werde Wissen sammeln, mich still überlegen fühlen und genießen. So zumindest der Plan. Tatsächlich endet ein solches Treffen eher mit der quälenden Frage: Wie konnte er bloß so eine Frau lieben, wenn er jetzt so jemanden wie mich liebt? Unterschiedlicher können doch zwei Menschen gar nicht sein! Und was schließen wir jetzt daraus? Entweder war er von geistiger Umnachtung heimgesucht, dann besteht die Gefahr, dass er wieder in diesen Zustand geraten und ich ihn an die unattraktivste, dümmste, uninteressanteste Trine verlieren könnte, von der ich keine Gefahr erwarten und deshalb auch nicht rechtzeitig den Gegenangriff starten würde. Oder aber bei seiner Liebe zu mir handelt es sich um die Geschmacksverirrung, und er wird sich über kurz oder lang auf die Suche nach einer Frau machen, die ihm gibt, was er braucht, nämlich die Attribute seiner Ex. In beiden Fällen wird das mit uns wohl nichts.

Natürlich muss ich bei genauerer Überlegung zugeben, dass auch die Liste meiner Verflossenen den einen oder anderen Aussetzer beinhaltet. Den karpfenäugigen Schwarzenegger-Fan, den ich nur genommen habe, weil sich meine Schwester seinen besten und viel anbetungswürdigeren Freund geschnappt hatte. Den zotteligen Langhaarrocker, der sein Leben lang durch Provinzkneipen touren und sich dort die Kante geben wird. Den körperproportionenverschobenen Ruhrpott-Proleten, der einfach mal überhaupt keine Ahnung hatte, aber die ganze Zeit so tat. Hm. Eigentlich fast *nur* Aussetzer. Aber wenigstens sehe ich im Nachhinein ein, dass ich da wohl ab und an nicht ganz bei mir war, und handele konsequent: Als der Ruhrpott-Prolet sich kürzlich meldete, ob er wohl ein paar Tage bei uns unterkommen könnte, habe ich nein gesagt: »Mit dir unter einem Dach zu wohnen werde ich meinem Mann sicher nicht zumuten« und aufgelegt.

Jedenfalls versammelt sich in Jörns Galerie der Ex-Freundinnen auch nicht unbedingt mehr Geist und Schönheit. Äußerlich durchschnittliche Erscheinungen (bis auf eine rothaarige porzellanpuppige Göttin, mit der er aber »nur« eine Affäre hatte), dazu laut, geltungsbedürftig und plappertaschig. Der ganze spannende Historienschinken seiner Vergangenheit gefüllt mit *diesen* Protagonistinnen? Ist wohl besser so. Der rothaarigen porzellanpuppigen Göttin durfte ich noch nicht gegenüberstehen, zum Glück, sonst hätte ich wahrscheinlich klein wie ein Mäuschen das Feld geräumt. Für eine weitere unbekannte Schönheit mit langem, schwarzen Haar, das er so liebt, das mir nicht vergönnt ist, muss ich sogar selbst die Verantwortung auf mich nehmen. Schließlich habe ich ihn damals, als er in mir schon längst seine zukünftige Gattin erkannt hatte, ein paar Monate lang abblitzen lassen und sogar aufgefordert (!!!), sich eine andere zu suchen. Ich hirnlose Trulla, ich. Auch diese Dame spukt immer noch, zuletzt in Form einer selbst gebastelten, mit getrockneten Wiesenblumen beklebten Postkarte, die ich unter einem Stapel alter Telefonbücher hervorgeangelt habe.

Hoffen wir, dass die Letztgenannten auf ewig verschollen bleiben, aber mit den Anderen muss ich mich wohl abfinden. Sie existieren noch in seinem Leben, werden angerufen, besucht, eingeladen, sind sich nach wie vor des schwiegermütterlichen Interesses sicher und unglaublich ignorant. Bin ich nicht dabei, schütten sie Jörn ihr Herz aus, brauchen ständig ganz furchtbar dringend seinen Rat, seine Umarmung oder ein Gespräch über damals, als sie mit ihm den besten Sex ihres Lebens hatten. Beichten ihm, dass sie immer noch wünschten, es hätte funktioniert mit ihnen beiden. Bin ich dabei, wärmen sie die alten Zeiten auf: »Weißt du noch, Jörn, als wir uns verzweifelt mit dieser Ikeakommode abgemüht haben?«, geben Ratschläge: »Wenn du willst, dass Jörn dir zuhört, musst du ...«, suhlen sich in alten Insidergags, zu denen ich keinen Zugang habe, oder knuddeln ihn ganz fest zur Begrüßung und zum Abschied und immer mal wieder zwischendurch.

Meist kann ich Jörn keine Schuld zuschieben, denn meist ist er nur das Objekt ihrer durchschaubaren Spielchen. Aber manchmal ... Ich erinnere mich an diesen eigentlich bis dahin ganz netten Sommerabend im vergangenen Jahr, an dem wir nach einem kühlen Drink zurück zum S-Bahnhof spazierten. Jörn und ich, seine Ex und ihr neuer Freund, alle hübsch nebeneinander, und plötzlich hielten nicht nur die Pärchen Händchen, sondern auch Jörn und seine Ex in der Mitte! Die Initiative ging von ihr aus, und das werde ich ihr nie verzeihen. Aber auch Jörn traf meine Verachtung, der ohne ein Fünkchen Einfühlungsvermögen dafür, wie demütigend diese Situation für den neuen Freund seiner Ex und mich war, ihre Hand akzeptiert und geduldet hatte. Wenn auch nur für Minuten: »Bis ich sie mehr oder weniger beiläufig abschütteln konnte, um *sie* nicht zu verletzen.« Danke, Jörn!

Anderes Beispiel: Jörn und ich kommunizieren auf eine ganz eigene Art und Weise miteinander, wie ich es in dieser Intensität nie zuvor in einer Beziehung erlebt habe. Wir gleichen unser Vokabular einander an, aber auch unsere Sprachmelodie. Jörn hat außerdem drei sehr ausgeprägte, völlig verschiedene Repertoires aus

Gestik, Mimik, Vokabular und Sprachmelodie, je nachdem, ob er sich mit Fremden, mit Freunden oder mit mir unterhält. Und ich genieße dieses bislang unbekannte Gefühl, dass nicht nur bestimmte Meinungen, Erlebnisse und Körperteile exklusiv mir vorbehalten sind, sondern auch eine eigene Kommunikationsebene. Ich genieße diese neue Form der Zusammengehörigkeit so lange, bis Jörns Ex-Freundinnen auftauchen und er – wahrscheinlich, ohne sich dessen als ein Relikt längst vergangener Gemeinsamkeit bewusst zu sein – auch bei ihnen das »Privat-Repertoire« aktiviert. Und sie natürlich prompt einsteigen. Um es in einfachere Worte zu fassen: Das ist, wie wenn ein Mann einen mit einem außergewöhnlichen, ganz besonders liebevollen Kosenamen anspricht und rührt, und wenig später findet man einen zerfledderten, nie abgeschickten Brief an seine Ex-Freundin, in der er sie genauso betitelt. Klar könnte man argumentieren, dass jede Sprache nun einmal eine begrenzte Anzahl von Ausdrücken, jedes Gesicht eine begrenzte Anzahl von Grimassen leisten kann, und trotzdem – es tut weh.

Verhalte ich mich möglicherweise den neuen Freundinnen meiner Ex-Partner gegenüber genauso ignorant? Ich hoffe wirklich nicht. Überlegen fühle ich mich ihnen schon, das kann ich nicht leugnen, aber ich gebe mir aufrichtig Mühe, das nicht heraushängen zu lassen. Bezaubernd lieb und freundlich zu sein, bringt doch viel mehr: Während ich in Ruhe herausfinden kann, ob sie zu meinem Ex passt, nehme ich ihr gleichzeitig jeden Wind aus den Segeln. Bezaubernd lieb und freundlich zu sein ist auch im umgekehrten Fall die beste Waffe. Eine Frau sollte nie den Einfluss einer Ex unterschätzen, die dem neuen Mann an ihrer Seite den Zweifelsfloh »Die ist nichts für dich!« ins Ohr setzt. Mann, ich bin *so* nett zu denen und wünsche sie innerlich zum Teufel. Spätestens an diesem Punkt einer Beziehung sehne ich mich nach einem Leben bei den Amish People, bei denen beide Partner noch unerfahren in die Ehe gehen.

Meine Schwester und ich haben da so eine Art Gleichnis entwickelt, das Gleichnis vom »Sekundenklau«, und das geht so: Trete ich in das Leben eines Mannes, der mit einer Frau zusammen ist oder mit seiner Ex noch viel Zeit verbringt, weil sich noch nichts Neues ergeben hat, ist jede Sekunde, die dieser Mann von nun an mit mir statt mit ihr verbringt, jedes Lächeln, das er von nun an mir statt ihr schenkt, ein Gewinn für mich, ich »klaue« ihr diese Sekunde, dieses Lächeln. Sobald ich jedoch offiziell die neue Frau an seiner Seite bin und mir ganz legal jede Sekunde und jedes Lächeln dieses Mannes »zustehen«, dreht sich der Spieß um: Jetzt »klaut« seine Ex plötzlich mir die Sekunden und sein Lächeln. Und gewinnt damit an Macht. Was bleibt mir also übrig, als mich mit ihr zu arrangieren? An einer geheuchelten Freundschaft mit seinen Verflossenen würde ich auf Dauer ersticken, lasse ich meinen Hass raus, würde ich ihn verlieren. Bleiben die ermüdenden Bemühungen, mein Revier abzustecken, und das ist ein Prozess, der sich hinziehen kann.

Es dauert Jahre, bis sich der Einfluss der Ex-Freundin auf die neue Beziehung und das aktuelle Leben endlich verflüchtigt. Und zwar mindestens dieselbe Anzahl von Jahren, die die Beziehung zwischen meinem Mann und seiner Ex gedauert hat. Angenommen, die beiden haben sechs Jahre gemeinsam verbracht, dann ist sie mir solange überlegen, bis ich das sechste Jahr an seiner Seite überstanden habe, ohne dass er mich verlassen hat (sollte ich die Beziehung selbst beenden, erübrigt sich die Diskussion). Und das gilt nur für den Fall, dass er sie verlassen hat. Hat sie ihn verlassen, gibt es nur eine Möglichkeit, die Oberhand zu gewinnen: das aus ihm herauskitzeln, was sie an ihm vermisst hat. Angenommen, sie ist gegangen, weil er partout nicht über die gemeinsame Zukunft sprechen wollte, mir aber macht er nach drei Monaten einen Heiratsantrag. Bingo.

Aber egal, ob sie verlassen wurde oder verlassen hat, ihre Duftmarken hat sie längst gesetzt. Und die auszuradieren, das kommt in jedem Fall mindestens zwei Jahren Beschäftigungstherapie gleich. Warum gerade zwei Jahre? Weil Erinnerungen an die Vergangenheit oft die dumme Angewohnheit haben, sich an herausragende Ereignisse zu knüpfen. Und herausragende Ereignisse die Eigenschaft haben wiederzukehren. Und mit ihnen seine Ex: »Letztes Jahr im Urlaub, an meinem Geburtstag, an Weihnachten

…« War *sie* noch dabei. Hat mit ihm den Sonnenuntergang über dem Meer bestaunt, ihm einen Kalender mit Dessousfotos von sich geschenkt und bei den Schwiegereltern Gänsebraten gegessen. Erst im zweiten Jahr unserer Beziehung werden die kostbaren *gemeinsamen* Erinnerungen Einzug halten, hinter denen seine Ex ganz, ganz langsam verblasst.

Apropos, der Kalender mit den Dessousfotos. Der liegt natürlich noch Jahre später im Schubfach zwischen seiner Unterwäsche, wo er ihn »längst vergessen« hat, genauso wie Männer auch völlig verdrängen können, dass sie die Wohnung, in der ich jetzt mit ihnen glücklich sein soll, jahrelang mit ihrer Ex geteilt haben. Ja, und dann ist da noch das T-Shirt, das sie ihm zum dritten Jahrestag geschenkt hat, inzwischen sein Lieblings-T-Shirt, das er keinesfalls zum Roten Kreuz geben wird, bevor es nicht einem Fischernetz zum Verwechseln ähnlich sieht: »Warum denn auch, ist doch nur ein T-Shirt!?«

Seine Ex existiert: Auf Fotos von Schwiegermutters Fünfzigstem, »die da halt seit Jahren hängen«. Im Salat, den »sie immer mit Cashew-Kernen angereichert hat. Warum probierst du das nicht auch mal?« Sie existiert, wenn längst die Fotos von Schwiegermutters Sechzigstem – mit mir drauf! – das Wohnzimmer zieren, immer noch. Weil dann vielleicht mal wieder R.E.M. in die Stadt kommen, die ich unbedingt mal live erleben möchte, was er mit ihr vor Jahren schon getan hat. Weil er mit einer akuten Blinddarmentzündung ins Krankenhaus eingeliefert wird und ich auf der Fahrt dorthin ein wenig panisch werde, während sie vor Jahren, als er sich den Fuß gebrochen hatte, die Ruhe selbst geblieben war. Sie ist da, so lange noch da. In dem Bett, in dem die beiden vor mir Sex gehabt, auf dem Sofa, auf dem die beiden vor mir lauschige Videoabende verbracht haben. Nicht, dass ich Tag ein, Tag aus nichts anderes sehen würde als ihren Geist, der durch unser Leben spukt, den Teufel werd' ich tun, ihren Einfluss auf diese Weise aufzubauschen, aber sie taucht verlässlich auf – mit einem Händchen für die Momente, in denen wir gerade besonders glücklich sind. Vielleicht so glücklich, dass ich es wage, laut von einer kleinen Familie zu träumen, und dabei völlig vergesse, dass er allergisch darauf reagiert, seit *sie* ihn zu sehr mit diesem Thema bedrängt hat.

Klassische Vorlage, mit der seine Ex einem alles verderben kann – hat meine Mutter schon vor siebenundzwanzig Jahren durchgemacht. Es gab da diese Ex-Freundin meines Vaters, die ihm mit gemeinsamen Zukunftsplänen auf die Nerven ging, bis er sie schließlich abschoss. Meine Mutter traute sich danach lange nicht, dieses Thema überhaupt anzuschneiden. Vielleicht war besagte Ex-Freundin die blonde, großbusige, unschuldige Bikini-Schönheit auf diesem einen, ganz bestimmten Foto im Album meines Vaters. Kein Name darunter, keine Erklärung, auch nicht auf Nachfrage. Wie oft haben meine Geschwister und ich früher den Atem angehalten bei dem Gedanken daran, dass unser Vater die Bikini-Schönheit geehelicht hätte, bevor unsere Mutter überhaupt in sein Leben getreten wäre. Atemlos vor Schreck, atemlos aber auch durch die Faszination des verbotenen Wissens: Unser Vater war tatsächlich mal jung? Verknallt? Ein Hengst muss er gewesen sein, schaut euch doch die Bikini-Schönheit an! Aber – warum klebt dieses Foto nach so vielen Jahren noch in seinem Album? Ist doch irgendwie demütigend für meine Mutter, die erst ein paar Seiten später auftaucht. Weil es inzwischen so gut wie zum Inventar gehört? Weil Ex-Freundinnen einer Durchschnittsvergangenheit erst den nötigen Glamour verleihen? Oder weil der Akt des Wegschmeißens dem Ganzen eine größere Bedeutung beimessen würde als das Vergessen?

Womit wir bei einer der großen Fragen zum Thema Ex-Partner wären: Sollte man sie auf ewig in Ehren halten oder die Vergangenheit irgendwann abstreifen? Meine Mutter war da konsequent. Hat Briefe, Fotos, Tagebucheintragungen von früheren Lieben in den damals noch unsortierten Müll geworfen, als mein Vater in ihr Leben trat. Ihre Vergangenheit für immer ausgelöscht. Bewundernswert. Nachahmenswert?

Seit über einem Jahr bin ich nun bereits verheiratet und habe es bislang nicht übers Herz gebracht, mich von solcherart Beweismaterial zu trennen. Da ist zum Beispiel dieser Liebesbrief, wunderschön:

»Luka.
Why did your presence strike me so intensely.
You were sitting so casually; you were dusty and beautiful. I didn't want to seem to be staring, I was. I had to say something. I was so bored, tired of Prague, its Americanized facades and its international passers-by soaking in the twisted city. But then there you were.

You fit, you seemed to belong there, not in the city, but in the space of time in my life in my mind. Maybe you felt the same of me. Maybe. But one thing is certain: The image of you has not left me. And the image is always followed by the feeling of connection I felt upon first seeing you. You are my fantasy. If only I could be next to you, if only I could feel you, really feel you.

I keep your gift, the stone, next to me. I haven't written a love letter in a long time. That's why it's taken me a while to write back. I'm sending you another picture. I know its vain, but I want you to see me, to think about me. I think about you.
Jack.«

Hunderte Male gelesen, hunderte Male dahingeschmolzen, irgendwann nicht mehr in subjektiver, schwärmerischer Erinnerung an den Verfasser, sondern auf dieselbe objektive Weise gerührt wie beim Lesen eines Liebesromans.

Er steht da, dieser Brief, zusammen mit einigen anderen, sortiert und griffbereit in einem Ordner im Ikearegal hinter meinem Schreibtisch. Seit Jahren nicht gelesen, aber da. Wunderschön. In ein Leben gehörend, das nach dieser langen Zeit mit meinem eigenen Leben kaum noch etwas zu tun hat. Warum trenne ich mich nicht endlich davon? Jörn zuliebe, der diese Zeilen nie gelesen hat, obwohl ich sie nicht bewusst verstecke. Wie er wohl darauf reagieren würde? Wie ich wohl umgekehrt reagieren würde? Ganz klar, ich würde toben vor Wut. So lange, bis er von selbst anböte, den Brief zu vernichten. »Jetzt«, würde ich schreien, »brauchst du das auch nicht mehr zu tun! Das hättest du schon längst tun sollen, wenn du es wirklich ernst mit mir meinst! Warum hast du mich überhaupt genommen, wenn du noch so an deiner Ex hängst?« Auf diese Art und Weise habe ich schon einige Männer dazu genötigt, brisante Dinge zu entsorgen und es spätestens in dem Moment zu bereuen, in dem wir uns trennten. Umgekehrt erwarte ich von Jörn Verständnis dafür, dass ich diesen Brief unmöglich vernichten kann. Genauso wenig wie die gesammelten Geschichten und Tagebucheintragungen über meine Ex-Freunde – gelebtes Leben, aufnotiert, gleichberechtigt nebeneinander sortiert in meinem Rechner, dem ich diese Unsensibilität nicht vorwerfen kann. Die Software kennt keine Wertigkeiten in ihrem System, sie kennt nur Ordnung. Eigene Dateien > Geschichten > Jack, Timo, Jörn. Tut mir Leid, Jörn, ist nicht bös gemeint. Hat nichts mit meinen Gefühlen für dich zu tun und schon gar nichts mit Gleichgültigkeit, sondern allein mit meiner Wertschätzung des geschriebenen Wortes. Das wäre wohl mein Argument, wenn es jemals zum offenen Streit kommen sollte: »Das ist was völlig anderes, ob du so einen Brief verwahrst, oder ob ich es tue. Du machst dir ja nicht so viel aus Worten wie ich.« Frauenlogik halt.

Dateien löschen. Dateien wirklich endgültig in den Papierkorb verschieben? Oder vielleicht doch nicht? Wenn es um Worte geht, werde ich komisch. Mit dem sündhaft teuren Seidenkleid, das mir mein Ex-Freund geschenkt hat, verführt inzwischen meine beste Freundin ihre Kerle, denn damit wollte ich Jörn nun wirklich nicht beglücken. Und das ist okay, ein bisschen schade um den schönen Fummel zwar, aber okay. Aber Fotos, Briefe …? Wäre das nicht leichtfertig, mein Vorleben auf diese Weise auszuradieren? Heutzutage hält doch kaum noch jede zweite Ehe, bis dass der Tod sie scheidet. Auch wenn ich sicher bin, dass meine halten wird – was, wenn nicht? Bin ich dann nichts mehr, nun, da meine Vergangenheit ausgelöscht und meine Ehe auch gescheitert ist?

Vielleicht ist das der Grund, aus dem wir an unseren Verflossenen festhalten wie an einem Rettungsring im Ozean: Wir haben Angst vor dem Alleinsein, Angst davor, mit niemandem mehr Erinnerungen zu teilen, wenn die aktuelle Beziehung zerbrechen würde und die Erinnerungen an diese letzte Gemeinsamkeit für eine Weile tabu sein sollten. Mit irgendwelchen Geschichten müssen wir doch selbst dann unsere Memoiren füllen. Klar haben wir auch ganz für uns allein Dinge erlebt, die erinnerungswert sind, aber steckt nicht in jedem von uns ein kleiner Kommissar, der Beweise braucht? Und ist nicht der beste Beweis ein lebendiger, ein Ex-Partner, der dafür bürgt, dass wir wirklich vor siebeneinhalb Jahren am Strand von Goa den geilsten Open-Air-Rave der Geschichte miterlebt haben? Existente Ex-Partner sind wie Luftballons. Aufgebauscht zu weit mehr, als sie jemals waren, aus dem einzigen Grund, unserem Leben Fülle zu verleihen: Mann, hat die viel erlebt! Mann, hat die viel Erfahrung! Vielleicht – hoffentlich! – werde ich das später mal lockerer sehen. Aber sicher erst, wenn meine Ehe bewiesen hat, dass sie hält.

Als junger Mensch lebt man in den Zielen der Zukunft, ist aber gleichzeitig bemüht, Erlebnisse anzuhäufen, die einem später bestätigen, dass man gelebt hat. Als alter Mensch, dessen Zukunft schrumpft, bekommt diese angehäufte Vergangenheit immer mehr Bedeutung. Irgendwo dazwischen muss es einen Punkt geben, an dem das Jetzt zählt. Jetzt glücklich sein, anders kann es auf Dauer nicht funktionieren. Bezogen auf Ereignisse in der Vergangenheit ist Glück doch nur ein leeres Wort. Wer weiß schon Wochen, Monate, Jahre später noch, wie sich das Glück angefühlt hat, damals. Davon bleibt doch nichts übrig als eine Ahnung. Das reimen wir uns zusammen, das versuchen wir zu beschreiben mit Bildern wie »Schmetterlinge im Bauch«, aber fühlen, wirklich fühlen können wir es nicht mehr. Darum ist uns die eigene Vergangenheit gefühlsmäßig im Grunde genauso fremd wie die Geschichte einer Romanfigur, mit der wir mitleiden, ohne ihre Gefühle wirklich und wahrhaftig greifen zu können. Dasselbe gilt für Glück, Liebe, sexuelle Höhepunkte, die wir mit Ex-Partnern erlebt haben. Sie sind vergangen. Nicht mehr abrufbar. Und dennoch: Meine Ex-Partner, seine Ex-Partnerinnen, sie sind da. Wer sagt denn schon bei der Trennung: »Unsere gemeinsame Zeit war schön, aber jetzt: auf Nimmerwiedersehen!« Stattdessen sagen wir: »Lass uns Freunde bleiben!« Und räumen ihnen damit einen Platz für die Zukunft ein.

Mich nerven die stundenlangen Diskussionen über zu lange Telefonate mit den Ex-Freundinnen, obwohl ich sie selber angezettelt habe. Mich nervt mein schlechtes Gewissen gegenüber Jörn, wenn ich mich mit meinem Ex Timo treffen möchte, genauso mein schlechtes Gewissen gegenüber Timo, wenn ich mich länger als ein paar Wochen nicht mit ihm getroffen habe. Mich nervt meine Eifersucht auf Jörns Verflossene, aber ich arbeite nicht daran, sie abzustellen, weil ich finde, sie steht mir zu. Mich nervt die schlechte Laune, die Jörn hat, wenn ich ihm nicht von den Gesprächsinhalten zwischen meinem Ex und mir erzähle, und seine genauso schlechte Laune, wenn ich es tue. Mich nervt, dass ich nicht weiß, ob ich meinen Ex noch treffe, weil er mir noch etwas bedeutet, oder weil *erwartet wird*, dass er mir noch etwas bedeutet, oder weil Jörn sich gerade mit seiner Ex trifft. Warum ist das alles bloß so schwierig? Warum können wir uns nicht alle verstehen, wir sind doch erwachsene Menschen? Hübsche Spielabende alle drei Monate zu viert: er, ich, seine Ex, mein Ex, jeder hätte seine Pflicht erfüllt, und man wäre mal wieder auf dem Laufenden. Andererseits: Warum können wir einander nicht einfach in Ruhe lassen, wenn die Beziehung vorbei ist? Wenn wir einander noch so sehr brauchten, wie wir uns einreden, hätten wir uns ja nicht getrennt! Manchmal wünschte ich, ich könnte unsere Verflossenen ausradieren. Aber damit würde ich einen Großteil unserer Vergangenheit eliminieren und damit einen Großteil dessen, was uns ausmacht.

Und selbst dann wären da noch die Ereignisse, die sich nicht ausradieren lassen, weil sie nie geschehen, sondern immer nur in der Atmosphäre geschwebt sind. Vielleicht der nie vollzogene Geschlechtsakt mit einem Ex, der plötzlich weit weg ziehen musste, ehe es soweit kommen konnte. Oder das in kindlichem Leichtsinn gegebene Versprechen, den einstigen Sandkastenfreund zu ehelichen, sollte man sich irgendwann durch Zufall noch einmal über den Weg laufen. Oder die nie ausgesprochene Liebe zum Freund der besten Freundin, zu denen der Kontakt längst abgerissen ist. Lange Zeit habe ich mit solcherlei Versäumnissen gehadert, besonders, als Jörns und meine Heiratsabsichten ernst wurden. Nicht aus Trauer über verpasste Gelegenheiten, sondern aus Angst davor, was geschehen könnte, wenn das Schicksal mir einen Streich spielen und mir den Freund meiner besten Freundin über den Weg schicken würde – solo! Was, wenn die rothaarige porzellanpuppige Göttin, Jörns nie klar beendete Affäre, auf einmal vor der Tür stünde? Am Ende sind die Betroffenen solcher unerfüllten, unter dem Alltag begrabenen Gefühle viel gefährlicher für die gegenwärtige Beziehung als die existente Ex-Freundin, die geliebt, gehasst, verlassen wurde und nun alle zwei Wochen mal durchklingelt!

Bleibt nur zu hoffen, dass ich das irgendwann alles lockerer sehen kann, weil es wahrlich wichtigere Dinge auf der Welt gibt, als sich in Grübeleien über die Vergangenheit zu verstricken. Dass ich irgendwann nicht nur versuche, mir einzureden, dass jedes Ereignis in Jörns Leben – einschließlich der Episoden mit seinen Ex-Freundinnen – ihn schließlich zu mir geführt hat, sondern wirklich daran glaube. Wie gesagt, es gibt Tage, da juckt mich das alles nicht die Bohne. Da kann Jörn sich von mir aus stundenlang im Arbeitszimmer einschließen und eine seiner Ex-Freundinnen nach der anderen anrufen, und ich bin froh über die Ruhe im Wohnzimmer und gucke einen Film, den er mir sowieso mit blöden Kommentaren verderben würde. Es gibt aber auch Tage, da stehe ich schnaubend und brodelnd in der Küche, brutzele ihm und seiner Ex ein Puten-Curry, während die beiden Oberschenkel an Oberschenkel auf dem Balkon hocken, die Tür schön fest zu, und sie ihm ihr Herz ausschüttet. Und es gibt Nächte, die meist auf eben solche Tage folgen, in denen ich Jörn so lange nerve, bis er mir jedes Detail über das Gespräch mit seiner Ex erzählt. Das höre ich mir an, nehme ihm dann in einem zweistündigen Vortrag die Dämlichkeit dieser Frau auseinander, muss mir von ihm sagen lassen: »Das sehe ich nicht so, und ich kenne sie besser als du!«, woraufhin wir uns selbstverständlich bis zum Morgengrauen die Augen auskratzen. Soviel zum Thema Verflossene.

Tom, 27, Inhaber einer Gebäudereinigungsfirma

»ICH WEISS, DAS IST EINE GESCHICHTE, WIE VIELE SIE ERZÄHLEN.«

Meine Ex nimmt noch immer sehr viel Raum in meinem Herzen ein. Obwohl die akute Entwöhnungsphase abgehakt ist, ebenso wie die Übergangsfrau, die einem nach einer Trennung den Weg zurück in die Wirklichkeit ebnet, ohne selbst jemals eine reelle Chance zu haben, Teil dieser Wirklichkeit zu werden. Durch sie habe ich meine Fähigkeit wieder entdeckt, mich für andere Frauen zu interessieren als meine Tanja, und so gibt es tatsächlich eine, die eine Option, eine Zukunftsperspektive darstellt. Dennoch lässt sich die Vergangenheit nicht so einfach ausradieren. Dazu war mir meine Ex zu wichtig – und ist es wohl immer noch. Wie viele Jahre müssen vergehen, bis man seine erste große Liebe endgültig aus dem Hirn verbannt hat und wirklich offen für ein Leben ohne sie ist? Schaffen andere das schneller als ich, oder bin ich mit einer intensiveren Leidensfähigkeit ausgestattet als sie? Wie lange glüht die zärtliche Erinnerung noch nach?

Barbaraball im Palais am Funkturm vor zwölf Jahren. Zum letzten Mal feierten die Kleingärtner ihr traditionelles Tanzfest zu Ehren der Schutzpatronin der Berge. Ich saß mit meinem Vater hinter den Blumen in der Nähe der Toiletten und beobachtete dieses hübsch anzusehende Mädchen, das mit seinen Großeltern da war und alle fünf Minuten – so kam es mir vor – zum Klo rannte. Ich verbrachte die Zeit damit, ihr beim Tanzen mit ihrem Opa zuzusehen, und hatte mich, lange bevor der Abend sich dem Ende neigte, in sie verguckt. Zu schüchtern, das Mädchen anzusprechen, schrieb ich auf die Rückseite einer Visitenkarte »Ruf doch mal an«, daneben das Datum des nächsten Tages. In einer günstigen Sekunde, als sie gerade allein war, nahm ich all meinen Mut zusammen und steckte ihr meine Botschaft zu. Dann verließ sie mit ihrer Familie den Saal.

Würde sie anrufen? Das konnte ich unmöglich einschätzen, schließlich kannte ich dieses zauberhafte Wesen überhaupt nicht. Doch tatsächlich, das Telefon klingelte und sie war dran. Tanja. Genauso alt wie ich. Nicht abgeneigt. Aber zu diesem Zeitpunkt sollte aus uns noch nichts werden. Bei unserer ersten Verabredung erfuhr ich nämlich, dass sie einen Freund hatte. Aus der Traum. Ein paar weitere Dates, dann verlief unser Kontakt im Sande.

Ungefähr ein Jahr später meldete sich Tanja wieder, wir telefonierten lange. Sie war inzwischen solo. Wohnte im Heim, seitdem sie es bei ihrer Mutter nicht mehr ausgehalten hatte. Dummerweise war diesmal ich vergeben, unsere gemeinsame Zukunft drohte ein zweites Mal am schlechten Timing zu ersticken. Es bereitete mir einige Schwierigkeiten, ein heimliches Treffen zu arrangieren, bis ich es endlich doch schaffte, sie von der Schule abzuholen. Wir verbrachten den Tag zu dritt mit einem Freund von mir, lachten viel, und prompt verknallte ich mich noch einmal in dieselbe Frau. Abends, nachdem mein Freund und ich Tanja zurück zum Heim gebracht hatten, schwärmte ich ihm die Ohren voll von diesem Mädchen und war sicher, dass ich ihr zuliebe meine Freundin verlassen würde.

Tanja und ich hingen von da an wie die Kletten aneinander, verbrachten jede freie Minute zusammen. »Ab heute«, flüsterte sie mir eines Tages im Bus ins Ohr, »hast du jemanden, der auf dich aufpasst.« Ich war überglücklich und begeistert, als sie schließlich zu mir zog. Noch mehr gemeinsame Zeit – das war der Himmel auf Erden! Elf wunderbare Jahre lang. Wir heirateten, bekamen einen Sohn, später eine Tochter, die heute neun und sechs Jahre alt sind. Schon damals lebte ich nicht das Leben meiner Altersgenossen, die brav ihren Hauptschulabschluss bauten und heute arbeitslos sind. Ich dagegen: Schulabbrecher, Gebäudereiniger, Ehemann und Vater. Glücklicher Schulabbrecher, Gebäudereiniger,

Ehemann und Vater. Ich bereue keinen dieser Schritte, bis heute nicht.

Tja, wer hätte damals gedacht, dass Tanja und ich uns einmal darüber fetzen würden, wer den Milchreis in welche Richtung rührt!? Diese Disharmonie zwischen uns kam erst ein Jahr vor unserer Trennung auf. Bis dahin hatten wir unser Glück genossen, ohne groß darüber nachzudenken. Wir waren gestern glücklich gewesen, heute glücklich, warum sollten wir morgen nicht glücklich sein? Doch mit einem Mal war alles anders, die Zukunft verlor an Sicherheit. Wir trennten und versöhnten uns. Mehrmals. Ich will nicht verschweigen, dass ich die Schuld an vielen dieser Streits trug: Leider ging ich in dieser schwierigen Zeit viermal fremd. Warum, ist mir bis heute nicht ganz klar.

Wie oft habe ich versucht, die Gründe zu analysieren, nur um alle Möglichkeiten, die mir in den Sinn kamen, gleich wieder zu verwerfen. Es gibt einfach keine Entschuldigung. Meine Seitensprünge könnten natürlich so eine Art Samariterdienst gewesen sein. Jede der vier Situationen war nämlich daraus entstanden, dass mir eine Frau von ihren Problemen in ihrer Beziehung erzählte, woraufhin ich Mitleid empfand und ihr beweisen wollte, dass Männer auch zärtlich und einfühlsam sein können. Jedes Mal, wenn ich fremdging, hatte ich mich vorher mit Tanja zerstritten. Über so alberne Dinge wie, dass sie es in meinen Augen nicht genügend würdigte, dass ich die Wohnung renovierte. Vielleicht wollte ich mir unbewusst die Geborgenheit, die ich in solchen Momenten zu Hause vermisste, bei einer anderen Frau holen. »Wer am Boden ist«, hat eine gute Freundin einmal zu mir gesagt, »findet Trost in der Fortpflanzung.« Vielleicht ging es mir auch einfach darum, mich sexuell auszutoben, verpasste Erfahrungen nachzuholen. Denn mit Tanja hatte ich meine zweite Freundin geheiratet. Bloß, nach jedem Fehltritt stellte ich fest (und wollte danach nur noch heim): Der Sex mit anderen Frauen ist auch nicht anders, befriedigender, erfüllender als der Sex mit meiner eigenen Frau.

Nach meinem dritten Seitensprung hatte Tanja jedenfalls genug und setzte sich in den Kopf, sich an mir zu rächen, indem sie mir am eigenen Leib vorführte, wie es ist, betrogen zu werden. Sie schlief mit meinem besten Freund. In unserer Wohnung! Legte alles darauf an, von mir in flagranti erwischt zu werden. Ihr Plan ging dann allerdings nicht auf, und im Nachhinein schämte sie sich furchtbar für das, was sie getan hatte. »Ich habe«, schwor Tanja, »nichts davon gehabt, nichts dabei empfunden!« Und so versöhnten wir uns, und so ging ich ein viertes Mal fremd. Zu allem Überfluss an einem zwölften Mai, an einem Muttertag. Als Tanja davon erfuhr, wollte sie mich einfach nur noch loswerden. Ich tat ihr den Gefallen und zog aus.

Fast sechs Monate kämpfte ich um ihre, um unsere Liebe. Versuchte immer wieder, sie telefonisch zu erreichen, um ihr zu sagen, dass ich mich ändern will. Unser zu der Zeit achtjähriger Sohn hatte auch seinen Anteil daran, dass wir uns schließlich ein letztes Mal zusammenrauften. Er lag nach einem Autounfall fast fünf Wochen mit einem Oberschenkelhalsbruch im Krankenhaus, wo wir ihn jeden Tag mehrmals besuchten. Als er endlich entlassen wurde, konnte er lange Zeit nicht richtig auf seinen Krücken laufen. Bei jeder Bewegung musste ich ihn stützen. So war Tanja auf meine Hilfe angewiesen, und wir kamen einander wieder näher. Als unser Sohn ein Wochenende bei Bekannten verbrachte und dort ohne Probleme herumlief, stellte sich heraus, dass er uns seine Hilflosigkeit nur vorgespielt hatte. »Warum«, fragte ich ihn, »hast du das getan?« – »Weil Mama«, antwortete er und brach mir das Herz, »es nicht alleine geschafft hätte, und ich wollte, dass du bei uns bist!«

Alles hatte den Anschein, als seien die Scherben unserer kleinen Familie wieder gekittet. Doch Tanja beging einen Fehler. Auf meine Frage, ob sie während unserer Trennungszeit einen anderen Mann gehabt hatte, antwortete sie: »Nein!« Ihrer besten Freundin, die davon ausgegangen war, dass wir vor dem Neustart reinen Tisch gemacht hatten, rutschte kurz darauf die Wahrheit heraus. Jetzt wusste ich, wie weh es tun kann, belogen zu werden. Es kann verdammt wehtun. Tanjas Unehrlichkeit war schlimmer als die Tatsache, dass sie mit einem anderen Mann im Bett gewesen war. Zwar hatte sie eine Erklärung parat: »Ich dachte, wenn ich es zugebe, würdest du nichts mehr mit mir zu tun haben wollen!«, doch zwischen uns war etwas zerbrochen. Wir kamen beide nicht mehr mit der Situation klar. Ein großer Knall – die endgültige Trennung.

Nach der anfänglichen Verzweiflung ging ich davon aus, dass unsere gemeinsame Zeit ein für allemal beendet war. Versuchte, rational an den Wiederaufbau meines Lebens heranzugehen, indem ich die Karten neu mischte und Miriam zu der Frau an meiner Seite erkor. Die Wogen schienen sich zu glätten, ich schien alles im Griff zu haben, bis ich eines Tages eine Mail von Tanja bekam. Meine Ex ließ mich einfach nicht los. Elf gemeinsame Jahre, elf Jahre Liebe kann man sich eben nicht so leicht aus dem Kopf schlagen. Da funktioniert eine saubere Trennung nicht mal eben so. Ich konnte nicht anders, antwortete Tanja. Bekam eine Mail zurück, und so ging es hin und her. Eines Tages brauchte sie eine neue Unterkunft, und ich besorgte ihr ein Bett bei einem Bekannten. Wir verabredeten uns zum Schwimmen. Unsere Faxen im Wasser waren noch albern, meine Massage und ihre provokanten Beckenbewegungen dabei schon eher erotisch, draußen fingen wir dann an, uns zu küssen. »Wie soll ich«, fragte sie ein wenig neckisch, ein wenig resigniert, »dir widerstehen!? Du weißt einfach, welche Knöpfe du bei mir drücken musst!« So ist das mit den Ex-Frauen – das Verlangen stirbt nicht, nur weil die Beziehung nicht mehr funktioniert.

Unsere Küsse vor dem Schwimmbad waren leidenschaftlich, innig, echt. So intensiv wie der allererste Kuss, mit Schmetterlingen im Bauch, wackeligen Knien und allem Drum und Dran. Wie gigantisch wäre es erst gewesen, in dieser Atmosphäre des verzweifelten aneinander Klammerns mit ihr zu schlafen!? Wie gern hätte ich Sex mit ihr gehabt, die gewohnte und dennoch schöne Nähe noch einmal gespürt, ganz egal, was die Zukunft bringen würde! Ich musste es einfach versuchen, aber sie blockte ab. Zuerst war ich wie vor den Kopf gestoßen, dachte dann aber: »Ist doch eigentlich nur positiv, dass wir nicht den fünften vor dem ersten Schritt machen!« Und so schlug ich am nächsten Tag bei dem Bekannten auf, bei dem ich sie untergebracht hatte. Dort, auf neutralem Boden, konnte sie sich endlich fallen lassen und ihre Gefühle formulieren: »Ich will wieder mit dir zusammen sein, Tom!«

Wow. Da stand ich nun zwischen den Stühlen. »Ja«, war meine erste Reaktion, »das möchte ich auch!« Ein paar Tage später bekam ich Angst vor der eigenen Courage und glaubte plötzlich, den leichteren Weg gehen zu müssen. Der Satz, den ich dann zu Tanja sagte, war die Krönung meiner Dummheit: »Ich habe nicht die Kraft dazu, es noch einmal mit dir zu versuchen, und zu viel Angst vor neuen Katastrophen. Ich gehe zurück zu Miriam.« Ich bin fest davon überzeugt, dass absolut noch nichts entschieden war, bevor ich diesen Satz ausgesprochen hatte. Bis dahin hätte alles wieder gut werden können. Schließlich hatten Tanja und ich beide immer fest daran geglaubt, dass wir gemeinsam alt werden würden. Aber diese paar Worte haben alles zunichte gemacht. Darum gebe ich die Schuld am finalen Scheitern unserer Ehe mir.

Die Geschichte mit Miriam hat natürlich nicht funktioniert. Sie passt nicht zu mir, sie ist mir zu kindisch und ich kann sie im wahrsten Sinne des Wortes nicht riechen. Seit auch mit ihr Schluss ist, ist die Hölle los. Jeder verbreitet Gerüchte über mich, jeder gibt mir Ratschläge. Mir blieb schließlich nichts anderes übrig, als den Kontakt zu beiden Frauen abzubrechen. Seither schleppe ich mich von Tag zu Tag in der Hoffnung, das Gefühl von Liebe und Geborgenheit noch einmal zu erleben, um in dieser Welt nicht unterzugehen. Ich weiß, das ist eine Geschichte, wie viele sie erzählen.

Der Schmerz in meinem Innern konnte nur gelindert oder wenigstens überlagert werden durch Schmerz, den ich mir von außen zufüge. Als ich zum ersten Mal bereit war, mich umzubringen, versuchte ich, mir die Pulsadern aufzuschneiden. Das hatte ich nicht von langer Hand geplant, das war eine Übersprungshandlung in einem Moment, in dem meine Depressionen außer Kontrolle gerieten. Nach dem Motto: »Du machst das jetzt einfach, schlimmer kann es ja nicht kommen.« Die Klinge brannte sehr, als ich sie ansetzte, das brachte mich wieder zur Vernunft. Der verführerische, abwesende Moment war vorbei. Ich fuhr sofort zu unserem Hausarzt, zeigte ihm meine Wunden. Er telefonierte die halbe Nacht in der Stadt herum, um mir ein Krankenhausbett zu besorgen. Aber die Krisenstation zieht einen erst so richtig runter. Da war einer, der auch versucht hatte, sich umzubringen, ein anderer, der von seiner Ex verarscht wurde, und einer, der in totaler Isolation gelebt hatte, sogar das Essen hatte er sich liefern lassen. Nach vier Tagen mit denen wollte ich mein Leben zurück, die Steine aus dem Weg räumen, die ihn blockierten. Aber ich war nicht stark genug, schluckte zwei Wochen später eine Überdosis Tabletten. Meine Mutter fand mich »wie eine Schildkröte« auf dem Flurboden.

Ich verletze mich immer noch selbst. Meine Therapeutin sagt »Wiederkehrende Depressionen, ausgelöst durch akustische oder optische Signale« dazu. Das bedeutet: Wenn ich einen Song höre, der mich an meine Ex erinnert, oder einen Film sehe, den wir zusammen angeschaut haben, dann kommen die Heulkrämpfe zurück. Und mit ihnen der Zwang, mir selbst wehzutun. Mit ein paar Stichen fing es an, dann ritzte ich mir den Arm auf. Irgendwann schnitt ich einfach nur so hintereinander weg. Immer wieder, um den Schmerz mit Schmerz zu betäuben. Weiße Narbenfäden auf meinen sommerbraunen Armen zeugen davon.

Ob das je aufhört, weiß ich nicht. Wenigstens das Fingernägelknabbern habe ich mir abgewöhnt. Das Andere versuche ich zu beherrschen. Indem ich zum Beispiel einen Freund zu einer Internetnacht einlade, wenn ich merke, die Depressionen sind im Anmarsch. Ohne dass er den wahren Grund ahnt, aus dem ich ihn bei mir haben will, hat er mich dann unter Kontrolle.

Die Arbeit in meiner Gebäudereinigungsfirma lenkt mich nicht ab, im Gegenteil. Gerade im Büro ist Tanja allgegenwärtig. Sie hat ja den Laden damals geschmissen. Das Ordnersystem zusammengestellt, die Karteikarten angelegt, unsere Kontakte gepflegt. Ständig fragt mich einer unserer Kunden, denen ich ja nun nicht meine gesamte Lebensgeschichte auf die Nase binden will: »Wie geht's denn Ihrer Frau?« In solchen Momenten kommen mir die Tränen, die ich natürlich zu verbergen und zu unterdrücken versuche. Aber sie kommen wieder, wenn ich allein bin, und sie laufen die ganze Nacht. Ich konnte mich in den letzten Monaten kaum konzentrieren, habe mich kaum noch um die Firma gekümmert. Kein Wunder, dass sie so richtig den Bach hinuntergegangen ist.

Wenigstens darf ich meine Kinder inzwischen wieder sehen, so oft ich will. Die beiden vermissen mich, das weiß ich. Sobald Tanja sie bei der Oma abliefert, rufen sie mich an, manchmal dreimal am Tag. Ich sehne mich wie verrückt nach ihnen, aber manchmal denke ich auch, es ist gut, dass ich sie nicht um mich habe. Denn dann könnte ich den Schmerz, der mich so sehr in seiner Macht hat, wenn ich ihn lasse, noch schlechter verdrängen. Und so etwas spüren Kinder und leiden nur noch mehr, als sie es ohnehin schon tun.

Letztens erzählte mein Sohn, Tanja habe einen neuen Freund. Laut meinem Stand der Dinge ist er nur ein guter Bekannter (der beste Freund von Miriam!), der viel bei ihr ist, angeblich um ihr über die schwere Phase hinweg zu helfen. Aber ein Kind denkt sich doch so etwas nicht aus! Wenn ich mir Tanja mit diesem Typen vorstelle, kriege ich die Krise. Dann ist da Eifersucht, Unverständnis, die rumorende Frage, warum sie nicht ehrlich zu mir ist, und vor allem Wut auf mich selbst – schließlich habe ich die beiden ja geradezu verkuppelt! Manchmal glaube ich, Tanja weiß selbst nicht, was sie will. Wahrscheinlich ist sie durch die momentane Situation so überfordert, so paralysiert, dass sie gar keine eigenen Entscheidungen treffen kann, sondern sich einfach von anderen sagen lässt, was sie zu tun und zu lassen hat. Und die anderen sagen eben: »Gut, dass er da ist, gut, dass er auf dich aufpasst.« Also bleibt sie eben bei ihm.

Meine Vermutungen bestätigen oder widerlegen könnte nur Tanja selbst, aber die rührt sich nicht, ignoriert sogar meine Mails. In einer versuchte ich, die Gerüchte zu zerstreuen, die über mich im Umlauf waren. Ein paar Bekannte hatten ihr gesteckt, dass ich sie als Schlampe bezeichnen würde, die überall herummacht. Was natürlich nicht stimmt. Ich wollte, dass sie das weiß. Dann mailte ich ihr, dass ich bald aus ihrem Dunstkreis verschwinden werde, dass ich beabsichtige, mit meinem Leben hier abzuschließen und nach F. zu ziehen. Auch keine Reaktion. Eine Freundin von mir erklärt sich das ganz nüchtern. »Wahre Liebe«, sagt sie, »kann man nicht unterdrücken. Also hat Tanja vielleicht nie wahre Liebe für dich empfunden, sondern nur eine emotionale Abhängigkeit.« Möglich ist, dass Tanja gar nicht fähig ist zu lieben, denn sie selbst hat in ihrem Elternhaus nicht viel Wärme erfahren. Wenn ich Gedanken in diese Richtung zulasse, stelle ich unsere gesamte Ehe infrage. Und nicht zuletzt den Moment nach unserem Kuss vor dem Schwimmbad, als sie sagte, sie wolle wieder mit mir zusammen sein. Hat sie das wirklich ernst gemeint? Will ich denn, dass sie es ernst gemeint hat?

Keine Ahnung, ich stehe total zwischen den Stühlen. Hoffe einerseits tief in meinem Innern auf eine neue Chance, will andererseits endlich mit der Vergangenheit abschließen, Tanja viel Glück und einen guten Mann wünschen, mit dem sie in Ruhe alt werden kann. Ich muss diesen Abschnitt meines Lebens einfach hinter mir lassen, zeitweise glaube ich sogar fest daran, dass ich mich damit abgefunden habe, dass aus Tanja und mir nichts mehr wird.

Hoffnung auf eine glückliche Zukunft ohne Tanja macht mir eine nette junge Frau aus F., die ich im Internet kennen gelernt habe, daher die Idee mit dem Umzug. Wie der Zufall es will, heißt sie auch Tanja, was es mir nicht unbedingt leichter machte, mich unvoreingenommen auf sie einzulassen. Tanja II war eine gute Zuhörerin, wenn ich ihr im Chat mein Leid mit Tanja I klagte. Im Internet sind die Gespräche mit wildfremden Leuten einfach intensiver, da bin ich offener und ehrlicher, als ich es jemals zu meinen engsten Freunden in der Wirklichkeit war. Nach kurzer Zeit hatte ich bereits das Gefühl, Tanja II sehr gut zu kennen und ihr hundertprozentig vertrauen zu können. Gleich unser erstes Telefonat dauerte fünf Stunden. Einfach ist sie nicht, ich renne da gegen eine ziemlich hohe Mauer an, mit der sie sich vor der Welt schützt. Kein Wunder bei ihrer Vergangenheit. Drei Scheißbeziehungen. Eine Vergewaltigung.

Die Gefühle, die ich für Tanja II empfinde, würde ich als Sympathie bezeichnen. Sympathie mit Potential, Sex »just for fun«. Noch. Für meine Verhältnisse ist das schon viel, denn an die Liebe auf den ersten, zweiten oder dritten Blick glaube ich nicht. Viel wertvoller: gemeinsames Erleben, das zusammenschweißt. Liebe, die wächst, die reifen muss, um echt zu sein. Die meisten Frauen empfänden Sympathie wohl als empörend wenig, Tanja II ist damit bereits überfordert. Ein schönes, heißes Bad inmitten eines Meers aus Kerzen, dazu Kuschelmusik und vielleicht eine Massage würde andere Frauenherzen zum Schmelzen bringen. Tanja II sagt: »Du hoffnungsloser Romantiker«, fühlt sich überrannt und zieht sich in ihr Schneckenhaus zurück. Dabei gebe ich mir doch nur größte Mühe, die Fehler, die ich in meiner Ehe gemacht habe, nicht zu wiederholen! Nun bin ich in Sachen »Was Frauen wollen« sozusagen elf Jahre lang bei meiner Ex in die Lehre gegangen, habe vermeintlich meinen Meister im Verstehen der Sehnsüchte des anderen Geschlechts gemacht, und muss jetzt erfahren, dass jede Frau andere Bedürfnisse hat. Dass Tanja I nicht das Maß aller Dinge ist.

Aber das ist schon okay. Es gab Momente, in denen ich mich leichtfertig für den unbeschwerlicheren Weg entschieden habe, jetzt wähle ich die komplizierte Variante. Immer getrieben von der Hoffnung, es diesmal richtig zu machen. Erstens will ich nie wieder fremdgehen. Zweitens will ich den Frauen geben, was sie brauchen, und das ist vor allem das Gefühl, sicher, geborgen und begehrt zu sein. Und im Mittelpunkt zu stehen. Durchaus keine übertriebenen Wünsche, realistische Wünsche, wie wir Männer sie auch in uns tragen, nur dass wir oft zu feige sind, das zuzugeben. Drittens will ich von jetzt an zu meinen Gefühlen stehen, sie zeigen und aussprechen. Das fällt mir so schwer, weil Worte bei weitem nicht ausreichen, um Gefühle zu greifen. Kein einziges Wort aus keiner einzigen Sprache der Welt kann groß genug sein, um meine Gefühle zu beschreiben. Das macht mich manchmal ganz verrückt.

Ein Beispiel für eine solche Situation der Sprachlosigkeit: mein erstes Treffen mit Tanja II. Wir hatten stundenlang auf dem Domplatz gesessen, in die Sterne geschaut und uns über Gott und die Welt unterhalten. Wir waren ins Auto geklettert, hatten Faxen gemacht und den Moment verpasst, in dem aus harmlosen Spielereien zielgerichtete Nähe geworden war. Wir hatten Sex gehabt.

Was auf gar keinen Fall passieren sollte, um unsere jungen Gefühle füreinander nicht zu gefährden, war nun doch passiert. Und prompt sagte Tanja II: »Egal, welche Frau heute Nacht mit dir in diesem Auto gesessen hätte, du hättest mit ihr geschlafen.« Nein! Hätte ich nicht! Aber wie hätte ich ihr das glaubhaft machen können? »Dein Wesen«, wollte ich beteuern, »und nicht meine Lust hat dazu geführt!« Welch armseliger Versuch, mit armseligen Worten meine Ehre zu retten. Also ließ ich es lieber gleich. »Ich habe Angst«, wollte ich ihr sagen, »dass wir nicht in der Lage sind, auf die Entfernung eine Beziehung aufzubauen. Ich habe Angst, dass alles zerbricht, wenn aus Wochenendbesuchen ständige Nähe wird, wenn Interessen abgeglichen und Kompromisse eingegangen werden müssen. Aber ich fühle mich bei dir geborgen, sicher, verstanden.« Ich brachte diese Worte, die mir wieder einmal zu banal erschienen, um meine Gefühle zu beschreiben, nicht über die Lippen. Und so entstand wieder eine Distanz zwischen uns. Tanja II hat sich bis jetzt noch nicht hundertprozentig auf mich eingelassen. Sie glaubt nicht wirklich an eine Zukunft. Wenn ich ihr sagen würde: »Ich gehe zu meiner Ex zurück«, würde sie antworten: »Mach das. Danke für die schöne Zeit.«

Will ich denn zu Tanja I zurück? So schön das mit Tanja II und mir ist, was aus meiner Ex und mir wird, steht auf einem ganz anderen Blatt. Wenn Tanja I plötzlich vor mir stünde, ganz egal, ob morgen oder in einem Jahr, ich könnte für nichts garantieren. Ich kann sie nicht einfach aus meinem Leben radieren. Schließlich bin ich an ihrer Seite erwachsen geworden, schließlich hat sie mich geformt, in die richtige Richtung geleitet. Für all das bin ich ihr auf ewig dankbar. Eigentlich fällt mir nur eine einzige Eigenschaft ein, mit der sie mich manchmal auf die Palme gebracht hat: Tanja I konnte ihren Kopf nicht durchsetzen. Wenn ich mit meinen Kumpels um die Häuser ziehen wollte, steckte sie um des lieben Friedens Willen eher zurück, als dass sie mich gebeten hätte, den Abend mit ihr zu verbringen. Jedes Mal. Aber ansonsten: Traumfrau!

Tanja II ist Tanja I in vielen Dingen gar nicht unähnlich. Ich brauche einfach eine Frau an meiner Seite, die mir den Rücken stärkt, und das haben sie beide drauf. Beide bekommen sofort mit, wenn es mir einmal nicht so gut geht, selbst wenn ich mir überhaupt nichts anmerken lasse. Beide sind sehr liebesbedürftig, kuscheln gern. Und auch für mich ist das das Schönste an einer Beziehung: Zärtlichkeiten austauschen, sich aneinander festhalten, anstatt bloß nebeneinander auf dem Sofa zu hocken, fernzusehen und danach einsam in die äußere Ecke des Bettes zu kriechen. Ich kann Männer, die sich durch zu viel Nähe eingeengt fühlen, nicht verstehen. Die wollen doch nur ihr Ego rauskehren. Stark sein heißt, keine Gefühle zeigen – was für eine blöde Einstellung.

Mir leuchtet es ein, dass Tanja II zögert, sich auf mich einzulassen, wenn ich ihr nicht versprechen kann, dass der Lebensabschnitt mit meiner Ex ein für allemal vorbei ist. Andererseits finde ich nicht, dass ich etwas falsch mache. Ich muss doch ehrlich sein. Miriam, die Frau zwischen Tanja I und Tanja II, hat auch nie verstanden, warum ich den Kontakt mit meiner Ex noch per E-Mail aufrechterhielt. Nicht einmal, wenn ich ihr erklärte: »Es geht mir nicht mehr um Tanja, meine Frau, sondern um Tanja, den Menschen.« Man muss doch offen sagen können: »Du, ich habe diese Frau geliebt, und darum kann ich nicht dafür garantieren, dass meine Gefühle für sie nicht noch einmal auflodern.« Dafür erwarte ich Verständnis, schließlich kann ich genauso wenig für meine Vergangenheit wie sie für ihre. Wir können ja schlecht so tun, als hätte keiner von uns eine Vorgeschichte. Und wenn die Gefühle für die Ex tatsächlich wiederkommen, bringt es überhaupt nichts, sie zu verschweigen. Was man verdrängt, kommt erst recht hoch. Natürlich ist das schlimm für die neue Partnerin, aber wenn es erst einmal geschehen ist, hat die neue Beziehung ohnehin keine Chance mehr. Wer das nicht versteht, der hat nie richtig geliebt. »Was soll denn«, sagen meine Freunde genervt, »das ewige Hin und Her mit deiner Ex!« – »Wir reden weiter«, erwidere ich dann, »wenn du erfahren hast, was echte Liebe ist.«

Tanja II merkt natürlich, dass ich noch oft an Tanja I denke. »Du würdest«, wirft sie mir dann vor, »diesen Moment viel lieber mit deiner Ex als mit mir verbringen!« Manchmal hat sie damit Recht, ja. Manchmal nicht. Letztens im Zoo habe ich wirklich gedacht:

»Wie schön wäre es doch hier mit meiner kleinen, heilen Familie! Wie viel Spaß hätten die Kinder! Wie schön wäre es, ihnen mit meiner Frau an der Hand dabei zuzusehen!« Als ich aber mit Tanja II auf ihrem Balkon saß und von früheren Urlauben erzählte, in denen Tanja I zwangsläufig eine Rolle spielte, ist mir gar nicht in den Sinn gekommen, dass es dadurch zu Missverständnissen kommen könnte. Tanja I ist eben ein Teil meiner Vergangenheit, und wer sich für meine Vergangenheit interessiert, der bekommt sie automatisch mitgeliefert. Andere Situation: Abschied am Flughafen. Ich wollte es uns nicht noch schwerer machen, als es sowieso schon war, und hatte es darum eilig, in den abgesperrten Bereich zu fliehen. »Du kannst es«, weinte Tanja II, »ja kaum erwarten, nach Hause zu kommen!« Dabei wäre ich liebend gern länger bei ihr geblieben, wollte am liebsten gar nicht mehr nach B. fliegen, wo alles so kompliziert geworden war.

Ich wünschte wirklich, ich könnte ganz offen mit der neuen über die alte Tanja sprechen. Ist es nicht so: Je mehr man über seine Ex redet, umso schneller verarbeitet man die Trennung? Irgendwann kommt doch zwangsläufig auch das Negative mal zur Sprache, die schlechten Erinnerungen, die Streits und die Momente, in denen man nur noch weg wollte. Und das ist gut. Dann gibt man sich wenigstens nicht so leicht der Versuchung hin, die Vergangenheit zu beschönigen und in Erinnerungen zu schwelgen. Man lernt, nach vorn zu schauen, anstatt im Gestern zu leben.

Bis auf Tanja II und meine Eltern bin ich ziemlich allein im Moment. Meine ehemaligen Freunde geben mir nichts mehr. Die Kumpels, mit denen ich während meiner Ehe gerne mal den Alltag hinter mir gelassen habe, scheinen mir jetzt gefühlskalt, machohaft und so ganz anders als ich. Wenn der Schmerz über die Trennung von Tanja I wieder hochkommt, rutscht ihnen nur ein genervtes »Ich dachte, du hättest das endlich überwunden!« heraus. Mein ehemals bester Freund beschuldigt mich, seine Beziehung zerstört zu haben, seit ich seiner Freundin die Vermutung bestätigt habe, dass er sie betrügt. Seitdem ist unser Verhältnis abgekühlt. Eine andere gute Freundin von mir hat sich nun auf Tanjas Seite geschlagen. Ich vermute, um sich ganz allgemein an uns bösen Männern zu rächen. »Ruf an, wenn was ist!«, sagt sie, und: »Heute geht's nicht«, wenn ich's dann tue.

Meine Firma ist längst nicht mehr das, was sie war, als Tanja I noch im Boot war. Es würde mir nicht sonderlich Leid tun, sie dicht zu machen. Von meiner Heimat habe ich innerlich schon Abschied genommen. Je länger ich durch B. fahre, desto weniger gefällt mir die Stadt. Zwar überkommt mich hin und wieder eine Anwandlung, und ich finde mich beim Renovieren meiner Wohnung wieder, aber meistens bin ich doch damit beschäftigt, meine Zelte hier abzubrechen. Ich will mir nicht vorwerfen lassen, Tanja II etwas vorgemacht zu haben mit meinem Gerede von einer gemeinsamen Zukunft. Außerdem ist die Atmosphäre in F. viel angenehmer, harmonischer: schöne Neubauviertel wechseln sich mit romantischen Dorfplätzen ab, Wald und Berge sind nicht weit. Ich werde mich dort als Objektleiter bewerben. Mehrere Gebäude und Teams unter meiner Verantwortung, das könnte mir gefallen. Und das in einem Markt, wo auf eine Gebäudereinigungsfirma noch drei Hausverwaltungen kommen, wo es noch Arbeit zu tun gibt. Als einfacher Reiniger, der bloß Befehle empfängt und ausführt, fange ich jedenfalls nicht mehr an. Andere motivieren, ihr Bestes für die Firma zu geben, das wäre eine Herausforderung nach meinem Geschmack, ein neuer Inhalt in meinem Leben. Gleichzeitig eine Flucht nach vorn. Weit genug weg von meiner Ex wären die Möglichkeit, ihr über den Weg zu laufen, und die Versuchung, mich nach ihr zurückzusehnen, kleiner. Unsere Kinder könnten wir einander bei meinen Eltern übergeben, ohne aufeinander zu treffen. Zu Tanja II nach F. ziehen hieße für mich, die Hoffnung auf eine neue Chance mit meiner Ex endgültig zu begraben. Hoffnung kann einen nämlich so was von runterziehen!

Ich glaube nicht an das Schicksal. Ich habe mir meinen Weg bis hierher selbst geschmiedet. Alles Weitere wird die Zeit bringen, wird aber aus mir selbst kommen. Irgendwann wird mein Bauch, nicht mein Schicksal, mir sagen, was ich will. Und dann kann ich aktiv in diese Richtung weiterarbeiten.

Elena, 27, Sozialpädagogin

»ICH KANN MIR EINE ZUKUNFT OHNE IHN, ABER AUCH EINE ZUKUNFT MIT IHM VORSTELLEN.«

Über Gefühle spreche ich nicht gern. Nicht, dass ich keine hätte, im Gegenteil, ich bin zu großen Gefühlen fähig. Nicht, dass mir egal wäre, wenn ich liebe oder wenn ich hasse, aber es fällt mir so unendlich schwer, die Dinge in Worte zu fassen, den Emotionen Begriffe zuzuordnen. Was sicherlich mit meiner Erziehung zu tun hat beziehungsweise mit dem Vorbild, das mir meine Eltern waren. Gefühle wurden in unserer Familie nicht an die große Glocke gehängt, sondern mit sich selbst ausgemacht, und so handhabe ich das bis heute. Diese Eigenschaft von mir bezieht sich nicht nur auf Liebesdinge. Aber eben auch darauf. Deswegen mag das, was ich im Begriff bin zu erzählen, kühl klingen, gelassen oder desinteressiert. Aber das trifft es nicht. Die Erfahrung mit meinem Ex hat mich tief berührt und tut es bis heute.

Michael und ich hatten einige Überschneidungen in unseren Freundeskreisen und waren schon einige Male zu denselben Partys eingeladen worden, auf denen wir aber nie persönlichen Kontakt miteinander gehabt hatten. Als wir uns mit einer Gruppe gemeinsamer Bekannter auf einem Schiff nach Irland wiederfanden, kannten wir uns also nicht wirklich. Doch das sollte sich schnell ändern. Es knisterte, funkte und es wuchs Liebe. Fragt mich heute jemand, was mich eigentlich an diesem Mann so faszinierte, kann ich das wieder einmal nicht so recht beschreiben. Ich wusste einfach ganz tief drinnen: Er war's! Seine Stimme klang angenehm, was viel mehr Reiz auf mich ausübte, als es ein knackiger

Po getan hätte. Aber vor allem hatte ich das Gefühl, dass wir uns berührten, wirklich berührten. Unsere Kommunikation begann an dem Punkt, wo sie mit anderen Menschen aufhört. Besser kann ich es beim besten Willen nicht erklären. Das Gefühl der Zusammengehörigkeit, der Verbundenheit hatte ich vorher so nie erlebt. Eineinhalb glückliche Jahre mit Michael folgten.

Aber er ist psychisch krank – schizophren. Nicht, dass das für mich von vornherein ein Grund gewesen wäre, mich von ihm fernzuhalten. Und doch, ich muss ehrlich zugeben: Michaels Krankheit war der Hauptgrund für unsere Trennung. Er hatte mich frühzeitig eingeweiht, dass er schizophren und deshalb bereits einmal in die Psychiatrie eingewiesen worden war, und ich hatte gedacht, ich würde damit klarkommen. Zwar war ich mit Schizophrenie bisher nur in der Theorie während meines Studiums und nie mit einem echten Fall in meiner Familie oder meinem Bekanntenkreis konfrontiert worden, doch ich war mir einfach sicher: Die Liebe ist größer als die Krankheit. Eine Zeit lang ging auch alles gut. Bis Michael mit dem Einverständnis seines Arztes die Medikamente absetzte. Und einen Rückfall erlitt. Wie oft hatten wir darüber gesprochen! Über seine Angst, über meine Angst, dass es dazu kommen würde. Und nun war eingetreten, was wir befürchtet hatten. Und ich musste feststellen: Ich kam doch nicht damit klar. Ich war an meine Grenzen gestoßen. Machte mehr oder weniger halbherzig Schluss.

Es gab noch einmal einen Versuch zu retten, was zu zerbrechen drohte, als sich abzeichnete, dass Michaels »Heilung« schnell voranschritt. Wobei »Heilung« in Bezug auf Schizophrenie nur eine temporäre Besserung des Zustands durch Medikamente bedeuten kann, nie eine endgültige Genesung. Dennoch – wir fanden nicht mehr zueinander. Was zum Teil auch daran lag, dass ich selbst nervlich zu der Zeit ziemlich angespannt war, weil meine Diplomarbeit mir nicht von der Hand gehen wollte. Und dann der Stress mit und die Sorgen um Michael – alles stürzte auf einmal auf mich ein. Ich brauchte Unterstützung und forderte sie von Michael, obwohl ich hätte wissen müssen, dass er sie mir nicht geben konnte, weil er mit sich selbst genug zu tun hatte. Der Zustand wurde unerträglich. Ich erbat mir eine Pause, um wieder einen klaren Kopf zu bekommen. Doch Michael nahm mir meine Bitte übel, ließ mich völlig im Regen stehen, meldete sich überhaupt nicht mehr. Das war das Ende, trotz seiner abrupten Kontaktverweigerung ein schleichendes Ende ohne Aussprache, ohne klaren Schlussstrich. Unsere Beziehung war einfach vorbei, obwohl weder er, noch ich das bezweckt hatten.

Ganz ehrlich – ich weiß bis heute nicht, ob ich erleichtert oder frustriert darüber sein soll, ob ich wirklich will, dass es vorbei ist, oder nicht. Noch Jahre danach kann ich die Trennung weder akzeptieren, noch damit umgehen. Nicht, dass ich von immer noch akutem Trennungsschmerz derart außer Gefecht gesetzt wäre, dass ich den Blick für die Realität verloren hätte. Wo soll denn Trennungsschmerz herkommen, wenn es gar keine Trennung gegeben hat? Ich kann mich einfach nicht entscheiden, ob ich meinen Ex nun loslassen will oder nicht. Ich weiß nicht, wie er darüber denkt, und will ihn nicht fragen, weil ich nicht weiß, welche Antwort ich mir wünsche. Meine Entscheidungsfreudigkeit ist nicht besonders ausgeprägt, das war sie noch nie. Das gilt für alle Lebensbereiche, aber besonders für meine Gefühlswelt. Lieber lasse ich das Leben für mich entscheiden, anstatt selber ja oder nein zu sagen, obwohl ich es andererseits auch nicht wirklich schön finde, dem Schicksal ausgeliefert zu sein. Doch nach dem Prinzip des kleineren Übels finde ich mich dann doch lieber damit ab, als selbst zum Entscheidungsträger, zur Handelnden zu werden. Meine Schwester weiß schon gar nicht mehr, was sie mir raten soll, traut sich keinen Kommentar mehr abzugeben. Ermutigt sie mich: »Versuch's doch noch einmal mit Michael!«, muss sie befürchten, dass mir erneut Schmerz zugefügt wird. Warnt sie: »Lass es bleiben!«, weiß sie von vornherein, dass ich das sowieso nicht kann.

Das Schlimmste an Michaels Krankheit war seine Gefühlskälte, man könnte sie sogar als Gefühllosigkeit bezeichnen. Ein Symptom der Schizophrenie ist ja, dass sich die Betroffenen keinerlei Emotionen zugestehen, weil sie befürchten, davon »aufgefressen« zu werden. Mich plagte allerdings der Verdacht, dass Michael bereits vor seinem Rückfall damit begonnen hatte, auf Distanz zu gehen, obgleich er das immer abstritt. Aber sollte die immer breiter werdende Kluft zwischen uns wirklich das erste Anzeichen der Schizophrenie gewesen sein, die wieder von Michael Besitz ergriff? Nie konnte ich sicher sein, zumal ich keine Übung darin hatte einzuschätzen: Welche Verhaltensweisen sind durch die Krankheit bedingt und hinter welchen steckt der »echte« Michael? Und – ganz ehrlich – ich kann mir nicht vorstellen, dass die Krankheit in der Lage sein soll, ihn zu einem komplett anderen Menschen zu machen. Es fällt mir so schwer zu begreifen, dass Michael und die Schizophrenie völlig unabhängig voneinander zu betrachten sein sollen. Auch im Krankheitszustand muss doch ein Stück des gesunden, des »echten« Michael in diesem Menschen stecken!? Nur was im »echten« Michael bereits vorhanden ist, kann durch die Schizophrenie verstärkt werden. Oder nicht?

Eine schwere Zeit war das für mich, in der ich mich sehr allein gelassen fühlte. Michael entfernte sich von mir in einem Moment, in dem ich seine Nähe ganz besonders gebraucht hätte. Ich wollte ihn schonen, ihn nicht noch zusätzlich aufregen, keine weitere Belastung für ihn sein, die seiner Heilung entgegengewirkt hätte. Und so traute ich mich nur ein einziges Mal, Michael auf das, was mich bedrückte, anzusprechen: »Woher kommt das Gefühl der Entfremdung zwischen uns? Willst du mich nicht mehr?« Er verneinte, sagte, er wolle mit mir zusammenbleiben. Das wollte ich auch, war mir aber immer noch nicht sicher: Was will er wirklich? Bis es zu diesem merkwürdigen Ende unserer Beziehung kam, das ja eigentlich nur eine Atempause werden sollte.

Ein paar Monate später kam Michael, noch nicht ganz genesen, aber deutlich auf dem Wege der Besserung, und bat mich um eine zweite Chance für uns. Doch obwohl ich innerlich so sehr auf diesen Moment gewartet hatte, hörte ich mich plötzlich ablehnen. Die Verletzungen, das Zermürbende an unserer Beziehung vor Augen. Ein paar weitere Monate später war ich dann wieder diejenige, die ins Grübeln geriet, ob und wie es mit uns noch einmal funktionieren könnte. Zu dem Zeitpunkt hatte Michael aber einen Haken unter die Sache gemacht und war ganz erstaunt, dass er für mich nicht schon längst Geschichte war. Was mit Sicherheit an meiner kühlen und gelassenen Art lag, die ich an den Tag legte, wie immer, wenn meine Emotionen besonders hohe Wogen schlagen. In diesem Fall aus Angst davor, verletzt zu werden. Ein Nein von mir, ein Nein von Michael – jetzt sind wir eigentlich quitt. Aber die Entscheidung steht nach wie vor aus. Und ich kann nicht behaupten, dass ich bisher alles darangesetzt hätte, den Prozess zu beschleunigen.

Einerseits beneide ich die Menschen aus meinem Bekanntenkreis, die mit ihrer Vergangenheit abgeschlossen haben, die in der Gegenwart leben und offen sind für alles, was die Zukunft bringt. Andererseits übermannt mich gerade im Moment die Sehnsucht nach Michael wieder ganz besonders. Wenn wir wenigstens mehr Kontakt hätten! Natürlich wünsche ich mir das Verhältnis zurück, das meinen Ex und mich verband, bevor seine Krankheit erneut ausbrach, nicht das Verhältnis, das wir zuletzt hatten. Ist diese Hoffnung realistisch? Keine Ahnung. Ich habe Angst, dass sie es nicht ist. Denn wenn ich es noch einmal mit Michael versuche, dann soll unsere Beziehung von langer Dauer sein. Auch wenn ich mir wenigstens in diesem Punkt sicher bin, bleiben so viele Fragen unbeantwortet: Wie könnte eine langfristige Beziehung mit einem Schizophrenen aussehen? Und: Was empfinde ich eigentlich noch für meinen Ex? Ist es Liebe? Ist es Mitleid? Ist es das klassische Sozialpädagogen-Helfersyndrom? Ist es die Neugier auf Michaels »dunkle Seite«? Seit Jahren rotieren diese Fragen in meinem Kopf, seit Jahren kann ich sie nicht zufriedenstellend beantworten.

Klar habe ich in dieser ganzen Zeit auch nach anderen Männern geschaut, aber gereizt hat mich niemand. Dieses intensive Kommunikationslevel zwischen Michael und mir, das mir so viel bedeutete, das sich gleich in den ersten Gesprächen herauskristallisierte, hat sich nie wieder mit einem anderen Typen ergeben. Und so bekam auch niemand eine echte Chance. Die Verbundenheit zwischen meinem Ex und mir war wirklich vom ersten Moment an da gewesen. Jetzt ist sie es allerdings nicht mehr. Michael blockt jede Gemeinsamkeit konsequent ab. Unsere Kommunikation beschränkt sich auf oberflächliche, sinnlose Inhalte. Ich rufe an, wir sprechen übers Wetter, legen auf. Hinterher denke ich: Was sollte das denn jetzt? Ich wollte doch Klartext reden! Warum habe ich es wieder nicht zustande gebracht? Entmutigend ist außerdem, dass alle Annäherungsversuche von mir ausgehen. Das war schon zum Ende der Beziehung hin so – damals musste offiziell die Krankheit als Sündenbock herhalten, was steckt jetzt dahinter?

Doch so traurig ich auch darüber sein mag, dass Michael die Distanz aufrechterhält – sobald er einen Schritt auf mich zumacht, ziehe ich mich zurück. Das liegt in meiner Natur. Macht eine Annäherung natürlich nicht unbedingt leichter. Vielleicht sollten wir es erst einmal mit Freundschaft versuchen, statt Liebe zu erwarten. Aber würde das Sinn machen? Wir wüßten doch beide: Unsere Freundschaft ist nur eine Übergangslösung, bis wir ausgetestet haben, ob wir Mut genug für einen neuen Beziehungsversuch aufbringen. Und wer kann schon unter solchen Voraussetzungen unbefangen miteinander umgehen? Eine echte Freundschaft wäre das sowieso nicht.

Tja, was könnte mir sonst auf die Sprünge helfen? Ein klares Statement wäre schon einmal nicht schlecht. Wenn Michael deutlich sagen würde: »Lass mich in Ruhe!« oder »Lass es uns noch einmal miteinander versuchen!«, dann bräuchte ich nur noch zu reagieren. Ja, ich würde die Entscheidung wirklich gern ihm überlassen – wie gesagt, ich bin nicht besonders entscheidungsfreudig. Außerdem, selbst wenn ich eine Entscheidung getroffen hätte, könnte ich nicht dafür garantieren, so sprunghaft wie ich bin. Im ersten Moment – wie zum Beispiel jetzt um die Weihnachtszeit – bin ich sentimental und sehne mich nach Michaels Nähe. Im nächsten Moment kann ich aber auch wieder sehr rational sein und denken: »Unterm Strich hat mir die Erfahrung mit Michael mehr Schmerz als Freude bereitet, also lassen wir es besser sein.«

Ach ja, wenn ich selbst in der Lage wäre, den Schlussstrich zu ziehen, das wäre schon toll! Aber ich habe schon immer dazu geneigt, keine klaren Entscheidungen zu treffen, wenn Trennungen anstanden. Vor Michael war das auch nicht so tragisch, weil die

Beziehungen mit seinen Vorgängern allesamt klein und unbedeutend waren. Keine hatte auch nur im Entferntesten dieselbe Tragweite. Und aus dem Grunde war es mir irgendwie egal, wenn sie auseinander gingen. Vielleicht mache ich es mir auch deshalb so unendlich schwer, endlich loszulassen, weil ich zum ersten Mal echte Gefühle erlebte und diese so lange wie möglich festhalten will. Könnte es mit jemand anderem wieder so wunderschön werden, wie es mit Michael war?

Meine Entscheidungsschwierigkeiten haben zur Folge, dass ich mich nicht traue, mich mit dem Schmerz und den düsteren Seiten unserer Beziehung auseinander zu setzen. Stattdessen schwelge ich in Erinnerungen an die schönen Zeiten. Und bin wütend auf mich selbst, weil ich nicht mehr getan habe, um die Beziehung zu erhalten. Ich hätte mich auch mal abgrenzen, mich nicht so an Michael hängen, mein eigenes Leben leben sollen. Ich hätte die akute Krankheitsphase abwarten, gemeinsam mit ihm durchstehen und fest daran glauben sollen, dass es irgendwann wieder besser werden würde. Michael hätte sich natürlich auch mehr Mühe geben können. Aber das »Hätte ich doch ...«, »Hätte er doch ...« und »Was wäre wenn ...« ist natürlich jetzt ziemlich müßig.

Zumindest aber weiß ich jetzt, was ich anders machen würde, wenn wir wieder zueinander finden sollten. Und ich weiß, worauf ich mich mit einem Partner, der an Schizophrenie leidet, einlasse. Insofern ist meine Erwartungshaltung eine ganz andere als früher. Realistischer, leichter zu erfüllen, nicht mehr so rosarot. Ein paar Bedingungen würde ich allerdings schon stellen, sollte es jemals zu einem Neuanfang kommen: Michael müsste mich mehr an seiner Gefühlswelt teilhaben lassen. Es gibt Themen, da ist er nie mit der ganzen Wahrheit herausgerückt. Zum Beispiel seine Ex-Freundinnen. Meine eigene Vergangenheit ist ja nicht so spektakulär, Michael hat da mehr erlebt, einige Frauen geliebt, die ihm bis heute sehr wichtig sind. In seinen Erzählungen blieben diese Episoden geräumige Grauzonen. Nie konnte ich mir sicher sein, was und wie viel da noch zwischen ihm und diesen Frauen war. »Sie bedeuten mir viel, und ich habe noch Kontakt zu ihnen«, das war alles, was ich erfuhr. Dabei interessiert mich seine

Vergangenheit sehr – wie alles, das zu ihm gehört. Darüber müsste er klarer mit mir sprechen, wie auch über seine Liebe zu mir, wenn das mit uns zum zweiten Mal – und dann richtig – funktionieren soll. Meine Bedingungen an mich selbst wären: Grenzen zu ziehen, mich nicht bis zur Selbstaufgabe in die Verzweiflung der Krankheit mit hineinziehen zu lassen. Die guten Zeiten der Beziehung in den Vordergrund zu stellen und mich damit über schlechte Zeiten hinweg zu trösten.

Gut war zum Beispiel der Sex mit Michael. Ja, der war einfach schön! Die körperliche Anziehungskraft zwischen uns ist bis heute ungebrochen – ein weiteres Zeichen dafür, dass wir miteinander noch nicht fertig sind. Seine Nähe ist angenehm und kribbelig zugleich, wobei ich den Signalen meines Körpers nie nachgeben würde, aus Angst vor den Konsequenzen. An Michaels Reaktion auf körperliche Nähe merke ich, dass auch er das Prickeln, das zwischen uns entsteht, spürt. Aber er blockt ab, hat sicher genauso viel Angst wie ich. Keine Ahnung, wie ich reagieren sollte, wenn er es darauf anlegen würde, mit mir zu schlafen. Wahrscheinlich würde ich mich, weil es doch immer so schön mit ihm war, hinreißen lassen, in der Hoffnung, aus der körperlichen könnte neue geistige Nähe für eine zweite Auflage unserer Beziehung entstehen. Nur um es hinterher zu bereuen, weil der Sex doch zu nichts geführt hat als zu weiterer Unsicherheit. Bisher kam jedoch kein Vorstoß von Michaels Seite. Jedes Mal, wenn wir uns unversehens in einer dieser kribbelnden, reizvollen Situationen wieder fanden, wich er zurück. Vielleicht überinterpretiere ich die körperliche Anziehungskraft aber auch, obwohl sie eigentlich nichts weiter als eine Ausgeburt der Distanz zwischen uns ist.

Während ich hier über meinen Ex nachdenke und erzähle, wird mir erst deutlich, wie schwammig das alles für Außenstehende klingen muss. Für mich macht es natürlich Sinn, obwohl ich den schwammigen Aspekt meiner Gedanken nicht leugne. Man könnte es so formulieren: Für mich ist es in seiner Schwammigkeit klar. Was mich allerdings verwundert, ist dass ich kaum in der Lage bin zu erklären, was mich in Bezug auf Michael bewegt. Und das nach all der Zeit, in der ich mir den Kopf darüber zermartert habe! Dennoch, am Ende ist mir wenig wirklich klar geworden: Ich werde meine Gefühlsschwankungen nicht von allein und nicht in näherer Zukunft überwinden. Und das ist keineswegs mit nicht verarbeitetem Trennungsschmerz abzutun, sondern damit, dass diese Geschichte einfach nicht im Sande verlaufen wird. Denn selbst nach Jahren, nach etlichen Erfahrungen und Veränderungen in meinem Leben, die völlig jenseits meiner Gefühle für Michael stattfinden, lande ich in Gedanken immer wieder bei ihm. Das muss doch etwas zu bedeuten haben!? Im Alltag gelingt es mir, meinen Ex zu verdrängen, doch er ist nie weit weg. Der Anblick gemeinsamer Freunde, die Melodie bestimmter Lieder oder ein spätes Frühstück, wie ich es mit Michael so oft genossen habe, reicht aus, um ihn zurückzuholen.

Ja, ich kann mir eine Zukunft ohne Michael vorstellen, in der ich mein eigenes, unabhängiges Leben lebe. Aber genauso plausibel erscheint mir eine Zukunft mit ihm – nur schillernder. Und ich glaube nicht, dass ich mit diesen Gefühlen ein Einzelfall bin. Sicher halten viele Menschen die Hoffnung in sich wach, dass es eine zweite Chance für sie und ihren oder ihre Ex geben wird, auch wenn sie längst in neuen Beziehungen stecken. Die Gelegenheit, richtig zu machen, was man beim ersten Versuch vermasselt hat. Die Gelegenheit, eine Liebe zu erleben, bei der man vorher weiß, worauf man sich einlässt. Die Hoffnung darauf stirbt zuletzt.

Lilly, 29, Krankenschwester

»DIE MUTTER SEINER TÖCHTER DRÄNGT SICH IN UNSER LEBEN.«

Ingo war jahrelang unser Nachbar gewesen. Wir hatten uns gegrüßt, Neuigkeiten ausgetauscht und waren uns auf der ein oder anderen Grillparty am Buffet über den Weg gelaufen. Mehr nicht. Als das Schicksal uns aufeinander losließ, hatten wir beide gerade einen einschneidenden Bruch in unserem Leben hinter uns. Ich war in einer Nacht- und Nebelaktion vor meinem psychisch kranken Partner zurück in die Heimat geflohen. Ingo hatte sich zeitgleich nach siebzehn Jahren von seiner Lebensgefährtin, der Mutter seiner Zwillinge, getrennt. Ich wollte mir eine süße Wohnung suchen, einen Hund kaufen und in nächster Zukunft auf keinen Mann mehr Rücksicht nehmen müssen. Auch Ingo war sich sicher, vorerst nichts mehr von den »blöden Weibern« wissen zu wollen.

Wie das Leben so spielt, ließ es uns bei einer nachbarschaftlichen Halloween-Party aufeinander treffen. Wir unterhielten uns sehr gut, hatten ja in Sachen Vergangenheitsbewältigung einiges gemeinsam, und verabredeten uns zu einem Spieleabend. Bei unserem zweiten Date im Kino sprang der Funke endgültig über, und dann ging alles relativ schnell. Ich zog bei Ingo ein, er machte mir wenig später einen traumhaften Heiratsantrag, den ich, ohne auch nur eine Sekunde zu zögern, annahm. Nun sind wir also verlobt, planen unsere Hochzeit im nächsten Sommer und leben mit seinen Kindern zusammen in der Nähe unserer Familien.

Die Zwillinge sind schon zwölf, und wir kommen bestens miteinander klar. Das war zum Glück von Anfang an kein Problem, denn wir tanzen seit Jahren zusammen in der Square Dance Gruppe und haben uns schon dort immer gut verstanden. Ich versuche, ihnen eine gute Freundin zu sein, und habe das Gefühl, es gelingt mir ganz gut. Sie erzählen mir von ihren Abenteuern und Sorgen und bitten mich bei Problemen um Rat. Es ist schön, die Mädels um mich zu haben, und ich vermisse sie, wenn sie bei ihrer Mutter sind.

Ich genieße jede Minute meines Lebens. Noch vor drei Jahren hätte ich nicht geglaubt, einmal soviel Glück erleben zu dürfen. Ingo und ich harmonieren wunderbar, obwohl er zehn Jahre älter ist als ich. Bevor wir ein Paar wurden, war ich auch sicher, dass so eine Konstellation nicht gut gehen kann. Verschiedene Interessen, verschiedene Ansichten, dann die Erfahrungen, die der ältere dem jüngeren Partner voraushat. Aber bei uns war das komischerweise nie ein Problem.

Mein Problem ist Gerti, Ingos Ex. Eigentlich mochte ich sie immer ganz gut leiden. Sie tut auch immer sehr nett, als wären wir die besten Freundinnen. Das allerdings nehme ich ihr nicht ab. An ihrer Stelle hätte ich ein Riesenproblem damit, dass meine Töchter sich so gut mit der neuen Frau meines Ex-Lebensgefährten verstehen. Und ich glaube, das hat sie auch. Nur kann ich kein Mitleid empfinden, denn sie hat sich diese Situation selbst eingebrockt, ihre Kinder im Stich gelassen. Sie zog bei Ingo aus und direkt bei ihrem Neuen ein, obwohl sie wusste, dass die Zwillinge den Mann nicht ausstehen konnten. Sie setzte einfach voraus, dass die beiden mitziehen würden. Kurz bevor es Mord und Totschlag gab, wurden die Mädels dann doch zu Ingo abgeschoben.

Was Gerti sehr gut versteht, ist, sich als das arme Opfer darzustellen, mit verweinten Augen aufzukreuzen und um Ingos Aufmerksamkeit zu buhlen. Ständig ruft sie an, unter dem Vorwand, es gehe um die Kinder, nur um dann doch wieder ihre Sorgen bei Ingo abzuladen. Diese ewigen Telefonate, jeden Tag klingelt das Telefon, und ich weiß genau, wer dran ist! Und wenn sie nicht bei uns anruft, dann bei Ingo im Büro, wo sie ihm von ihren Beziehungsproblemen erzählt – das ist doch krank! Dann geraten sie ins Plaudern, und auch Ingo erzählt ihr von unserem Alltag, von unseren Plänen. Keine Intimitäten, doch er liefert ihr genug Stoff, mit dem sie mir demonstrieren kann, dass sie Bescheid weiß über mein Leben. Dass sie involviert ist. Zum Glück konnte ich Ingo davon überzeugen, sich mit der Herausgabe von Informationen künftig zurückzuhalten.

Im einen Moment spielt Gerti die immer noch auf Ingo angewiesene Hilflose, im nächsten Moment die Unnahbare, die ihr Leben im Griff hat und keine Unterstützung braucht. Ach, sie dreht sich alles genauso, wie sie es haben will und gerade braucht. Verabredungen werden in letzter Sekunde über den Haufen geworfen, nichts können wir planen, erst recht nicht mit den Mädels, weil sie garantiert im letzten Moment dazwischenfunkt. Heute A, morgen Früh B, morgen Nachmittag C und fünf Minuten, bevor sie die Zwillinge einsammeln wollte, dann doch wieder A. Ein Hin und Her, das natürlich genügend Anlässe für diverse Telefonate mit Ingo liefert. Und das die Mädels wahnsinnig enttäuscht.

In manchen Momenten habe ich wirklich die Nase voll von Gerti. Wenigstens hat sie jetzt endlich den Schlüssel zu Ingos und meiner Wohnung abgegeben. Den hatte sie mit der unglaublichen Begründung behalten: »Die Zwillinge vergessen doch manchmal ihre Schlüssel zu Hause, dann muss sie doch jemand reinlassen!« Was ist das denn bitte für eine Ausrede? Hat sie keinen Mund zum Sprechen? Kann sie den Kindern nicht sagen, dass sie jetzt darauf achten müssen, ihre Schlüssel mitzunehmen? Und vor allem: Was hat diese Frau noch in unserer Wohnung zu suchen? Es versetzt mir jedes Mal einen Stich, wenn ich von der Arbeit nach Hause komme und Gertis Auto vor unserer Tür steht. Klar kann sie ihre Töchter vom Leichtathletiktraining abholen und bei uns absetzen. Aber muss sie jedes Mal bleiben? Es fällt mir einfach schwer zu ertragen, die bloße Gegenwart dieser Frau in meiner Nähe macht mir schlechte Laune.

Komme ich in die Küche, stehen dort hübsch angerichtet einige Stücke Kuchen – hat Gerti dagelassen, um uns (so ihre Version) eine Freude zu machen. Meine Version: Um wie ein Hund, der an jeden Baum pinkelt und seine Duftmarke hinterlässt, zu zeigen: »Das ist mein Revier!« Wie durchschaubar sie doch ist!

Abgesehen davon kann ich alleine Kuchen backen. Betritt Gerti unsere Wohnung, in der sie früher mit Ingo gelebt hat, vermittelt sie von der ersten Sekunde an den Eindruck: »Kümmert euch nicht um mich! Kein Problem, ich kenn' mich aus, ich komm' zurecht!« Bellt mein Hund sie an, weil er sie wie ich als Eindringling empfindet, ignoriert sie seine Reaktion und sagt fröhlich: »Hallo, mein Schatz!« Das ist nicht ihr Schatz, das ist mein Schatz! Wenn Gerti gar kein Grund einfällt, aus dem sie uns belästigen könnte, fährt sie zu uns aufs Dorf, um mutterseelenallein spazieren zu gehen, auf den Wegen, auf denen sie früher mit Ingo spazieren gegangen ist. Damit ich merke, dass sie mir das Feld nicht überlassen hat.

Es scheint mir nicht so, als hätte Gerti keine Ahnung, was sie mir antut, denn ich halte sie für sehr berechnend. Sie weiß genau, was sie mit ihrem Verhalten bezweckt. Ich kann etliche Beispiele für ihr Benehmen aufzählen: Saßen wir letztens bei einem Leichtathletikturnier der Zwillinge nebeneinander auf der Zuschauertribüne. Den ganzen Nachmittag lang bombardierte sie mich mit fiesen Spitzen, die ihr ein nicht involvierter Dritter nicht als Unfreundlichkeit ausgelegt hätte. Vor allem ein Mann hätte nicht gespürt, was wir Frauen mit unseren empfindlichen Antennen wahrnehmen: dass es hier um Über- und Unterlegenheitsdemonstration ging. Ständig ließ Gerti wie nebenbei die magischen drei Worte »Ingo«, »früher«, »wir« fallen: »Leichtathletik geht ja noch, aber diese Fußballerei ist mir schon ziemlich auf den Nerv gegangen, als ich noch mit Ingo zusammen war ...« Getarnt als nette Unterhaltung wies sie mich ein ums andere Mal darauf hin, dass sie die Erstrechte an Ingo innehat.

Warum benimmt sich Gerti so? Für ihr Ego? Um den Zwillingen zu beweisen, dass sie noch etwas zu sagen hat? Oder um Ingos Aufmerksamkeit zu gewinnen? Ich habe den Eindruck, sie kann und will nicht loslassen. Will zeigen, dass sie mit einem Fuß noch in der Tür steht. Mit Sicherheit wurmt es sie, dass sie ihre Position im Mittelpunkt an mich abtreten musste. Als sie Ingo wegen ihres neuen Freundes verlassen hatte, litt er und kämpfte um sie. Doch in dem Moment, in dem ich in sein Leben trat, drehte sich der Spieß um. Plötzlich war ich die Begehrte, nicht mehr Gerti. Ich denke nicht, dass sie sich wirklich und mit allen Konsequenzen nach einem Leben mit Ingo zurücksehnt. Nur hat sich die Beziehung zu Ingos Nachfolger, die angebliche Liebe ihres Lebens, offensichtlich als alles andere als perfekt entpuppt. Und nun sucht Gerti Halt in dem, was sie hat: in der Vergangenheit, in ihren Töchtern, in ihrem Ex-Freund.

Ingo nimmt mein Problem mit Gerti durchaus ernst, beteuert immer wieder, dass ich ihm damit nicht auf die Nerven gehe. Und ich hoffe sehr, dass er das wirklich so sieht, selbst wenn die Diskussion um seine Ex zum hundertsten Mal aufkommt. »Im Gegenteil«, sagt er, »ich genieße es, endlich jemanden gefunden zu haben, mit dem ich hundertprozentig ehrlich sein, mit dem ich auch unangenehme Dinge auf einer vernünftigen Ebene diskutieren kann.« Er meint, er könne sich vorstellen, wie schwierig seine Lebenssituation manchmal für mich sein muss, und macht mir gleichzeitig klar, dass meine Sorgen unbegründet sind. Dass ich mir seiner sicher sein kann.

Für seine Liebe bin ich Ingo genauso dankbar wie dafür, dass er bedingungslos hinter mir steht. Und dafür, dass er keine Geheimnisse vor mir hat, denn natürlich ist es mir – so genervt ich auch bin – immer noch lieber, ich bekomme mit, was zwischen seiner Ex und ihm vor sich geht, als dass er es – um mich zu schonen – in meiner Abwesenheit ausleben würde. Und doch, Gerti nervt mich, nervt mich, nervt mich, ohne dass ich etwas dagegen tun kann. Ihre guten Ratschläge. Ihre Art, mich demonstrativ auf meine Belange anzusprechen, als sei sie vollständig in mein Leben involviert und darüber informiert. Ihre Geschichten von früher. Darf ich denn nicht meine eigenen Geschichten mit Ingo erleben? Das Gefühl, dass Gerti mehr Raum in unserem Leben einnimmt, als sie einnehmen sollte, werde ich nicht los. Bin ich vielleicht zu kompliziert? Ein dickeres Fell könnte mir wohl nutzen. Daran muss ich arbeiten. Schon allein, damit Ingo nicht glaubt, ich stelle die Aufrichtigkeit seiner Liebe für mich infrage.

Tief in mir schlummert schon die Angst, dass Ingo und Gerti wieder zueinander finden könnten, wenn es ihnen offenbar so schwer fällt, voneinander zu lassen. Warum spricht Ingo kein

Machtwort? Er meint: »Ich will sie nicht zurückhaben, warum sollte ich also mehr Energie als nötig für sie aufwenden?« Schön gesagt, doch er wendet ja jede Menge Energie für sie auf! Klar, weil sie es anzettelt. Klar hat er den Kontakt von seiner Seite aus aufs Notwendigste begrenzt. Klar beweist er mir tagtäglich, dass er mich liebt. Und dennoch: Männer sind manchmal zu trottelig oder zu naiv, um zu merken, was vor sich geht. Sie wollen sich mit allen gut stellen, nicht am Ende als der Schweinehund dastehen. Ich habe Ingo mal im Streit an den Kopf geworfen: »Du willst es immer allen Recht machen, nur deiner Frau nicht!« Ist doch wahr. Wir Frauen würden viel eher sagen: »Bis hierher und nicht weiter!« Wir sind mutiger, bereit und in der Lage, für unseren Partner etwas aufzugeben: unsere Vergangenheit. Für uns zählt das Jetzt.

Mir scheint, unsere Situation ist keine Ausnahme, aber doch eine Situation, die sich nur aus einer ganz speziellen Vergangenheit entwickelt. Normalerweise trennen sich zwei Menschen, leben wieder ihr eigenes Leben und verlieben sich neu. Dann hat die Beziehung eine Chance, ohne Altlasten in die Zukunft zu starten. Doch wenn sich eine neue Partnerschaft anbahnt, während einer der Betroffenen eigentlich noch nicht mit seiner Vergangenheit abgeschlossen hat, kommt es zu den Verwicklungen, die unsere Situation ausmachen. Anfangs, als ich zu Gerti noch eine neutrale Einstellung hatte, dachte ich, das sei nur eine Frage der Zeit. Wenn sie kam, um ihre Klamotten aus Ingos Wohnung zu räumen, ging ich zu meinen Eltern in der Annahme, Ingo und Gerti müssten den endgültigen Schlussstrich ohne mich ziehen. Doch von Schlussstrich keine Rede, Gerti kam immer wieder, irgendetwas gab es immer noch zu klären. Eines Tages meinte Ingo zu mir: »Warum flüchtest du denn immer? Bleib doch! Du bist jetzt hier zu Hause!« Und so blieb ich. Bekam mit, wie die beiden miteinander umgingen. Merkte zum ersten Mal, dass wir auf einen Konflikt zusteuerten. Empfand die fehlende Distanz zwischen Ingo und Gerti als störend.

Ingo beschreibt Gerti und sich gern als »Funktionseinheit«. Schon als sie noch ein Paar waren, prägte keine innige Liebe ihr

Miteinander, sondern der Zusammenhalt zum Wohle der Kinder. Ohne die Zwillinge wäre die Trennung längst überfällig gewesen, doch mit ihnen als Puffer zwischen den Erwachsenen funktionierte das gemeinsame Leben prächtig. Ingo sagt, er wisse erst, seit er mich kennt, was wahre Liebe sei. Es gab also keine Liebe zwischen Gerti und ihm, die hätte sterben können. Und so hat sich überhaupt nichts verändert, das Ende der Beziehung hat nicht zu einer Neuorientierung geführt. Die beiden sind immer noch eine »Funktionseinheit«.

Anfangs wollte Ingo sogar mehr als das, wollte Gerti als beste Freundin. Doch wie soll aus einer Beziehung Freundschaft werden, wenn die Beziehung nie richtig aufgelöst wurde? Eine Freundschaft zwischen Ex-Partnern funktioniert nur, wenn man Distanz zulässt, sich selbst findet, um sich einander nach einiger Zeit auf einer anderen Ebene wieder anzunähern. Doch selbst wenn es so funktionieren könnte, bin ich dagegen. Wir sollten unsere Vergangenheit ruhen lassen, sonst wird sie zur Gefahr für die Gegenwart, aus einem einfachen Grund: Während der Beziehung mit Gerti sehnte sich Ingo nach eigenen Aussagen oft nach Freiheit und Unabhängigkeit. Ihm war unterschwellig klar, dass er mit dieser Frau nicht leben konnte und wollte. Doch nachdem er diese Freiheit erlangt hat, verstehen sich die beiden besser als während ihrer Beziehung! Der optimale Zustand: Alles, was ihn an ihr gestört hat, kann er nun ausblenden. Den unerfüllten Sex mit Gerti, ihre penible Genauigkeit. Was ihm allerdings an ihr gefallen hat, die Eigenschaften, in die er sich vor Jahren verliebt hat, kann er nun zwanglos genießen. Wie beim ersten Treffen, als man die Macken des anderen noch nicht kannte. Wie leicht springt unter diesen Umständen der Funke wieder über! Natürlich wäre auch der zweite Beziehungsversuch zum Scheitern verurteilt, weil einem über kurz oder lang dieselben Dinge auf die Nerven gehen würden.

Diese eben beschriebene Art der Nähe ist dann auch der Grund, aus dem es zum Sex mit dem Ex kommt. Die erforderliche Distanz wird nicht eingehalten, die positiven Erinnerungen überwältigen einen, und schon ist es geschehen. Ich selbst bin noch nie mit einem Verflossenen im Bett gelandet, es würde mir auch nicht passieren, denn ich kann es weder nachvollziehen noch akzeptieren. Ich bin auch sicher, dass Ingo es mir nicht antun wird, mit Gerti zu schlafen, obwohl Männer definitiv gefährdeter sind als Frauen. Das mag platt klingen, doch meine Erfahrung zeigt mir, dass sie naiv und gern auch eine Etage tiefer denken: »Machen wir einfach mal!«, ohne dem Bedeutung beizumessen. Als ich Ingo eines Tages fragte: »Wenn du mit Gerti für ein paar Stunden in einem Fahrstuhl eingesperrt wärst, würdest du dann Sex mit ihr haben?«, erwiderte er doch glatt: »Könnte passieren.« Ich, völlig vor den Kopf gestoßen und stinksauer, zettelte eine Szene an. Schließlich erklärte Ingo, dass er meine Frage falsch verstanden hätte: »Wenn es mich, Lilly, nicht gäbe, könnte es dann passieren, dass du Sex mit Gerti hättest?«

Wie: Wenn es mich nicht gäbe? Es gibt mich aber doch! Ich hätte eine so einfache Frage niemals auf diese Weise falsch interpretiert! Wäre niemals auf die Idee gekommen, mir die hypothetische Situation auszumalen, dass es uns nicht gäbe. Meine Antwort hätte schlicht und ergreifend »Nein!« gelautet. Natürlich relativierte Ingo seine Aussage schnellstens und holte das Nein nach, aber trotzdem: Die Möglichkeit, dass es zum Sex mit seiner Ex kommen könnte, schließt er offenbar nicht aus. Was macht es unter diesem Gesichtspunkt für einen Unterschied, ob es mich gibt oder nicht? Er meinte dann noch, seine Aussage hätte ja nichts mit der Person Gerti zu tun. Ach nein? Sie sieht nicht schlecht aus, sie sind sich vertraut, wieso hat das nichts mit der Person zu tun? So sind die Männer.

Wenigstens weiß ich, dass die beiden schlechten Sex hatten, muss also keine Angst haben, dass sich Ingo nach Sex mit Gerti zurücksehnen oder ihn mit unserem vergleichen würde. Er sagte mal zu mir: »Anfangs dachte ich, Gertis Nachfolgerin wird es schwer haben, denn ich werde sie ständig mit meiner Ex vergleichen. Aber dann kamst du und warst so anders, und das Leben mit dir war so viel besser, dass ich es doch nie getan habe.« Ein gutes Gefühl. Ich vergleiche auch nicht – mit einer einzigen Ausnahme. Wenn Ingo auf einer Party angetrunken ist, egal wie harmlos, kommt in mir die Erinnerung an jene Nächte hoch, in denen ich verzweifelt durch die Straßen von H. lief, betend, dass mein Ex schlafen möge, wenn ich heimkehrte, weil ich Angst vor ihm hatte, wenn er betrunken war. Nur dann vergleiche ich – zu Unrecht –, werde zickig und erzähle Ingo von der Vergangenheit. Ansonsten sind Vergleiche tabu. Darum stelle ich mir auch die Frage: »Wie konnte er diese Frau lieben und jetzt mich?« relativ selten, denn ich weiß ja, dass er sie nie so geliebt hat wie mich.

Es ist bloß nicht so leicht, dem Herzen klarzumachen, was der Kopf längst begriffen hat. Da kann ich mir immer wieder eintrichtern: Ich weiß, dass er mich liebt. Ich weiß, dass er mich liebt. Ich weiß, dass er mich liebt. Dann kommt so eine Ex daher und bringt es doch wieder fertig, mich mit ihrem ignoranten Verhalten zu verletzen. Anderes Beispiel als immer nur Gerti: Letztens trafen wir uns mit Daniela, einer weiteren Verflossenen von Ingo, und ihrem Neuen, die war genauso unmöglich. Wenn Blicke töten könnten, sage ich nur. Mehr als zwei gequetschte Worte brachte sie in meine Richtung nicht heraus, auch ihren Freund ließ sie den ganzen Abend links liegen, um sich umso intensiver um meinen zu kümmern. Als ich mich zum Abschied bemühte, gute Miene zum bösen Spiel zu machen, ließ sie mich noch einmal so richtig auflaufen: »Schön, euch kennen gelernt zu haben«, brachte ich mit viel Überwindung über die Lippen. Woraufhin sie mich nur völlig emotionslos und schweigend ansah, um sich schließlich wegzudrehen und lang und breit meinen Ingo zu knuddeln. Zum Glück bleibt mir eine Wiederholung dieses Treffens erspart, aber ein Nachspiel hatte das Ganze dennoch: Ein paar Wochen später rief Ingo mich von der Eröffnung des Internetcafés seines Kumpels an: »Daniela ist auch zufällig vorbeigekommen!« Wut! Hass! Innerlich bin ich beinahe geplatzt. Ob ich da zu empfindlich reagiere?

Seltsam, dass es umgekehrt nie zu solchen Episoden kommt. Meine Ex-Freunde spielen in meinem Leben aber auch überhaupt keine Rolle mehr! Im Vergleich zu meiner Beziehung mit Ingo war das alles nichtig. Wir Frauen sind da wohl einfach konsequenter, deutlicher, vorausgesetzt, wir sind uns sicher und lieben wirklich.

Zu einem Ehemaligen pflege ich gelegentlichen Kontakt, rein platonisch, sogar oberflächlich. Wir telefonieren alle zwei Jahre mal, schicken ab und zu eine SMS, und als ich im Krankenhaus lag, besuchte er mich dort. Das war's. Ein anderer Verflossener, Ingos Vorgänger, versucht immer mal wieder, Kontakt aufzunehmen, doch ich antworte nicht. Mit diesem Psychopathen lasse ich mich nicht mehr auf eine Diskussion ein. Als ich ihn verließ, drohte er: »Ich werde es nach einem Jahr noch mal probieren und nach zwei Jahren und nach drei Jahren ...« Doch in meiner Heimat und an Ingos Seite fühle ich mich sicher vor ihm, dem ich nur mehr Wut und Hass entgegenbringe, an den ich – wenn überhaupt – enttäuscht und angewidert zurückdenke.

Meine restlichen Ex-Freunde sind aus den Augen, aus dem Sinn. Kürzlich fiel mir ein Foto von meiner Abiturfeier in die Hände. Witzig, meinen damaligen Freund und mich zu sehen, aber mehr auch nicht. Gefühlsmäßig löste das nichts mehr bei mir aus. Ein anderes Foto von einer vergangenen Liebe habe ich bewusst aufbewahrt, jedoch nur, weil ich darauf so gut aussehe. Letztens habe ich es eingescannt und meinen Ex wegretuschiert. Ein paar Liebesbriefe habe ich gefunden, sie noch einmal gelesen und dann vernichtet. Ich kann sie nicht mehr unbefangen und wertfrei betrachten, denke: »Ist doch alles Quatsch, was da steht! Hätte er gemeint, was er geschrieben hat, hätte er mich nicht behandelt, wie er mich behandelt hat.« Ich wüsste wirklich nicht, wo ich noch weitere Fotos oder Liebesbriefe von meinen Verflossenen verwahrt haben sollte. Eine Zeit lang hebt man sie auf, irgendwann trennt man sich dann doch davon. Besonders, wenn man jemanden gefunden hat, mit dem man es ernst meint.

Und ich meine es ernst mit Ingo. Und er mit mir. Blöd nur, dass ich mir für die nächste Zukunft keine Änderung der Umstände erhoffen kann. Ich werde mich wohl oder übel mit Gerti arrangieren müssen, wenn ich nicht meine Energie darauf verschwenden will, mich immer wieder über sie zu ärgern. Schön wär's, wenn sie lernen würde, Entscheidungen allein zu treffen. Ihre Anliegen zu sammeln und nur noch alle zwei Wochen mal durchzuklingeln, um sie mit Ingo zu besprechen. Richtig schön wär's, wenn Gerti und ihr Neuer weit, weit wegziehen würden und sich ihr Einfluss auf unser Leben auf Telefonate mit den Zwillingen beschränken würde. Denen es frei stünde, ihre Mutter zu besuchen. Aber ich kann wohl nicht verlangen, dass Gerti sich verpieselt. Und so ist der beste Kompromiss eigentlich schon gefunden – wir leben ihn, und ich muss sehen, wie ich damit klarkomme. Ich wäre ja schön blöd, Gerti eine Szene zu machen. Schließlich soll sie auf keinen Fall mitbekommen, dass sie die Macht hat, mich in die Bredouille zu bringen und Missstimmungen zwischen Ingo und mir auszulösen. So läuft es immer wieder nach demselben Muster: Wochenlang schlucke ich meinen Frust wegen Gerti herunter, mache ihn mit mir selbst aus, indem ich meinen Verstand einsetze. Dennoch staut sich Wut in mir an, die dann irgendwann überquillt, wenn Ingo in einem Moment, in dem ich es von ihm erwartet hätte, nicht einschreitet. Dann kullern Tränen, und wir geraten aneinander. Bezeichnenderweise haben wir uns noch nie wegen irgendwelcher Probleme gestritten, die sich zwischen uns beiden ergeben hätten. Gerti ist der Auslöser, jedes Mal. Zum Glück haben wir bisher immer eine Lösung gefunden.

Ralf, 30, Architekt

»ICH HALTE SIE MIR WARM.«

Freundschaft zwischen Mann und Frau funktioniert. Funktioniert sogar sehr gut, das kann ich aus eigener Erfahrung bestätigen. Ich weiß, dass es in dieser seit dem Film »Harry und Sally« ewig aktuellen Grundsatzfrage gegenteilige Standpunkte gibt. Aber ich für meinen Teil konnte mich in Gegenwart von Frauen immer besser öffnen, besser fallen lassen, besser verstanden wissen, als im Kreise meiner Kumpels. Freundschaft zwischen Mann und Frau geht also auf jeden Fall klar. Und in Bezug auf das, was mich mit meiner letzten Freundin Maren noch verbindet, würde ich sogar zum ersten Mal in meinem Leben unterschreiben, dass eine Freundschaft zwischen Ex-Partnern möglich ist – auch wenn Maren und ich an dem Punkt längst noch nicht angelangt sind.

Bisher war ich, was Freundschaft unter Ex-Partnern angeht, ja eher skeptisch. Marens Vorgängerinnen hatten nach der Trennung den viel zitierten Spruch losgelassen: »Mensch, Ralf, es tut mir im Herzen weh, dass wir so einfach auseinander gehen. Du bist *so* ein lieber Typ und *so* ein prima Kumpel, eigentlich hab' ich dich doch immer noch *so* gern, lass uns Freunde bleiben.« Da fällt einem doch nichts mehr zu ein. Wie kann man im Angesicht der Scherben einer Beziehung allen Ernstes so einem Klischee erliegen!? Ich erwiderte in beiden Fällen entsetzt: »Freunde bleiben? Bin ich bescheuert? Du lässt mich sitzen und verlangst jetzt von mir, dass ich mir live anschauen soll, wie du das, was du mit mir nicht willst, mit einem anderen erlebst? Jetzt soll ich Händchen halten, während du einen anderen knutschst, von einem anderen Kinder bekommst, mit einem anderen das Glück deines Lebens findest? Nein, danke. Das grenzt ja an Selbstgeißelung!«

Vielleicht hat sich meine Meinung in diesem Punkt gewandelt, weil ich Maren anders geliebt habe als die Frauen vor ihr. Zwar erlebte ich anfangs durchaus den Reiz des Neuen sowie das Gefühl, über beide Ohren verknallt zu sein, doch von der ersten Minute an spielte auch die Vernunft eine Rolle, raunte mir zu: »Hilfe, das kann nicht gut gehen!« Vielleicht mündet große, blinde Liebe eher in große, blinde Distanz, während bodenständige, von Gefühlen nicht allzu sehr verwirrte Beziehungen von Anfang an den Nährboden für eine Freundschaft bilden. Jedenfalls war das mit Maren und mir alles andere als hollywoodreif. Wir besuchten beide dieselbe Fachhochschule, wo sich viel weniger Studenten auf einem Haufen bewegen als an einer Universität und wo über kurz oder lang jeder jeden kennt. Eines Tages fiel mir Maren auf. Nicht, dass mich der sprichwörtliche Blitz getroffen hätte, es war mehr die Erkenntnis: »Ach richtig, die gehört ja auch noch zu unserer Truppe.« Ich riskierte nur aus einem Grund einen zweiten Blick, weil ich nämlich viel zu lange schon solo durchs Leben gegangen war und einfach mal wieder eine Frau brauchte. Um zu wissen: Ich habe auch jemanden, der an mich denkt. Um den angenehmen Nebeneffekt einer Beziehung, die körperliche Nähe, zu genießen. Komisch, wie solche Bedürfnisse dazu führen, dass man einen Menschen plötzlich in einem ganz anderen Licht sieht. Und so fixierte ich mich eben mehr oder weniger zufällig auf Maren, entdeckte Dinge an ihr, die mir gefielen, und erklärte sie zum Objekt meiner Begierde.

Schnell war mir klar, dass das mit uns auf Dauer nichts geben würde, denn es stellte sich heraus, dass Maren wie ihre Vorgängerinnen im Sternzeichen Zwilling geboren war. Zwilling und Skorpion – diese Persönlichkeiten verstehen sich einfach nicht. Jedenfalls nicht auf längere Sicht. Zunächst weckt zwar der mystische Aspekt des Skorpions das Interesse des Zwillings, und die leuchtende Ausstrahlung des Zwillings, der immer im Mittelpunkt steht, fasziniert den Skorpion. Das perfekte Match für einen One-Night-Stand, doch danach können die beiden nur nebeneinander existieren, wenn der Skorpion zurücksteckt, um dem Zwilling nicht die Aufmerksamkeit der anderen zu stehlen, oder wenn der

Zwilling versucht, seinen Geltungsbedarf zurückzuschrauben, damit der Skorpion neben ihm nicht zum Statisten verkommt. In beiden Fällen geht jemand kaputt, und zwar derjenige, der versucht, dem anderen zuliebe sein Naturell zu unterdrücken. Dieses Phänomen ist in jedem Ratgeber »Mein Leben nach den Sternen« unter den Stichworten »Eroskop« und »Kampf der Charaktere« ausführlich beschrieben.

Hatte ich nach der ersten Zwillingsfrau noch nicht kapiert, dass diese Kombination keinen Sinn hatte, und nach der zweiten immer noch nicht, so brachte mein Kampf mit Maren das Fass zum Überlaufen. Insofern hat mich diese am wenigsten intensive Beziehung meines Lebens am deutlichsten geprägt – ich werde nicht noch einmal auf eine Zwillingsfrau reinfallen. Vor Maren war ich noch grün hinter den Ohren, glaubte ich noch daran, dass Liebe das ist, was man durch die rosarote Brille von der Welt sieht. Durch die Erfahrung mit Maren bin ich neutraler, nüchterner, erwachsener geworden. Und weniger kompromissbereit. Vielleicht stehen auch darum die Zeichen für eine Freundschaft zwischen uns gut – weil ich erkannt habe, dass Maren nichts für ihr Zwillingsnaturell kann und es darum nicht ihre Schuld war, dass wir nicht miteinander klarkamen. Und weil ich ihr dankbar dafür bin, dass sie mir die Augen geöffnet hat.

Vor dieser Erkenntnis lagen jedoch eineinhalb Jahre Krieg. Maren und ich versuchten vergeblich, das Unmögliche möglich, nämlich Zwilling und Skorpion kompatibel zu machen. Summa summarum erlebten wir in der ganzen Zeit plus minus fünf wirklich schöne Wochen miteinander. Der Rest unserer Zweisamkeit ging für Streits wegen Nichtigkeiten, wegen richtig bescheuerter Meinungsverschiedenheiten drauf. Meist stellte sich am Ende heraus, dass ich Recht gehabt hatte, und meistens reichte Maren die Tatsache, dass sie die Niederlage nicht auf sich sitzen lassen wollte, aus, um einen weiteren Streit vom Zaun zu brechen. Mit Sicherheit förderten auch die sechs Jahre Altersunterschied zwischen uns nicht unbedingt unsere Kommunikation.

Unser Sexleben litt natürlich auch unter der Situation. Es war anfangs noch ganz schön im Bett mit ihr, wenn auch nie von unwiderstehlicher körperlicher Anziehungskraft und rasender Geilheit aufeinander geprägt. Nicht umwerfend, aber auch nicht schlecht. Das sehe ich damals wie heute: Ich verzehre mich nicht nach Sex mit Maren und habe es nie getan, andererseits war es damals und wäre es heute nicht anatomisch unmöglich, mit ihr zu schlafen. Ihr Körper erregte und erregt mich nicht, und ich verzehrte und verzehre mich nicht danach, sie zu berühren, doch diese Tatsache konnte ich einfach ausblenden. Anfangs überredete ich sie, mit mir baden zu gehen, um mir mal anschauen zu können, was sie unter ihren Klamotten so zu bieten hat. Wer kauft schon gern die Katze im Sack? Maren hat nicht gerade einen Modelkörper. Wegen eines Schilddrüsenproblems nimmt sie sofort zu, wenn sie sich nicht wohl fühlt, selbst wenn sie nur Salat isst. Und seit sie mit dem Sport aufgehört hat, ist sie noch mehr in die Breite gegangen. Wenn man mir einen Katalog vorlegen würde, in dem fünfzehn Frauentypen zur Auswahl abgebildet wären, würde ich sicherlich nicht auf Maren tippen. Andererseits hielt mich das damals nicht davon ab, mit ihr zu schlafen, und darum möchte ich auch heute nicht die Hand dafür ins Feuer legen, dass ich Sex mit der Ex ausschließen würde. Sagen wir so: Ich würde nicht gleich schwören, dass ich neben ihr in der gemischten Sauna sitzen könnte, ohne dass ich in Stimmung käme, sie hinterher zu vernaschen. Und sei es nur der guten alten Zeiten wegen. Aber ich würde es nicht darauf anlegen, sie noch mal ins Bett zu kriegen.

Wenn mich irgendetwas davon abhalten würde, noch einmal mit Maren zu schlafen, dann weniger der Mangel an körperlicher Anziehungskraft als viel mehr der Verstand, der mir sagt: »Du bist nicht der Typ für einen One-Night-Stand, Ralf!« Im Ernst, ich habe so eine Nummer ohne Verbindlichkeiten noch nie durchgezogen. Vielleicht mangelt es mir nur an Gelegenheiten, weil ich erstens kein Partyhengst bin, zweitens in einer Kleinstadt lebe, in der nicht viel los ist, und drittens unter lauter Männern arbeite. Vielleicht bin ich einfach nur nicht hässlich genug, denn es erscheint mir oft so, als würden sich die Mädels mit Vorliebe von den unansehnlichsten Typen für einen One-Night-Stand abschleppen lassen. Dann frage ich mich immer: »Sind die blind? Sind die blöd?

Ist meine Abneigung gegen diese Art von Sex richtig, oder bin ich im falschen Leben unterwegs und habe einfach noch nicht erkannt, dass der Sinn des Lebens darin besteht, massenweise Frauen abzuschleppen?«

Jedenfalls war die Angst, dass das alles nur ein One-Night-Stand gewesen sein könnte, mit ein Grund, mich so übereilt in die Beziehung mit Maren hineinzustürzen. Als sie für ein paar Wochen auf Exkursion nach Italien fuhr, vermisste ich das Gefühl, eine Frau anschauen zu können und dabei mein Herz schneller schlagen zu hören. Ein Gefühl, an das ich mich nur ganz schwach erinnerte – meine letzte Beziehung lag schon ein paar Jahre zurück. Wenn ich dieses Gefühl in Marens Gegenwart schon nicht in voller Intensität erleben konnte, so ließ sie wenigstens die Erinnerung an vergangene Emotionen aufleben. Und so kehrte sie aus Italien heim, an ihrer Seite klebte irgendein Typ, und ich dachte: »Das kann doch wohl nicht wahr sein! Der schnappt mir die Frau weg, bevor ich zum Zuge kommen konnte!« Die Zeit drängte, denn für mich stand ein dreimonatiges Praktikum in meiner Heimatstadt F. an, und irgendwie erschien mir der Gedanke angenehm, in dem Wissen aufbrechen zu können, dass in S. jemand auf mich warten und sich nach mir sehnen würde. »Nimm sie«, dachte ich, »lieber ganz, bevor du fährst, dann hast du jemanden, zu dem du zurückkehren kannst.« Und das tat ich. Schlief mit ihr, ohne meinen Kopf abschalten zu können. Ich wusste: Für Maren bedeutet unsere gemeinsame Nacht noch nicht automatisch, dass wir von nun an zusammengehören. Und: Ich wollte keinen One-Night-Stand. Die ganze Zeit, während wir uns küssten, streichelten, umarmten und schließlich miteinander schliefen, dachte ich: »Was, wenn das jetzt nichts wird? Dann hast du deine ganze Energie umsonst in diese Frau verpulvert. Also sieh zu, dass es ihr gefällt und sie bei dir bleibt!«

Offenbar hatte sich mein Einsatz ausgezahlt, Maren hielt uns für ein Paar. Wir vertelefonierten während der Zeit meines Praktikums dreihundert Mark zwischen S. und F., schließlich mussten wir uns erst einmal richtig kennen lernen. Doch was sie mir nach und nach offenbarte, stieß bei mir nicht gerade auf Gegenliebe.

»Ich hatte«, erzählte Maren, »eine Affäre mit einem verlobten Mann.« Ekelhaft! Ich finde es viel schlimmer, wenn Frauen an etwas Unmoralischem wie einem Seitensprung beteiligt sind, als wenn es Männern passiert. Bei uns bleiben die Spuren schließlich außen am Körper, wir können sie abwaschen und sind dann wieder genauso unschuldig und rein wie unser Gewissen. Frauen dagegen nehmen den Betrug in sich auf, sie werden das Böse nicht so schnell wieder los und sind irgendwie ein für allemal entehrt. So also auch Maren. »Es gibt Momente«, erzählte sie weiter, »in denen ich fast so weit bin, von der Brücke zu springen.« Selbstmord! Abstoßend! Für solche Gespräche bin ich nicht der Typ, das ist mir zu abartig. »Mein Gott«, dachte ich, »was hast du dir da nur für eine Frau eingehandelt?«

Genauso schlimm wie das, was ich während unserer Telefonate über Maren erfuhr, war das, was mir blühte, als ich nach meinem Praktikum nach S. zurückkehrte. Im Alltag passten wir noch weniger zusammen als rein von unseren Prinzipien und Werten her. Wir prügelten uns buchstäblich allmorgendlich um die Butter. Sollte die nun im Kühlschrank stehen, weil sie draußen zu weich wird, oder draußen, weil sie im Kühlschrank zu hart wird? Wir gerieten aneinander, weil ich es als militanter Nichtraucher furchtbar fand, dass sie die ganze Wohnung zuqualmte und sich kein Stück daran störte, dass mir die Augen und die Lunge brannten. Sie geriet in Rage, wenn ich den Rückspiegel ihres Wagens verstellte, weil ich als großer Mensch nun mal einen anderen Blickwinkel beim Fahren brauche als sie. »Jetzt dauert es«, jammerte sie, »mindestens vierzehn Tage, um den Rückspiegel wieder in die Position zu bringen, in der ich ihn brauche!«

Bei jeder dieser Diskussionen war ich derjenige, der versuchte, logisch zu argumentieren, während sie sofort ausrastete. Wieder ein Punkt, in dem wir grundverschieden waren – es passte hinten und vorne nicht. Manchmal hatten wir solche Verständigungsschwierigkeiten, dass ich überzeugt war, es müsse an unserer Herkunft liegen. Ich komme aus dem Bergischen, sie aus dem Bayrischen – vielleicht benutzten wir einfach eine andere Sprache. Wenn sie Fliege sagte, meinte sie Mücke, und umgekehrt. Und ich war ständig damit beschäftigt, ihr zu erklären, dass Mücken stechen und Fliegen nicht. Mit dem Erfolg: zwei Stunden Streit. Bis sie irgendwann schmollend in der Ecke saß und ich joggen ging, um mich abzuregen. Das war schon irgendwie krank mit uns.

Heute kann ich das, was uns gegeneinander aufbringt, ignorieren. Wir meiden Themen, bei denen wir unterschiedlicher Ansicht sind, und kommen gar nicht erst in Versuchung, uns über Alltäglichkeiten in die Wolle zu kriegen, weil wir den Alltag nicht mehr miteinander teilen. Wenn es darum geht, über Gott und die Welt zu reden, sind wir wirklich auf einer Wellenlänge. Ohne diese ständigen Streitereien merkte ich nach und nach, dass Maren das Leben zwar anders angeht als ich, dass sie aber dennoch ein nettes und intelligentes Mädel ist. Und dass ich keinen Gedanken mehr daran verschwenden sollte, wie wir diese Unterschiede überbrücken, sondern wie wir die Gemeinsamkeiten fördern können. Ich kann mich wunderbar mit ihr unterhalten. Freundschaft also? Ist nicht so leicht zu sagen. Es fühlt sich schon nach Freundschaft an, doch unter die allgemein verbreitete Definition von »Freundschaft« fällt das, was wir haben, bestimmt nicht. Ich würde eher sagen: Wir kommen miteinander klar.

Ich muss gestehen, dass ich den Kontakt nicht ganz uneigennützig aufrecht erhalte. Man könnte mir auch vorwerfen, Maren auszunutzen. Doch sie hat schließlich gesagt: »Melde dich, wenn du Hilfe brauchst.« Und genau das tue ich. Bei meinem Job in einem Architekturbüro, für das ich gerade ein Büroviertel entwerfe, stoße ich manchmal an meine Grenzen. Meine Talente liegen eher auf der kreativen als auf der baurechtlichen Ebene. Maren kennt sich als gelernte Bauzeichnerin in letztgenanntem Bereich und seiner praktischen Umsetzung um einiges besser aus als ich. Muss ich also eine Feuerzufahrt für mein Gelände planen, lasse ich mir von ihr helfen. Und da ich schlecht monatelang nichts von mir hören lassen und sie dann um einen Gefallen bitten kann, gehört es eben dazu, dass ich zwischendurch mal durchklingele oder auf einen Sprung bei ihr vorbeischaue, wenn ich in S. unterwegs bin. Man fragt: »Wie geht's dir denn so? Wie geht's deinem Freund denn so? Gibt's was Neues?« Man hört aufmerksam zu und wärmt auch mal Erinnerungen an die guten alten Zeiten auf, die man gemeinsam verbracht hat. Und klar, wenn sie Hilfe braucht, weil sie meinetwegen mit ihrer Studentenversion der Architektensoftware nicht weiterkommt, greife ich ihr sofort mit meiner Profisoftware unter die Arme. Sagen wir so: Ich verpacke es einfach nett, wenn ich sie um etwas bitte, anstatt unverschämt direkt mit meinem Problem herauszuplatzen. In gewisser Weise halte ich sie mir warm.

Nach dem ersten Jahr unserer Beziehung erreichten Maren und ich jedenfalls einen Punkt, an dem ich im Streit zu ihr sagte: »Ich such' dir einen anderen Freund, der besser zu dir passt als ich.« Und sie zu mir: »Ich glaube, es geht wirklich nicht mit uns.« Dennoch hielten wir es weitere sechs Monate miteinander aus. Waren wohl beide einsam und hatten niemand anderen zum Festhalten. Angesichts einer perspektivlosen Zukunft nimmt man so einiges in Kauf. Beide hofften wir insgeheim, als erster einen besseren Partner zu finden, den anderen verlassen und, ohne groß im Trennungsschmerz zu versinken, in eine glücklichere Phase unseres Lebens eintreten zu können. Ich musste jedoch die Erfahrung machen, dass es sich als gebundener Mann nicht leicht auf Freiersfüßen wandeln lässt. Zwar springen einem gemeinerweise jede Menge andere tolle Frauen in die Augen, sobald man sich für eine entschieden hat, doch scheinen die einen keines Blickes zu würdigen, wenn sie wissen oder sehen, dass man vergeben ist. Maren hatte offenbar dergleichen Probleme nicht. Jedenfalls war sie es, der es dann als Erster gelang, sich aus den Fängen unseres erfolglosen Versuchs, eine Beziehung zu gestalten, zu lösen.

Sie war nach einigem Hin und Her zwischen Trennung und Versöhnung für eine mehrtägige Exkursion nach M. gefahren und kehrte völlig verändert heim. Als sie auf dem Rückweg vom Bahnhof wortlos neben mir im Auto saß, hatte ich das Gefühl, einen Eisblock zwischen uns mitzukutschieren. Irgendetwas musste passiert sein. Und richtig: »In M.«, fing sie an, sich zu erklären, »hat mir jemand den Spiegel vorgehalten. Mir ist aufgegangen, wie sehr ich mich dir zuliebe verstelle.« Lauter wirres Zeug. Als wir bei ihr zu Hause angelangt waren und uns mit größtmöglichem Abstand zwischen uns ins Bett legten, redete sie immer noch. Sogar der Professor habe ihr gesagt, sie blühe ohne mich richtig auf. Irgendwann unterbrach ich ihren Monolog völlig entnervt: »Nun sag mir doch einfach, wie er heißt. Ich komme damit zurecht, wenn du einen Anderen hast. Quatsch mich bloß nicht mit Spiegeln und Professoren voll.« Ganz ehrlich – es war mir in dem Moment wirklich egal, selbst wenn sie mit fünf Kommilitonen gleichzeitig gepoppt hatte. Alles, was ich wollte, war, die Angelegenheit sachlich auszudiskutieren.

Erst leugnete sie, gab dann doch zu, dass sie sich verliebt hatte. Nachdem ich ihr die ganze Geschichte aus der Nase gezogen hatte, sagte ich zu ihr: »Viel Glück mit dem Kerl! Du wärst ja schön blöd, wenn du mit so einem Seelenbruder nichts anfangen würdest!« Und das meinte ich auch so. Andererseits stieg Wut in mir auf, weil ich nun doch als der Gearschte aus dieser Geschichte hervorging, der ab sofort allein sein Dasein fristen würde. Aus unerfindlichen Gründen fing sie an zu heulen, während ich nur ungeduldig wartete, dass es Morgen würde. Gegen sechs Uhr warf ich einen letzten Blick auf die inzwischen erschöpft eingeschlafene Maren, legte ihr eine Notiz neben meinen Schlüssel zu ihrer Wohnung: »Danke für die schöne Zeit!« Gehört sich das nicht anstandshalber so? Eigentlich war mir mehr nach »Leck mich am Arsch!« Auf der irgendwie surrealen Heimfahrt dachte ich nicht: »Du wirst Maren sicher vermissen!«, sondern: »Schade, jetzt hast du gar keine Bleibe mehr in S. für den Fall, dass du dort deine Freunde besuchen willst.« Und: »Schade, nun kannst du dich gar nicht mehr mit Marens Mutter unterhalten, das war doch immer so nett.«

Auf die erste coole Reaktion folgte dann doch das unvermeidliche schwarze Loch. Kummer? Schon, aber nicht über den Verlust. Eher über das Alleinsein. Meine Freunde in S. würde ich nun, da ich keinen Grund mehr hatte, dorthin zu fahren, nicht mehr so häufig sehen. Meine Freunde in F. hatte ich jahrelang vernachlässigt und war mir nicht sicher, wie sie auf mich reagieren würden. Außerdem fehlte mir etwas. Nicht Maren, sondern irgendein Mensch, der für mich da war, möglichst eine Frau. Letztendlich vielleicht doch lieber Maren als gar keine Frau? Meine Vernunft sagte mir: Es ist gut, dass es vorbei ist. Aber gleichzeitig schoss mir durch den Kopf: Mensch, Ralf, vielleicht hast du gerade eine gute Freundin verloren? Als Paar taugten wir nicht, als Freunde vielleicht schon!

Nach einigen Monaten Funkstille fiel mir beim Aufräumen auf, dass in einer Ecke meiner Wohnung noch ein Tisch und ein alter PC von Maren herumstanden, die ich bei Ebay versteigern sollte. Ich sah diesen Tisch und diesen alten PC und genoss das Gefühl von Zukunft, das sie mir vermittelten, immer wenn von nun an mein Blick darauf fiel: »Irgendwann werden Maren und ich wieder Kontakt haben, und sei es auch nur, um zu klären, was mit diesen Dingen geschehen sollte. Und irgendwann später werden wir vielleicht sogar Freunde sein.« Im Hinterkopf hält sich wohl jeder gern die Möglichkeit einer zweiten Chance offen.

Marens Geburtstag nuzte ich als Gelegenheit, mich mal wieder zu melden. Reichlich pampig mailte ich: »Ein Vierteljahrhundert hast du geschafft – hoffentlich planst du den Rest deines Lebens besser! Soll ich nun deine Sachen versteigern oder nicht?« Gleich am nächsten Abend klingelte das Telefon. Maren. Ihre Stimme, die mir so vertraut war, brachte mich aus dem Konzept. Ich war geschockt, spürte, wie sich mein Magen verknotete, hielt aber doch eine Weile durch, schließlich wollte ich meine Neugier befriedigen. In meinem Bauch zwickte ein kleines bisschen Sehnsucht – vielleicht war es für eine Freundschaft doch noch ein bisschen zu früh.

Wieder vergingen einige Monate. Ich verlor Maren jedoch nie völlig aus den Augen, denn in der Fachhochschule meinte jeder, mich darüber auf dem Laufenden halten zu müssen, wann sie sich mit wem unterhielt. Wie im Kindergarten: Wenn einer sich mal zwei Minuten lang auf dem Flur mit einer Frau unterhält, werden die beiden gleich als neues Traumpaar gehandelt, über das sich alle das Maul zerreißen. Und so hatte sich auch Maren angeblich einen neuen Prinzen geangelt. Ich rief an, hörte mir ihre Sicht der Dinge an – getreu nach Phil Collins: »Both sides of the story«. Es stellte sich heraus, dass sie tatsächlich einen Neuen hatte. Und – viel wichtiger! – dass sie mich seinerzeit nicht betrogen, sondern bis nach unserer Trennung abgewartet hatte. Erleichtert drückte ich ihr noch einen Spruch: »Toll, dass du wenigstens 'ne Anstandswoche gewartet hast, bis du mit 'nem anderen Typen ins Bett gehüpft bist!« Egal wie kaputt unsere Beziehung war, wenn sie mich betrogen hätte, hätte mich das sogar rückwirkend noch ganz schön angekotzt. Wahrscheinlich hätte ich mich dann vor lauter Wut nicht auf eine Freundschaft einlassen wollen.

Was ich dann noch zu überstehen hatte, war der erste Besuch bei Maren in S. Da stehst du in der Wohnung der Frau, mit der du einmal dein Leben geteilt hast, alles sieht wie früher aus, sie sieht wie früher aus, doch nun wird nicht mehr erwartet, dass du sie fest und innig umarmst und dich dann mit ihr ins Bett fläzt (wonach dir vielleicht wäre), sondern dass du höflich um ein Glas Wasser bittest und dich steif aufs Sofa setzt. Du siehst ihr an, wie sie durch ihre neue Liebe offenbar aufgeblüht ist, und trauerst um den verloren gegangenen Glanz in deinem Leben, den du während der Beziehung so nie empfunden hast. Du fühlst dich ohnehin schon unbehaglich genug, doch dann klimpert auch noch ein Schlüssel im Schloss, und ihr Neuer steht vor dir. Wie unangenehm! Für uns beide! Ich wusste: Der treibt es mit der Frau, die mich verlassen hat. Er wusste: Das ist der Typ von den Fotos, die noch lange nach der Trennung in Marens Wohnung herumgehangen hatten. So sind die Frauen, müssen aus irgendwelchen Gründen langsam Abschied nehmen, hängen an den Fotos ihrer Verflossenen mehr als an den Typen selbst. Hüten sie wie einen Schatz in einer gepolsterten Truhe, um sie von Zeit zu Zeit nachdenklich zu betrachten. Warum auch immer.

Was ich Marens neuem Lover wirklich hoch anrechnete: dass er auf einen Begrüßungskuss vor meinen Augen verzichtete. Wäre ja sein Recht gewesen. Frauen können das jedenfalls sehr gut: ihrem Ex vorführen, wie glücklich sie ohne ihn sind. Oder – und da verstehe ich noch viel weniger, was das soll – sie versuchen auf Teufel komm raus ein Aufeinandertreffen des aktuellen und des abgelegten Partners zu vermeiden. Ich erinnere mich an einen Kirmesbesuch mit einer Verflossenen, die mich plötzlich hinter einen Wagen zog und zischte: »Versteck dich, da ist mein Ex!« Na und?

War der etwa groß und stark und wollte mich verprügeln? Keine Ahnung, was die Show sollte. Ich versuchte, mich loszumachen, war neugierig auf den Kerl, wollte sehen, was mein Mädel für einen Geschmack hat. Klar, dass ich davon ausging, dass mir dieser Typ bestimmt nicht das Wasser reichen würde. Sonst wäre sie ja jetzt nicht mit mir zusammen, oder?

Frauen und ihre Ex-Freunde, das ist wirklich manchmal ein komisches Schauspiel. Etwas unheimlich, wenn ich es nicht durchschaue. Maren erzählte mal, sie habe sich mit meinem Vorgänger im Café getroffen. »Da ist nichts mehr zwischen uns«, versprach sie, »das ist aus und vorbei.« Und ich glaubte ihr, denn ich bin mir ganz sicher, dass ich jeder Frau, mit der ich zusammen bin, eine Lüge in Bezug auf ihre Verflossenen anmerken würde. Was mich in dem Fall eher gewurmt hat, war die Tatsache, dass ich den Typen nicht kannte und nicht wusste, mit wem ich es zu tun hatte. Insofern interessiert es mich schon, die Ex-Freunde meines Mädels kennen zu lernen. Mehr aber auch nicht.

Was meine eigenen Verflossenen angeht, bringe ich mich ab und zu schon gern auf den neusten Stand. Nur bin ich nicht der Typ, der dafür wer weiß was für Anstrengungen oder Recherchearbeit auf sich nehmen würde. Irgendwo herumtelefonieren oder nachforschen. Nein, das ist mir zu anstrengend. Aber wenn mir eins der Mädels über den Weg läuft oder jemand, der sie kennt, mir unaufgefordert ihre Telefonnummern zusteckt, dann melde ich mich sicher mal. Letztens kam ich zum Beispiel auf die Idee, meine Verflossene aus K. zu meiner Geburtstagsparty einzuladen. Mal sehen, wie die so drauf ist.

Was Maren angeht: Wir haben vor, uns auf einen Kaffee zu treffen, wenn sie mit ihrem Diplomstress durch ist. Denn das haben wir bisher noch nicht gemacht: ein Treffen planen, uns bewusst Zeit füreinander nehmen, ohne Druck und Zeitnot miteinander quatschen. Wer weiß, vielleicht wäre das ein weiterer Schritt in Richtung »echte« Freundschaft. Ob wir uns dann möglicherweise wieder näher kommen würden? Ich weiß nicht. Klar, sie ist nett, aber ich weiß ja nun, dass wir nicht zueinander passen. Selbst wenn sie sich von ihrem aktuellen Freund getrennt hätte, würde ich es nicht darauf anlegen, sie zurückzuerobern. Wirklich nicht. Nur manchmal weiß man nicht, wie das Leben spielt. Und manchmal braucht das Schicksal nicht mehr als günstige Umstände, um zwei Menschen miteinander zu verkuppeln. Man ist sich sympathisch, verbringt Zeit miteinander, und schon bildet man sich ein, in seinem Gegenüber Liebenswertes zu entdecken. Das ist mir einmal passiert, und selbst wenn ich jetzt auf der Hut bin, möchte ich nicht schwören, dass es mir nicht noch ein zweites Mal passieren könnte.

Carmen, 30, Kindergärtnerin

»ICH HÄNGE AN MEINEM ERSTEN FREUND WIE AN MEINEM ERSTEN TEDDY.«

Meine beiden Verflossenen, das sind Wolfgang und Jörn. Über beide kann ich Geschichten erzählen, die nach dem Schlussstrich unter unseren Beziehungen erst so richtig spannend wurden. Mit Wolfgang rede ich im Moment kein Wort mehr, nachdem er sich unter der Fuchtel seiner neuen Freundin Elena in eine ziemlich unangenehme Richtung entwickelt hat. Auch Jörn ist nicht mehr der Mann, in den ich mich vor vierzehn Jahren verliebte. Liefe er mir dieser Tage zum ersten Mal über den Weg, würden wir mit Sicherheit keine Freunde, geschweige denn ein Paar. Jörn hat sich, das muss ich leider so sagen, in manchen Dingen sehr zu seinem Nachteil entwickelt. Und doch ist er mein bester Freund, wir halten bis heute zusammen, und ich wüsste nicht, wer oder was etwas daran ändern sollte.

Am vergangenen Wochenende erst meinte eine Bekannte zu mir, nachdem sie uns eine Weile beobachtet hatte: »Das ist echt schön, wie ihr miteinander umgeht!« Besonders Leute, die den Kontakt zu ihren eigenen Verflossenen weitgehend abgebrochen haben, tendieren dazu, Jörn und mich dafür zu bewundern, wie wir die Nähe zwischen uns über die Jahre gerettet haben. Dabei ist eine Freundschaft mit dem Ex, die über das übliche oberflächliche Austauschen von Neuigkeiten alle paar Monate hinausgeht, gar nicht so schwer aufzubauen, wie der ein oder andere sicher erwarten würde. Beide Ex-Partner müssen lediglich ein paar simple Regeln beachten – das ist alles. Erstens: Themen, von denen wir wissen, dass wir ihnen mit gegensätzlichen Ansichten begegnen, werden einfach nicht angeschnitten. Zweitens: Einander die Meinung sagen ist erlaubt, aufeinander herumhacken, bloß weil man sich nicht einig wird, verboten. Ansonsten gilt, was für alle Freundschaften gilt: Beweise, dass du das Vertrauen, das man in dich setzt, verdienst.

Wenn ich ein Problem habe, ist Jörn sofort da, um mich zu unterstützen. Darauf ist Verlass. Hundertprozentig. Letztens musste ich zum Beispiel dringend in die Eifel und hatte weder ein Auto noch jemanden, der mich hinfahren konnte. Ich rief Jörn an, erklärte ihm die Situation. Er: »Dann lass uns in die Eifel fahren!« Und das, obwohl wir zuvor drei Monate lang keine Zeit füreinander gefunden hatten. Obwohl uns beiden eher ein gemütlicher Abend mit einem ausführlichen Gespräch gut getan hätte als ein derartiger Feuerwehreinsatz. Doch genau das ist es, was ich an Jörn mag: Dass ich ihn nicht stundenlang bitten muss. Er weiß: Wenn ich sage, es ist wichtig, dann ist es auch wichtig. Was mich auch fasziniert: Wie sehr wir in Geschmacksfragen auf einer Wellenlänge sind. Kleines Beispiel: Wir feiern mit etlichen Leuten den Geburtstag meiner Mum, blättern am Kaffeetisch so nebenbei durch einen Katalog. Ich zeige einem anderen Gast Turnschuhe, die mir gefallen. Der wiederum petzt Jörn geschockt meinen »schlechten Geschmack« und zeigt ihm die Abbildung. Mein Ex: »Wieso schlechter Geschmack, mir gefallen die Turnschuhe auch!« Oder: Wenn ich auf einer Party die DJane mache, kann ich sicher sein, dass Jörn meine Musikwahl gefällt.

Meine Erklärung für unsere Nähe in bestimmten Aspekten und unsere unterschiedliche Auffassung in anderen ist, dass Jörn und ich eine der wichtigsten Prägephasen des menschlichen Lebens zusammen verbracht haben. Frauen hängen nicht umsonst so sehr an dem ersten Mann, von dem sie ein paar Jahre lang geliebt wurden, den sie ein paar Jahre lang geliebt haben – Kinderkram à la »Willst du mit mir gehen?« mal ausgeklammert. Wir Mädels entwickeln unseren Charakter zwischen dem sechzehnten und dem zwanzigsten Lebensjahr, genau in der Zeit also, in die meist auch die erste große Liebe fällt. Und so werden wir in dieser Phase doppelt geprägt: in Bezug auf allgemeine Vorlieben wie auch in Bezug auf das, was wir von einer Beziehung künftig erwarten werden. Männer auf der anderen Seite entwickeln zwar parallel zu den Frauen zwischen sechzehn und zwanzig ihren Geschmack, weshalb Jörn und ich in dieser Beziehung so große Übereinstimmungen vorweisen können. Doch ihr Charakter formt sich erst einige Jahre später, so zwischen zwanzig und dreiundzwanzig. Was wiederum erklärt, warum wir so grundverschiedene Erwartungen an eine Beziehung haben.

Ich war also sechzehn, als Jörn und ich ein Paar wurden und er meine große Teeny-Liebe, vier Jahre lang das volle Programm. Wir entdeckten unsere Körper, hingen mit der Clique herum, machten jedes Wochenende Party in der City. Bis er eines Tages anfing zu lügen und sich dabei – wie das bei Männern so ist – nicht gerade schlau anstellte. Natürlich ging es um eine andere Frau, mit der er mich betrogen hatte, natürlich war ich doof genug zu versuchen, unsere Beziehung zu retten. Aber irgendwann traute ich mich endlich, Konsequenz zu beweisen und unsere Beziehung zu beenden, obwohl es mir unendlich schwer fiel. Trotz allem kann man von einer Trennung im Guten sprechen, es war sogar von Freundschaft die Rede – wie man das halt so sagt: »Lass uns Freunde bleiben.« Mit mir selbst hatte ich allerdings vereinbart, dass ich den Kontakt erst einmal auf ein Minimum drosseln wollte.

Fünf Monate Sendepause. Ein-, zweimal liefen wir uns währenddessen über den Weg, wechselten aber kein Wort miteinander. Dann bot Jörn überraschend an, mir beim Umzug in meine erste eigene Wohnung zu helfen. Ein paar Tage später fuhr er mit mir mein neugeborenes Patenkind besuchen, einige Wochen danach begleitete er mich sogar zu dessen Taufe, und plötzlich verstanden wir uns wieder ganz gut. Auf rein freundschaftlicher Ebene. Solange keiner von uns einen neuen Partner gefunden hatte, verbrachten wir regelmäßig Zeit miteinander.

Auch als wir beide ein paar Monate später wieder anderweitig vergeben waren, änderte das Jörns und mein Verhältnis nicht zum Negativen. Im Gegenteil: Mein neuer Freund Wolfgang trat in den Schützenverein ein, in dem ich mich gern mit meinem Ex, seiner neuen Flamme Sina, meiner besten Freundin Antje und ihrem Typ traf. So kam es, dass wir uns alle untereinander anfreundeten und ein netter Sechserclub wurden. Es gab nichts, was wir nicht gemeinsam machten – Urlaube, Partys, Weihnachten, alles. Drei Pärchen, fünf Jahre lang unzertrennlich. Bis heute hängen Jörn, Antje und ich über den Schützenverein eng zusammen, auch wenn wir nur noch zwei-, dreimal im Jahr alle auf einem Fleck zu finden sind. Deshalb ist auch das Verhältnis der verschiedenen Ex-Partner zueinander in meinem engeren Bekanntenkreis nach völlig anderen Maßstäben zu beurteilen als bei anderen Leuten. Bei uns kennt jeder jeden. Jeder kennt mich noch als Jörns Freundin, als Wolfgangs Freundin, und jetzt mit Fabian. Jeder weiß, wie ich mich in Jörn, in Wolfgang, in Fabian verliebt habe. Und jeder konnte beobachten, wie sich das Verhältnis zu meinen Verflossenen zu dem ausprägte, was es jetzt ist.

Na gut, es gibt auch intime Details, von denen die anderen nichts mitbekamen. Irgendwann kam Jörn zum Beispiel auf die hirnrissige Idee: »Sollen wir nicht eine Bettgeschichte anfangen?« Mir war nicht danach. Zu keinem Zeitpunkt in den vergangenen zehn Jahren seit unserer Trennung. Und so ging ich auf sein Angebot, das er mehrmals wiederholte, nie ein. Sex mit ihm kommt unter keinen Umständen mehr für mich infrage. Wenn ich an die alten Zeiten denke, muss ich zugeben, dass der Sex mit ihm nicht so der Hit war. Es heißt ja immer, wir Frauen würden an unserem ersten Mann hängen, weil für uns die erste sexuelle Erfahrung so prägend sei, aber das ist bei mir sicher nicht der Grund. Wir waren beide Jungfrauen, und die ersten Versuche verliefen – gelinde gesagt – scheiße, nichts funktionierte. Und auch danach gestaltete sich unsere Sexualität eher nüchtern als erhebend. Die Erinnerung daran ist es wirklich nicht, die mich Jörn so verbunden macht. Abgesehen davon finde ich ihn körperlich überhaupt nicht mehr ansprechend, ja sogar langweilig. Zum einen hat sich mein Männergeschmack geändert, und zum anderen stört mich zuviel an Jörn, als dass er eine körperliche Anziehungskraft auf mich ausüben könnte. Bewusst lässt sich mit ein wenig Geistesanstrengung ja viel verdrängen, doch beim Sex muss man sich fallen lassen, sonst geht gar nichts. Doch wie soll ich mich fallen lassen bei einem Mann, der nicht beziehungstauglich ist und der es laut seiner aktuellen Freundin Fanny mit der Körperpflege in letzter Zeit nicht mehr so genau nimmt? Nein, das ist gegessen. Schon damals, als sein Angebot kam, war ich mir sicher: Ich wollte lieber neue Männer ausprobieren, als einen alten, dessen Macken ich kannte, aufzuwärmen. Das gilt nicht nur für den Bereich Sexualität, sondern auch ganz allgemein.

Jörns Macken – wo fange ich da an? Manchmal ist er wirklich nicht auszustehen. Letztens sagte er zum Beispiel zu einer gemeinsamen Freundin: »Ich will jetzt kein Vollweib mehr wie Carmen, ich will von nun an nur noch schlanke Frauen, Modeltypen!« Diese Bemerkung hätte mich unter normalen Umständen natürlich wahnsinnig verletzt. Aber da ich Jörn erstens einzuschätzen weiß und zweitens nichts mehr von ihm will, kann ich so eine Gemeinheit wegstecken. In anderen Momenten nervt mich seine arrogante Art allerdings gehörig. So konnte ich zum Beispiel am Wochenende belauschen, wie er vor einem Bekannten damit prahlte, wie er seinen Nachfolger Wolfgang damals eingeschüchtert hatte, als die beiden zum ersten Mal aufeinander trafen. »Ich sagte«, hörte ich Jörn tönen, »dem Typen also ins Gesicht: Wenn du meine Ex schlecht behandelst, ist D. zu klein für uns beide, dann krieg ich dich!« Ja, so in etwa klang das damals tatsächlich. Und tatsächlich war Wolfgang reichlich geschockt, und es blieb an mir hängen, ihn zu beruhigen. Doch aus meiner Sicht ist das nun wirklich nichts, womit sich Jörn brüsten könnte. »Mein Gott, wie peinlich!«, dachte ich. »Dass der das auch noch so stolz weitererzählt! Das war doch damals völlig übertrieben!« Aber offensichtlich war ich die Einzige, die so dachte. Jörns Publikum reagierte entzückt: »Ist ja irre süß!«

Dieses Treffen zwischen meinem Ex und meinem Neuen bei einem gemeinsamen Essen ging damals von Jörn aus – er verlangte sofort, Wolfgang kennen zu lernen. Als ein paar Jahre später auch mit Wolfgang Schluss war und ich mich in meinen jetzigen Freund Fabian verliebte, ergriff ich selbst die Initiative und stellte ihn Jörn vor. Aus irgendeinem Grunde ist mir die Meinung meines Ex-Freunds in Liebesdingen wichtig. Ich lege nicht nur Wert darauf, *dass* er meinen aktuellen Partner kennen lernt, sondern dass er ihn *als Erster* kennen lernt, jedenfalls als erster Mann – nach meiner besten Freundin zwar, aber noch vor allen anderen Freunden und Verwandten. Und das, obwohl ich meine Freunde ganz sicher nicht von jetzt auf gleich verlassen hätte, wenn Jörn mir nahe gelegt hätte: »Der Typ ist nichts für dich!« Meine Eltern sind ja auch der Meinung, Fabian passe nicht zu mir, und das hält mich genauso wenig davon ab, mit ihm glücklich zu sein.

Jörns Meinung ist mir also wichtig, aber nicht ausschlaggebend. Ich sehe ihn nicht mehr oft genug, um ihn bei allen Entscheidungen von großer Tragweite konsultieren und mich auf seinen Beistand verlassen zu können. Da gibt es andere, auf deren Rat ich zähle. Insofern hat Jörn im Laufe der Jahre schon ein wenig an Einfluss auf mein Leben eingebüßt. Bewirken kann er in dem Sinne nichts. Dennoch erwarte ich, wenn ich ihn denn um seine Meinung bitte, absolute Ehrlichkeit und konstruktive Kritik. Hätte er Wolfgang oder Fabian aus irgendwelchen Gründen abgelehnt, wäre das für mich zumindest ein Anlass gewesen, meine Beziehung noch einmal so objektiv wie möglich zu überprüfen. Doch nur, wenn ich dabei selbst erkannt hätte, dass ich mich verbiege, hätte ich in Erwägung gezogen, etwas an meiner Lebenssituation zu verändern. In den Tiefen meines Unterbewusstseins hoffte ich natürlich, dass Jörn mir die Absolution erteilen und meine neuen Männer mögen würde. Letztendlich meinte er bei Wolfgang wie auch bei Fabian: »Macht einen netten Eindruck auf mich!«

Umgekehrt kann Fabian Jörn ebenfalls leiden. Glaube ich jedenfalls. Gefragt habe ich ihn noch nicht, was er von meiner Freundschaft mit meinem Ex hält. Sollte ich? Die Situation ist schon ein wenig ungerecht, denn Fabian, der um einige Jahre jünger ist als ich, hat vor mir kaum Freundinnen gehabt. Also gibt es auch niemanden, mit dem ich klarkommen müsste. Umgekehrt muss Fabian sehr wohl schlucken, dass es in meinem Leben Jörn gibt. So spielt das Leben. Doch ich denke, meine Erwartungen an Fabian übertreffen nicht das gesunde Maß. Er dürfte mir den Kontakt zu Jörn nicht verbieten. Unakzeptabel! Doch jeder Mensch hat ein Recht zu entscheiden, mit welchen Menschen er sich umgeben möchte. So lehne ich es zum Beispiel ab, meine Zeit mit einem bestimmten Kumpel von Fabian zu vergeuden, mit dem ich einfach nichts anfangen kann. Und so gebe ich auch meinem Freund die Möglichkeit zu entscheiden, ob er meinem Ex begegnen möchte oder nicht. Aber über *meine* Freunde bestimme ich immer noch selbst. Und Jörn ist und bleibt mein bester Freund, basta.

Er war nach mir sechs Jahre lang mit Sina zusammen, in die er sich ein paar Monate nach unserer Trennung verguckt hatte, und lernte dann seine aktuelle Freundin Fanny kennen. Ich kann mich noch genau daran erinnern wie das mit Sina damals kam: Wir hatten Besuch von gemeinsamen Freunden, die natürlich neugierig waren: »Redet ihr eigentlich wieder miteinander?« – »Klar«, entgegnete ich, »wieso nicht?« und musste erleben, wie Jörn meine Worte Lügen strafte. Den ganzen Abend richtete er kein Wort an mich. Ich dachte: »Der spinnt!« und verstand die Welt nicht mehr. Schließlich erfuhren unsere Freunde noch vor mir, was los war: Jörn hatte eine Neue. »Ich hatte«, entschuldigte er sich später, »ein schlechtes Gewissen und konnte es dir einfach nicht sagen. Aber jetzt, wo es raus ist, möchte ich sie dir vorstellen.« Sympathie kann man natürlich nicht erzwingen, doch da ich Sina von der Schule her kannte, hatten wir gleich eine Gemeinsamkeit und wurden schließlich doch Freundinnen, so wie Jörn es sich gewünscht hatte. Nur wenn mein Ex seiner Neuen kostbare Geschenke machte, die ich nie von ihm bekommen hatte, kroch manchmal Eifersucht in mir hoch. Solche albernen Empfindungen habe ich zum Glück heute abgelegt.

Fanny und Jörn sind inzwischen Eltern geworden, was Jörn vermutlich nicht davon abhält, weiterhin regelmäßig fremdzugehen, lustigerweise meist mit Frauen aus unserem gemeinsamen Bekanntenkreis. Beziehungsweise – so lustig ist das gar nicht, denn er stürzt mich damit in einen Loyalitätskonflikt. Schließlich hat er Fannys und meine Freundschaft initiiert. Es lag ihm damals nicht nur daran, dass ich seine Neue schnellstmöglich kennen lerne, sondern darüber hinaus, dass wir uns gut verstehen. Fannys und meine Gespräche verlaufen allerdings immer nach demselben Schema. Sie erzählt mir von Jörns Schandtaten, ich verkneife mir jegliche Ratschläge und sage einfach: »So kenne ich den Mann, das ist jetzt keine Überraschung für mich!« Jörn ist halt ein notorischer Betrüger. Manchmal hat Fanny eine Ahnung, welche Frau es ihm derzeit mal wieder angetan hat, und kommt mit ihrer Vermutung zu mir: »Weißt du was?« »Das musst du«, erwidere ich, »schon mit Jörn selbst klären.« Ich weiß wirklich nichts! Ich lege gar keinen Wert darauf, Genaueres zu wissen! Das ist mir zu intim! Denn weder will ich Jörn in den Rücken fallen, noch mich Fanny gegenüber illoyal verhalten. Also, habe ich für mich beschlossen, ist es das Beste, wenn ich mich aus diesen Angelegenheiten völlig heraushalte. Ich habe vor etlichen Jahren für mich entschieden, dass ich als eine von vielen Frauen in Jörns Leben nicht glücklich sein kann, und seitdem habe ich mit seinen Seitensprüngen nichts mehr am Hut.

Manchmal macht er es mir allerdings schwer, meine Augen vor seinen Schandtaten zu verschließen. Ich gebe mir ja größte Mühe, nichts zu beobachten, doch als Jörn zum Beispiel letztens auf der Kirmes mit dieser Blondine abstürzte, hätte ich schon blind sein müssen, um das zu übersehen. Wenn er – wie in diesem Fall – für mein Empfinden zu weit geht, sage ich ihm kurz und bündig die Meinung und lasse es dann gut sein. Ich nahm ihn also auf die Seite und warf ihm an den Kopf: »Dein Verhalten ist doch superscheiße. Erst machst du auf Supervater, und dann so was!« – »Du hast«, knurrte er scheinbar reumütig, »ja Recht.« Geändert hat sich trotzdem nichts. Offenbar hält es Jörn mit meiner Meinung genauso wie ich mit seiner: Hört sie sich an und macht dann doch, was er will. Ich reite dann auch nicht weiter auf solchen Themen herum, sondern gehe ihm aus dem Weg, bis Gras über die Sache gewachsen ist. Unserer Freundschaft tut das keinen Abbruch.

Ja, das ist schon komisch. Sonst bin ich doch so penibel, wenn es darum geht, Menschen zu beurteilen. Da habe ich eine hohe Messlatte mit jeder Menge Kriterien, vor denen neue Bekannte bestehen müssen, bevor ich sie in meinen Freundeskreis aufnehme. Doch für zwei Menschen gilt dieser Tauglichkeitstest nicht: für meinen Ex Jörn und für meine beste Freundin Antje. Die beiden haben sozusagen ein paar Joker im Blatt, die sie einsetzen können, um die Freundschaft wieder auf volle Punktzahl zu bringen, nachdem sie es gar zu wild getrieben haben. Diesen Treuebonus haben sie sich in den beinahe zwanzig Jahren, die wir uns kennen, erarbeitet. Wir haben so viel gemeinsam durchgemacht. Geldprobleme, Familienprobleme. Probleme mit dem Gesetz. Das verbindet. Das wiegt mehr als jede temporäre Meinungsverschiedenheit. Ein solches Vertrauen werde ich nicht so schnell wieder zu einem Menschen aufbauen, und darum setze ich es auch nicht aufs Spiel, nur weil ich nicht alles billigen kann, was die beiden sich so erlauben. Da muss auch Fabian noch eine ganze Weile an meiner Seite aushalten, bevor er einen Treuebonus in dem Maße genießen darf, wie ihn mein Ex und meine beste Freundin genießen. Umgekehrt gilt das übrigens genauso: Auch ich kann mir sicher sein, dass die beiden mir wegen irgendwelchem aktuellen Stress die Freundschaft nicht kündigen würden. Auch Antje und Jörn würden sicher von mir sagen, dass ich mich in den letzten Jahren verändert habe und dass es bestimmte Charakterzüge gibt, die sie an mir nicht mehr leiden mögen, aber die blenden sie genauso aus wie ich ausblende, was mir an ihnen nicht passt.

Dann erzähle ich jetzt mal, was zwischen Antje und mir vorgefallen ist, warum sie ihren Treuebonus inzwischen ziemlich ausgereizt hat. Es geht hier um die Frage der Loyalität. Hauptstreitpunkt zwischen uns ist der zweite Mann auf meiner Verflossenenliste: Wolfgang. Ich hatte mich gerade von ihm getrennt, als er anfing, ständig bei Antje anzurufen und sie nach meinem Befinden auszuquetschen. Als ich davon Wind bekam, forderte ich reichlich entrüstet: »Hör auf damit, Antje! Ich will nicht, dass du meinem Ex ständig Auskunft über meine Gefühlswelt gibst!« Sie versprach: »Okay, dann breche ich den Kontakt zu Wolfgang ab, unsere Freundschaft ist mir wichtiger!« Doch sie hielt ihr Versprechen nicht, fing im Gegenteil sogar an, mir Dinge zu verschweigen und mich anzulügen. Das wurmte mich. Ihr vertrauliches Gehabe mit Wolfgang ging sogar so weit, dass für mich irgendwann die Vermutung nahe lag, dass die beiden etwas miteinander hätten. »Da ist nichts!«, schwor Antje, als ich sie damit konfrontierte. Doch so, wie sie die Wahrheit in den letzten Jahren gebeugt hat, bin ich mir nicht sicher, ob ich ihr Glauben schenken soll. Ihre Heimlichkeiten mit Wolfgang gingen jedenfalls genauso weiter wie unser Stress deswegen. Eines Tages warf sie mir an den Kopf: »Ich bin nun mal jetzt mit ihm befreundet, komm damit klar!« Ich sah ein, dass ich den beiden den Umgang miteinander nicht verbieten konnte, und schlug folgenden Kompromiss vor: »Okay, ich akzeptiere eure Freundschaft, aber dann lass uns wenigstens nicht mehr über Wolfgang reden und lass ihn vor allem nicht zwischen uns geraten!«

Antjes Vertrautheit mit meinem Ex war ja noch halbwegs erträglich, solange er und ich noch miteinander klarkamen. Solange er wenigstens noch mit mir redete, um sich bei mir über seine neue Freundin auszuheulen oder sich über meinen Neuen lustig zu machen, weil der um einiges jünger ist als ich. Doch je mehr Wolfgang und ich uns auseinander entwickelten, desto ärgerlicher wurde es für mich zu beobachten, wie die beiden immer besser miteinander klarkamen. Ausschlaggebend für den endgültigen Bruch zwischen uns war folgende Situation: Wolfgang brachte eines Tages Elena zu einem Footballspiel mit, bei dem wir uns regelmäßig mit ein paar Leuten trafen. Während er sich fröhlich zu uns in die Runde gesellte, ließ er seine Neue links liegen. Die stand natürlich stumm in der Ecke. Ich nahm Wolfgang beiseite und machte ihn darauf aufmerksam: »Hey du, so geht das aber nicht, du kannst deine Freundin doch nicht einfach ignorieren. Du hättest sie uns vorstellen sollen!« Elena pflichtete mir bei, ich hatte sogar das Gefühl, dass sie mir dankbar für mein Machtwort war. Wir einigten uns darauf, dass Wolfgang die offizielle Vorstellung seiner Süßen beim nächsten Treffen nachholen würde. So weit, so gut.

Einige Wochen lang wartete ich darauf, dass er sich mal wieder bei mir melden würde, doch die Funkstille nahm kein Ende. Über Antje erfuhr ich schließlich den Grund dafür: Wolfgangs Neue hatte ihm »verboten«, mit mir Kontakt zu unterhalten. »Gerade weil deine Ex dich so gut kennt, ist es unmöglich, dass sie sich erlaubt, dich in der Öffentlichkeit zu kritisieren!«, soll sie gesagt haben. So ein Schwachsinn! An dem Abend beim Football hatte sie mir doch sogar noch Recht gegeben! Und Wolfgang hatte nicht einmal genug Mumm, mir die Geschichte selbst zu erzählen. Hätte er mich darum gebeten zu akzeptieren, dass wir den Kontakt erst einmal herunterfahren müssen, weil er Elena nicht verärgern will, hätte ich das, wenn auch nicht verstehen, so doch nachvollziehen können. Doch so, wie die Sache gelaufen ist, kann ich nur sagen: Bescheuert! Ich zwang mich, locker zu bleiben, und dachte: »Na gut, sehen wir mal, wie sich das entwickelt.«

Wie sehr freute ich mich, als Wolfgang bei einer Grillparty meiner Mutter auftauchte, mit der er sich nach wie vor gut verstand! Doch diese »Entgleisung« brachte Elena anscheinend vollends aus der Fassung. Sie nötigte Wolfgang nun auch noch dazu, aus dem Schützenverein auszutreten, in dem er meinen Eltern, unserer Clique und mir garantiert über den Weg laufen würde! Da hört's ja nun wirklich auf. Wie sich der Mann, den ich mal geliebt habe, für seine neue Freundin so verbiegen kann, ist mir unbegreiflich. Ein solches Verhalten kann ich nicht akzeptieren. Als ich von einer Bekannten hörte, dass er künftig überhaupt keinen Kontakt mehr wünsche und dass ich ihm außerdem noch Geld schulde, war er für mich abgehakt. Klar kann er sein Geld haben, aber nicht, bevor er sich nicht bei mir blicken und mich ein ernstes Wörtchen mit ihm reden lässt. Jederzeit. Solange aber sieht er mich höchstens von hinten.

Inzwischen verlasse ich sogar den Raum, wenn Elena und Wolfgang ihn betreten. Gehe nicht mehr zur Geburtstagsparty meiner Freundin, wenn ich weiß, dass die beiden da sein werden. Kindisch, aber was soll's – er hat damit angefangen, nicht ich. Ich bin inzwischen auch gar nicht mehr so erpicht darauf, mich mit ihm zu vertragen. Ich muss nicht zwanghaft mit jedem Ex eine Freundschaft aufrechterhalten. Wenn nicht, dann nicht. Was mir wirklich in der Seele weh tut, ist, dass der Stress zwischen Wolfgang und mir die Beziehung zwischen Antje und mir so sehr belastet. Dass sie mich sogar hintergeht, um heimlich mit Wolfgang Silvester zu feiern, und es sogar noch leugnet, wenn mir die Fotos von der Party in die Hände fallen. Wie gesagt, sie hat einen Treuebonus, aber auch der ist irgendwann aufgebraucht.

Und so habe ich im Laufe der Jahre viele Freundschaften – nicht nur die mit Wolfgang – beendet, weil mir die Menschen irgendwann nicht mehr passten. Aber mein erster Freund Jörn wird mein bester Freund bleiben. Schließlich hänge ich auch an meinem ersten Teddy so sehr, dass ich ihn nie wegwerfen würde. Selbst wenn er abgenutzt ist und die ein oder andere Macke hat. Lustigerweise sieht mein Ex sogar aus wie ein Teddy. Stabil gebaut mit Bart ... Erst jetzt am Wochenende war Jörn wieder zu Besuch bei mir. Und obgleich wir uns ewig nicht gesehen hatten, war zwischen uns sofort wieder alles klar. In einer ruhigen Minute kam er sogar von sich aus, was man einem Mann wie ihm hoch anrechnen muss, um sich zu beschweren: »Wir haben in letzter Zeit echt zu wenig Kontakt. Das muss anders werden.« Und das exakt in dem Moment, als ich so bei mir gedacht hatte: »War's das jetzt mit uns?« Bei mir überschlägt sich beruflich gerade alles, Jörn hat mit Fanny, ihrem Kind und seinen Affären den Kopf voll, da ist es nicht verwunderlich, wenn man sich nicht auch noch intensiv um seine Verflossenen bemühen kann. Es hat eben jeder genug mit sich und seinem eigenen Leben zu tun. Immer wenn ich gerade im Begriff bin, mich damit abzufinden, macht mir Jörn einen Strich durch die Rechnung und einen Schritt auf mich zu. Wir erobern uns die Nähe zurück, die uns seit Jahren verbindet und lediglich unter der Last des Alltags verschütt gegangen war. Wir nutzen die Gelegenheit, uns zu versichern, wie dankbar wir sind für unsere Freundschaft, die wir über die Jahre frisch gehalten haben. Und dann ist alles wieder gut.

Melanie, 32, Mitarbeiterin einer Anwaltskanzlei

»MIT DEM EINEN EX MUSS ICH MICH UNSEREM SOHN ZULIEBE ABGEBEN, MIT DEM ANDEREN HABE ICH EINE AFFÄRE.«

Guido und ich liefen uns in der Anwaltskanzlei, in der ich heute noch arbeite, über den Weg. Ich bin seit dreizehn Jahren dort, er stieß sieben Jahre später als Systemadministrator zum Team. Anfangs mochte ich ihn überhaupt nicht leiden, schrecklich war der Mann. Bekam seinen Hintern nicht hoch, bevor man ihn nicht mindestens hundertmal darum gebeten hatte, etwas zu erledigen. Ich ließ keine Chance ungenutzt, mich bei den Kollegen über ihn zu beschweren. Und trotzdem, irgendwann kamen wir uns näher. Ich erfuhr, dass er verheiratet war, ließ mich trotzdem auf ihn ein. Wie ich mich in einen Mann verlieben konnte, der mir zuerst so unsympathisch gewesen war, kann ich gar nicht so genau erklären. Das ist wirklich eine gute Frage. Wir begannen eben eines Tages, uns während der Arbeitszeit zu mailen: »Sollen wir uns nicht mal privat treffen?«, und aus diesem Kontakt entwickelte sich auf kuriose Weise mehr.

Unsere Beziehung stand von Anfang an unter keinem guten Stern. Ein einziges Hin und Her war das. Angeblich hatte sich Guido von seiner Frau getrennt, nachdem er sich in mich verguckt hatte, und war zu seiner Mutter gezogen. Angesichts der hundert Kilometer, die zwischen F. und M. liegen, war es mir kaum möglich, das zu überprüfen. Aber meine Intuition muckte auf, ich glaubte ihm nicht so recht. Bohrte immer wieder nach. Wollte endlich wissen, woran ich bin, und bat ihn hundertmal, sich endlich zu entscheiden. Ich hatte weder Lust noch Nerven, diese Ungewissheit länger durchzustehen, die ich nur ertrug, weil ich ihn liebte. Ohne zu lieben, würde doch kein Mensch diese Spielchen beinahe vier Jahre lang mitmachen! Die Liebe hielt mich bei der Stange und die Hoffnung, dass er sich ändern würde. Eine Hoffnung, die sich leider nicht erfüllte. Jedenfalls nicht während der Jahre, in denen wir ein Paar waren. Und jetzt ist es eindeutig zu spät.

Natürlich erlebte ich mit Guido auch schöne Momente, nur leider überwiegen die negativen Erinnerungen bei weitem. Und dieses Ungleichgewicht hält keine Beziehung auf Dauer aus. Zeitweise war ich brennend eifersüchtig auf seine Ex-Frau, weil ich eben nicht sicher sein konnte, welche Rolle sie in seinem Leben noch spielte. Eine gewisse Eifersucht auf die Verflossenen des Lebensgefährten ist wohl normal, es würde mich immer stören, wenn mein Freund mit seiner Ex noch innigen Kontakt pflegen und sie häufig treffen würde. Aber meine Eifersucht ging ein ganzes Stück weiter: Ich stellte mir vor, wie Guido seine Ex-Frau küsste, wie er sie anfasste, wie er mit ihr schlief, obwohl ich den Gedanken daran kaum ertragen konnte und jedes Mal schrecklich sauer wurde. Bis heute bin ich nicht sicher, ob sie tatsächlich noch Sex hatten, als Guido offiziell schon zu mir gehörte, aber alleine der Gedanke daran war damals schon unheimlich hart. Mich erfüllte Wut und gleichzeitig ein Gefühl von Überlegenheit. Unmöglich hätte ich den Kampf gegen diese Frau aufgeben können – wollte ich doch ums Verrecken nicht diejenige sein, die verliert! Lächerlich, muss ich im Nachhinein zugeben, weder sie noch ich waren über- oder unterlegen. Keine von uns beiden hat gewonnen oder verloren. Damals dachte ich anders, sah mich lange Zeit als Siegerin. Das mag irrsinnig klingen, war aber sehr wichtig für mich.

Nach zwei Jahren wurde Guido in der Kanzlei gekündigt, und seine Spielchen fingen erst richtig an. Acht Wochen lang hörte ich überhaupt nichts von ihm, dann stand er plötzlich wieder vor meiner Tür. Gelobte Besserung und verschwand wieder für einige Wochen. Auf diese Weise hielt er mich ein knappes Jahr lang hin. Als er endlich einen neuen Job bei einer Bank fand, hoffte ich, dass alles wieder seinen normalen Gang gehen, dass Ruhe in unser Leben einkehren würde. Leider wurde diese Hoffnung nicht erfüllt. Er belog mich in einem fort, betrog mich vielleicht auch, ich kann es nicht beweisen.

Ich wurde schwanger, merkte es aber erst im dritten Monat. Nicht, dass ich abgetrieben hätte, wenn ich früher davon erfahren hätte, nein, das stand nie zur Debatte. Mein erster Gedanke war vielmehr: »Ich kann nicht glauben, dass ich tatsächlich ein Kind bekomme!« Und insgeheim hoffte ich vielleicht, dass unser Baby unsere Beziehung retten würde, ich weiß es nicht mehr genau. Wenn ich diese Hoffnung hatte, erfüllte sie sich jedenfalls nicht. Angeblich freute sich Guido sehr auf unser Kind, was ihn jedoch nicht davon abhielt, mich mitten im Umzug in eine größere Wohnung sitzen zu lassen. Drei ganze Kisten packte er freundlicherweise noch, bevor er sich verdünnisierte.

Erst kurz vor der Geburt tauchte Guido wieder in meinem Leben auf, warf mir jeden Tag eine Rose und einen Brief in den Briefkasten. Schrieb sorgfältig auf schönem Papier, dass es ihm Leid tue, was er mir angetan hat. Dass er sich ändern, mit mir in den Urlaub fahren, mich öfter in den Arm nehmen wolle. Alles Dinge, die ich immer vermisst hatte. Für mich war die Sache zu diesem Zeitpunkt jedoch schon abgehakt, jede Entschuldigung kam zu spät. Und seine Bemühungen mit den Blumen und den Briefen empfand ich eher als Belästigung. Ich fühlte mich richtiggehend verfolgt, hatte teilweise sogar Angst, ihm über den Weg zu laufen, weil er ja offenbar ständig in der Nähe war. Außerdem war mir die Angelegenheit ungemein peinlich, die gesamte Nachbarschaft bekam Guidos Besuche nämlich mit.

Da mein Ex mit seinen Rosen und Briefen ständig vor unserem Haus unterwegs war, muss er mitbekommen haben, dass ich zur Entbindung ins Krankenhaus gefahren war. Er rief, während ich schon mit den Wehen kämpfte, ganz unverfroren im Kreißsaal an und bat, mit mir sprechen zu dürfen. Meine Antwort an die Hebamme: »Wenn Sie ihn zu mir lassen, werde ich dieses Krankenhaus auf der Stelle verlassen.« Nach dem, was er sich geleistet hatte, wollte ich ihn bei der Geburt auf keinen Fall dabei haben. Meine Mutter hielt mir stattdessen die Hand und fing auch Guido ab.

Später stand er dann trotzdem urplötzlich in meinem Zimmer auf der Station, und das war das erste und lange Zeit einzige Mal, dass er seinen Sohn sah. Mit den Rosen und den Briefen bombardierte er mich allerdings noch mindestens zwei Monate lang. Auf die Idee, dass ich von Unterhaltszahlungen für unser Kind wesentlich mehr gehabt hätte, kam er wohl nicht.

So meldete ich mich mit finanziellen Interessen bei ihm, als der Kleine vier Monate alt war. Seit diesem Tag im Mai zahlt Guido und sieht unseren Sohn ein- bis zweimal die Woche. Unser Verhältnis hat sich inzwischen normalisiert, wir verstehen uns wieder ganz gut. Er hat ja auch seine positiven Seiten! Würde ich ihn mitten in der Nacht anrufen und bitten zu kommen, wäre er auf der Stelle unterwegs. Dafür hätte ich früher nicht die Hand ins Feuer gelegt. Ich weiß, dass ich mich jetzt in wichtigen Dingen hundertprozentig auf Guido verlassen kann. Wahrscheinlich rechnet er sich bis heute noch Chancen aus, wieder mit mir zusammenzukommen, anders kann ich mir diese plötzliche Hundertachtziggradwende nicht erklären. Für mich ist das allerdings kein Thema! In erster Linie denke ich an meinen Sohn. Und für den ist es gut, dass er seinen Vater kennt und Kontakt zu ihm hat. Klar stört es mich ab und an, wenn Guido bei mir ein- und ausgeht, fünfmal die Woche anruft. Aber dann unterdrücke ich mein eigenes Bedürfnis nach Ruhe und Abstand meinem Sohn zuliebe. Solange sich Guido mir gegenüber korrekt verhält, mich nicht hängen lässt und sich keine weiteren Unverschämtheiten erlaubt, ist es mir wichtiger, dass er sich um den Kleinen kümmert.

Obwohl ich das Kind des Mannes großziehe, der mich so verletzt hat, liebe ich meinen Sohn über alles. Das stand nie infrage. Er kann ja nichts dazu, dass sein Vater sich damals absolut unmöglich verhalten hat. Klar habe ich Angst, dass die Verlogenheit und Rückgratlosigkeit sich auf ihn vererbt haben könnte. Ich denke aber auch, dass es eine Sache der Erziehung ist, welchen Charakter ein Mensch entwickelt. Da ich mich für einen ehrlichen Menschen halte, der Rückgrat hat, hoffe ich, dass mein Sohn nach mir schlägt. Wenn er älter ist und fragt, warum ich nicht mehr mit seinem Vater zusammen bin (und die Frage wird kommen), werde ich ihm ehrlich erzählen, wie es damals war. Er soll sich selbst darüber ein Bild machen können, warum wir getrennt sind, und ich hoffe, dass er für seine Zukunft daraus lernt und Frauen nicht so behandelt, wie sein Vater mich behandelt hat.

Heute kann ich über viele Dinge, die damals passiert sind, lachen und meine eigene Dummheit nicht verstehen. Warum habe ich die Trennung von Guido nicht schon viel früher gewagt? Wie konnte ich mir gefallen lassen, dass er von heute auf morgen verschwand, mich schwanger sitzen ließ, nicht einmal auf die Idee kam, sich zu melden und zu fragen, wie es uns geht oder ob ich einen Jungen oder ein Mädchen von ihm bekäme? All das nehme ich ihm bis heute übel. Dass er sich um gar nichts gekümmert hat, dass es ihm egal war, wie ich über die Runden kam. Hätten meine Eltern mich nicht unterstützt, hätte ich ganz schön alt ausgesehen.

Natürlich habe ich Guido im Nachhinein noch oft die Meinung gegeigt. »Dein Verhalten«, brülle ich in solchen Momenten, »war unmöglich! Das ist einfach keine Art und Weise!« Und wenn ich das tue, kommt bei mir selbst nach zwei Jahren noch der Ärger hoch, aber keine Tränen mehr. Zwar sind der Schmerz und das akute Gefühl, verletzt worden zu sein, vorbei, aber vergessen kann ich nicht. Zumal er bis heute nicht wirklich versteht, was ich ihm sagen will. Oder er will es gar nicht hören, weshalb solche Diskussionen mit ihm wenig Sinn machen, meist in einem Monolog meinerseits enden und sich immer nur im Kreis drehen. Dennoch kann ich mit Guido und dem Kleinen Unternehmungen machen, ohne dass wir uns angiften. Unsere gemeinsame Radtour am Vatertag wäre zum Beispiel unmöglich gewesen, wenn wir uns nicht soweit im Griff hätten.

Jedoch hat mich diese böse Erfahrung mit meinem Ex ein für allemal verändert. Ich bin sehr vorsichtig geworden, traue so schnell keinem Mann mehr. Wer hat schon Lust, sich zweimal zum Narren machen und so schamlos belügen zu lassen? Die Angst davor, trotz aller Vorsicht noch einmal in eine solche Situation zu geraten, hält mich von Typen, die ich nicht kenne, fern. Nähe suche und finde ich stattdessen bei einem Mann, den ich bereits seit zehn Jahren kenne, also länger als Guido. Markus ist siebzehn Jahre älter als ich und verheiratet, was ihn allerdings damals auf Kerb nicht davon abhielt, sich an mich ranzumachen, zunächst ohne mir von seiner Frau zu erzählen. Acht Monate lang trafen wir uns heimlich, schliefen zwar auch zweimal miteinander, aber eine Sexbeziehung kann man das wirklich nicht nennen. Wir kamen ganz gut miteinander klar, bis Markus mir irgendwann derart auf die Pelle rückte, dass mir die Luft zum Atmen ausging. Als er aus lauter Eifersucht auf einen anderen Mann, mit dem ich mich auf einem Fest unterhielt, durch das ganze Bierzelt brüllte: »Ich liebe dich!«, war mir das einfach zu viel des Guten. Nach diesem Bekenntnis brach ich den Kontakt ab.

Erst vor einem Jahr sind wir wieder aufeinander getroffen. Ich schickte Markus aus reinem Interesse, was wohl aus ihm geworden war, eine Mail. Und zwar unter falschem Namen. Es wurde so eine Art Ratespiel daraus, wer ich, die geheimnisvolle Unbekannte, wohl sein könnte. Nach vier Wochen gab ich mich zu erkennen. Wir mailten uns vier Monate lang hin und her, trafen uns erst dann zum ersten Mal. Bis wir im Bett landeten, vergingen weitere drei Wochen. Ich erfuhr, dass Markus immer noch verheiratet ist. Seine Frau kenne ich vom Sehen, sie mich auch. Sie war im Bilde, als wir zum ersten Mal etwas miteinander hatten, es störte sie auch nicht weiter. Auch diesmal hat er es ihr wohl gebeichtet, fünf Wochen ist das jetzt her. Gleichzeitig muss er ihr wohl versprochen haben, mich nicht mehr zu treffen. Trotzdem kommt er weiter zu mir. Natürlich!

Heute kann man also wirklich von einer richtigen Affäre zwischen Markus und mir sprechen. Wir treffen uns einmal die Woche, telefonieren aber zweimal täglich (nicht immer ganz jugendfrei!) und schicken Mails hin und her. Quatschen über alles Mögliche. Ich mag ihn deshalb so gern, weil wir uns in vielen Dingen ziemlich ähnlich sind. Geborgenheit gibt er mir nicht, so weit würde ich nicht gehen. Wir haben einfach Spaß zusammen, ich denke, das sieht er auch so. Vielleicht ist es auch mehr als eine Affäre, denn ich weiß, dass ich auf ihn zählen kann, wenn es darauf ankommt. Ab und zu nennt er sich selbst meinen »Freund«.

Eifersüchtig ist Markus immer noch, ja. Nur stört es mich heute aus irgendeinem Grunde weniger als früher. Ich empfinde es nicht mehr als einengend, sondern freue mich über seine Aufmerksamkeit und darüber, dass ich ihm nicht egal bin. Dates mit anderen Männern sind nicht drin, soviel ist sicher, und wenn ich mich auf Festen mit einem unterhalte, steht Markus innerhalb von einer Sekunde neben mir und lenkt mich ab. »Wenn du«, sagte er schon mehrmals zu mir, »mit einem anderen schläfst, brauchst du mit mir nicht mehr zu reden.« Klar ist das ein Besitzanspruch, auf den er so kein Recht hat, den ich ihm übel nehmen könnte. Andererseits zeigt er mir damit, dass er mich liebt. Und schließlich hätte ich auch etwas dagegen, wenn er mich betrügen würde. Aus dem Bauch heraus sage ich jetzt: Geht Markus fremd, ist sofort Schluss. Das sagt sich natürlich leicht ins Blaue hinein. Ob ich diese Konsequenz wirklich aufbringen würde, wüsste ich natürlich erst, wenn es passiert wäre. Ich schlafe jedenfalls mit keinem anderen Mann. Umgekehrt bin ich ab und zu schon misstrauisch, ob Markus mir genauso treu ist, obwohl ich mir immer wieder sage: »Du musst ihm vertrauen, solange er dir nicht das Gegenteil beweist.« Er behauptet, mit keiner anderen Sex zu haben, selbst mit seiner Frau würde seit Jahren nichts mehr laufen. Das fällt mir schwer zu glauben, gerade weil ich weiss wie er früher war. Damals hat er nichts anbrennen lassen, nein, er war kein Kind von Traurigkeit. Andererseits war ich genauso locker drauf, klar, mit zweiundzwanzig. Ich habe mich verändert, da muss ich Markus wohl auch zugestehen, dass er sich verändert haben könnte. Was er immer wieder beteuert. Vielleicht erklärt sich mein Misstrauen aber auch einfach durch die schlimme Erfahrung, die ich mit Guido gemacht habe. Es würde mich nicht wundern. Die Angst, jeden Moment eine Lüge aufzudecken, die Unsicherheit, ob ich darauf vertrauen darf, dass morgen noch alles so ist wie heute, die hat er mir eingeimpft.

Der Sex mit Markus ist gut, viel besser als mit Guido, das ist gar kein Vergleich. Bei Guido war nach zehn Minuten alles erledigt, Markus verwöhnt mich nicht selten zwei Stunden lang. Vor allem ist er auch nicht so verklemmt, wir können über alles reden, unsere Wünsche, unsere erotischen Sehnsüchte. Jeder weiß, was der andere mag, was ihn erregt. Anfangs habe ich diese Vergleiche zu Guido gezogen, was ich aber für normal halte. Inzwischen mache ich das nicht mehr. Mich interessiert jetzt nur noch, was Markus draufhat. Als wir uns zum ersten Mal nach der langen Pause trafen, wusste ich nur noch, dass ich den Sex mit ihm damals schön gefunden hatte. Details waren mir abhanden gekommen, nur an das Gefühl der Befriedigung und der Erfüllung, das mich nach dem Sex mit Markus jedes Mal überkam, konnte ich mich noch erinnern. Mir fiel ein, dass er mich damals oft darauf angesprochen hatte, also muss er es genauso empfunden haben. Ich gehe davon aus, dass er es besser in Erinnerung hat als ich. Sonst hätte er unser Verhältnis wohl nach so langer Zeit nicht von heute auf morgen wieder aufleben lassen. Und das wäre, auch wenn es zwischen uns genauso Hochs und Tiefs gibt wie in jeder richtigen Beziehung, wirklich schade um viele schöne Stunden: Dadurch, dass wir uns so selten sehen, vergehen die Schmetterlinge im Bauch nicht so schnell, ich spüre jedes Mal ein Kribbeln, bevor Markus kommt. Nur dass ich heute nicht mehr mit jugendlicher Gelassenheit an die Sache herangehe.

Anfangs erzählte ich niemandem von unserer Affäre, besonders meiner Mutter nicht. Sie kannte Markus noch von früher, und ich wollte sie mit meinen »Männergeschichten« verschonen. Das Theater mit meinem Ex hatte ihr damals ganz schön zugesetzt, weil sie immer wieder mit ansehen musste, wie ich am Boden war. Aber inzwischen weiß meine Mutter Bescheid, und auch meine Freundinnen habe ich eingeweiht. Mit irgendjemandem muss man ja reden können! Obwohl, in den letzten Monaten behalte ich eigentlich ziemlich viel für mich, mache ziemlich viel mit mir selbst aus.

Ob ich mich von Markus trennen würde, wenn mir heute jemand über den Weg liefe, mit dem ich mir eine Zukunft vorstellen könnte, weiß ich nicht. Jedenfalls soll er keine Vaterfigur für meinen Sohn werden. Nein, das soll er nicht. Er spielt eine Rolle in meinem Leben, aber nicht im Leben meines Sohnes, obwohl er den Kleinen schon ein paar Mal gesehen hat. Irgendwann in zehn Jahren hätte ich schon gern einen Mann kennen gelernt, der für mich da ist, der mich liebt, der meinen Sohn respektiert und auch ihn liebt. Im Moment will ich allerdings nicht mehr als diese Sexbeziehung mit Markus, mit dem ich gleichzeitig auf einer Wellenlänge bin und der den Spaß in mein Leben zurückbringt. Mehr Nähe wäre nicht gut. Im Moment bin ich lieber für mich alleine. Ich habe keine Lust, mich auf jemanden einstellen zu müssen, keine Lust auf Kompromisse.

Die Affäre mit dem einen Ex lenkt mich von dem anderen ab, aber auch Guido hat noch seinen Platz in meinem Leben. Manchmal lasse ich ihn die Wut spüren, die ich auf ihn habe, weil er mich so misstrauisch anderen Männern gegenüber, ja vielleicht im Moment sogar beziehungsunfähig gemacht hat. Manchmal bin ich hart zu ihm und ungerecht, aber ich kann nicht über meinen Schatten springen. Was passiert ist, ist passiert und hat sich für immer in mein Gedächtnis eingebrannt. Guido kann sein Verhalten von damals nicht mehr gutmachen, dafür hat er sich einfach zu viel erlaubt. Wenn er den Kleinen sehen möchte, kommt es schon mal vor, dass ich den Termin verschiebe, weil ich einfach keine Lust auf ihn habe. Letztens zum Beispiel bin ich weder ans Handy gegangen, noch habe ich seine Mails beantwortet, weil ich meine Ruhe haben wollte. Er nervte so lange weiter, bis ich im Zorn zu ihm sagte: »Sei froh, dass ich dich deinen Sohn so oft sehen lasse. Wir können es auch so machen, wie der Gesetzgeber es vorschreibt: Besuchsrecht alle vierzehn Tage!« Und wo ich schon mal dabei war, warf ich ihm gleich auch noch einmal an den Kopf, dass man Frauen, die man geschwängert hat, nicht im fünften Monat sitzen lässt. Auch wenn es seltsam klingt: Im Nachhinein tut mir so ein gemeiner Ausbruch leid, dann komme ich mir richtig schlecht vor. Das ist alles schon so lange her, und die Situation ist heute eine ganz andere. Ein Vater will eben seinen Sohn sehen, das kann ich verstehen, und das würde ich ihm nie untersagen.

Guido und Markus sind also die Ex-Freunde, die in meinem Leben noch oder wieder eine Rolle spielen. Was meine anderen Verflossenen angeht, habe ich kaum noch Kontakt. Ich gehöre nicht zu den Personen, die sich im Streit trennen, deshalb muss ich auch nicht die Straßenseite wechseln, wenn ich sie sehe. Einen gibt es, der von sich aus nicht mehr mit mir redete und mich überall schlecht machte, nachdem ich die Beziehung beendet hatte, aber dieses Theater ging nicht von mir aus. Erst zehn Jahre später kriegte er sich wieder ein. Aber auch wenn man in Freundschaft auseinander geht, verläuft der Kontakt zu den Ex-Freunden irgendwann im Sande. Es gibt immer einen Grund, warum man sich getrennt hat. Und wenn es kein Streit war, so waren es doch Unstimmigkeiten, die keine Freundschaft mehr zulassen, wenn man konsequent ist. Das muss ja nicht heißen, dass man seinen Ex-Partner hasst. Man hat eben nur für sich entschieden, dass ein Leben ohne diese Person einfacher ist. In meinem Fall kann ich meinen Ex Guido beinahe als Freund bezeichnen, was mich aber nicht davon abhält, ihm bei passender Gelegenheit die Dinge vorzuwerfen, die damals passiert sind. Ich würde ihm nie Dinge erzählen, die ich meiner besten Freundin erzähle, weil sie ihn einfach nichts mehr angehen. Nicht einmal von Markus weiß er, das würde ich nicht wollen. Insofern ist Guido doch kein »echter« Freund. Meine »echten« Freunde kennen sich mit meinen Freunden und Ex-Freunden aus. Wenn das Thema aufkommt, reden wir auch darüber. In den meisten Fällen sind es allerdings nur negative Dinge, die über die Ex-Partner erzählt werden.

Im Großen und Ganzen bin ich im Moment zufrieden. Obwohl es mir an manchen Tagen lieber wäre, wenn ich einen festen Lebensgefährten hätte, fühle ich mich nicht alleine und bin vor allem froh, dass ich nicht mehr mit Guido zusammen bin. Ich muss mich auf niemanden einstellen, keine Rechenschaft ablegen, kann machen, was ich will. Wenn ich jemanden zum Reden brauche, sind meine Eltern und meine Freunde da, und darüber bin ich froh. Sicher hilft es auch, sich nicht so allein und gescheitert zu fühlen, dass es heutzutage nicht mehr als Makel angesehen wird, eine allein erziehende Mutter zu sein. Man wird nicht mehr schief angeschaut. Die Leute lassen sich scheiden, ohne darüber nachdenken zu müssen, was das Umfeld dazu sagt. Die Zeit ist einfach schnelllebiger geworden und mit ihr die Beziehungen. Man hält nicht mehr so lange daran fest, wenn sie vorbei sind. Ich eigentlich auch nicht. In diesem Fall lässt mich nur unser Sohn an Guido festhalten. Wenn der Kleine nicht wäre, würde ich Guido wahrscheinlich nicht mehr sehen wollen. Dennoch empfinde ich unsere gemeinsame Zeit nicht als vergeudet. Es war eine Erfahrung, die man im Leben machen muss. Hätte es Guido nicht gegeben, wäre mein Sohn heute nicht auf der Welt. Und auf ihn möchte ich nicht mehr verzichten. Außerdem kann man aus jeder Beziehung nur lernen. Darum schaue ich hoffnungsvoll in die Zukunft, aber auf jeden Fall in eine Zukunft ohne meinen Ex.

Philipp, 33, Biologe

»DIE GEISTIGEN ORGASMEN MIT MEINER EX BLEIBEN UNVERGESSEN.«

Eigentlich kommt ein Gespräch ja nur zufällig auf das Thema Ex-Partner, aber ich bin ein Mensch, der von sich aus ein Interesse daran hat, etwas über sein Gegenüber zu erfahren. Die Alltagsthemen, die den Smalltalk bei so vielen Gelegenheiten beherrschen, sind doch letztendlich austauschbar und interessieren mich bei weitem nicht so sehr wie der Mensch selbst. Also lenke ich ein Gespräch gern in eine persönlichere Richtung, sobald ich merke, dass mir Wärme und Sympathie entgegenfunken, und glaube, dass es meinem Gegenüber ebenfalls Spaß machen könnte. Insofern kann es schon vorkommen, dass ich relativ bald mit jemandem auf das Thema Ex-Partner stoße. Ein sehr spannendes Thema. Auf der anderen Seite spricht es sich nicht immer leicht darüber, denn über Menschen nachzudenken, die einem einst sehr viel bedeutet haben, beinhaltet zugleich, tief in die eigene Seele zu schauen und neben den schönen Dingen auch jene zu berühren, die traurig sind oder gar dunkle Flecken der eigenen Persönlichkeit anschneiden. Unsere Generation ist allerdings eher darin geübt, sich über solche Themen auszutauschen, als die Generation unserer Eltern, bei der diese Art von Seelenstriptease, wie ich annehme, nicht zu den Geschäftsbedingungen gehörte. Mag sein, dass das Thema Ex-Partner aus diesem Grunde jetzt aktueller ist als früher.

Viele erinnern sich ja an einen ganz bestimmten Menschen aus der Vergangenheit, der sie intensiv berührt hat. Bei mir sind es zahlreiche Menschen, Frauen wie Männer zu verschiedenen Zeitpunkten und Begebenheiten. Mal handelt es sich um flüchtige Ereignisse, beispielsweise ein Gespräch oder gar nur eine kleine Geste, mal um Beziehungen, die mich über mehrere Monate oder Jahre begleitet haben. Am mächtigsten ist für mich jedoch die Erinnerung an Silja, die Frau, für die ich mein Leben, ohne mit der Wimper zu zucken, geopfert hätte. Klingt abgedroschen, wie aus einem schlechten Film oder Groschenroman, ich weiß. Man muss dieses Gefühl erlebt haben, um zu glauben, dass es existiert. Aber ich weiß jetzt: Es gibt Augenblicke im Leben, in denen wir Menschen genauso handeln würden, wie es diese Filme oder Groschenromane suggerieren. Vollkommen irrational und doch für den Bruchteil einer flüchtigen Sekunde völlig überzeugt, dass es nichts Sinnvolleres auf der Welt gäbe als unser Handeln. Wir können nicht anders, nichts anderes käme uns in den Sinn. Vielleicht ist diese endgültige Selbstaufopferung der größte Ausdruck von Liebe überhaupt, und vielleicht wird er genau deswegen so inflationär in Filmen und Romanen verwendet.

Was treibt uns, so irrational für einen Menschen zu empfinden? Für mich ist in einer Beziehung nicht nur das Körperliche, sondern auch die geistige Verbindung elementar. Eine anregende Diskussion, in der zwei Menschen Zeit und Raum um sich herum verlieren, gemeinsam neue Stufen persönlicher Erkenntnis erklimmen und sich dabei einzigartig ergänzen, ist ein phantastisches Erlebnis. Sich in einen Rausch reden, nicht primär aus Wut oder Rage, obwohl auch das passieren kann, sondern aus Lust daran zu spüren, wie die Dichte der Gedanken wächst. Neue Gedanken vervollkommnen unvermittelt das Gewesene, verknüpfen kaskadenartig Altbekanntes zu neuen Mustern und – Peng! – erstrahlen die Dinge in einem ganz anderen, viel klareren Licht. Am ehesten vergleichbar ist dieses Erlebnis mit dem Lernen für eine Prüfung: Wochenlang wird gepaukt, was man glaubt, verstanden zu haben. Bis man schlagartig an einen Punkt gelangt, an dem man wirklich versteht. Alles, was vorher nur auswendig gelernt war, macht auf einmal wahrhaftig Sinn.

Solche herrlichen Momente haben für mich orgiastische Kraft, und ich setze sie einem körperlichen Höhepunkt gleich. Diese geistigen Orgasmen, wie ich sie nenne, sind möglicherweise nicht jedermanns Sache. Mein Ding sind sie absolut. Allerdings fände ich den Gedanken seltsam, mich deswegen den Menschen, die sie nicht erleben, überlegen zu fühlen. Es handelt sich ja weniger um eine spezifische Fähigkeit, die mir eigen ist, als vielmehr um ein Geschenk, das darin besteht, einen anderen Menschen zu finden, mit dem ich solche geistig-intellektuellen Höhenflüge erleben darf. Ich habe sie mit einigen wenigen Menschen in meinem Leben geteilt. Und dabei festgestellt: Als Mann ist für mich das geistige Erlebnis mit einer Frau von zusätzlicher besonderer Energie. Die sexuelle Komponente, die unvermeidlich einfließt, vermittelt dem geistig-orgiastischen Höhenflug einen besonderen Kick und Reiz. Am intensivsten waren diese Erfahrungen mit Silja, jener Ex, für die ich mein Leben gegeben hätte und die für mich meine zweite große Liebe war.

Frauen teile ich im Stillen ein in diejenigen, die ich erreichen kann, und diejenigen, die ich nicht zu erreichen glaube. Habitus, Typfragen, Lebensumstände spielen eine Rolle, auch Schönheit, die gesellschaftlich anerkannte und medial penetrierte Definition von Schönheit. Silja passte exakt in mein ganz persönliches Beuteschema. Zwischen uns gab es genau die richtige Mischung aus Übereinstimmendem und Andersartigem. Vor allem aber hatten wir dieses geistige Band, diese enge geistige Ebene, die mir so unendlich viel bedeutet. Unsere Art, die Dinge zu beschreiben, war eng verwandt. Wir teilten unsere Leidenschaft fürs Kino und die Freude daran, die eben gesehenen Filme noch einmal durchzusprechen. Stundenlang nahmen wir Charaktere auseinander, analysierten Handlungsstränge und suchten den subtilen Zusammenhang hinter allen Einzelaspekten. Um schließlich abzuschweifen in einen wunderschönen, erfüllenden Austausch über das Leben an sich. Mir fällt kein anderer Begriff ein als Seelenverwandtschaft, um diese massive geistige Verbundenheit auszudrücken. Was aber nicht missverstanden werden soll in dem Sinne, dass wir uns immer und über alles einig gewesen wären und hundertprozentig gleich getickt hätten. Zu anstrengend, zu langweilig. Damit es überhaupt zu einem dieser herrlichen geistigen Höhepunkte kommen kann, müssen verschiedene Perspektiven aus verschiedenen Sphären aufeinanderprallen, sich aneinander reiben und gegenseitig zu immer höheren Sprüngen anspornen. Und das war bei uns der Fall.

Silja ist Schauspielerin und erschloss mir die Welt des Theaters. Hatte ich vorher wie so viele meiner Altersgenossen höchst widerwillig ein, zwei Klassiker mit der Schulklasse angeschaut, ließ ich mich nun bereitwillig auf dieses völlig fremde Universum ein, das Silja mir eröffnete. Eine echte Bereicherung und Erweiterung meines Horizonts. Was nach dem Kino funktioniert hatte, funktionierte bald auch nach dem Theater: Wir gingen in unseren Analysen auf.

Die unbeschreibliche geistige Kraft zwischen uns stand im krassen Gegensatz zu unseren Lebenssituationen, die nicht unterschiedlicher hätten sein können. Unterbewusst war mir sehr wohl klar, dass unsere Beziehung nicht für die Ewigkeit geschaffen war. Hätte ich mein Diplom bereits in der Tasche gehabt, wäre ich ihr an jeden Ort dieser Welt gefolgt, doch leider war meine Arbeit daran noch nicht beendet und ich gerade zu diesem unpassendsten aller Zeitpunkte in meinem Leben so geographisch fixiert wie kaum ein zweites Mal davor oder danach. Ich wusste: Silja würde irgendwann ihren Weg gehen und mich zurücklassen. Es war eine Frage der Zeit. Und die Angst vor dem Verlust meiner großen Liebe bestimmte jeden Tag, den wir gemeinsam verbrachten. Jeden Moment genoss ich, als wäre er der letzte. Schmerz und Glücksrausch komprimiert in derselben Sekunde – eine ganz wunderbare Zeit! Nur vor diesem Hintergrund konnte sich unser tiefes geistiges Band überhaupt derart intensiv entfalten. Wenn sich zwei gleich schwingende Seelen begegnen und sich entscheidet, was sich aus diesem Zusammentreffen entwickelt, kommt es auch auf so weltliche Umstände wie Lebenssituationen und Zeitpunkte an. Dieselben Seelen zu einem anderen Zeitpunkt in einer anderen Lebenssituation würden sich mit ziemlicher Sicherheit in eine ganz andere Richtung entwickeln. Für ewige Liebe zwischen meiner Ex und mir war der Moment leider nicht bestimmt.

Silja hasste das Gefühl, eingeengt zu werden. Wollte nach einer längeren Beziehung frei sein, und ich weiß nicht, wie viel Raum ihr meine Liebe dafür ließ. Ich weiß nur: Die Liebe lässt sich nicht auf einer Skala von eins bis hundert messen, die Liebe misst sich an Wesenszügen. Ich liebte Silja bis an die Schmerzgrenze, aber auch nur, weil wir uns mit Alltagsdingen, die so vielen Beziehungen den Garaus machen, nicht belasteten. Weil unsere Beziehung nicht auf Dauer angelegt und das Damoklesschwert des drohenden Endes allgegenwärtig war. Es ist doch so: Wir lieben den Tag und sein Licht nur so sehr, weil wir die Nacht und ihre Dunkelheit kennen. Wir genießen die Sonnenstrahlen, weil wir wissen, dass uns die Kälte bald wieder umfangen wird. Ganz besonders genießen einige den Abendglanz, das letzte Aufbäumen der Schönheit. Und dieser Abendglanz lag vom ersten Tag an auf Silja und mir. Er war das Besondere, das unsere Beziehung ausmachte. Wie erwartet, wie befürchtet, endete sie nach einem knappen Jahr völlig unvermittelt. Silja zog für ein längeres Praktikum in eine andere Stadt und fallbeilartig war Schluss.

Viele Jahre war es mir unmöglich, mich seelisch vollkommen zu lösen. Obwohl mir Silja ziemlich bald eröffnete, einen neuen Freund zu haben, weigerte sich die emotionale Erkenntnis, dass unsere gemeinsame Zeit abgelaufen war, in mein Hirn vorzudringen. In den ersten Monaten telefonierten wir recht häufig. Ich klingelte bei ihr durch, sie rief aber auch mich an. Etwas war also auch bei ihr erhalten geblieben. Hoffnung, Wahn, bittersüße Erkenntnis der Unumkehrbarkeit. Zwei Jahre lang hielt ich den Kontakt aufrecht, das Band blieb undurchschnitten. Ein Teil von mir hing an ihr, selbst als ich längst wieder in einer festen Beziehung steckte. Eines Sonntags gegen Mittag saß ich mit meiner neuen Freundin beim Frühstück, das morgendlich-müde dahinplätscherte, als meine Ex anrief. Hinterher beschrieb meine neue Freundin die Situation so: »Dein Gesicht nahm den Ausdruck eines Kindes an, das eben zum ersten Mal den Weihnachtsbaum gesehen hat!«

Eine Stunde lang telefonierte ich mit Silja, genoss die Vertrautheit, die sich sofort wieder zwischen uns einstellte. Wir warfen uns gegenseitig die Stichworte wie Bälle zu, versanken in unser Gespräch. Ich verstehe hundertprozentig die Eifersucht meiner neuen Freundin, der klar geworden sein muss: Da gibt es einen

Bereich zwischen Philipp und seiner Ex, in den ich nie vordringen werde, in dem ich nie das für ihn sein werde, was Silja für ihn ist. Das muss hart gewesen sein. Es folgte unmittelbar die Angst, dass ich zu meiner Ex zurückgehen würde. Eifersucht auf geistiger *und* körperlicher Ebene, wie meine neue Freundin selbst zugab.

Als ich mir bewusst gemacht hatte, welchen Raum meine Vergangenheit noch immer einnahm, ließ ich den Kontakt zu Silja einschlafen. Auch sie meldete sich zwei Jahre lang nicht mehr. Das Band schien zerrissen. Ich hielt durch bis vergangenes Jahr, als mir plötzlich klar wurde, dass ich mich den Dämonen meiner Vergangenheit stellen musste. Ja, so formulierte ich das, sogar gegenüber meinen Freunden: »Ich muss mich den Dämonen meiner Vergangenheit stellen!« Dieses Ideal loswerden, diese Göttin, zu der Silja in meiner Erinnerung inzwischen mutiert war. Diese emotionale Sehnsucht stillen, damit ich das Vergangene nicht weiter auf meine Gegenwart und Zukunft projizierte.

Das Bedürfnis, das Gewesene neu einzuordnen, war bei Silja übermächtig, ist aber auch in Bezug auf andere Ex-Partnerinnen oder -Freunde vorhanden. Einige von ihnen würde ich gern sehen, einfach um aus den Erinnerungen der Vergangenheit überzuleiten in ein aktuelles Verhältnis, um also eine Ebene in der Gegenwart zu finden. So wie ich das mit meinem engsten Oberstufenfreund gemacht habe. Wir verabredeten uns zwei Jahre nach dem Abitur, schwelgten einen Abend lang in der Vergangenheit und brachten uns am zweiten Abend über die Gegenwart auf den neusten Stand. Erzählten uns, was wir empfanden und wie wir zueinander standen. Loteten aus, was uns verband. Auf diese Weise kann eine neue Art der Freundschaft entstehen – wie zwischen meinem Oberstufenfreund und mir – oder ein deutlicher Schlussstrich gezogen werden. Dann nämlich, wenn zwei Menschen merken, dass sie sich über das Schwelgen in der Vergangenheit hinaus nichts mehr zu sagen haben. So geschehen mit einer Ex-Freundin, die ich auf einen Kaffee traf. Ohne es zu wollen oder zu forcieren, gerieten wir sofort wieder in das alte Rollenverhältnis, das uns damals auseinander gebracht hatte. So deutlich wie nie zuvor sah ich ein, dass ich mit dieser Frau nie auf einen grünen Zweig kommen würde, und schloss die Sache für mich ab. Freundschaft oder Schlussstrich? Das wollte ich für meinen eigenen Seelenfrieden auch mit Silja klären, nur dass die Sehnsucht bei ihr viel größer war als bei allen anderen Menschen zuvor. Aber wie bitte begräbt man seine Göttin?

Ich rief an. Sie war überrascht, aber locker. Wir verabredeten uns auf einem Festival, wo ich ihre ganze Familie wiedertraf und aufgenommen wurde wie ein langjähriger verlorener Freund. Siljas Verwandte brachten mir Aufmerksamkeit und Interesse entgegen in einem Moment, in dem ich es nicht erwartet hätte und gut gebrauchen konnte. Ich klagte ihnen mein Leid über die Arbeit, sie machten mir Mut durchzuhalten. Dieses Wochenende, an dem ich die Basis für einen Kontakt zu meiner Ex auf völlig neuer Ebene schaffen konnte, blieb mir als eins der intensivsten Erlebnisse des vergangenen Jahres im Gedächtnis. Ich hatte nicht erwartet, dass mein Verhältnis zu Silja nahtlos dort anknüpfen würde, wo es zwei Jahre nach unserer Trennung auseinander gebrochen war. Beziehungen entstehen aus Situationen heraus. Situationen verändern sich. Und dementsprechend musste jetzt, in einer neuen Situation, eine neue Art von Beziehung geschaffen werden. Was ich für mich klären wollte, war die Frage, ob unsere enge geistige Verbundenheit, die ich während unserer Beziehung so sehr geschätzt hatte, auf das Danach übertragbar war. Ja, das war sie. Das Band war neu geknüpft, und meine Göttin der Vergangenheit schrumpfte zu einem normalen Menschen und Freund in der Gegenwart.

Seit einem Jahr habe ich eine neue Partnerin, Tatjana, die ich liebe, der ich jedoch bislang nichts über mein Verhältnis zu meiner Ex erzählt habe. Vielleicht später, ja sicherlich bei passender Gelegenheit, doch die hat sich bislang nicht ergeben. Und das, obwohl sich die Kontaktaufnahme zu Silja nach der zweijährigen Pause und das beschriebene Wochenende zu einem Zeitpunkt ereigneten, als ich gerade mit Tatjana zusammenkam. Der Grund für mein Schweigen: Die negativen Erfahrungen, die ich diesbezüglich mit Siljas erster Nachfolgerin gesammelt habe, waren mir eine Lehre. Eine liebende Partnerin wird nie verstehen, warum meine Ex so wichtig für mich ist und warum ich sie nicht aufgeben mag. Egal wie bewusst ich mich bemühte, auf Vergleiche zu verzichten, Silja war laut ihrer Nachfolgerin dennoch omnipräsent. Und die Frau hatte Recht: Ich konnte den orgiastischen Rausch unserer geistigen Höhepunkte, die in der Erkenntnis gegipfelt hatten, wie die Fäden der Welt zusammenhingen, nicht vergessen. Also erfährt meine Freundin kaum etwas über Silja und schon gar nichts über meine beiden Besuche bei ihr. Fragt Tatjana: »Was machst du am Wochenende?«, bekommt sie einfach keine ausführliche Antwort. Klar weiß sie, dass ich eine Freundin besuche, doch was diese Freundin mir bedeutet, weiß sie nicht.

Natürlich ist mir klar, dass ich ihr damit einen großen Teil meines Lebens und dessen, was für mich wichtig ist, vorenthalte. Und das will ich nicht versuchen zu entschuldigen. Aber wie heißt es im Film »Das Schweigen der Lämmer« so schön: »Quid pro quo – Etwas von mir für etwas von dir.« Oder eben: Bekomme ich nichts von dir, bekommst du auch nichts von mir. Auch Tatjana schweigt weitgehend über bestimmte Menschen und Erlebnisse aus ihrer Vergangenheit. Wozu sollte ich bohren? Was soll ich denn fragen: »Was war das Besondere an der Beziehung mit deinem Ex?« Was soll das bringen? Sicher wird Tatjana mich mit ihren Ex-Freunden vergleichen, ist doch klar, das macht doch jeder. Aber ich ruhe ausreichend in mir selbst, um mir mit dreiunddreißig nun wirklich keine Gedanken mehr über Schwanzlängenvergleiche oder andere Albernheiten machen zu müssen.

Trotz der weißen Flecken, die jeweils in der Vergangenheit des anderen existieren, trotz der Vergleiche, die sich nun einmal nicht abschalten lassen, lieben wir einander. Liebe lässt sich eben nicht zweidimensional betrachten. Liebe hat viele Schattierungen. Und ich liebe Tatjana wirklich, aber ich liebe sie anders, als ich Silja geliebt habe. Das ist nicht einmal ungewöhnlich, denn die Liebe ist immer anders. Immer mächtig, aber immer unvergleichbar, denn sie besteht für sich selbst.

Im Grunde hat mein Schweigen über die Vergangenheit mit Silja gar keinen negativen, sondern einen positiven Effekt: Da Tatjana nicht weiß, was in diesem Punkt in mir vorgeht, kann mein Verhältnis zu meiner Ex meine aktuelle Beziehung auch nicht beeinträchtigen. Sollte Tatjana aber irgendwann Wind von der Sache bekommen und deutlich machen, dass Klärungsbedarf besteht, werde ich mich dem Gespräch stellen. Es gibt ja auch – objektiv betrachtet – eigentlich nichts zu verheimlichen. Warum ich es dann tue? Weil das Reden über die Verflossenen manchmal einfach nur unproduktiv ist! Beginnt einer zu erzählen, zwingt er den anderen ja geradezu, im Gegenzug seine eigene Vergangenheit offen zu legen. Der richtige Zeitpunkt für ein solches Gespräch ist dann gekommen, wenn beide offen und bereit dafür sind. Derzeit habe ich jedoch eher den Eindruck, dass ich bei Tatjana heftig in eine Richtung bohren müsste, in die sie nicht schauen will.

In meiner Schreibtischschublade bewahre ich viele alte Briefe auf. Briefe von einer Ex-Freundin, die in Irland lebte und von der ich eine Zeit lang dreimal die Woche Post im Kasten hatte zum Beispiel. Briefe von Silja auch, ja. Sogar einige Kopien meiner Briefe an sie. Nicht, dass ich diese jeden Abend unter der Bettdecke lesen würde, nein, beim letzten Umzug habe ich sie zum letzten Mal durchgeschaut. Geschmunzelt beim Anblick der alten Gummibänder, die die Briefe einst zusammenhielten und nun langsam trocken werden und auseinander fallen. Überlegt, ob ich die Briefe sortieren soll. Aber eigentlich reicht es mir zu wissen, dass sie da sind. Nicht einmal habe ich den Impuls verspürt, sie wegzuschmeißen, meine Vergangenheit zu tilgen. Schließlich bedeutet mir jede Einzelne der Briefeschreiberinnen etwas, sonst wäre ich nicht mit ihnen zusammen gewesen. Doch die Erinnerung an meine Freundinnen kommt in die Schreibtischschublade wie ein hübsch eingewickeltes Päckchen mit einer Schleife darum. Eines, das nicht dazu bestimmt ist, jemals wieder ausgepackt zu werden.

Die Schreibtischschublade beinhaltet meine Vergangenheit. Silja aber möchte ich auch in meiner Gegenwart wissen. Mich treibt die Erinnerung an unsere geistigen Höhenflüge, die in ihrer Anwesenheit viel schillernder und gegenwärtiger ist, nicht meine Libido. Ganz ehrlich: Wenn ich Silja besuche, habe ich keinerlei sexuelle Hintergedanken. Was für eine kuriose Vorstellung, nach fünf Jahren mit seiner Ex in die Kiste zu steigen! Zumal, wenn ihr Neuer sich im Nebenzimmer aufhält! Wir sind beide anderweitig gebunden, und Sex mit der Ex kommt für mich schon deshalb überhaupt nicht infrage. Außerdem bedeutet mir die geistesorgiastische Ebene tatsächlich mehr als Sex. Damit will ich das Körperliche nicht abwerten, Sex ist etwas absolut wunderbar Schönes. Doch in einer bestimmten Art und Weise ist er wiederholbarer als eine geistige Verschmelzung. Sex kann man schneller haben als ein wirklich gutes Gespräch.

Vor dem Hintergrund dessen, was diese wirklich guten Gespräche für mich bedeuten, ist es nicht völlig absurd zu behaupten, ich würde geistig fremdgehen. Im Rahmen eines ganz bestimmten Weltbildes macht das Sinn. Denn ich muss zugeben, dass die Art der Kommunikation, die ich so liebe, nur mit einer Frau funktioniert. Das gewisse Kribbeln, sprechen wir mal vom klassischen »Harry-und-Sally-Syndrom«, das nicht unbedingt erotisch sein muss, aber durchaus bereichernd ist, entsteht nur zwischen den Geschlechtern. Ein zusätzlicher Kick, wenn wir unser geistiges Sparring betreiben, wenn wir die spielerische Ebene des Wortkampfes ausreizen, wenn keiner dem anderen hundertprozentig Recht geben, den anderen aber auch nicht fertig machen will. Aber Sex haben wir nicht, selbst dann nicht, wenn wir in Situationen geraten, die man wohl gemeinhin als »Versuchung« bezeichnet.

Ich erinnere mich an einen Besuch bei Silja zwei Jahre nach unserer Trennung, wir beide im selben Bett, wahrlich nicht mehr nüchtern, ich solo und sie durchaus spärlich bekleidet, genau genommen außer einem Slip gar nicht. Passiert ist trotzdem nichts. Ich habe sie nicht einmal berührt. Einfach, weil ich mich selbst schlecht dabei gefühlt hätte. Ich kenne kaum jemanden, der es akzeptieren würde, wenn sein Partner oder seine Partnerin mit einem oder einer Ex im selben Bett schlafen würde, ich jedoch sehe eher kein Problem darin. Ich habe das mit so vielen Frauen – Freundinnen, Bekannten – gemacht, ohne dass je etwas passiert wäre. Wie gesagt: Das Knistern, das entsteht, wenn ein Mann und eine Frau auf derselben Wellenlänge funken, will ich nicht leugnen. Aber ich habe mich unter Kontrolle, ich habe das Knistern unter Kontrolle. Sex mit der Ex ist ein Feld, das ich nicht beschreiten, ein Wagnis, das ich nicht provozieren will, auch nicht mit Silja. Einerseits aus Selbstschutz – wer lässt sich schon freiwillig zweimal von derselben Frau das Herz brechen? –, andererseits, weil die Trennung für mich definitiv vollzogen ist.

Doch obwohl Sex mit Silja kein Thema ist, kann und will ich Tatjana nicht von unserem »geistigen Verhältnis« erzählen. Sie würde es nicht verstehen, genau wie es die meisten anderen Menschen nicht verstehen, zumal sie als meine aktuelle Freundin einer besonderen Betroffenheit unterworfen ist, die ihr das Verständnis zusätzlich erschwert. Abgesehen davon bin ich nicht daran interessiert, meine aktuelle Beziehung an dem zu messen, was ich mit meiner Ex hatte oder nicht, obwohl ich natürlich automatisch in eine Vergleichssituation gerate. Geistige Orgasmen in der Reinheit und Kraft, wie ich sie mit Silja erlebt habe, erlebe ich mit Tatjana nicht. Aber was soll ich denn tun? Soll ich etwa zu Tatjana sagen: »Hör' mal, Schatz, ich wünsche mir Gespräche mit dir, die mich in eine andere Welt entführen, so wie ich sie mit Silja immer hatte.«? Tatjana wäre zu Recht verletzt und völlig überfordert. Das ist dasselbe, als wenn ich zu jemandem sagen würde: »Sei kreativ!« – unter Druck schafft das erst recht niemand.

Warum also sollte ich Tatjana verärgern und meine Beziehung aufs Spiel setzen? Erstens passt auch sie exakt in mein persönliches Schema von Schönheit, von dem ich eingangs sprach. Und zweitens will ich Silja ja gar nicht zurückerobern. Das war nie mein Ziel. Natürlich kann ich genauso wenig wie irgendjemand sonst hundertprozentig garantieren, dass ich in jeder erdenklichen Situation mit Silja, und sei es die berüchtigte einsame Insel, standhaft wäre. Das gilt aber auch für jede andere Frau. Es gibt immer Situationen, in denen kein Mensch reinen Gewissens ausschließen kann, dass er der Versuchung erliegen würde. Ich selber habe es in der Tat nur einmal gemacht. Gleichzeitig kenne ich die andere Seite, denn ich bin selbst zweimal betrogen worden, als ich es nicht für möglich gehalten hätte. Und jedes Mal konnte ich nachvollziehen, wie es dazu kommen konnte, und eingestehen, dass ich in derselben Situation die Hand für mich selbst auch nicht ins Feuer gelegt hätte. Angenommen, du bist auf einer Party und triffst eine hübsche Frau. Beide ein wenig betrunken vielleicht und du dazu in einer melancholischen Stimmung – man kommt sich näher und es wird klar, es knistert, könnte es da nicht jedem von uns passieren? Könnte es mit Sicherheit. Zwar würde ich es nicht darauf anlegen, allein schon, weil wirklich guter Sex für mich nur mit einer Partnerin stattfinden kann, die ich kenne, von der ich weiß, wie sie auf meine Berührungen reagiert und was sie mag. Und umgekehrt. Doch natürlich hat auch ein One-Night-Stand seinen Kick: die Einmaligkeit des Augenblicks, die immer auch Aggressivität beinhaltet. Und den Zwang: Du hast nur diese eine Nacht, also lebe deine Wünsche aus! Und genau dieser Zwang ist es, den ich an One-Night-Stands weniger mag.

Guter Sex ist vertrauter Sex, was Wildheit und Unbändigkeit nicht ausschließt. Man lernt seine Partnerin kennen, man lernt, was sie mag, was sie verrückt macht und worauf sie abfährt. Ich möchte ihre Wünsche erfahren, denn vielleicht entsprechen sie ja meinen? Oder sie weckt gewisse Wünsche überhaupt erst in mir, indem sie ihre eigenen formuliert? Guter Sex ist, die Bedürfnisse des anderen zu verstehen, sie nicht unbedingt zu teilen, jedoch Alternativen zu ersinnen, die beide befriedigen. Und das Ganze muss notwendigerweise für beide Seiten gelten. Mit meiner zweiten Freundin stieg ich erstmals in diese Sphären unbeschreiblicher ekstatischer Lust empor, dorthin, wo Körper unter extremsten Energien stehen, die sie zu sprengen drohen, bestünden sie eine Sekunde länger. Sex ist immer anders. Sex ist immer schön. Aber guter Sex ist einzigartig und nicht mit einem anderen Erleben guten Sexes vergleichbar. Guter Sex, mit der beste Sex in meinem Leben, war Sex mit Silja. Die körperliche und die geistige Ebene schaukelten sich gegenseitig hoch, ich erlebte körperliche und geistige Orgasmen erstmals mit ein und derselben Person. Das war es wohl, was Silja zu einem überirdischen Wesen anwachsen ließ. Warum ich der geistigen Ebene nicht nur genauso viel, sondern eine viel größere Bedeutung beimesse als der körperlichen? Nun, mit zwanzig will man den Sex seines Lebens, mit fünfundvierzig wünscht man sich, wenigstens hin und wieder Sex zu haben, und mit siebzig ist man zufrieden, wenn man ohne Streit gemeinsam Gartenstühle einkaufen kann. Was bleibt und was uns über die Zeit verbindet, ist der Geist.

Doch selbst wenn Silja und ich darauf aus wären, unsere körperliche und geistige Ekstase wieder aufleben zu lassen, es würde nie wieder so werden wie früher. Es ist schön mit ihr, hier und heute, aber doch auch nicht mehr so wunderschön wie früher. Die Umstände haben sich geändert, wir haben uns geändert. Irrtümlicherweise neigen wir Menschen dazu, die Bedeutung des Vergangenen bis in die Gegenwart hinein wahnsinnig hoch zu hängen, dabei liegt jedes erlebte Ideal, und so auch mein Ideal Silja, in der Vergangenheit. Es ließe sich in der Gegenwart weder mit Tatjana, noch mit Silja selbst ein zweites Mal erreichen. Natürlich schützt mich diese Erkenntnis nicht vor der Hoffnung, ein weiteres Mal einen Zustand zu erreichen, den ich als Ideal empfinden kann, obwohl ich glaube, verrückt werden zu müssen, wann immer ich dem Ideal hinterher träume. Doch zwei große Lieben waren mir in meinem bisherigen Leben vergönnt – das ist weit mehr, als ein Mensch erwarten darf. Wie vermessen müsste ich sein, eine dritte große Liebe zu erwarten? Die Chancen sind lottomäßig gering! Da bin ich doch lieber glücklich mit dem, was ich habe, auch wenn es nicht an das Ideal aus der Vergangenheit heranreicht.

Ich bin kein Guru, der die Antwort auf die Fragen der Zukunft kennt. Vielleicht ist Tatjana nur eine Übergangsfrau. Vielleicht finde ich meine Traumfrau, mit der ich auch im Alltag mein Ideal leben kann, nie. Vielleicht verwirklicht sich mein Traum aber auch in der bestehenden Beziehung. Wer weiß? Schließlich entdecke ich sogar nach den eineinhalb Jahren, die wir uns nun kennen, immer noch Neues an Tatjana. Allerdings glaube ich nicht mehr daran, wie man es mit sechzehn so gern tut, dass Beziehungen bis in alle Ewigkeit halten müssen. Dazu haben mir einfach zu viele gescheiterte Partnerschaften die Illusion geraubt. Ich bin »Serieller Monogamist«, wie man das auf Neudeutsch so schön nennt. Natürlich stelle ich mir Fragen wie: Warum lebe ich mein Liebesleben so, wie ich es lebe? Wie bin ich in diese Situation hineingeraten? Warum trenne ich mich nicht von Tatjana und suche weiter nach der Traumfrau? Strenge ich mich vielleicht zu wenig an, um meine Beziehung zu einer idealen zu machen? Bin ich vielleicht selbst die unerträgliche Komponente in diesem Drama? Die Licht- und Schattenseiten der eigenen Person.

Trotz aller Zweifel, ich kann eine Antwort geben auf die Frage, warum ich mit Tatjana zusammen bin. Ich habe Verantwortung für sie übernommen. Anfangs war da die Hoffnung, dass ich mit ihr geistig hochfliegende Orgasmen erleben könnte. Nicht nur war unser Sex solide, sondern auch das Potential in unseren Gesprächen vorhanden. Nur der letzte Kick fehlte. Ich wartete sehnlichst auf den Moment, in dem wir die letzten Meter zum Ziel auch noch gemeinsam beschreiten würden. Nun, bis jetzt ist es dazu nicht gekommen. Aber die Hoffnung darauf hat mich die Beziehung eingehen lassen. Und nun, da ich sie eingegangen bin, trage ich die Verantwortung für Tatjana und will sie nicht leichtfertig fallen lassen. Zumal mir inzwischen, so bedeutsam geistige Orgasmen sein mögen, auch andere Dinge wichtig sind: dass meine Freundin am selben Ort wie ich lebt zum Beispiel, dass wir uns regelmäßig und nicht nur am Wochenende sehen können.

Und noch etwas: Wir reden hier die ganze Zeit von *meinem* Ideal, aber was ist mit Tatjanas Ideal? Bin ich das? Sie liebt mich, da bin ich mir sicher. Ein deutliches Indiz: Als wir uns kennenlernten und Tatjana einen anderen Freund hatte, erzählte sie mir zuerst von ihren Trennungsabsichten und ihren Gefühlen für mich, nicht ihrer besten Freundin. Das will doch was heißen! Ein eindeutiges Zeichen, dass ich etwas Besonderes für sie bin. Tatjana hat sich laut eigenem Bekenntnis bei keinem anderen Mann so geöffnet wie bei mir. Ich führe das darauf zurück, dass ich ihr sowohl den Raum als auch das Vertrauen gebe, das sie dazu braucht. Gleichzeitig fordere ich dieses Vertrauen aber auch manchmal von ihr ein. Angenommen irgendein innerer Knoten, den sie nicht alleine aufzulösen vermag, beginnt, Auswirkungen auf mich zu haben, dann dränge ich darauf, dass wir die Sache gemeinsam klären. Was die geistigen Höhenflüge angeht: Ich lenke das Gespräch in die Richtung dessen, was ich mir davon erträume, so gut es eben geht. Aber ob ich Tatjana damit bereits an ihre Grenzen getrieben habe oder ob noch mehr in ihr steckt, weiß ich nicht. Und vielleicht ist es auch nicht wichtig.

Mit meiner Ex verbinden mich auch fünf Jahre nach der Trennung Vertrautheit und die geistige Energie, die in Gesprächen zwischen uns entsteht. Aber Liebe ist das nicht mehr. Auch nicht eine andere Art von Liebe als die, die ich für Tatjana empfinde. Liebe beinhaltet für mich Verantwortungsgefühl, und dieses Element fehlt bei Silja. Das, was ich mit Tatjana teile, kann ich dagegen ehrlich Liebe nennen, denn so wertvoll geistige Verschmelzung auch für mich ist, sie ist keine zwingende Bedingung für eine wertvolle Beziehung. So sehr ich sie genießen kann, so schmerzhaft ist sie gleichzeitig zu ertragen. Und eine Partnerschaft kann auch gut und richtig sein, wenn das Gefühl, für die Frau an deiner Seite sterben zu wollen, nicht gegeben ist.

Leonie, 35, Bauingenieurin

»ER IST FÜR MICH WIE EINE BITTERE MEDIZIN, DIE ICH TÄGLICH SCHLUCKE.«

In meiner Geschichte gibt es drei Protagonisten. Einen Mann und zwei Frauen. Till, Petra und mich selbst. Till ist mein Ex und mein Lebensgefährte, immer im Wechsel, und er ist gleichzeitig Petras Ex und Lebensgefährte, im umgekehrten Rhythmus. Petra und ich liebten einst denselben Mann und kommen nun beide von demselben Mann nicht los. Er verließ sie, um zu mir zurückzukehren. Er verließ mich, um zu ihr zurückzukehren. Ein ums andere Mal. Seit elf Jahren leben wir die klassische Dreiecksbeziehung. Allein Till weiß die ganze Wahrheit darüber, wann er im Laufe der Jahre mit Petra und wann er mit mir zusammen war. Wem er welche Lügen aufgetischt und wem sein Herz zu welchem Zeitpunkt den Vorzug gegeben hat. Was auch immer Till mir versprach, ich musste davon ausgehen, dass er Petra ebenfalls sein Wort gegeben hatte: »Ich habe mich endgültig für dich entschieden. Ich habe endgültig mit ihr Schluss gemacht.« Endgültig. Dieses Wort dürfte in seinem Sprachschatz eigentlich nicht existieren. Die Bedeutung hat Till jedenfalls nie verinnerlicht.

Petra und ich haben niemals miteinander gesprochen, uns höchstens mal kurz von weitem gesehen. Till legte Wert darauf, dass wir uns nicht begegneten, und investierte größte Sorgfalt in die Vermeidung dieses Aufeinandertreffens. Zur Trauerfeier anlässlich der Beerdigung seiner Mutter erhielt ich zum Beispiel eine offizielle Ausladung. Petra durfte ihn begleiten, weil sie die älteren Rechte hat. Dabei sollte es zu diesem Anlass doch nicht um uns, sondern um das Gedenken an die Verstorbene gehen. Dabei sind wird doch alle erwachsen genug, um zu wissen, dass eine Beerdigung nicht der richtige Zeitpunkt für die Klärung unserer verkorksten Angelegenheiten ist.

Petra und ich – wir sind die ewig Hingehaltenen. Zwei Frauen, die seit Jahren darauf warten, dass der Mann, den sie lieben, zur Ruhe kommt und sich für sie entscheidet. Bis zu dem Punkt ist unsere Situation sicherlich nicht einmal so ungewöhnlich. Nur, dass wir eben beide auf denselben Mann warten. In den ersten Jahren trieb mich die Wut auf Petra: Die Frau musste doch kapieren, dass Till sie nicht mehr wollte! Wie konnte sie sich derart penetrant weigern, den Tatsachen ins Gesicht zu sehen? »Ich habe«, so lautete Tills Münchhausenversion, »ihr deutlich die Meinung gesagt. Doch dann spielte sie verrückt, fing an, mir zu drohen. Was sollte ich tun? Mir blieb nichts anderes übrig, als ihr zu versprechen, doch bei ihr zu bleiben.« Damals glaubte ich ihm. Jetzt weiß ich, dass er log und dass Petra eine genauso arme Haut ist wie ich.

In manchen Aspekten sind wir sehr verschieden, in anderen sehr ähnlich. So bin ich der eigenständige Typ, Petra der hilflose. Sie ruft, Till springt. Wie meine Schwester treffend beschrieb: »Stell dich dumm, und dir wird geholfen!« Stelle *ich* mich allerdings dumm, kommt niemand auf die Idee, mir zu helfen (schon gar nicht Till), dann heißt es: »Jammer nicht rum!« Ich gelte eben als tatkräftig, nüchtern, stark. In der Lage, mich in einem klassischen Männerberuf durchzusetzen. Petra, die Sozialpädagogin, verkörpert die zarte, romantische Seele, die es genießt, verhätschelt zu werden, die in dem Luxus aufgeht, den Till ihr finanziert. Andererseits verbindet uns unser Interesse für Kunst. Wir verstehen es beide, intelligente Gespräche zu führen, sind beide sportlich, würden wahrscheinlich bestens miteinander auskommen. Wenn Till bloß nicht dieses gegenseitige Feindbild aufgebaut und über die Jahre genährt hätte. Ihr gegenüber stellte er mich als die böse Hexe dar, mir gegenüber sie als die falsche Schlange. Doch während ich ihm anfangs nur zu gern seine Darstellung glaubte, wächst inzwischen der Wunsch in mir, mir selbst ein Bild von Petra zu machen. Wir könnten uns gegen Till verbünden, uns gemeinsam den

Rücken stärken in dem Entschluss, seinem Spiel ein für allemal ein Ende zu bereiten. Was mich davon abhält, den Kontakt zu ihr zu suchen, ist die Angst, dass sie dieses Feindbild bis heute aufrechterhalten haben könnte. Was bin ich wohl für Petra? Bestimmt hasst sie mich dafür, dass ich das Kind von Till bekommen habe, das ihr nicht vergönnt war. Ach, wie bin ich nur in diese fremdbestimmte Situation hineingeraten?

Nun, ich war Studentin, Till Geschäftsmann, vierzehn Jahre älter als ich. Während meine Kommilitoninnen in halbgaren Studentenbeziehungen steckten, konnte ich mit einem echten Mann aufwarten. Das gefiel mir. Till ist groß, sportlich, souverän. Strahlt Aura, Anziehungskraft, Macht aus, wenn man ihn nur anschaut. Geschäftsmann eben, ein Machertyp durch und durch. Jung, dynamisch, erfolgreich. Und an mir interessiert! Welche Studentin könnte dem widerstehen? Welche Frau in meiner Situation hätte es interessiert, dass der Mann eigentlich vergeben war, an eine gewisse Petra, seit achtzehn Jahren seine Dauerfreundin? Till versprach, wie er so gern so viel versprach, sich von ihr zu trennen, tat das angeblich auch. Zweieinhalb Jahre hielt unser Glück. Wir lebten sechs Tage die Woche miteinander, nahmen nur sonntags eine Beziehungsauszeit, ich mit meinen Unifreundinnen, er mit seinen Kumpels. Im Traum hätte ich nicht geglaubt, dass in dieser engen Zweisamkeit, die wir lebten, Raum für eine andere Frau sein könnte. Im Nachhinein spricht einiges dafür, dass sich Till nie ganz von seiner Ex gelöst hatte. Sie war von Anfang an eine lockerere Art der Beziehung gewohnt, hatte ihn immer schon eher selten gesehen, einmal sogar einige Jahre lang, die er in Afrika verbrachte, gar nicht. Vielleicht reichten ihr die Sonntage.

Schließlich wurde ich ungewollt schwanger. Um Verhütung hatten wir uns nach dem Motto: »Passiert schon nichts!« nicht gekümmert. Nun wurde es plötzlich ernst. Entscheidungen mussten getroffen werden, was offenbar nicht gerade zu Tills Lieblingsbeschäftigungen gehört. Als er sich letztendlich doch zu einer Entscheidung durchrang, landete ich hart in der Wirklichkeit. »Entweder«, drohte er, »du treibst ab, oder ich gehe zu Petra zurück!« Wie bitte? Wir hatten zwar die Abmachung: »Keine Kinder!«, doch das hieß für mich nicht automatisch Schwangerschaftsabbruch, nun, da alles anders gekommen war. Die Verantwortung trugen wir schließlich zu gleichen Teilen. Till blieb hart. Ich wollte das Kind. Er verlangte einen Vaterschaftstest. Vielleicht habe ich all die Demütigungen, die ich seither von ihm erfahren habe, so verhältnismäßig gut weggesteckt, weil keine andere so schlimm sein konnte wie diese. Ein Vaterschaftstest? Reine Schikane! Till kam als einziger infrage, und das wusste er auch. Ja, und die Erkenntnis, dass Petra ihn zurückgewonnen hatte, ohne dass mir zuvor klar gewesen war, dass wir in Konkurrenz zueinander standen, übertraf meine Vorstellungskraft.

Vielleicht trieb Till das schlechte Gewissen zurück zu seiner Ex. Petra war nämlich, wie ich nun erfuhr, bereits zweimal von ihm schwanger gewesen, hatte zweimal abgetrieben, weil er es so angeordnet hatte, und war nun wütend, enttäuscht, beleidigt, dass ich das Kind bekommen wollte. Kein Wunder, dass sie ihn mit Vorwürfen überhäufte. Am ersten Geburtstag unseres Sohnes heiratete Till Petra. Um sie zu versöhnen, erklärte er sich sogar bereit, ihr per künstlicher Befruchtung ebenfalls ein Kind zu schenken, weil die Zeugung bei ihr auf natürlichem Wege nicht mehr funktionierte. Ein Jahr später war Petra immer noch nicht schwanger und die Ehe der beiden völlig zerrüttet. Zwar sind sie wegen der Steuervergünstigungen bis heute offiziell verheiratet, doch Till kehrte erst einmal zu mir zurück. Und ich empfing ihn mit offenen Armen. Genoss sechs, sieben Monate lang das Gefühl, dass sich meine Geduld ausgezahlt und das Schicksal mein Leben nun doch in die richtigen Bahnen gelenkt hatte. Ich war die Mutter von Tills Sohn, war das nicht Zeichen genug, dass er zu *mir* gehörte? Offenbar nicht. Till ging und kam und ging und kam noch etliche Male im Laufe der darauf folgenden Jahre. Er kommt und geht noch heute, wie es ihm passt.

Genauso wie Till die Bedeutung des Wortes »Endgültigkeit« offenbar entgeht, scheint ihm die Definition von »Verlässlichkeit« abhanden gekommen zu sein. Er ist nie da, wenn man ihn braucht. Weder zu wichtigen, noch zu alltäglichen Anlässen kann man mit ihm rechnen. Er ruft an, sagt: »Ich komme gleich vorbei« und lässt mich vergeblich warten. Ruft am nächsten Tag wieder an, sagt: »Tut mir leid, gestern hab' ich's nicht geschafft, aber heute komme ich wirklich vorbei« und lässt mich vergeblich warten. Das geht drei, vier Tage hintereinander so, bevor er sich dann tatsächlich mal blicken lässt. Obwohl er Nichtraucher ist, bringt er den Klassiker: »Ich geh' mal eben Zigaretten holen!« oder: »Ich geh' mal eben mit ein paar Kumpels ein Bierchen trinken!« Und das dauert dann Tage. Oder ich rechne mit ihm, rechne irgendwann nicht mehr mit ihm, denke: »Der ist sicherlich mal wieder irgendwo versackt!« und finde Tage später eine Postkarte im Kasten: »Bin mit Petra in den Urlaub gefahren.«

Ich bin ziemlich sicher, dass Till mich mit diesem Verhalten nicht verletzen will. Wahrscheinlich denkt er überhaupt nicht an mich, sondern nur an sich selbst, handelt nach dem Lustprinzip, und wenn er seine Frauen zufällig dabei verletzt, was soll's? Till ist nicht dumm. Kennt mich in- und auswendig und weiß, wie ich funktioniere. Weiß, dass ich ihn liebe und ihm vergebe. Weiß, dass meine Wut verraucht und in pure Wiedersehensfreude umgeschlagen sein wird, wenn er nach vierzehn Tagen aus dem Urlaub mit Petra zurückkehrt. Inzwischen werde ich ja kaum noch wütend, sondern denke einfach: »Aha, ist wohl mal wieder so weit.« Heule kaum noch, sondern bleibe gleichgültig. Freue mich kaum noch, wenn er seine wohlklingenden Pläne für unsere Zukunft vor mir ausbreitet, von denen ich sicher sein kann, dass sie ohnehin nie Wirklichkeit werden. Letzteres allerdings macht ihn sauer. Unfair. Gemein. Berechnend. Ich weiß.

Till ist zu dem egozentrierten Menschen geworden, der er ist, weil er diesen Charakter seit frühester Kindheit zelebrieren darf. Als Nachzügler, als Augapfel seiner Eltern wurde ihm alles in den Hintern geschoben, wurde er auf Händen getragen, wurde schon immer für ihn gelogen. Und diese Sonderbehandlung bekam er bis zuletzt. Wenn ich in Sorge anrief: »Wo ist Till?«, hieß es: »Wissen wir nicht!« Hinterher erfuhr ich dann, dass sie ihn höchstselbst zum Bahnhof gefahren hatten. Tills Eltern hielten immer zu der Frau, die ihr Sohn gerade nicht favorisierte, und hackten auf der jeweiligen Spitzenkandidatin herum, in der Hoffnung, irgendwann beide Frauen los zu sein, um Till für sich allein zu haben. Was er sagte, war Gesetz. Mit dem Erfolg, dass er sich und sein Tun als Erwachsener nicht einmal infrage gestellt hat. Till lebt in dem Bewusstsein, dass ihm die Welt gehört und dass er, wenn etwas Böses passiert oder Menschen verletzt werden, unter keinen Umständen die Schuld tragen kann. Er hat es nicht anders gelernt.

Ja, es ist erniedrigend, an der Seite eines solchen Mannes zu leben. Und: Ja, ich nehme die Erniedrigung hin. Warum? Vor elf Jahren war ich naiv, nicht lebenstauglich, noch nicht erwachsen genug, um gegen einen Charakter wie Tills anzukommen. Wenn er mich versetzte, ein Versprechen nicht einhielt und mich wieder und wieder für Petra verließ, brachen jedes Mal Welten zusammen. Unmerklich strickte das Schicksal sein Netz um mich und diesen Mann, sodass ich irgendwann überhaupt nicht mehr von ihm loskam und ihm völlig ausgeliefert war. Je öfter er mich sitzen ließ, desto unerträglicher wurde die Sehnsucht, dass er irgendwann einsehen würde, dass er an meine Seite gehörte. Je öfter er zu mir zurückkehrte, desto mehr festigte sich das Wissen in mir, dass das Warten und Leiden einen Sinn hatte.

Es kommt ein Punkt, an dem man sich aus sich selbst herauslöst. Immer öfter betrachte ich mich aus der Wolkenperspektive und weiß, über dieser Frau schwebend, die ich selbst bin, dass das alles nicht mir passiert. Sehe eine gespaltene Persönlichkeit, die sich im Privatleben als Marionette missbrauchen lässt, während sie im Berufsleben ihren Mann steht. Erkläre mir das Verhalten dieser Frau so, dass das dominante Voranstreben im Job einen devoten Gegenpol zu Hause braucht. Niemand kann in allen Lebenssituationen stark sein.

Immerhin bin ich so weit, mir – zumindest tief in meinem Innern – einzugestehen, dass ich Tills und mein Verhältnis nicht allen Ernstes als Beziehung bezeichnen kann. Wenn er da ist, ist es nett mit uns, nicht mehr und nicht weniger. Warum gebe ich mich mit diesem Zustand zufrieden, obwohl er mich nicht befriedigt? Vielleicht, weil ich die Fassade aufrechterhalten will. Vielleicht aus Bequemlichkeit, weil ich ganz gut lebe, wie ich lebe. Vielleicht, weil ich gar keine echte Beziehung führen will, weder mit Till noch mit sonst jemandem. Beobachte ich meinen Vater, der die Füße hochlegt, während meine Mutter den Haushalt schmeißt, der als erste Amtshandlung den Fernseher einschaltet, wenn sie mich besuchen kommen, denke ich: »Dafür brauche ich keinen Mann. Eine solche Ehe möchte ich nie führen.« Und dann erscheint mir das, was ich habe, nicht unbefriedigender als die Alternative, die so viele andere Paare leben.

Ich wüsste nicht, welcher Typ Mann mir eine Zukunft eröffnen sollte, in die ich mit Freuden blicke. Die Männer, die ich genommen hätte, sind genauso wie mein Vater. Und die Weicheier, die mir jeden Gefallen von den Augen abgelesen und all meine Vorstellungen erfüllt haben, sind mir zu langweilig. Ich brauche einen Mann, an dem ich mich reiben kann. Wie an Till. Und selbst wenn es noch ein zweites solches Exemplar gäbe, das mich weniger mies behandeln würde, glaube ich kaum, dass dieser Mann die Kraft hätte, mich aus meiner Dreiecksbeziehung oder meiner Abhängigkeit von Till herauszulösen. Bin ich gefühlsmäßig überhaupt noch in der Lage zu etwas anderem? Mein Traummann könnte an meine Türe klopfen, um mich höchstpersönlich aus meinem Rapunzelturm zu retten, ich würde mich nicht hinaustrauen.

Abgesehen davon wird niemand an meine Türe klopfen. Durch meinen Sohn und meinen Job sind die Gelegenheiten, Männer kennen zu lernen, nicht gerade zahlreich. Annoncen sind nichts für mich, dazu bin ich dann doch wieder zu romantisch, auch wenn diese Erklärung allen Beschreibungen, die ich bisher von mir geliefert habe, widerspricht. Wenigstens merke ich, dass meine Scheuklappen, die mich bisher davon abgehalten haben, mich nach anderen Männern umzuschauen, langsam weichen. Ich weiß ja, dass ich noch, aber nicht mehr allzu lange, jung genug dafür bin, noch einmal von vorn anzufangen. Doch wenn mich tatsächlich ein Mann anlächelt, der mir gefährlich werden könnte, ziehe ich mich rasch in mein Schneckenhaus zurück.

Ich traue den Männern nicht zu, dass sie halten könnten, was sie versprechen. Wie oft auch immer einer mein Interesse weckt und eine vage Option für die Zukunft darstellt – eine Zukunft ohne Till erscheint mir immer leer. Die Illusion von der großen Liebe habe ich ohnehin aufgegeben. Mein Reservoir an Kompromissbereitschaft habe ich für Till leer geschöpft. Und wenn ich mir vorstelle, dass das Liebeskarussell der paarungswilligen Singles, dem ich vor elf Jahren entronnen bin, von vorn losgehen könnte, bekomme ich eine Gänsehaut. Zumal ein Kind die Partnersuche nicht gerade leichter macht. Außerdem spukt mir ein Moralapostel im Kopf herum, der sagt: »Man verlässt den Vater seines Sohnes nicht.« Das mag meine konservative Erziehung sein, das Kaff, in dem ich aufgewachsen bin und ständig beobachtet wurde, ob ich mich der Norm entsprechend entwickelte. Schon damals fiel mir das Freistrampeln schwer, jetzt erst recht.

Woher soll ich auch die Motivation nehmen, mich aus einer Situation zu lösen, die mir nach all den Jahren *normal* erscheint? Tills Unentschlossenheit, die ewigen Demütigungen, dieser wenig greifbare Faktor in meinem Leben gehören inzwischen dazu wie Zähneputzen. Ist er da, schenkt er mir seine Aufmerksamkeit, ist alles wunderbar. Und wenn dieser Wunschzustand nur zu erreichen ist, indem ich die Kehrseite der Medaille mit ertrage, stellt sich doch nur die Frage, wie viel Schmerz die guten Zeiten aufwiegen können. Till ist mir trotz all seiner Unzuverlässigkeit nie gleichgültig gewesen. Ja, es gab Momente, in denen ich ihn liebte. Und es gab Momente, in denen ich ihn hasste. Doch Hass und Liebe liegen so nah beieinander, dass die eine Empfindung oft unmittelbar auf die andere folgt.

Von Zeit zu Zeit schaue ich bewusst in den Spiegel, und mir blickt eine ganz normale Frau entgegen. Sie schielt nicht, humpelt nicht, hat so gar nichts Verrücktes oder Selbstzerstörerisches an sich. Dann denke ich: »Dieser Frau würdest du, wenn du ihr auf der Straße begegnetest, nie zutrauen, dass sie sich verhält, wie du dich verhältst. Das passt doch alles nicht zusammen!« Wer weiß, vielleicht irritiert mich dieser Widerspruch irgendwann so sehr, dass ich ihn satt habe. Und gehe. Der Mensch kann sehr viel sehr lange ignorieren, verdrängen, sich schönreden, doch es kommt der Tag, an dem er sich fragt: »Warum bin ich eigentlich immer der Fußabtreter?« Oder der Tag kommt nie. Vielleicht habe ich auch einen Schaden fürs Leben. Vielleicht bin ich doch zu verstrickt in die Abhängigkeit zu Till, als dass ich mich jemals davon lösen werde. Natürlich, er hat mir in den vergangenen elf Jahren in dem Sinne nicht beigestanden, aber er hat mein Leben doch begleitet, war anwesend in allen Höhen und Tiefen – wenn auch nicht immer körperlich, so doch in meinen Gedanken. Das verbindet.

Was soll ich tun? Ich verstehe schon, wenn mich Außenstehende für verrückt erklären. Gefragt wie ungefragt präsentieren mir meine Freunde ihre Lösungsvorschläge und Auswege. Doch so logisch, wie diese Notfallverhaltenshinweise im neutralen Zustand immer klingen – wer im Katastrophengebiet herumirrt, ist selten in der Lage, sich logisch zu verhalten, alles wie geplant durchzuziehen. Bei einem Psychiater professionelle Hilfe zu suchen halte ich für Unsinn, denn eigentlich ist mir ja klar, wo mein Problem liegt. Was sollte mir ein Therapeut anderes sagen als: »Trenn dich von Till, dann bist du all deine Probleme auf einen Schlag los!«? Ich weiß! Ich kann nicht!

Und doch ist mir klar, dass ich handeln muss. Bald. Anfangs waren wir lediglich drei eigenverantwortliche Erwachsene, die gemeinsam in eine Situation geraten waren, die der Klärung bedurfte. Doch seit fast neun Jahren ist ein Kind involviert, für das zwei dieser Erwachsenen die Verantwortung tragen. Ein Kind, das jeden Tag mehr mitbekommt, obgleich ich alles tue, um es herauszuhalten. Was soll ich meinem Sohn bloß sagen, wenn er fragt? »Ich bin wegen dir geblieben, damit du Kontakt zu deinem Vater hast? Ich bin geblieben, weil du aussiehst wie Tills Klon und ich ihn deswegen ohnehin nicht vergessen könnte?« Ich kann doch dem Kind nicht den schwarzen Peter in die Schuhe schieben! Was wäre besser für den Kleinen? Ein greifbarer Vater oder eine unabhängige Mutter?

Aktuell stellt sich die Situation wie folgt dar: Till ist kürzlich aus beruflichen Gründen nach B. gezogen. Wir führen eine Wochenendbeziehung, haben die Abmachung, uns alle zwei Wochen zu sehen, an die er sich natürlich nicht hält. Sexuell ist meine Lust so ziemlich eingeschlafen, da läuft so gut wie gar nichts mehr zwischen uns. Ich vermisse unsere sexuell aktive Zeit nicht einmal, denn wie alle berufstätigen Mütter habe ich kaum Zeit für mich und möchte jede Minute, die ich für mich herausschlagen kann, lieber entspannt in einem Bad oder mit einem Buch verbringen, als im Bett herumzuturnen. Doch der Hauptgrund für meine verstummte Libido ist, dass Till mich in den vergangenen Jahren zu sehr zermürbt hat, als dass ich den Sex mit ihm noch genießen könnte. Vielleicht will ich ihn unterbewusst dafür bestrafen, indem ich nicht mehr mit ihm schlafe.

Mit Petra läuft angeblich im Bett überhaupt nichts mehr, seit sie angeblich einen neuen Partner hat und Till angeblich nur noch mit ihr befreundet ist. Ob ich ihm das glauben kann? Ob er ihr dasselbe über mich erzählt? Ach, selbst wenn. Seine sexuelle Untreue hat mich nie so sehr gestört wie die geistige. Angst vor AIDS habe ich allerdings, besonders, wenn Petra wirklich einen neuen Freund haben sollte und ich nicht kontrollieren kann, ob Till nicht doch noch mit ihr schläft. Nicht, dass ich sie als eine Frau mit ständig wechselnden Sexualpartnern einschätze, aber ein Fehltritt kann in diesem Fall ausreichen, und der neue Mann an ihrer Seite wäre eine dritte unbekannte Variable in dieser verfahrenen Situation. Einschätzen kann ich nur mich selbst, und meine Wahrheit ist unspektakulär: Ich bin brav, habe mit keinem anderen Mann Sex gehabt, seit Till in mein Leben getreten ist.

Kürzlich habe ich eine neue Stelle angenommen und kann, ohne angeben zu wollen, sagen, dass dieser Schritt einen schönen Karrieresprung für mich darstellt. Besonders, da es der Baubranche insgesamt so schlecht geht. Nach dem Arbeitgeberwechsel fühlte ich mich weniger abhängig von Till, mit dem ich bis vor kurzem in derselben Firma gearbeitet hatte, und überschwemmt von frischem Selbstbewusstsein. Ich brachte den Mut auf, Till zu fragen: »Was bin ich eigentlich für dich? Deine Lebensgefährtin? Deine Ex?« Mann, hat mich das Überwindung gekostet! Mann, war ich stolz, gefragt zu haben! Doch auf Tills Antwort warte ich seit einer Woche vergeblich. Klar, über Gefühle redet keiner gern, denn dadurch macht man sich klein und schwach und muss jederzeit damit rechnen, eine Abfuhr von demjenigen zu bekommen, dem man sich soeben offenbart hat. Also, was soll ich machen, wenn er mir die Antwort schuldig bleibt? Die Chancen stehen fünfzig zu fünfzig, dass ich endlich die Konsequenzen ziehe oder meinen Mund halte. In diesem konkreten Moment wünsche ich mir wirklich, dass ich mich trauen werde, hat zu bleiben, mal richtig auf den Tisch zu hauen. Aber ich kann mir ebenso gut vorstellen, dass ich mich herausrede: »Na gut, hab ich's halt mal wieder versucht. Wenigstens kann ich mir nicht vorwerfen, gar nichts gewagt zu haben.«

Till stellt mich ruhig, indem er meine Wut aussitzt. Er weiß: Leonie macht das schon mit sich selber aus, und nach so einem Ausbruch ist sie wieder für eine Weile gefügig. Und dann ist er ganz besonders lieb, sodass ich mich für gewöhnlich frage, warum ich überhaupt ausgerastet bin. Doch in letzter Zeit spüre ich ziemlich genau, dass ich so nicht mehr leben möchte. Zu wissen, dass Till weder für mich, noch für unseren Sohn da wäre, wenn mir etwas zustoßen sollte, ist unerträglich. Angesichts dieser Unabänderlichkeiten wüsste ich nicht einmal, ob ich meinen (Ex-)Lebensgefährten noch zum Mann nehmen wollte, wenn er zu guter Letzt doch noch auf die Idee käme, sich von Petra scheiden zu lassen und mir einen Antrag zu machen. Im Moment denke ich eher, wenn Till gleich heute beim Segeln ertrinken würde, wäre das wohl das Beste für uns alle.

Mandy, 36, Tagesmutter, Gärtnerin und Fernstudentin

»VERGESSEN KANN ICH IHN NICHT, DENN IN UNSEREN KINDERN IST JONAS IMMER PRÄSENT.«

Eigentlich bin ich ein harmoniebedürftiger Mensch. Es wäre schön, wenn Jonas und ich Freunde sein könnten, nachdem wir fast zehn Jahre unseres Lebens miteinander verbracht und uns sehr nahe gestanden haben. Ich kenne ihn nun einmal sehr gut und er mich auch, das ist doch die beste Voraussetzung, um einander beizustehen, wenn es das Leben einmal nicht so gut mit einem meint. Leider ist alles anders gekommen.

Siebzehn war ich und noch in der Lehre zur Melkerin, als ich Jonas begegnete. Ein toller Typ! Zwar einer, der jede Menge Rosinen im Kopf hatte, aber welche verliebte Frau hätte das je abgehalten? Jonas war mein dritter Freund, aber der erste, mit dem ich es ernst meinte. Der erste, mit dem ich Sex hatte. Um Verhütung machten wir uns kaum einen Kopf. Darüber wurde damals in der DDR so gut wie gar nicht gesprochen, meine Mutter hätte das Wort nicht einmal über die Lippen gebracht. So kam es, dass mindestens sechs Mädchen aus meiner Klasse schwanger waren, als ich erfuhr, dass auch ich ein Kind erwartete. Nach vier Monaten Beziehung! Von Jonas kam keine Reaktion. Aber ich wollte das Baby auf jeden Fall zur Welt bringen, Jonas hin oder her. Kurze Zeit lebten wir während der Schwangerschaft noch gemeinsam in einer winzigen Wohnung, trennten uns dann aber, bevor die Kleine kam. Zur Vaterschaftsanerkennung meldete sich Jonas noch, zahlte Unterhalt – und das war's. Seine Tochter war ihm egal.

Das Leben als achtzehnjährige allein erziehende Mutter war nicht einfach. Jonas lachte sich eine neue Freundin an, die selbst ein Kind hatte, und kümmerte sich ironischerweise rührend um die beiden. Ich selbst ließ mich mit einem verheirateten Mann ein. Ein paar Monate lang gingen Jonas und ich getrennte Wege, erst als ihm nach einiger Zeit die Freundin weglief und ich keine Kraft mehr für die Heimlichkeiten und Versteckspielchen mit meinem verheirateten Freund aufbrachte, versuchte ich, wieder Kontakt zu meinem Ex aufzunehmen, denn er ging mir nicht aus dem Kopf. Aber erst als meine Große zwei Jahre alt wurde, sahen wir uns wieder. Jonas erschien zum Geburtstag seiner Tochter und wickelte mich sofort wieder um den Finger. Ein Jahr später läuteten die Hochzeitsglocken (entgegen meiner dunklen Vorahnung, dass diese Ehe nicht gut gehen würde), und ein weiteres Jahr darauf wurde unsere zweite Tochter geboren.

Zu viert lebten wir auf dreiunddreißig Quadratmetern. Die Situation zehrte an meinen Nerven. Ständig waren wir auf der Suche nach einer neuen Wohnung, dazu kamen politische Probleme. Irgendwann ergab sich die Gelegenheit, ein Haus auf Rentenbasis zu kaufen. Ohne es je gesehen zu haben, griffen wir zu und zogen ein. Kaum hatte sich alles ein wenig beruhigt, fingen die Probleme mit der alten Dame, die noch im Haus wohnte, an. Sie hackte allerdings immer nur auf mir herum und nannte mich »reif für die Klapsmühle«, wenn Jonas nicht zu Hause war. Und er war immer öfter nicht da, hatte zu trinken begonnen, nur phasenweise zwar und nie bis zur Volltrunkenheit, aber es reichte, um die Risse in unserer Ehe immer größer werden zu lassen.

Ich fand im Dorf keinen Anschluss, und Jonas baggerte wie ein Hans-Dampf-in-allen-Gassen jede Frau an, die ihm nur halbwegs attraktiv erschien. Nachbarsfrauen, seine relativ junge Tante, sogar meine Mutter! Wenn ich ihn zur Rede stellte, meinte er nur lasch: »Ich bin eben so. Das liegt in der Familie, schau dir meinen Vater und meinen Onkel an!« Wie Recht er damit hatte, stellte sich erst ein paar Wochen später bei Jonas' Geburtstagsgartenparty heraus. Seine Tante und er waren plötzlich verschwunden, und bevor ich überhaupt einen klaren Gedanken fassen konnte, zog mich sein Onkel in die Büsche. Als ich mich wehrte, meinte er nur lapidar: »Stell dich nicht so an, schließlich treiben es dein Mann und meine Frau auch miteinander!«

Von da an konnte ich lange Zeit mit Jonas nur noch Sex haben, wenn ich etwas getrunken hatte. Oft genug holte er sich nachts, was er brauchte, und ich tat, als würde ich schlafen, und ließ es über mich ergehen. Natürlich dachte ich über eine Trennung nach, immer öfter sogar, lief manchmal auch für ein paar Stunden davon. Aber die Kinder waren ja noch so klein, wie hätte ich sie sitzen lassen können? Außerdem war ich wieder schwanger. Wieder und wieder gelobte Jonas Besserung, riss sich für ein paar Wochen zusammen, nur um danach noch tiefer abzustürzen als vorher.

Nach der Geburt unserer dritten Tochter zogen wir endlich aus dem Haus, das mich an den Rand eines Nervenzusammenbruchs gebracht hatte, mitten in die Stadt. Wieder hatte ich Probleme, Anschluss zu finden, Jonas nicht. Er war schon nach zwei Wochen bei allen bekannt. Als Lügner, als Trinker, als Stammgast in diversen Kneipen und im Stadtpark, als einer, der die Arbeitsstellen wie die Hemden wechselte (woran natürlich »die doofen Chefs« schuld waren). Immer wenn ich auf einer Behörde meinen Namen nennen musste, sah ich, wie sich die Blicke der Beamten verfinsterten. Meine Kinder erzog ich allein. Jonas konnte ich kaum noch etwas glauben. Diese Zeit hat mich insofern stark geprägt, als dass ich bis heute kaum jemandem vertraue, als dass ich Menschen oft genug danach beurteile, ob und wie sie Versprechen einhalten. Penibel genau achte ich darauf, ob sie erledigen und dazu stehen, was sie angekündigt haben – was den Umgang mit mir sicher nicht leicht macht. Denn ich bin schnell enttäuscht und selten bereit, mein Urteil noch einmal zu revidieren. Und das »verdanke« ich Jonas. Von der Trennung, an die ich pausenlos dachte, hielten mich meine Angst, es nicht alleine zu schaffen, und Jonas' Drohungen ab: »Du wirst die Kinder nie wiedersehen, wenn du gehst!« Wenn ich ihm auch sonst nichts mehr glaubte – diese Gemeinheit traute ich ihm durchaus zu.

Dann lernte ich einen Mann kennen, der ein guter Freund wurde, auch mein Liebhaber, ja, aber der vor allem genügend Zeit und Einblick hatte, um uns zu beobachten und seine begründeten Schlüsse zu ziehen. Der mir als Erster unverblümt sagte, was er von Jonas hielt und dass ich etwas Besseres verdient hätte. Er drängte mich, meinen Mann zu verlassen, obwohl von Anfang an klar war, dass er nie Jonas' festen Platz an meiner Seite einnehmen würde, und ich war schnell dazu bereit. Innerlich hatte ich die Trennung ja längst vollzogen und brauchte nur einen Anstoß, um sie offiziell zu machen. An dem Abend, als ich meinem Mann mitteilte, dass ich mich von ihm trennen wollte, gab er mir einen Kuss, streichelte mich und nahm sich einen Strick. So laut polterte er dabei herum, dass die Kinder aufwachten und anfingen zu schreien, als sie sahen, was ihr Vater im Begriff war zu tun. Jonas sah mich an und sagte nur: »Na, willst du immer noch gehen?« Ich blieb. Aber – und das ist wichtig – nicht ohne mir selbst böse zu sein, dass ich es nicht durchgezogen hatte, und nicht ohne von nun an eine distanzierte Perspektive zu meinem Mann zu entwickeln.

Der vierte Umzug stand an, das Geld wurde weiterhin knapper. Oft genug war ich froh, wenn meine Mutter mir etwas zusteckte, was sie regelmäßig tat. Ich drohte Jonas wieder mit der Trennung, meinte es diesmal auch ernst. Das schien er gemerkt zu haben. Denn unvermittelt änderte er sich: Wir fuhren zum ersten Mal gemeinsam in den Urlaub, schmiedeten Pläne, uns selbstständig zu machen. Ich glaubte ihm wirklich und wurde wieder schwanger. Wie jedes Mal benahm er sich total happy, ganz der stolze Vater. Seine Töchter brachten ihm ja auch nur Lob ein, obwohl sich schon abzeichnete, dass ausgerechnet seine Lieblingstochter, die jüngste, Probleme machen würde. Er war ein reiner Sonnenschein-Vater, immer für sie da, wenn es um Spaß, Albernheiten und heile Welt ging. Die Erziehung und das Neinsagen überließ er mir, ebenso wie die Pflicht, die Kinder von ihm fernzuhalten, wenn er seine Ruhe brauchte. Wenn er tatsächlich einmal eingriff, dann meist holterdiepolter und völlig überzogen. Ich fühlte mich ständig wie eine allein erziehende Mutter.

Immer wenn ich dachte, es könnte nicht schlimmer kommen, setzte das Schicksal noch einen drauf. Eines Tages gegen Ende meiner Schwangerschaft kam Jonas zum ersten Mal über Nacht überhaupt nicht nach Hause, telefonierte danach stundenlang mit seiner Geliebten. Die erste offene Affäre. Ich bat ihn, seine Koffer zu nehmen, doch wenig später stand er wieder vor der Tür. Meine Nerven lagen blank. Erst recht, als unser Sohn todkrank zur Welt kam. Eine Woche Intensivstation, fünfmal am Tag marschierte ich dreißig Minuten zu Fuß zum Stillen ins Krankenhaus, dann nahm ich den Kleinen auf eigene Verantwortung mit nach Hause. Dort hatte er zwar überhaupt keine Ruhe, aber ich brauchte das Geld, das ich als Tagesmutter verdiente. Von Jonas war keinerlei Unterstützung mehr zu erwarten.

Im Sommer wagten wir noch einen gemeinsamen Urlaub, der uns allen sehr gut tat. Der Kleine erholte sich rasch, Jonas und ich dachten erneut über Selbstständigkeit nach. Dass er zum Arbeiten viel zu faul war, ging mir erst einige Zeit später auf. Seine ewigen Erklärungen, warum dies oder jenes nicht klappte, klangen eben so plausibel! Kurz vor dem Zusammenbruch wurde mir eine Kur bewilligt. Ich genoss das Alleinsein, schöpfte neue Kraft aus den Gesprächen mit den Psychologen, tankte auf. Doch die frischen Energiereserven reichten nicht lange. Jonas hatte sich selbstständig gemacht, zwischen uns wurde nichts besser. Zum Glück sagte mir meine Intuition damals: »Häng dich da bloß nicht so rein!« Und so unterschrieb ich nichts, was sein Geschäft betraf, und tat damit aus heutiger Sicht das einzig Richtige. Jedenfalls waren seit meiner Kur gerade ein paar Wochen vergangen, als ich mich schon wieder völlig ausgepowert fühlte.

Ich setzte alles auf eine Karte, überließ Jonas die Kinder und flog für eine Woche allein nach Zypern. Dort reifte meine Entscheidung endgültig: Ich würde meinen Mann verlassen. Ich musste ihn verlassen, wenn ich nicht mein Leben und das Leben meiner Kinder zerstören wollte. Als ich nach Hause kam, herrschte ein einziges Chaos. Alles war drunter und drüber gegangen, die Kinder hatte Jonas sich selbst überlassen, das Geld, das ich ihm für die Rechnungen dagelassen hatte, verprasst.

Fünf Tage vor Weihnachten verwehrte ich Jonas den Zutritt zur Wohnung. Er schien zu akzeptieren, holte sein Zeug. Ein guter

Freund zog für eine Weile zu mir, um mich davon abzuhalten, weich zu werden, eine Freundin schleppte mich aufs Sozialamt. Die folgenden Weihnachtstage waren phantastisch! Voller nie gekannter Ruhe und Harmonie. Irgendwie befreiend. Langsam begannen die anderen zu begreifen. Doch so einfach sollte ich von Jonas, beziehungsweise von seinem Vermächtnis, nicht loskommen. Im neuen Jahr begann ein Terror, wie ich ihn mir nicht im Traum ausgemalt hätte. Jonas' Geschäft war am Ende, beinahe täglich standen seine geprellten Kunden vor meiner Tür und forderten ihr Geld zurück. Mal fünfzig, mal hundert Mark, manchmal noch mehr. Freunde kamen, bei denen er sich horrende Summen geliehen hatte. Die Krankenkasse forderte Beiträge ein, die er nie überwiesen hatte. Die ganzen sechstausend Mark, die mir meine Mutter für neue Möbel geschenkt hatte, gingen dafür drauf. Jeder Tag brachte eine neue Katastrophe. Finanzielle Sorgen, private Nöte. Ich erfuhr so nach und nach, mit welchen Frauen Jonas während unserer Ehe angebandelt hatte.

Mein Ex und ich hielten den Kontakt zueinander durchaus aufrecht, einen ordentlichen Trennungsstreit hatte es auch nicht gegeben. Auseinandersetzungen – das trifft es eher. Auseinandersetzungen, die immer in Versprechungen seinerseits endeten, endlich alles ins Lot zu bringen. Wir diskutierten ganze Nächte hindurch. Probierten es sogar mit einer Eheberatung. Doch den Therapeuten führte Jonas genauso an der Nase herum wie mich. Andererseits war er derjenige, den ich zuerst versuchte zu erreichen, wenn ich irgendein Problem hatte. Obwohl mich sein Rat eigentlich überhaupt nicht interessierte, tat es gut, mit ihm zu reden. Denn das war das Einzige, was er so gut wie kein anderer konnte: reden und zuhören. Wirklich, in dieser Form habe ich diese Tugend nie wieder bei einem Mann erlebt. Und ich will ehrlich sein: Diese Tugend ist es auch, die ich bis heute vermisse. Wenn er sonst nicht so total scheiße wäre, wäre das ein guter Grund für mich, eine tiefe Freundschaft mit Jonas aufzubauen.

Unsere guten Gespräche sind es auch, die mich davon abhalten, Jonas ausschließlich in negativer Erinnerung zu behalten. Unsere guten Gespräche sind einer der Gründe, die mich davon abhalten, die gemeinsame Zeit mit meinem Ex im Nachhinein als vergeudet zu betrachten oder mir zu wünschen, dass alles anders gelaufen wäre. Jonas steht auf gewisse Weise für einen Abschnitt meines Lebens, den ich nicht willentlich negativ belegen will, sondern den ich akzeptiert habe. Es gab durchaus schöne Momente mit ihm, auch wenn die rar waren und ich kaum noch einen davon im Detail erinnere. Jonas hat mir meine Kinder geschenkt, die ich auf keinen Fall missen möchte. Also hatte unsere Ehe, so unerträglich sie war, doch einen positiven Wert. Dazu kommt: Hätte ich Jonas nicht geheiratet, hätte ich es nicht so lange mit ihm ausgehalten, dann wäre mir mein jetziger Mann Klaus gar nicht begegnet. Dieses »Was wäre, wenn …« könnte ich ewig so weiterspinnen und immer zu derselben Antwort kommen: Wenn es anders gelaufen wäre, müsste ich jetzt auf vieles verzichten, auf das ich nicht verzichten will. Andererseits, wenn ich jetzt mit meinem zweiten Mann erlebe, wie sich eine Ehe auch anfühlen kann, sage ich mir schon: »Schade um die vielen Jahre. Schade, dass ich Klaus nicht eher kennen gelernt habe.« Aber »mit dem Schicksal hadern« würde ich das nicht nennen. Was ist schon Schicksal? Haben wir es nicht selber in der Hand, was wir aus den Gegebenheiten des Lebens machen?

Nach unserer Trennung begann jedenfalls eine Zeit, in der Jonas immer wieder für mehrere Tage verschwand und nur noch auftauchte, weil er Geld und Essen brauchte oder anderweitig in Schwierigkeiten steckte. So merkte ich ganz allmählich, dass ich auch allein klarkomme, dass ich eigentlich immer allein klargekommen war, schließlich hat mich Jonas während unserer Ehe nie wirklich unterstützt. Ich löste mich mehr und mehr von der Vorstellung, dass ich es noch mal mit ihm versuchen würde. Die Kinder unterstützten mich darin, sie litten überhaupt nicht unter unserer Trennung.

Einige Wochen später erkrankten die beiden Jüngsten an einem unbekannten Virus. Durchfall, Fieber, Tropf. Im Wechsel schleppte ich die Kinder zum Arzt. Und plötzlich tauchte Jonas wieder auf und half, wo er konnte. Kaum waren die beiden jedoch halbwegs auf dem Damm, verschwand er von der Bildfläche. Ein ständiges Wechselbad der Gefühle. Erst wochenlange Funkstille, dann stand er nach dem Motto: »Hoppla, da bin ich wieder!« vor der Tür. Half mir beim Umzug in eine preiswertere Wohnung, mobilisierte Freunde, war Abend für Abend für mich da. In dieser Zeit machte er sich wahrscheinlich die größten Hoffnungen, dass wir wieder zusammenziehen würden, wohl nicht zuletzt, nachdem wir in einer der Nächte nach dem Räumen leider im Bett landeten. Vielleicht passierte es aus Gewohnheit, vielleicht aus Dankbarkeit, jedenfalls fühlte ich nichts mehr dabei, rein gar nichts. Es war einfach nur reine körperliche Befriedigung – wir wussten ja, wie das ging.

Im darauf folgenden Herbst wurde im Rahmen einer weihnachtlichen Spendenaktion eine allein erziehende Mutter mit mehreren Kindern gesucht, der ein Wunsch erfüllt werden sollte. Ich kam in die Zeitung. Irre wütend darüber polterte Jonas herein, und wir hatten unseren ersten wirklich heftigen Streit. »Ich wollte«, schrie er, »ja eigentlich gar keine Kinder!« Ich war perplex. Unsere vier Kinder waren auf der Welt, weil er sich immer wieder eines gewünscht hatte! War das etwa alles nur Tarnung gewesen, damit ich bei ihm blieb, weil er wusste, dass ich ohne unseren Nachwuchs schon längst über alle Berge gewesen wäre? Konnte das wirklich sein? Jonas bestätigte mir meine Vermutung. Natürlich war ich riesig enttäuscht und ließ ihn das auch spüren.

Durch meine lokale Prominenz nach der Weihnachtswunschaktion in der Zeitung lernte ich diverse Leute kennen, die mir zu helfen versuchten. Aber ich ließ niemanden an mich heran. Ich konnte nicht. Das Leben mit Jonas hatte seine Spuren hinterlassen: die Enttäuschungen, die Lügen, die Versprechen, die er nie eingehalten hatte. Es fiel mir unendlich schwer, Freundschaften zu schließen. Wie oft war ich deshalb fürchterlich wütend auf ihn, wie oft verflog meine Wut, sobald er vor mir stand. Dieses Phänomen beobachte ich heute noch, zum Glück nicht mehr mit mir in der Hauptrolle: Jonas muss irgendetwas Besonderes an sich haben, nur so kann ich es mir erklären, dass so viele Menschen (einschließlich mir) immer wieder auf ihn hereinfallen.

Der Rest ist schnell erzählt: Als das Trennungsjahr herum war und die Scheidung akut wurde, musste ich Jonas ständig ausfindig machen. Er zahlte Unterhalt nach Lust und Laune, pumpte mich um Geld an, gammelte herum und schnorrte sich durch, anstatt zu arbeiten. Er brachte unsere Scheidungsunterlagen durcheinander, füllte die entsprechenden Formulare nicht aus, verschwand monatelang und verzögerte das offizielle Ende unserer Ehe damit immer wieder. Am liebsten hätte ich ihn zum Teufel gejagt, andererseits geriet ich immer wieder in Situationen, in denen ich seine Hilfe als Vater seiner Kinder brauchte. Manchmal überlegte ich, ob ich den Kindern, die ihn nach wie vor liebten, den Umgang mit Jonas untersagen sollte. Andererseits: Irgendwann würden sie schon von allein dahinter kommen, was für ein Mensch er war, schließlich versetzte er auch sie oft genug. Sobald ein Problem größer wurde, als er mit wenig Aufwand zu ertragen vermochte, floh er davor. Für dieses Verhalten begann ich endlich, nach so vielen Jahren, ihn zu hassen. Besuchte er die Kinder, konnte ich seine Nähe kaum noch ertragen. Phantasierte er von einem besseren Leben, hörte ich weg.

Vor drei Jahren lernte ich Klaus kennen, die Liebe erwischte uns aus heiterem Himmel. Bald fuhr er alle vierzehn Tage die fünfhundert Kilometer, die zwischen uns lagen. Besuchte mich, verstand sich blendend mit den Kindern, sprach von einer gemeinsamen Zukunft. Zum ersten Mal seit Jahren empfand ich Glück. Auch wenn Klaus es mir nicht leicht machte. Er ist ein Ruhiger, ein ganz Ruhiger, und wollte eigentlich nie mehr heiraten. Wir, die gebrannten Kinder, taten uns beide sehr schwer. Dennoch erlebte ich die ersten Monate, das erste Weihnachten mit ihm als intensiv und schön. Vielleicht beschönige ich die Erinnerung daran auch nur im Nachhinein, vielleicht erscheint mir diese Zeit aus heutiger Sicht nur aus dem einen Grunde so schön, weil das, was danach kam, die Hölle war.

Nach langer Abwesenheit tauchte Jonas genau an dem Tag wieder auf, an dem ich mit meiner großen Tochter einen ersten fürchterlichen Streit hatte. Er ging auf ihr Zimmer, wollte ihr eindringlich ins Gewissen reden, weil sie die Schule geschwänzt und diverse andere Dinge verbockt hatte. Als ich an der Tür lauschte, traute ich meinen Ohren kaum: Ich hörte die beiden lachen und Spaß machen. Eine Woche später kam das Mädchen nicht mehr aus der Schule nach Hause. Sie hatte versucht, sich mit Tabletten das Leben zu nehmen. Ich kann mich an jedes Detail dieses Abends erinnern. Es war zeitig dunkel geworden, ich lief durch die Stadt ins Krankenhaus. Wusste nicht, was mich erwartete. Spürte Angst und gleichzeitig Wut, weil Jonas nicht zu erreichen war und mich wieder einmal in einer Krise allein ließ. Meine Tochter auf der Intensivstation. Ein Gespräch mit dem Arzt, das ich wie in Trance über mich ergehen ließ. Gedankenachterbahn. Wieder nach Hause. Klamotten packen zwischen heulenden Geschwistern. Niemand zu erreichen, nur Anrufbeantworter. Und dann das unglaubliche Bild, als ich völlig abgehetzt wieder im Krankenhaus ankam: Jonas hockte, ganz treusorgender Vater, mit einem Lächeln auf den Lippen am Bett meiner Tochter und schäkerte mit den Schwestern. Der Boden unter meinen Füßen begann zu schwanken. Dann zog ihn mir jemand weg. Himmel! Da lag seine Tochter vor ihm, die nach einem Selbstmordversuch gerade noch mal mit dem Leben davongekommen war, und Jonas beliebte zu scherzen! Ob sie es mitbekam, weiß ich nicht, bis heute nicht.

Auf dem Heimweg begleitete er mich wie selbstverständlich und hackte auf seiner Tochter herum: »Was für ein dummes Ding sie ist! Verbaut sich ihr ganzes Leben mit diesem Blödsinn!« Die Möglichkeit, dass er eine Mitschuld an dem, was geschehen war, trug, wies er kategorisch von sich. In den folgenden Tagen rollte eine Lawine einstürzender Lügengebäude auf mich zu. Meine Tochter hatte sich so sehr darin verfangen, dass sie keinen anderen Ausweg mehr sah, als sich umzubringen. Nach etlichen nervenaufreibenden Gesprächen mit ihren Freunden und Bekannten musste ich mir eingestehen: Das Mädchen ist genau wie ihr Vater. Vor Problemen läuft sie davon, anstatt sie zu lösen. Die beiden sahen sich noch ein einziges Mal. Heute will Jonas nichts mehr von seiner Tochter, die inzwischen im Jugendheim lebt, wissen. Sie wiederum hasst ihn, schreibt ihm das auch offen. Sie fühlt sich von ihm bedroht, behauptet, er habe sich an ihr vergangen, aber vor der Polizei wollte sie dann doch nicht gegen ihn aussagen. Ich versuchte, mit den Kindern ein normales Leben weiterzuleben, so gut es eben ging. Ohne die Hilfe, ohne die Liebe meines heutigen Mannes Klaus hätte ich mich möglicherweise aufgegeben. Vielleicht an dem Tag, als mein Ex in das Mietshaus einzog, in dem wir wohnten. Zum Glück saßen wir zu dem Zeitpunkt schon auf gepackten Koffern, um zu Klaus zu ziehen.

Klaus und ich tragen beide unser Päckchen aus der Vergangenheit mit uns herum – das prägt. Wir führen einerseits eine ganz andere Art der Beziehung, als wir sie bislang kannten. Obwohl, es gibt auch viele Gemeinsamkeiten, denn es ist schon etwas dran, wenn gesagt wird, dass man sich immer wieder nach demselben Muster ver- und entliebt. Klaus und ich haben miteinander viele schöne, aber auch viele schlimme Dinge erlebt, das verbindet. Aber mich erfüllt auch sehr viel Angst, noch immer, und das schafft Distanz. Angst vor der Vergangenheit, die meine Gegenwart noch immer beherrscht, Angst vor der Zukunft, die weiterhin die Auseinandersetzung mit Jonas fordern wird. Wenig Vertrauen. Viele Schuldgefühle. All das lastet auf unserer Ehe, und Klaus muss zusehen, wie er damit zurechtkommt. Ich glaube, dass er anfangs auf Jonas eifersüchtig war, obwohl er es nie offen zugeben würde. Das hat sich inzwischen gelegt, aber der Kampf mit meiner Vergangenheit ist trotzdem noch lange nicht beigelegt. Nicht leicht für Klaus, die Situation.

Von Zeit zu Zeit falle ich in ein großes Loch, sehe nur noch schwarz. In solchen Momenten ist Klaus nicht gerade der beste Halt, weil dann auch über ihm alles zusammenbricht. Es tut mir Leid, dass ich es ihm so schwer mache. Andererseits macht er es mir auch nicht gerade leicht, indem er die Sorgen aus der Vergangenheit, die ihn belasten, mit sich herumschleppt, ohne mit mir darüber zu reden. Ihm wurde beigebracht, seine Gefühle zu unterdrücken. Von seinen Eltern, aber vor allem von seiner ersten Frau, die viele Entscheidungen traf, ohne Klaus zu konsultieren, woraufhin er ergeben nickte – um des lieben Friedens Willen. Und nun lebt er mit mir, die ich sehr viel Wert auf Gefühle lege und darauf, sie zu zeigen und gezeigt zu bekommen. Da wird ganz schön viel von einem verlangt, sich plötzlich von den Verhaltensweisen, die man jahrelang für seine Verflossenen antrainiert hat, auf die Bedürfnisse des aktuellen Partners umzustellen.

Klaus war vor mir zweimal verheiratet. Aus seiner ersten Ehe ist ein Sohn hervorgegangen, der jetzt bei uns lebt. Insofern spielt seine erste Ex-Frau nur noch eine Rolle, wenn es um Unterhalt geht. Da ihr Sohn längst volljährig ist, werden wir von ihr in Zukunft immer weniger hören, und wenn, dann nur über einen Anwalt. Mit Klaus' zweiter Ex-Frau Nadine verhält sich die Sache allerdings anders. Sie war seine große Liebe, mit ihr hat er sich seinen Traum von einer eigenen Gärtnerei erfüllt, und nach ihr war er sicher, nie wieder lieben zu können. Als wir uns kennen lernten, hing er nach wie vor sehr an ihr und trug ihr Bild noch lange Zeit mit sich herum. Es dauerte ewig, bis Besitztümer und Gefühle auseinander dividiert waren, und ich glaubte anfangs oft, wenn er könnte, würde er zu ihr zurückgehen. Erst jetzt, da ich ihn besser kenne und auch sie erlebe, weiß ich, dass die beiden eigentlich gar nicht zusammenpassen. Der Ruhige und die Quirlige. Der Harmoniemensch und die Rechthaberische.

Anfangs war ich sehr eifersüchtig auf Nadine. Sie rief dauernd an, tauchte auf jeder Gartenmesse auf und unterhielt sich stundenlang mit Klaus. Eine solche Eifersucht hatte ich vorher nie gekannt, das Gefühl war völlig neu für mich und schwer einzuordnen. Zum Glück hat sich das inzwischen gelegt, auch wenn ich Nadine immer noch nicht besonders mag. Aber ich kann »normal« mit ihr umgehen, »neutral« könnte man es auch nennen, denn inzwischen beruht meine Abneigung nicht mehr auf der Tatsache, dass sie die Ex-Frau meines Mannes ist, sondern dass sie eine Art an den Tag legt, mit der ich nichts anfangen kann. Inzwischen glaube ich nicht mehr, dass Klaus zu ihr zurückkehren will, sonst hätte ich ihn schon längst verlassen.

Die Angst, die mir Jonas eingeimpft hat, nämlich die Angst, dass Ehen nicht ewig halten, ist groß. Sie nimmt langsam an Bedeutung ab, je sicherer ich werde, je öfter Klaus und ich uns versprechen und fest vornehmen, gemeinsam alt zu werden. Je öfter er sein Bedauern ausdrückt, mich erst so spät getroffen zu haben.

Alles Weitere kann nur die Zeit bringen. Meine zweite Ehe ist viel ruhiger und – ich bin ganz sicher – etwas für den Rest meines Lebens. Kein Herumziehen, kein Alkohol, keine komischen Freunde. Endlich ein Halt. Klaus und mich verbindet die Liebe zueinander, zu den Kindern, zu Garten, Haus, Hof und den Tieren. Wir reisen und arbeiten gern zusammen, teilen dieselben Vorstellungen von Glück. Meine Kinder lieben ihn und sehen in ihm eher eine Vaterfigur als in ihrem Erzeuger. Der Kleine will Gärtner werden, wenn er groß ist. Für ihn ist Klaus ein Vorbild, und ihn plagt die Angst, dass Klaus und ich uns irgendwann nicht mehr verstehen könnten.

Manchmal vergleiche ich Klaus mit Jonas. Nein, Vergleich ist eigentlich das falsche Wort. Es ist eigentlich eher eine Feststellung, dass mein jetziger Mann in bestimmten Dingen völlig anders ist als mein Ex. Klaus arbeitet gern und viel, manchmal zu viel – Jonas überhaupt nicht. Klaus hat viele Dinge im Kopf und vergisst darüber genauso viel – Jonas hatte eigentlich gar nichts im Kopf und vergaß trotzdem alles. Klaus hat ein ungeheures Allgemeinwissen. Auch wenn er von sich aus nicht viel redet, kann man sich doch gut mit ihm unterhalten. Jonas hat oft viel erzählt, ohne dass ich hinterher wusste, worüber eigentlich. Die Kinder sind für Klaus nicht nur ein Nebenprodukt der Ehe, wie sie es für Jonas waren. Was Sex angeht, gibt es auch Unterschiede. Mein Ex wollte immer, konnte immer, und der Sex mit ihm war durchaus gut: abwechslungs- und ideenreich. Andererseits nahm sich Jonas, was er brauchte, wenn nicht bei mir, dann bei anderen. Klaus ist im Bett genauso ruhig wie außerhalb, und trotzdem ist Sex mit ihm viel schöner – auch wenn manchmal die Abwechslung fehlt.

Erst vor zwei Jahren wurden Jonas und ich endlich geschieden. Heute frag' ich mich, wie ich so blöd sein konnte, mich auf diesen Menschen einzulassen. Eigentlich würde ich mit diesem Lebensabschnitt gern endgültig abschließen, aber es geht nicht. Irgendwie ist Jonas ständig präsent. Der Jähzorn meiner Jüngsten, die Gestik des Jungen, der ihm so ähnlich sieht, die Langsamkeit und Schwatzhaftigkeit der Mittleren – alles erinnert an meinen Ex. Ein Vergessen gibt es da nicht. Letztens kam meine Große für ein Wochenende nach Hause, und als ich sie zur Begrüßung umarmte, kroch mir Jonas' Geruch in die Nase. Seine bockige Sturheit hat sie geerbt, genau wie bei ihrem Vater besteht ihr Leben aus Problemen, und genau wie er läuft sie vor den Problemen davon, schließt die Augen und wartet, ob sie sich vielleicht in Luft auflösen, anstatt sie in Angriff zu nehmen. Wenn ich das beobachte, kommen die Erinnerungen an meinen Ex hoch, ich kann es nicht verhindern, obwohl ich nichts lieber täte. Ich fühle mich sehr allein damit, es scheint mir fast, als wäre ich die Einzige, die so empfindet, obwohl mir mein gesunder Menschenverstand sagt, dass es anderen geschiedenen Frauen und Männern ähnlich gehen müsste. Mich würde schon mal interessieren, wie sie damit umgehen. Aber so ist niemand da, mit dem ich über diese Gefühle reden könnte. Vielleicht wäre das nicht so verstörend, wenn die Kinder einen guten Umgang mit ihrem Vater hätten und ich ihn als Freund sehen könnte. Doch er hat sich seit Monaten nicht mehr nach ihnen erkundigt, gratuliert nicht einmal zum Geburtstag. Es ist, als hätte er vergessen, dass er Kinder hat. Dadurch empfinde ich das sicher schlimmer, als es vielleicht ist. Sie sehen einem Menschen ähnlich und haben Eigenschaften von ihm geerbt, der für sie null Interesse hat und der sich ihrer wahrscheinlich erst dann erinnert, wenn sie ihm wieder von Nutzen sind. Sicherlich spielt auch meine Angst, dass sie eines Tages genauso auf ihn reinfallen wie ich oder – noch schlimmer – dass sie eines Tages genauso werden wie er, eine Rolle. Die Kinder werde ich immer um mich haben. Auch wenn sie erwachsen sind, wird es immer wieder Momente geben, in denen ich schmerzhaft an das erinnert werde, was ich lieber vergessen würde. Sie können nichts dafür, und ich gebe mir Mühe, mir nichts anmerken zu lassen. Aber das funktioniert nicht immer. Und dennoch liebe ich meine Kinder. Und wie! Es sind schließlich und vor allem meine Kinder. Ich habe sie geboren und größtenteils alleine großgezogen. Und bin stolz auf die vier.

Ich weiß auch nicht, was ich sagen werde, wenn die Kinder tatsächlich mal wieder Kontakt zu ihrem Vater aufnehmen wollen. Ich möchte nicht, dass sie genauso ausgenutzt werden wie ich.

Vielleicht müssen sie diese Erfahrung aber auch alleine machen. Für die Zukunft wünsche ich mir einen »normalen« Umgang zwischen uns allen. Von meiner Seite aus steht dem nichts im Wege, ich bin bemüht, meinen Hass auf Jonas nicht vor den Kindern auszuleben. Wenn ich wieder einmal Ärger wegen Unterhaltszahlungen mit ihm hatte, erzähle ich ihnen nichts davon. Jonas könnte seine Kinder also sehen, sooft er will, könnte auch die Ferien mit ihnen verbringen. So könnten die Kinder ab und an ihre alte Heimat besuchen. Aber sie wollen ja nicht einmal mit ihm telefonieren. Mein Jüngster findet Jonas »bescheuert und doof«, die Mädchen finden ihn »zum Kotzen«, die Große wollte anfangs nicht einmal mehr seinen Namen tragen. Das ist bitter, schließlich ist er doch ihr Vater. Andererseits verstehe ich sie. Er wird sich nie ändern, und so wäre es vielleicht das Beste, wir alle würden nie mehr etwas von ihm hören, damit endlich Ruhe einkehrt. Jedenfalls für die Kinder. Für mich selbst ist das Thema Jonas noch längst nicht abgeschlossen – dazu sind zwischen uns noch zu viele Rechnungen offen.

Beate, 37, Bürokauffrau

»VIELLEICHT MUSSTEN WIR EINANDER BEGEGNEN, UM ZU VERSTEHEN, DASS ES HIMMEL UND HÖLLE GIBT.«

Mein Ex-Mann ist inzwischen mein Chef, und unsere Privatfehde bestimmt fünf Jahre nach der Trennung noch oft genug unseren Arbeitsalltag. Für mich gilt seit dieser Erfahrung: »Never put your pen in the ink at the office.« Etwas unfeiner heißt es wohl: »Never fuck the company.« Natürlich kann niemand verhindern, dass die Liebe im Büro zuschlägt, gerade in der desolaten wirtschaftlichen Situation heutzutage, wo die Betriebe mit einem Minimalbestand an Personal auskommen und die verbliebenen Arbeitskräfte ranklotzen müssen, um nicht auch irgendwann auf der Straße zu landen. Freizeit und Geld für Freizeitbeschäftigungen werden knapp, Überstunden nehmen überhand. Kein Wunder, dass immer mehr Menschen ihre Partner im Job kennen lernen. Doch wenn es passiert ist, spätestens wenn es ernst wird, muss man Konsequenzen ziehen. Sich in eine andere Abteilung versetzen lassen, kündigen, was auch immer. Denn Liebe am Arbeitsplatz funktioniert weder heimlich noch offiziell. Klar, solange alles glatt läuft, gibt es keine Probleme, doch geht die Beziehung schief, bricht eine doppelte Belastung auf einen herein. Stress mit dem Partner und Stress im Job. Das berufliche Umfeld, das sonst als Ausgleich zum privaten Umfeld fungiert und im Idealfall dazu beiträgt, die Balance aufrechtzuerhalten, wird unvermittelt selbst zum Austragungsort privater Unstimmigkeiten. Der Abstand sowie die Möglichkeit, durchzuatmen, sich abzulenken, gehen verloren. Und eine solche Situation ist wirklich nur für Pferdenaturen zu ertragen. Ich kann das bestätigen, denn ich habe es erlebt.

Lars und ich arbeiteten bereits vor unserer Ehe in ähnlichen Positionen im selben Betrieb. Pflegten monatelang einen freundschaftlich-kollegialen Umgang – mehr war nie zwischen uns. Bis Lars eines Tages kündigte und ich ihn einlud, mit zu mir zu kommen, um die Ereignisse gemeinsam noch einmal durchzugehen und sacken zu lassen. An diesem Nachmittag gestand er mir seine Gefühle. »Es ist«, sagte er, »die ganz große Liebe, schon die ganze Zeit.« Überraschung, Verwirrung und Freude überschlugen sich in mir. Ja, ich liebte ihn auch. Es ist mir ein wenig peinlich zuzugeben, dass wir sofort im Bett landeten. Doch so geschah es. Lars blies mir zärtlich in den Nacken, und mir schoss augenblicklich dieses Bibelzitat in den Sinn: »... und sie erkannten sich.« Es mag seltsam klingen, dass mit uns alles so schnell ging, aber warum warten, wenn der Mann seines Lebens vor einem steht? Ich war mir hundertprozentig sicher: »Das ist er!«

Drei Monate später heirateten wir. Unvergessen seine Worte auf dem Standesamt: »Ich werde dich lieben und dir treu sein, bis dieses Leben endet, und weit darüber hinaus.« Wir überstanden die erste Zerreißprobe, als Lars übergangsweise einen neuen Job in M. antrat, achthundert Kilometer entfernt. Wir führten zwei Jahre lang eine glückliche, eine gute Ehe. Aus M. schickte er mir selbst erdachte Bilderrätsel. Ich erinnere mich an ein Lösungswort: »Nur achtundvierzig Stunden«. Lars setzte sich in den Nachtzug, um achtundvierzig romantische Stunden mit mir zu verbringen, bis er zur nächsten Schicht nach M. zurückfahren musste. Er schrieb Liebesbriefe voller wunderschöner Worte. Einige warf ich nach unserer Trennung in den Papierschredder, andere bewahrte ich auf, um mir immer wieder vor Augen führen zu können, wie verlogen die Menschen doch sind.

Lars und ich unternahmen lauter tolle Ausflüge, fuhren in die Berge, wanderten und spazierten viel an der frischen Luft. Betrachteten das unglaubliche Panorama zwischen den Gipfeln und teilten die Erkenntnis, dass wir Menschen im Angesicht der Schöpfung nichts als winzige Ameisen sind. Wir machten eine Tradition daraus, unser Essen zu teilen. Bestellten zwei Portionen und aßen jeder die Hälfte von jedem Teller. Ich erlebte Lars als einen verschmitzten Jungen, immer lustig, immer gut gelaunt, immer einen flotten Spruch auf den Lippen. Er sorgte dafür, dass wir eine Einheit bildeten. Jede Sekunde verbrachten wir gemeinsam, erst recht, als ich ihm eine Stelle bei meinem neuen Arbeitgeber vermitteln konnte und er zurück zu mir nach B. zog. Heute genieße ich es auszugehen, damals reichte mir die Zweisamkeit mit Lars völlig aus. Ich war mir absolut sicher, dass unsere Ehe und unser Treueversprechen bis an unser Lebensende halten würden.

Irgendwann mischte sich die ein oder andere Auseinandersetzung in unsere Glückseligkeit. Und wenn wir uns stritten, dann heftig und respektlos. Beide versuchten wir, den anderen fertig zu machen. Ich kann mir diese totalen Stimmungsumschwünge nur so erklären: Wo große Liebe ist, ist großer Hass nicht fern, denn beide Empfindungen sind eine Art von Wahnsinn. Hauptstreitpunkt war Lars' Sportfanatismus. Offenbar fehlte ihm in unserer Beziehung etwas, und er versuchte, das Loch mit exzessiven Trainingseinheiten zu stopfen. Besessen war der Mann. Ein bisschen Sport war nicht drin, es musste tausendprozentiger Einsatz sein. Sein Rennrad stand im wahrsten Sinne des Wortes in unserem Schlafzimmer und bekam mehr Aufmerksamkeit als ich, die ich mich aufs Gröbste vernachlässigt fühlte. Es war eine richtige Sucht, die von Lars Besitz ergriffen hatte, die ihn dazu trieb, immer weiterzumachen, immer besser zu werden.

Unseren Sommerurlaub auf Mallorca verbrachte ich damit, meine Tochter lustlos am Strand zu beschäftigen und neidisch die anderen Väter zu beobachten, die mit ihren Kindern Sandburgen bauten. Lars trainierte währenddessen hoch oben in den Bergen für sein Ego. Ich habe nie eine tragende Erklärung gefunden, warum er den Sport so braucht. Möglicherweise hat es mit seiner Strebernatur zu tun. Schon als Schulkind war er nur mit sich zufrieden, wenn er der Beste war, eigentlich erst, als er endlich sein Einserabitur gebaut hatte. Mir scheint sein sportlicher Ehrgeiz ein Ventil zu sein, um seine innere Anspannung herauszulassen. Vielleicht will er sich selbst etwas beweisen, weil er für einen Mann verhältnismäßig klein ist. Ständig ist er darauf bedacht abzunehmen, seine »Figur zu formen«, wie er es nennt. Dabei ist der Mann kaum mehr als ein Strich in der Landschaft. Doch er stand vor dem Spiegel und sagte, wie man es sonst nur aus Frauenmündern hört: »Ich bin zu dick.« Ich: »Du bist nicht dick.« Er: »Nur weil du dick bist wie eine Tonne, muss ich ja nicht auch so rumlaufen.« Das saß – obgleich ich wusste, dass ich mich meiner Figur nicht zu schämen brauchte.

Spätestens mit dieser Szene begann das gegenseitige Kaputtmachen. Aus unserer Wahnsinnsliebe wurde ein Kampf bis aufs Blut. Da ich ein ausgesprochen starker Mensch bin, musste Lars harte Geschütze auffahren, um mich zu verletzen. Und das tat er. Und kriegte mich klein. Ständig bekam ich Spitzen gedrückt – immer mit dem Tenor: »Du bist dick! Du bist doof! Du verstehst nichts!« Den seelischen Knacks, den er mir mit dieser Tour verpasst hat, kann ich mit tausend Therapiestunden nicht verwinden. Wie oft schrie ich: »Pack doch die Koffer!« Kein einziges Mal war es mir ernst mit dem Rauswurf. Ich bin ein impulsiver Typ, sage solche Dinge, wenn ich in Rage gerate, ohne wirklich dahinter zu stehen. Ich hätte Lars nie verlassen. Ich hätte ihn nie betrogen. Nicht einmal, um mir die Bestätigung zu holen, die ich so dringend brauchte, nachdem er mein Selbstbewusstsein Stück für Stück auseinander genommen hatte. Die letzten fünf Monate unserer Beziehung waren kaum zu ertragen. Nur in der Öffentlichkeit hielten wir das harmonische Trugbild aufrecht. Verbrachten Weihnachten mit meiner Familie. Hätte ich damals meinen Freunden und Verwandten gesagt: »Bei uns geht alles den Bach runter!«, hätten sie mir nicht geglaubt. Lars war ein verdammt guter Schauspieler.

Heimlich hatte er sich längst in eine Praktikantin aus der Firma verliebt. Zwar hieß es in seinem Abschiedsbrief: »Ich verlasse dich nicht wegen einer anderen Frau, sondern weil ich nicht mit dir leben kann«, doch Nina war bereits allgegenwärtig. Ich kann nicht einmal mehr sagen, wie lange sie schon bei uns arbeitete, ich weiß nur noch, wann ich zum ersten Mal ein ungutes Gefühl verspürte. An Silvester. Lars, meine Tochter und ich sollten in der Firma kurz nach dem Rechten sehen. Nina empfing uns dort mit einem seltsamen Gesichtsausdruck und den verächtlichen Worten: »Ach, da kommt ja die Familie.« Wenig später steckten mir mehrere Kollegen, dass sie Lars und die Frau Praktikantin zusammen in der S-Bahn gesehen hätten. Mit den Anschuldigungen konfrontiert meinte Lars lapidar: »Zufall.« Eines Tages verabredete ich mich sogar noch mit Nina zum Essen, weil sie angeblich karrierebezogene Ratschläge von mir brauchte. Im Nachhinein hatte ich allerdings eher den Eindruck, dass sie mich aushorchen wollte. Ich ging in die Offensive und fragte: »Willst du was von Lars?« Sie verneinte, zeigte Interesse und kitzelte meine Leidensgeschichte aus mir heraus. Wenn ich daran denke, wie ich mich dort in dem Restaurant habe demütigen lassen, schwillt mir jetzt noch der Kamm. Wie weit Lars und Nina zu dem Zeitpunkt bereits gegangen waren, weiß ich bis heute nicht.

Jedenfalls zog Lars wenige Tage später aus. Mit einer Umzugskiste war er gekommen, mit einer Umzugskiste verließ er mich. Zweimal landeten wir danach noch im Bett. Um der guten alten Zeiten willen. Oder weil ich Nina eins auswischen wollte. Keine Ahnung. Der klassische Sex mit dem Ex eben, schön und traurig zugleich, voller gemeinsamer Erinnerungen. Als Lars endgültig verschwunden war, ging es mir erstaunlicherweise bei weitem nicht so schlecht wie erwartet. Ich hatte ein großes, schwarzes Loch befürchtet. Haltlosigkeit. Innere Leere. Einsamkeit. Doch es bewies sich wieder einmal, dass ich ein starker Mensch bin, der sich im Griff hat, komme, was wolle. Natürlich trug ich Schmerz in mir, konnte aber atmen, essen, weitermachen. Endlich wieder Freunde treffen, mein Leben genießen. Drei Monate lang.

Die zweite Leitung meines Diensttelefons klingelte, während ich auf der ersten gerade einen wichtigen Kunden zu überzeugen versuchte. Ich wollte nur kurz drangehen, um den Kontakt zu notieren, doch Nina war dran und verkündete mit boshafter Genugtuung in der Stimme: »Übrigens, Lars will mich heiraten und Kinder mit mir haben!« Ich geschockt, aber schlagfertig: »Lars ist noch verheiratet, und Kinder zeugen kann er nicht, das haben wir jahrelang vergeblich probiert.« Nina ließ nicht locker, rieb mir unter die Nase: »Lars schreibt mir seit Monaten Liebesbriefe!« Sie zitierte sogar daraus, und zu meinem Entsetzen kam mir der Wortlaut ziemlich bekannt vor. Im Nachhinein stellt sich natürlich die Frage, warum ich mir das angehört habe, statt einfach aufzulegen. Es muss der Schock gewesen sein, der mich den Hörer krampfhaft ans Ohr halten ließ. Und auch ein Stück Neugier. Dies war die Gelegenheit, die ganze Geschichte zu erfahren, so detailliert, wie Lars sie mir niemals erzählen würde. Irgendwann brachte ich es doch fertig einzuhängen. Ich muss grün und rot gleichzeitig im Gesicht gewesen sein, als ich aufstand, langsam und beherrscht zu Lars' Schreibtisch hinüberging, mich vor ihm aufbaute und fragte: »Ist das wahr?« Er wusste sofort, worauf ich anspielte. Grinste mich eiskalt an. Ich holte aus und knallte ihm eine – vor versammelter Mannschaft. Das tat gut. Ich fühlte mich befreit. Ging zu meinem Telefon zurück und übernahm die Leitung mit meinem wichtigen Kunden.

Einen Monat später wurde ich sehr krank. Konnte nicht mehr essen, trinken, schlucken. Mein Hals – komplett zugeschwollen. Der Hausarzt diagnostizierte: »Mandelentzündung«, doch ich wusste: Das war nicht alles. Ich schleppte mich zu einer so genannten »Besprecherin«. Bevor ich auch nur einen krächzenden Ton herausbrachte, sagte sie mir auf den Kopf zu: »Es gibt etwas in deinem Leben, das du nicht mehr zu schlucken bereit bist. Es hat mit deinem Ex-Partner und mit deinem Job zu tun.« Ich war verblüfft – sie hatte den Nagel wirklich auf den Kopf getroffen. Nach drei Therapiesitzungen und etlichen Vitamin-C-Injektionen besserte sich mein Zustand. Ich war unendlich dankbar. Mit fortschreitender Genesung nahm ich mir vor, Schmerz und Demütigungen künftig nicht mehr an mich heranzulassen. »Du hast das verdaut!«, trichterte ich mir ein, »Lars und Nina können deinen Schutzwall nicht mehr durchbrechen!« Dennoch dauerte es sieben Monate, bis ich wieder in der Lage war, einem Mann Vertrauen zu schenken. Daraus entwickelte sich zwar nur eine Zwischennummer, aber eine Zwischennummer, die mir die Lust am Leben zurückgab.

Inzwischen hatte die Wunde vier Jahre Zeit zu heilen, doch die Narbe bricht immer wieder auf. Denn Lars und ich arbeiten immer noch in derselben Firma. Er ist inzwischen zum Abteilungsleiter aufgestiegen und damit mein Chef. »Oh mein Gott, das kann ja was werden«, seufzte ich, als der Geschäftsführer die Personalentscheidung verkündete. Einfach ist unsere Zusammenarbeit wahrlich nicht. Wir arbeiten in einem Großraumbüro, in dem man sich nur für dringende Projekte, die höchste Konzentration erfordern, zeitweise in einen abgetrennten Bereich begeben kann. Wir arbeiten in einem kleinen Team, in dem jeder jeden auch privat recht gut kennt, in dem alle Kollegen die Geschichte unserer Ehe und unserer Scheidung mitbekommen haben. Es ist unmöglich für mich, Lars aus dem Weg zu gehen, weil wir so eng zusammenarbeiten. Es ist ebenfalls unmöglich, mich versetzen zu lassen, weil es in unserem kleinen Betrieb keine andere Abteilung gibt, in der ich unterkommen könnte. Und so werde ich Tag für Tag mit dem Mann konfrontiert, den ich so sehr geliebt habe, der mich so sehr verletzt hat.

Es gibt Momente, in denen ich entsetzt über mich selbst bin, weil ungewollt eine Emotionalität in mir aufsteigt, die ich Lars einfach nicht mehr entgegenzubringen bereit bin. Wenn er mich provoziert – und das tut er bereitwillig und oft –, geraten wir immer wieder in eine Spirale der Wut, die sich hochschaukelt, bis wir wie früher einander in den Achillesfersen herumbohren. Ich sehe mich dennoch eher in der Lage, Privates und Berufliches zu trennen, als ihn. Meine Wutausbrüche sind ja immer nur eine Reaktion auf seine Aggressivität, denn ich lasse ihn nicht auf mir herumhacken. Doch im Allgemeinen habe ich die Situation besser im Griff als er, der mir das Leben absichtlich schwer macht und mich ständig drangsaliert. Wer gibt ihm das Recht dazu? Schließlich war er derjenige, der gegangen ist, nicht ich! Aber das scheint Lars nicht zu stören, jedenfalls hält es ihn nicht davon ab, Aspekte meiner Arbeit zu kritisieren, die ihm bei anderen Kollegen nicht einmal auffallen, geschweige denn aufstoßen würden. Bestimmte Projekte traut er mir einfach nicht zu und übergeht mich bei der Vergabe, in anderen Fällen beschneidet er meine Verantwortungsbereiche, indem er Entscheidungen, die ich getroffen habe, über meinen Kopf hinweg rückgängig macht. Es ist abartig, sich bei seinem Ex-Mann krankmelden zu müssen. Ein Seelenstriptease jedes Mal. »Warum?«, fragt er. »Was hast du denn?« Und stellt mich oft genug als Hypochonder hin. Ich möchte nicht wissen, wie er bei den Kollegen über mich ablästert. Reiche ich Urlaub ein, folgt regelmäßig eine ausufernde Debatte, um jeden Ausgleichstag muss ich betteln. Das ist so ermüdend. Ich gebe mir wirklich größte Mühe, unsere Privatfehde nicht in den Dienst hinüberschwappen zu lassen, nicht nachtragend oder rachsüchtig zu sein, doch Lars honoriert es nicht. Bisher habe ich mich noch immer zurückgehalten, wenn ich kurz davor war, ihn beim Geschäftsführer anzuschwärzen, obwohl ich Lars' Benehmen bei jedem anderen Kollegen als Mobbing bezeichnen würde, und obwohl er es bitter nötig hätte, dass ihn ein Vorgesetzter in seine Schranken verweist.

Es gibt aber auch Momente, in denen Lars plötzlich lammfromm vor meinem Schreibtisch auftaucht. Meist braucht er dann einen Rat oder einen Kontakt. Er weiß schließlich, dass ich mindestens genauso viel Berufserfahrung in unserer Branche habe wie er – und weitaus bessere Kontakte. Dann kommt er also angeschissen, und plötzlich ist von dem ganzen Hass zwischen uns nichts mehr zu spüren. Dann ist er wieder der kleine freche Junge, in den ich mich verliebt habe, der fürsorgende Mann, der meinen Eltern bis heute Urlaubspostkarten schreibt. Vor lauter Klischee triefen besonders die Tage, an denen es ihm gesundheitlich (vermeintlich) schlecht geht und er sich von mir bemitleiden und bemuttern lässt. Erst letztens zog er mich in den Lagerraum und brüllte: »Gib mir sofort die Nummer von einem guten Arzt, mir geht's hundsmiserabel!« Ich ließ mich erweichen, tat ihm den Gefallen und damit nicht genug: Ich rief sogar höchstpersönlich in der Praxis an, um die Sprechstundenhilfe zu überreden, ihm für sofort einen Termin zu geben, obwohl die Ärztin an diesem Freitagnachmittag schon längst Feierabend gemacht hatte. Plötzlich herrschte Frieden zwischen meinem Ex und mir. Was nach solchen Episoden regelmäßig passiert, kommt mir vor wie im Theater. Vorhang fällt. Lars wird klar: »Oh Gott, ich war ja nett zu Beate! Jetzt muss ich aber besonders garstig sein, um das wieder auszugleichen!« Vorhang geht auf. Zweiter Akt. Lars' Handy klingelt, er sieht meine Nummer im Display. »Ja!!??«, schnauzt er ins Telefon, »Sag's!!« Ich versuche, ruhig zu bleiben, und denke an meine Oma. »Wer brüllt, hat Unrecht«, hat sie immer gesagt.

Das Einzige, was mich nicht stört, ist, dass unsere Kollegen Lars' und meine Pöbeleien mitbekommen. Da bin ich inzwischen abgestumpft. Jeder von denen hat genauso wie ich ab und zu schlechte Laune und raunzt Leute an, die nichts dafür können. Warum sollte ich mich zurückhalten? Weder habe ich etwas falsch gemacht, noch mir etwas vorzuwerfen. Nein, ein schlechtes Gewissen brauche ich wirklich nicht zu haben. Ich fühle mich im Recht und empfinde es als Lächerlichkeit, wenn Lars seine Wut an mir auslässt. Soll er doch vor den anderen sein wahres Ich zeigen!

So unerträglich die Situation auf der Arbeit manchmal ist – ich käme nie auf die Idee, wegen meines Ex' zu kündigen. Niemals. Na gut, ich gebe zu, dass mir der Gedanke durchaus durch den Kopf gegangen ist. Doch im inneren Zwiegespräch antworte ich mir selbst: »Warum solltest du? Es hat gute Zeiten und schlechte Zeiten zwischen Lars und mir gegeben, jetzt muss doch irgendwann einmal die Zeit des neutralen Umgangs miteinander anbrechen.« Auf diesen Tag warte ich mehr oder weniger geduldig.

Wie sehr wünsche ich mir ein freundschaftliches Verhältnis zwischen uns beiden. Es muss doch möglich sein, dem Menschen, den man einmal geliebt hat, mit Achtung und Respekt zu begegnen!? Es ist möglich! Mit meiner ersten großen Liebe, mit dem Mann, der mich am meisten geprägt hat, telefoniere ich oder treffe ich mich regelmäßig. Zwischen dem Vater meiner Tochter und mir ist seit der Trennung kein böses Wort gefallen. Mit beiden Verflossenen kann ich zusammen essen, trinken, Spaß haben. Der Rest ist abgehakt. Es herrscht weder Missstimmung noch Anziehungskraft zwischen uns. Nur Lars braucht eine Extrawurst. Auf Betriebsfesten findet man ihn in Bezug auf meine Positionskoordinaten garantiert am anderen Ende des Raumes. Ich hätte kein Problem damit, mit ihm an einem Tisch zu sitzen, mit ihm zu essen, zu trinken und Spaß zu haben. Nach dem Scheidungstermin, hatte ich mir ausgemalt, würden wir einen Kaffee trinken gehen und uns wie erwachsene Menschen unterhalten, einander viel Glück für die Zukunft wünschen. Mein frisch geschiedener Mann aber setzte sich auf sein Fahrrad und ward nicht mehr gesehen.

Lars lebt übrigens immer noch mit Nina zusammen. Sie kommt mit seinem Sporttick auch nicht klar. Welche Genugtuung! Andererseits ist es mir aber auch gleichgültig. Ich habe erfolglos mein Bestes gegeben – jetzt sind die anderen Frauen dieser Welt dran, sich mit meinem Ex auseinander zu setzten. Ich selbst bin erst vor wenigen Monaten wieder mit einem Mann zusammengezogen, den ich liebe, und der mir keinen Anlass gibt, an seiner Liebe zu zweifeln. Steffen. Unserer glücklichen Beziehung verdanke ich, dass die Abrechnung mit Lars nicht mehr der Mittelpunkt meines Lebens ist und dass ich mich auf eine unbeschriebene Zukunft einlassen konnte. Steffen hat es nicht leicht mit mir, das ist mir bewusst. Ist er allein unterwegs oder schiebt Überstunden, spukt in meinem Kopf die quälende Frage: »Was macht der eigentlich?« Krankhaft eifersüchtig, nein, das ist nicht das richtige Wort. Es ist eher eine Art Warndreieck, das beständig in meinem Kopf blinkt, wie um mich zu erinnern: »Achtung, Gefahr!« Insofern lässt mich die Vergangenheit nie vollständig los. Jedes Jahr im Herbst, wenn sich der Tag jährt, an dem Lars und ich ein Paar wurden, überkommt mich die Melancholie. Ein wehmütiger Erinnerungsflash. »Das war schon 'ne tolle Zeit!«, denke ich dann und kann mir nicht verkneifen, Steffen mit Lars zu vergleichen. Für meinen Lebensgefährten ist das natürlich eine harte Nummer, mich sagen zu hören: »Mit meinem Ex war das früher aber anders, mit dem konnte ich wenigstens in die Natur gehen!« Solche Bemerkungen rutschen mir einfach heraus – wie gesagt, ich bin ein impulsiver Mensch. Danach schäme ich mich in Grund und Boden. Wie kann ich den Mann, den ich liebe, nur so verletzen? Das hat er nicht verdient! »Nörgel' ich etwa auch so an dir herum?«, führt mir Steffen dann vor Augen. Nein, tut er nicht. Ich muss lernen, dass jeder Mensch anders ist und ein Recht auf seine Eigenheiten hat.

Meine Vergangenheit macht sich immer wieder mal in der Gegenwart breit, und jedes Mal versuche ich, mich aus ihren Fängen zu befreien. Einerseits würde ich nie wieder nach drei Monaten Beziehung heiraten. Andererseits habe ich Steffen nach zwei Wochen angeboten, bei mir einzuziehen. Ein leidenschaftlicher Versuch, meine Spontaneität zu bewahren. Und doch konnte ich mir nicht verkneifen, mir ein Hintertürchen offen zu halten, indem ich hinzufügte: »Wenn es mit uns nicht funktioniert, nimmst du dir aber eine eigene Wohnung!« Der Gedanke an den »worst case« ist seit Lars allgegenwärtig. Umgekehrt klammert Steffen seine eigene Vergangenheit aus unserem gemeinsamen Leben aus. Zwei Kinder von zwei Ex-Frauen, die ich nie gesehen habe. Sollten sie mir irgendwann gegenüberstehen – ich denke, ich käme damit klar.

Auch Steffen hat sich eben in der Vergangenheit getäuscht. Für ihn ist das Thema Ex-Partner genauso aktuell wie für mich und meine Freunde. Wie oft haben wir bereits die Frage diskutiert: »Wie kann man sich in einem Menschen nur so täuschen?« »Wie konnte sich dieser Mensch nur auf eine Weise verändern, die ich nie für möglich gehalten hätte, ohne dass ich es bemerkt habe?« Auch heute in unserer angeblich so toleranten Gesellschaft ist eine kaputte Ehe nicht gerade eine Auszeichnung. Frustration plagt mich. Der Hohn des Scheiterns. Das Gefühl, gebrandmarkt worden zu sein. Die Verpflichtung zur Ablegung einer Rechenschaft – vor mir selbst und vor anderen. Schließlich heiße ich nicht Liz Taylor.

Dennoch: Es ist gut, dass wir es uns heutzutage erlauben können, uns aus Partnerschaften, die nicht funktionieren, zu lösen. Allemal besser, als zusammenzubleiben, bis dass der Tod uns scheidet, ohne dass irgendjemand nach zehn oder zwanzig Ehejahren noch einmal nachfragt, ob wir noch glücklich sind. Lieber ein Ende mit Schrecken, als ein Schrecken ohne Ende, sagt man doch so schön. Leider gibt es immer noch genügend Menschen, die den Schrecken ein Leben lang ertragen. Ich nicht. Mein Motto ist: »Alles wird gut.« Und in meinem Lieblingslied von Ronan Keating heißt es: »Life is a roller coaster, you've just got to ride it.« Das Leben ist eine Achterbahn, und wir können nur zusehen, dass wir mithalten. Wir müssen lernen, immer wieder von vorn anzufangen, wenn das Schicksal es will, auch mit vierzig, mit fünfzig, mit sechzig noch einmal. Wir müssen lernen, dass alles Glück schwach und zerbrechlich ist, während wir selbst stark sind und durchaus alleine klarkommen. Lars hat mir die unerträgliche Leichtigkeit des Seins genommen, aber ich weiß jetzt: Die Welt ist schön, auch wenn man sie nicht durch eine rosarote Brille betrachtet. Wir bleiben wir selbst, auch wenn das Leben an unseren Grundfesten rüttelt. Wenn der Turm einer Burg einstürzt, bleibt sie ja trotzdem noch eine Burg. Und so ist das auch mit uns Menschen.

Wie gern würde ich ein für allemal mit dem Kapitel Lars abschließen. Doch das geht nur, wenn er mir die Gelegenheit zu einem letzten, klärenden Gespräch gibt, bei dem wir die Missverständnisse ausräumen würden, die zwischen uns stehen, und für die Arbeit ein neutrales Verhältnis herausarbeiten könnten. Ich schätze, wenn einer von uns die Firma verlassen sollte, bevor es zu einer Aussprache käme, würden wir nie wieder telefonieren, geschweige denn uns sehen. Alle Fragen, die noch in mir brennen, würden offen bleiben: »Hast du mich betrogen oder bist du wirklich erst nach unserer Trennung mit Nina zusammengekommen?« Ich brauche einfach die Antwort, um meinen Frieden mit der Angelegenheit machen zu können. Was das bringen soll? Nichts natürlich, außer Schmerz möglicherweise. Aber das ist mir die Wahrheit wert.

Selbst wenn Lars' Antwort nicht so ausfiele, wie ich es mir erhoffe, wäre ich bereit, ihm zu verzeihen – wenn er mir nur einmal noch ehrlich Rede und Antwort stehen würde. Eine Freundschaft? Warum nicht. Ja, ich denke, es ist immer noch möglich, ein harmonisches Miteinander zu erreichen. Mehr verlange ich nicht. Ob ich ihn gern zurück hätte? Nein. Wenn ich die Entscheidung noch einmal treffen müsste, im Endstadium unserer Beziehung mit Lars weiterzuleben oder einen Neuanfang zu wagen, ich würde ohne zu zögern letztere Option wählen. Selbstaufgabe ist ungesund. Ich frage mich nur – und das oft –, warum eine so wunderbare Liebe zu einem so miesen Ende kommen musste. Man glaubt ja mehr als einmal im Leben, auf einen Seelenverwandten getroffen zu sein. Aber ganz besonders intensiv war dieses Gefühl bei Lars. Inzwischen glaube ich, wir mussten uns treffen, um zu erkennen, dass es auf dieser Welt Himmel und Hölle gibt. Schwarz und Weiß, eng beieinander. Vielleicht konnte das mit uns einfach nicht gut gehen, weil wir keine Grautöne kannten. Das Feuer zwischen uns loderte so hoch, dass es alles zerfraß. Diese Intensität hätte niemals dreißig Jahre lang im Alltag funktioniert. Liebe ist eben manchmal nicht genug.

Ilona, 38, gelernte Rechtsfachangestellte im Erziehungsurlaub

»HARALD IST MEIN BESTER FREUND UND FREDERICO DIE EINE UNERLEDIGTE ANGELEGENHEIT IN MEINEM LEBEN.«

Ich lebe in meiner fünften Beziehung, das macht vier Ex-Freunde, darunter zwei, mit denen ich bis heute einmal im negativen, einmal im positiven Sinne nicht abgeschlossen habe. Der eine, Frederico, ist der Vater meines Sohnes, mit dem ich zu gern darüber sprechen würde, warum er mich damals mit dem Kind sitzen gelassen hat, der andere, Harald, mein bester Freund, den ich nie mehr missen möchte. Bisher erschien es mir gar nicht bemerkenswert, dass Letzterer immer noch eine derart große Rolle in meinem Leben spielt. Er gehört schon so lange dazu, dass die Verwunderung, wenn es sie denn gegeben hätte, längst in Akzeptanz und Dankbarkeit umgeschlagen wäre. Vielleicht sehe ich das zu locker, ich glaube aber nicht. Mit siebzehn, als ich noch bei meinen Eltern wohnte, hatte ich meinen ersten Freund. Meine Jugendliebe, wir waren drei Jahre lang ein Paar. Er ist heute mit einer ganz lieben Frau verheiratet, mit der er zwei Söhne hat, und für mich ein guter Kumpel geblieben. Für den ich keinerlei Gefühle mehr hege. Wir sind uns vertraut, das schon, sprechen über unsere Jugend, unsere gemeinsamen Erlebnisse, wenn wir uns sehen. Zweimal im Jahr bei Vereinsveranstaltungen. That's it.

Mit einundzwanzig trat Harald in mein Leben, auch er begleitete mich drei Jahre lang als mein Partner. Er hat mein Leben sehr stark geprägt, heute vielleicht nicht mehr ganz so sehr wie noch vor ein paar Jahren, aber ich liebe ihn und er mich immer noch.

Harald ist heute der liebste, zuverlässigste Freund, den man sich vorstellen kann. Ein guter Zuhörer, ein Ratgeber. Immer für mich da. Mein Bruder, mein Vater, mein Ehemann – einfach alles. Doch diese innige Nähe zwischen uns funktioniert erst, seit wir nicht mehr zusammen sind. Harald sagte einmal, als wir gerade frisch verliebt waren, zu mir: »Wahre Liebe hält ein Leben lang.« Damals entlockte er mir mit dieser Bemerkung ein Lächeln. Heute, mit achtunddreißig, kann ich nur sagen: Er hatte Recht.

Harald war mir in der Anwaltskanzlei, in der ich nach dem Abitur meine Lehre absolvierte, über den Weg gelaufen. Während meines zweiten Lehrjahrs wurde er als Assessor verpflichtet und fiel mir sofort auf. Ein verdammt gut aussehender Mann, Typ Harrison Ford, zehn Jahre älter als ich, achtete auf sein Outfit, drückte sich gewählt aus, war gebildet, studierte zusätzlich zur Rechtswissenschaft Theater- und Politikwissenschaft, Germanistik und Philosophie. Trotz seiner Wahnsinnsausstrahlung hatte er ein Problem mit Frauen. War wenig selbstsicher, nicht gerade schlagfertig, irgendwie merkwürdig. Für einen Fan des Skurrilen wie mich, die ich selbstbewusst, nett anzuschauen war und eine große Klappe hatte, ein gefundenes Fressen.

Wir sahen uns in der Kanzlei nur einmal die Woche. In diesen Tag pulverte ich meine gesamte Energie. Brachte Harald Akten ins Büro, schrieb seine diktierten Bänder, bearbeitete seine Post. Versuchte, seine Aufmerksamkeit mit Witzen und Späßen auf mich zu lenken, sobald er bei uns im Sekretariat auftauchte. Doch Harald, humorlos wie er war, brachte außer einem gequälten Lachen nichts zustande. Drei Monate später dann die Weihnachtsfeier der Kanzlei. Ich wurde verdonnert, die ganze Bande nach Hause zu fahren, auch Harald. Von Mitternacht bis drei Uhr früh kurvte ich durch die verschneiten Straßen und wurde beim Abschied von meinem Schwarm dafür belohnt. »Und Sie«, sprudelte er mitsamt seiner Telefonnummer hervor, »rufen mich heute, wenn sie heil zu Hause sind, noch an! Versprochen?« Auf dem Küchenboden meiner Eltern liegend wählte ich seine Nummer.

Nach diesem Telefonat dauerte es noch ein Jahr, bis wir beide endlich offiziell ein Paar waren. Harald war beziehungsgeschädigt, bindungsunfähig, humorlos, egozentrisch, festgefahren, vergeistigt. Aber genau darin sah ich eine Herausforderung. »Das kriege ich schon hin«, sagte ich mir voller Tatendrang. Ich war schließlich verliebt in diesen Mann. Wir gründeten zusammen eine Kanzlei, aus dem Nichts heraus. Harald war ehrgeizig in seinem Job und ich ehrgeizig, ihm zu gefallen. Mein Ausbilder hatte einmal zu mir gesagt: »Ein Mann ist nur so gut in seinem Job wie die Frau, die hinter ihm steht.« Das nahm ich mir jetzt zu Herzen, und so war mein Harald gut im Job. Ohne arrogant klingen zu wollen, muss ich sagen, dass ihn alle um seine nett aussehende, charmante, humorvolle, intelligente Freundin beneideten. Auch Harald veränderte sich, wurde aufgeschlossener, lustiger, gelassener.

Einen Punkt gab es jedoch, der in unserer Beziehung nicht stimmte, und das war der Sex. Nachdem wir ein Jahr lang rein platonisch zusammengelebt hatten, die Schmetterlinge in meinem Bauch bekamen langsam Platzangst, wusste ich nicht, wie es sein würde, mit Harald zu schlafen. Als es schließlich so weit war, musste ich entgeistert feststellen: Der Sex mit Harald war schlecht. Beim ersten Mal dachte ich noch: »Das kriegen wir auch noch auf die Reihe!« Fehlanzeige. Er konnte nicht küssen und hat es bis heute nicht gelernt. Mit Intimküssen brauchte ich ihm schon gar nicht zu kommen, weder bei ihm, noch bei mir. »Körperlich«, meinte Harald, »passen wir eben nicht zusammen. Aber das macht mir nichts aus, Sex ist nicht alles. Es gibt wichtigere Dinge im Leben.« Klar gibt es die, aber Sex ist deshalb nicht unwichtig. Drei Jahre lang fehlte mir etwas. Fehlte mir Sex. Ich bin ein leidenschaftlicher Mensch, küsse für mein Leben gern, das konnte nicht gut gehen. Für Harald ist Sex eine Liegestützen-Trainingseinheit, außer der Missionarsstellung probierten wir keine andere Stellung aus, in den ganzen drei Jahren nicht. Irgendwann beschlich mich das Gefühl, einen Bruder gewonnen zu haben, keinen Partner fürs Leben. Ich fühlte mich sexuell zu anderen Männern hingezogen, konnte es Harald aber nicht sagen. Als ich ihm schließlich beichtete, dass ich so nicht weiterleben konnte, war er zwar enttäuscht und traurig, doch ich hatte das Gefühl, er könne gut damit leben. Uns blieb ja noch der gemeinsame Job. Zu meinen Eltern meinte Harald damals: »Ich habe Ilona privat verloren, beruflich möchte ich nicht auch noch auf sie verzichten.« Und zu mir: »Ich möchte, dass du glücklich bist, und wenn das mit mir nicht geht, dann eben mit jemand anderem. Das ist mir wichtig.« Und Harald hat Wort gehalten. Er ist immer für mich da, immer. Wenn ich ihn brauche, höre ich nie ein »Nein«, egal, wie viel er selbst gerade um die Ohren hat. Dasselbe gilt umgekehrt, auch ich bin immer für ihn da, ohne Einschränkung. Nur eins bespreche ich nicht mit ihm: die Probleme in meiner aktuellen Beziehung.

Bis zur Geburt meines zweiten Sohnes sahen wir uns fast jeden Tag in der Kanzlei, die mehr als gut läuft. Wir fetzten uns selbst dann nicht, wenn wir unterschiedlicher Meinung waren. Und das ist bis heute so geblieben. Harald ist inzwischen verheiratet und hat zwei Mädchen. Bei seiner Hochzeit war ich Trauzeugin und der Ex seiner Frau Anita Trauzeuge. Und das ist bezeichnend für die Offenheit, mit der wir mit unseren Verflossenen umgehen. Ich amüsiere mich heute noch köstlich, wenn ich daran denke, wie Harald meinen Nachfolgerinnen meine Telefonnummer gab, wenn sie ein Problem mit ihm hatten, und sagte: »Ruf doch Ilona an, sie kennt mich in- und auswendig. Vielleicht kann sie dir Tipps geben, wie man mit mir klarkommt!« Aus einem dieser Telefonate wurde eine richtig gute Frauenfreundschaft, die bis heute hält. Nächtelang jammerte mir Katja damals über Harald vor, helfen konnte ich ihr jedoch nicht. Sogar seine Frau Anita fragte mich über meinen Ex aus: »Sag mal, konnte Harald bei dir damals auch nicht küssen?« Wir lachten uns schlapp, und sie schien nichts Schlimmes daran zu finden. Offenbar hat sich Harald kein Stück geändert. Sex hat für Anita nicht die Bedeutung, die er für mich hat, insoweit passen die beiden gut zusammen. Seit die Kinder auf der Welt sind, liegt das Liebesleben der beiden ohnehin auf Eis.

Eifersüchtig war Anita zu keinem Zeitpunkt auf mich. Ich habe ihr auch nie Anlass dazu gegeben, obwohl Gelegenheiten reichlich vorhanden waren. Harald und ich übernachteten sogar zweimal berufsbedingt zusammen im selben Zimmer, ohne dass etwas passiert wäre. Darauf konnte sich Anita immer verlassen, denn Harald hat auf mich keinerlei erotische Anziehungskraft mehr. Man könnte ihn mir auf den Bauch schnallen, in mir würde sich dennoch nichts rühren. Wir würden uns höchstens totlachen. Auch wenn mich Harald so gut kennt wie kein anderer – ohne die sexuelle Anziehungskraft reicht das nicht für eine Beziehung. Harald ist wie eine gute Freundin. Und auf Freundinnen stehe ich nicht.

Bei der Taufe meines ersten Sohnes waren Harald und Anita auf seinen Vorschlag hin Paten. Ich fand die Idee klasse, denn da ich die Ehe konsequent ablehne, wäre der Posten des Trauzeugen nicht infrage gekommen. Harald war der Erste, der erfuhr, dass ich mit meinem ersten Sohn schwanger war, und er war derjenige, der mit dem Erzeuger sprach und mir unter Tränen beibrachte, dass ich nicht damit rechnen könne, dass sich Frederico um das Kind kümmern würde. Er stand mir bei der Entscheidung gegen Frederico und für das Kind bei, sagte: »Vergiss Frederico. Ich kann und möchte dir den Inhalt unseres Gesprächs ersparen, aber vergiss ihn.« Harald begleitete mich auf die Beerdigungen meiner beiden Tanten und meiner Oma, als wir längst kein Paar mehr waren. Er weinte mit mir, als mein Hund unerwartet starb, hatte Verständnis dafür, dass ich einen Freund und nicht bloß ein Haustier verloren hatte. Bei der Taufe meines zweiten Sohnes hielt er eine Rede, aus der für alle Anwesenden vernehmlich hervorging, dass er mich immer noch liebt. Ich liebe ihn auch immer noch, so platonisch wie vor unseren kümmerlichen Versuchen, miteinander zu schlafen. Es wäre furchtbar für mich, wenn ihm oder jemandem aus seiner Familie etwas zustoßen würde. Ihn traurig oder krank zu sehen. Harald ist aus meinem Leben nicht mehr wegzudenken, und es gefällt mir gar nicht, dass wir nur ab und zu noch telefonieren, jetzt, wo ich im Erziehungsurlaub bin und er sich mit der Kanzlei allein gelassen und überfordert fühlt. Auch seine Ehe ist momentan anstrengend, weil Anita viel Trost und Zuspruch braucht, nachdem ihre Schwester und ihr Vater verstorben sind. So fordern ihn Job und Familie, und ich wünschte, ich könnte ihm wie früher die Last von den Schultern nehmen, aber ich habe mein eigenes Leben, um das ich mich kümmern muss. Doch jedes Mal, wenn wir es schaffen, uns zu sehen, ist es, als wären wir keine Sekunde getrennt gewesen – nur die Schmetterlinge im Bauch flattern nicht mehr.

Harald hat den größten Einfluss auf mein Verhalten, das mich bis heute ausmacht, er hat mich geprägt. Zehn Jahre mehr auf dem Buckel, das sind auch zehn Jahre mehr Wissen, mehr Erfahrung. Ich akzeptiere ihn als Lehrer, als Mentor. Sonst nehme ich nicht gern Kritik und Ratschläge an, von meinen Partnern schon gar nicht. Von Harald schon. Das mochte zu Beginn unserer Beziehung damit zusammenhängen, dass ich ihm natürlich gefallen wollte, ihm in nichts nachstehen, obwohl ich soviel jünger war. Natürlich habe ich von Harald auch gelernt, was ich in einer neuen Beziehung anders machen würde.

Mit siebenundzwanzig, inzwischen wohnte ich bereits seit zwei Jahren in meinen eigenen vier Wänden, hatte ich meinen dritten Freund, lebte zum ersten Mal mit einem Mann zusammen. Nach drei Jahren Beziehung musste ich mir eingestehen, dass ich an einen Alkoholiker geraten war, und zog aus. In diesem Lebensabschnitt lernte ich einiges über meine Stärken und meine Schwächen. Kämpfte um meinen Freund und gegen den Alkohol, um schließlich zu verlieren. Dieser Mann hat heute überhaupt keinen Einfluss mehr auf mein Leben, ich habe ihn abgehakt.

Damit sind wir bei meinem vierten Freund angelangt, dem zweiten Mann aus meiner Vergangenheit, der immer noch in meinem Kopf herumspukt. Frederico, Sizilianer, und ich, die ich inzwischen dreißig war, führten eine Fernbeziehung, auch diese dauerte drei Jahre. Frederico war Mandant unserer Kanzleiniederlassung in den neuen Bundesländern. Da ich ungern allein dorthin reiste, schon wegen der schlechten Straßenverhältnisse, der Entfernung und der Unterkunft, kommunizierten wir zwei Jahre lang lediglich per Telefon. Frederico hatte eine traumhaft männliche Stimme: leicht gebrochenes Deutsch mit oberbayerischem Dialekt. Hinreißend. Da er zahlreiche Probleme und Harald nicht immer Zeit für ihn hatte, nahm ich mich seiner an, und kam irgendwann nicht mehr umhin, ihn in den neuen Bundesländern zu besuchen. Während ich mit einer gehörigen Portion Skepsis aus dem Auto stieg, konnte sich mein Golden Retriever Pit sofort für unser Ziel begeistern. Der Grund: Fredericos Dobermann Lobo, mit dem sich Pit sogleich eine handfeste Rauferei lieferte und siegte. Was mir einen zähneknirschend-übelgelaunten Machoitaliener bescherte. Frederico redete nach diesem Zwischenfall kein Wort mehr mit mir. Aber er gefiel mir: braungebrannt, dunkeläugig, schwarzhaarig. Am meisten faszinierten mich seine Lachfalten, die über das ganze Gesicht verteilt waren. Also legte ich mich in den folgenden Telefonaten noch mehr ins Zeug. Zwar hatte Frederico eine Freundin, doch das störte mich irgendwie nicht. Auf Haralds Hochzeit wurden wir einander vorgestellt, zwei Monate später hatte ich meine Nebenbuhlerin ausgestochen.

Frederico und ich führten eine lockere Beziehung, telefonierten zwar täglich, sahen uns aber nicht regelmäßig. Doch wenn, empfand ich es ein ums andere Mal als Rausch. Wir gingen toll essen, unterhielten uns prächtig und landeten schließlich im Bett. Ich möchte das nicht pauschalisieren, aber nachdem ich zum ersten Mal mit Frederico geschlafen hatte, dachte ich so bei mir: »Ist schon etwas Wahres dran an dem Spruch von den temperamentvollen Südländern!« Endlich konnte ich meine Libido ausleben, so wie ich es schon mit Harald gern getan hätte! Im See oder in einem Motorboot darauf, mitten in der Stadt, im Auto an einer Raststätte – ich genoss seine und meine Leidenschaft und fühlte mich endlich als Frau, als begehrenswerte Frau. Verzehrte mich nach Fredericos Körper, spürte ihn so gern.

Intellektuell war mir Frederico weit unterlegen, das spielte aber für mich keine Rolle. Auch dass wir beide außer dem gigantischen Sex kaum Gemeinsamkeiten hatten, merkte ich schnell und verdrängte es gut. Ich dachte nur: »Seine Art zu leben wäre nichts für mich, gut, dass wir räumlich voneinander getrennt leben!« Einmal verliebte ich mich – aus der Einsamkeit im Alltag heraus – in einen anderen Mann, eine kurze Liaison, nichts Nennenswertes. Als ich Frederico davon erzählte, nahm er es hin. Wir sahen uns eine Zeit lang weniger. Bis er mich eines Tages zu sich zitierte: »Ich habe eine Überraschung für dich!« Neugierig setzte ich mich sofort ins Auto und fuhr los. Frederico hatte mir meinen sehnlichsten Wunsch erfüllt, er hatte mir ein Pferd gekauft. Drückte mir die Zügel in die Hände und sagte: »Sie gehört jetzt dir, du musst ihr nur noch einen Namen geben.« Ich taufte sie Ginger und weinte vor Freude. Jedes Wochenende fuhr ich nun zu meinem Pferd und zu dem Mann, den ich jetzt noch mehr begehrte. »Wie viel«, dachte ich, »muss ihm an mir liegen, wenn er meinen größten Traum wahr macht!?«

Einige Monate später blieben meine Tage aus. Ich wusste sofort, dass ich schwanger war, obwohl Frederico angeblich keine Kinder zeugen konnte. In der Arztpraxis, in der ich mir die Bestätigung meiner Befürchtung abholte, setzte ich mich neben den Stuhl, die Sprechstundenhilfe musste mir aufhelfen. Es dauerte ein paar Minuten, bis sich die Neuigkeit in mir gesetzt hatte. Frederico hatte ich vorher bereits von meiner Befürchtung erzählt und eine seltsam belustigte Antwort erhalten: »Ich wollte schon immer Vater werden.« Warum hatte er keinen Zweifel daran, dass er der Vater des Kindes war, obgleich er doch angeblich keine zeugen konnte? Als ich ihn anrief, um ihm zu sagen, dass wir wirklich ein Kind bekamen, blieb er kurz angebunden: »Ich kann im Moment nicht reden, bin nicht allein. Ich rufe dich zurück.« Nichts. Drei Tage lang rührte sich nichts. Als ich mich schließlich noch einmal bei ihm meldete, faselte er etwas von wegen »viel Arbeit« und »völlig durch den Wind« und dass er für drei Wochen nach Italien zu seinen Eltern fahren wolle. Ich besuchte Frederico noch auf dem Hof, doch der Mann, den ich liebte, kannte mich plötzlich nicht mehr, wich mir ständig aus. Umgekehrt war er auch mir fremd geworden. Ein Gefühl von Traurigkeit, aber auch Misstrauen machte sich in mir breit. Die einzige »Aussprache«, wenn man dieses Wort dafür überhaupt nutzen kann, waren seine Worte: »Ich habe immer gedacht, wenn ich erfahre, dass ich Vater werden würde, würde ich die Arme in den Himmel strecken. Jetzt ist es so, als würde ich in ein tiefes schwarzes Loch fallen. Das mit dem Kind passt jetzt nicht. Später vielleicht, so in zehn Jahren.« Ich antwortete: »In zehn Jahren bin ich dreiundvierzig!« Obgleich ich furchtbar verletzt war, schlief ich in dieser Nacht noch einmal mit Frederico. Ich bildete mir ein, dadurch würde alles wieder ins Reine kommen. Kam es nicht. Sechs Wochen später rief ich ihn auf Sizilien an, fragte, wie es meinem Pferd gehe. »Welches Pferd?«, fragte Frederico scheinheilig.» Du bist es nicht wert, dass man dir ein Pferd schenkt.« Dann hängte er ein. Wie sich im Nachhinein herausstellte, war er in Italien wieder mit seiner Ex-Freundin zusammengekommen, bis heute sind die beiden ein Paar. Manchmal glaube ich zu wissen, dass sie sich nie wirklich getrennt hatten.

Das war jedenfalls das letzte Mal, dass wir miteinander sprachen. Ich schrieb ihm noch einen ausführlichen Brief, den er nicht beantwortete. Freunden erzählte er: »Die wollte mich reinlegen!« Ich? Ihn? Reinlegen? Trotz allem war ich überglücklich über das Kind in meinem Bauch. Doch der Vater meines Sohnes ist der einzige Mann, der sich von mir getrennt hat. Weil ich schwanger war. Keine Angabe von weiteren Gründen, keine Diskussion, alles blieb offen. Und das ist der Grund, aus dem ich noch oft an ihn denke. Mit zwiespältigen Gefühlen. Frederico, der nach wie vor zweihundertfünfzig Kilometer von uns entfernt lebt, hat seinen Sohn noch nie gesehen, denn ich sah es nicht ein, ihm nachzulaufen. Ich gab ihn für die Geburtsurkunde nicht als Vater an. Auf dem Papier existiert er nicht. Dennoch gelingt es mir nicht, ihn vollständig aus meinem Leben zu streichen. Meine Gedanken kreisen immer noch um ihn, die eine unerledigte Sache in meinem Leben. Vielleicht ist die Einsicht, dass es nichts bringt, Frederico weitere Briefe zu schreiben, weil er sie ohnehin nicht beantwortet, ein Schritt in Richtung »abhaken«, ansonsten wüsste ich wirklich nicht, wie ich meinen inneren Frieden mit dieser Angelegenheit schließen könnte. Dazu müsste ich sicherlich mit Frederico reden, aber ich sehe keinen wirklichen Nutzen darin.

Manchmal versuche ich mir vorzustellen, was ich zu Frederico sagen würde, wenn er eines Tages wieder vor meiner Tür stehen sollte. Ich weiß es nicht. Ich glaube, egal wie meine Fragen lauteten, er würde sie nicht ehrlich beantworten können und mir, egal, was er sagt, damit nicht helfen. Denn wenn ein Mann von einer Frau, die er angeblich liebt, verlangt, sein Kind nicht zu bekommen, die Frau dieses ungeborene Kind in ihrem Bauch aber wie eine Löwenmutter verteidigt, wenn er diese Frau dann sitzen lässt, ohne ihr noch einmal Rede und Antwort zu stehen – was will dieser Mann der Frau noch erzählen? Dass es ein Fehler war. Dass es ihm Leid tut. Schön und gut, aber es lässt sich nicht mehr rückgängig machen. Und das wäre die einzige Möglichkeit, die Verletzung, die er mir zugefügt hat, zu tilgen: sie ungeschehen machen. Mein Vertrauen in Frederico ist genauso wie seine Glaubwürdigkeit verloren gegangen – und zwar unwiderruflich.

Mein Sohn hatte gleich nach der Geburt eine frappierende Ähnlichkeit mit Frederico. Als er mit drei Monaten anfing zu lächeln, sah ich seinen Vater. Jedes Mal, wenn ich ihn anschaute. Eine harte Zeit. Ich sagte mir dann immer: »Jetzt müsste Frederico den Kleinen sehen, er würde dahinschmelzen, ihm würden Tränen der Rührung kommen!« Die Tränen kamen dann immer mir. Zum Glück hat sich die Ähnlichkeit irgendwann gegeben. Wenn ich meinen Sohn jetzt anschaue, sehe ich einen Jungen, der weder so aussieht wie sein Vater, noch wie seine Mutter, sondern einfach wie ein kleiner Junge. Ich weiß nicht, ob ich ihm jemals sagen soll, wer sein leiblicher Vater ist. Er denkt, Erik sei sein Vater. Daran möchte ich vorerst auch nichts ändern. Und was irgendwann einmal sein wird, darüber denke ich nicht jeden Tag nach. Mein Sohn ist für mich eine eigenständige Persönlichkeit, die mit Frederico nichts zu tun hat. Ich sage mir immer: »Frederico hat seine fünfzig Prozent Anteil an dem Kleinen aufgegeben, somit gehört er zu hundert Prozent mir.« Ich leiste wirklich harte Verdrängungsarbeit, bis heute.

Am schlimmsten war der Gerichtsprozess, den ich wegen meiner Bürgschaft für den Hof gegen Frederico führen musste. Gott sei Dank gab es keinen Verhandlungstermin, bei dem ich ihm hätte gegenübertreten müssen. Zwar bin ich mir keiner Schuld bewusst, aber ein schlechtes Gewissen habe ich trotzdem. Vielleicht hätte ich mehr um Frederico kämpfen müssen. Vielleicht habe ich zu früh aufgegeben und ihn einfach gehen lassen. Vielleicht hätte ich ihm mehr Zeit geben sollen, sich mit der bevorstehenden Vaterschaft abzufinden. Vielleicht hätte ich ihn nach der Geburt seines Sohnes anrufen oder ihm Fotos schicken sollen. Doch je mehr Zeit vergangen war, desto schwieriger wurde es für mich, die Sache noch einmal aufzurollen. Und so tat ich es nicht.

Mit sechsunddreißig lernte ich meinen jetzigen Lebensgefährten Erik kennen, mit dem ich vor eineinhalb Jahren einen zweiten Sohn bekam, trotz Pille. Erst im sechsten Monat beichtete ich die Schwangerschaft. Erik war zu dem Zeitpunkt noch verheiratet. Jetzt ist er geschieden, offiziell mein Lebensgefährte, und ich bin »Das Mutti«: drei Jahre Erziehungsurlaub, drei Jahre Hausfrau mit zwei Kindern, wenig Schlaf, viel Stress. Mir bleibt nur: abwarten, bis es besser wird. Zeit, um über meine eigenen Ziele und Träume nachzudenken, bleibt mir nicht. Abwarten, bis die Kleinen älter sind und mir wieder Freiräume für meine Selbstverwirklichung lassen – mehr fällt mir zu meiner Zukunft nicht ein. Einerseits fühle ich mich überfordert, denn die Kinder brauchen mich rund um die Uhr, andererseits vermisse ich meinen Job. Ich liebte die Arbeit in der Kanzlei, hatte Erfolg, wurde gelobt. Als langweilig kann ich den Mutterjob nicht bezeichnen, aber auch nicht gerade als ausfüllend. Ich vermisse die Abwechslung, die Gespräche mit Erwachsenen.

In dem Dorf, in dem ich mit meiner kleinen Familie lebe, traumhaft für die Kinder, landschaftlich wunderschön gelegen, gibt es für mich nichts. Ich zog hierher, weil meine Mutter versprochen hatte, sich um meinen Sohn zu kümmern, damit ich weiter arbeiten konnte. Schließlich war ich aus denselben Gründen bei meiner Oma aufgewachsen. Doch dieses Arrangement funktionierte kein zweites Mal. Meiner Mutter gehen meine Kinder auf die Nerven, sie hat keine Geduld mit ihnen und geht lieber selber wieder arbeiten, obgleich sie schon fünfundsechzig ist. Die Eltern meines Lebensgefährten kommen mit ihren beinahe achtzig Jahren als Babysitter nicht in Betracht, abgesehen davon würden sie auch gar nicht wollen. Eine Tagesmutter oder eine Krippe könnten wir uns nicht leisten, wenn es so etwas auf dem Land überhaupt gäbe. Tja, Pech gehabt.

Mein Lebensgefährte ist selbstständig, geht morgens um sieben aus dem Haus und kommt abends um zwanzig Uhr heim. Finanziell bin ich, die ich immer mein eigenes Geld verdiente und wirtschaften konnte, wie ich wollte, jetzt als Hausfrau und Mutter komplett abhängig von seinem Verdienst. Schrecklich, das belastet mich sehr. Am Wochenende muss sich mein Lebensgefährte um den Papierkram kümmern oder besucht Seminare. Er könnte mich gut im Büro gebrauchen, vielleicht ein paar Stunden am Vormittag. Der Große ist dann im Kindergarten, aber den Kleinen müsste meine Mutter betreuen. Sie hat auf Drängen meines Lebensgefährten hin schon öfters zugesagt, nur um im letzten Moment dann doch wieder abzuspringen. In solchen Momenten hasse ich meine Mutter, weil sie ihr Versprechen nicht gehalten hat, weil sie mich hängen lässt, ihr eigenes Leben lebt und sich für meins nicht interessiert, obwohl sie um die Ecke wohnt. Mein Vater begeistert sich auch nicht für seine Enkelkinder, ist engagiert im Verein, viel unterwegs und pflegt seine Hobbys. Meine Kinder aber hasse ich nicht. Sie sind eben Kinder, meine Kinder.

Der Große wird nächstes Jahr fünf, ist immer gut gelaunt, muss aber viel zurückstehen, seit er einen Bruder hat. Der Kleine ist sehr lebhaft, gibt auch nachts keine Ruhe. Ich selbst schlafe seit einem Jahr nicht mehr als zwei bis vier Stunden pro Nacht, und zwar mit dem Kleinen in einem Zimmer. Nebenan schläft mein Lebensgefährte mit dem Großen, damit wenigstens zwei Leute durchschlafen können. Ja, ich nehme mich völlig zurück, geht nicht anders. Seit Jahren kein Kino, kein Theater, keine Kneipe, kein nichts. Keine Zweisamkeit mit meinem Lebensgefährten, kein Sexualleben, keine fünf Minuten allein. Welche Bedeutung Erik für mich hat, ist mir selbst noch nicht ganz klar, denn wir hatten selbst frisch verliebt nie die Gelegenheit, uns wirklich kennen zu lernen. Uns verbindet im Moment eine Zweckgemeinschaft; das wissen wir, damit leben wir. Unzufrieden, aber ohne Streit. Ob diese meine letzte Beziehung sein wird – keine Ahnung. Jedenfalls bin ich nicht beziehungsmüde oder -geschädigt. Wenn irgendwann etwas mehr Ruhe in unser Leben einkehrt, werden wir viel nachzuholen haben. Und ich werde die Frage, was mir Erik bedeutet, ehrlich beantworten müssen.

Ob fünf Männer im Leben einer Frau genug sind – keine Ahnung, es hat sich für mich eben so ergeben. Ich glaube nicht, dass die Anzahl so wichtig ist. Ich war auch gerne Single, nicht krampfhaft auf Männerjagd. Aber die Männer, die im Laufe der Jahre wichtig für mich waren, haben bis auf eine Ausnahme für immer ihren Platz in meinem Herzen erobert, sind alle bis heute präsent. Warum sollte ich den Kontakt abbrechen? Wir haben uns doch nicht im Streit getrennt! Ich mag meine Verflossenen immer noch, sonst wäre ich nicht mit ihnen zusammen gewesen. Wieso sollte mir ein Mensch, den ich einmal geliebt habe oder in den ich zumindest verliebt war, plötzlich unsympathisch sein? Beziehungen scheitern nun einmal, c'est la vie. Schuld haben immer beide. Und wenn klar ist, dass eine Beziehung nicht funktioniert, kann eine Freundschaft trotzdem möglich sein, gerade dann. Ein gutes Verhältnis setzt natürlich voraus, dass zwischen den Ex-Partnern alles ausdiskutiert ist, daran lag mir immer viel, deshalb verwirrt mich das offene Ende mit dem Vater meines Sohnes ja auch so.

Es gibt immer Anlässe, zu denen ich meine Verflossenen wiedersehe. Weder ich selbst noch die Männer haben damit ein Problem. Bei solchen Gelegenheiten lernten und lernen sie einander kennen, ich werde ihren neuen Partnerinnen vorgestellt, mit denen ich mich ebenfalls gut verstehe. Erik traf meinen Jugendfreund zum ersten Mal, als ich Taufpatin von dessen zweitem Kind werden sollte. Er kam so gut an, dass er selbst als zweiter Taufpate engagiert wurde. Harald, mein Ex-Freund Nummer zwei, übernahm für Erik die Scheidung. Mein alkoholkranker Ex lernte meinen damaligen Arbeitgeber Harald kennen, weil er mich oft im Büro abholte. Der Vater meines großen Sohnes war Haralds Mandant. Das alles waren keine besonderen Situationen, in denen es ein dramatisches Aufeinandertreffen meiner aktuellen und verflossenen Partner gegeben hätte. Sie haben sich zwangsläufig, zufällig ergeben und wurden von allen Parteien locker weggesteckt. Und das ist auch gut so.

Wichtig war für mich immer, mein Vorleben nicht zu verleugnen. Ich habe weder einen Hehl, noch ein Geheimnis daraus gemacht, denn ich habe nichts zu verbergen. Nur wenn man nicht offen mit diesem Thema umgeht, kommt es zu Missverständnissen, weil der aktuelle Partner denkt, da laufe noch etwas. Auch für die Exen meiner Partner habe ich mich, von Natur aus neugierig, immer interessiert. Wie sehen die »abgelegten« Frauen so aus, wie sind sie so? Ich bin selbstbewusst genug, um nicht die hinderliche Angst zu entwickeln, dass mein Partner zu seiner Ex zurückgehen könnte. Und wenn es so käme, könnte ich es sowieso nicht ändern. Wenn ich einen Mann wollte, der vor mir keine Liebe empfunden und keinen Sex gehabt hat, müsste ich mir ja einen direkt aus dem Kinderwagen wegschnappen!

Obgleich ich den Kontakt zu meinen Verflossenen pflege, würde ich nicht sagen, dass ich mich an meiner Vergangenheit festklammere. Vergangen ist vergangen, vergangen ist vorbei. An der Vergangenheit kann ich nichts mehr rückwirkend ändern. Ich kann daraus nur lernen. Jeder Mensch nimmt aus einer Beziehung etwas mit – was er daraus macht, bleibt ihm selbst überlassen. Ich bin, so blöd das klingt, von Beziehung zu Beziehung gereift, habe aus vergangenen Beziehungen Nutzen für neue Beziehungen gezogen. Vergangen ist vergangen, ja, sehe ich so. Die Trennungen kamen ja nicht überraschend, waren nicht aufwühlend, vielmehr gab es Gründe, aus denen ich die Beziehung beenden wollte. Die Entscheidung war immer ausführlich überdacht, wir hatten oft diskutiert, was nicht funktionierte. Aussprachen, Tränen, Gewissensbisse hatten wir dann meist längst hinter uns. Die Trennung war das einzig Wahre, und danach wurde nie schmutzige Wäsche gewaschen. Das Verhältnis, das unser Miteinander bis heute bestimmt, stellte sich jedes Mal gleich nach der Trennung ein und änderte sich nicht mehr.

Je länger eine Beziehung zurückliegt, desto schwächer werden die Verhaltensmuster, die ich mir in dieser Beziehung angeeignet habe. Bestimmte Reaktionen in bestimmten Situationen, die sich in jeder Beziehung einbürgern. Manches bleibt sicherlich in Erinnerung. Zitate, Gesten, Eigenschaften. Wenn ich einen Menschen kennen lerne, der ein ähnliches Verhaltensmuster an den Tag legt wie ein Verflossener, reagiere ich schon darauf, vergleiche leider auch. Konkret kann ich das gar nicht beschreiben, es handelt sich mehr um kurze Geistesblitze in allen möglichen und unmöglichen Situationen, in denen mir durch den Kopf schießt: »Genau wie mein Ex!«, und in denen ich meine Reaktion unbewusst danach ausrichte. Das sollte man nicht tun. Menschen sind ja zum Glück verschieden, was der eine hat, hat der andere nicht, und umgekehrt. Das gilt für positive wie negative Eigenschaften. Ich tendiere dazu, negative Eigenschaften zu vergessen oder zu verdrängen. Lieber erinnere ich mich an die Highlights einer Beziehung, aber durchaus auch an Pleiten, Pech und Pannen. An die Momente, in denen ich am meisten Gefühl investiert, gelacht oder geweint habe. Diese Erinnerungen kann mir niemand nehmen, und ich lache oder weine immer noch gerne, wenn ich daran zurückdenke.

Ole, 40, Programmierer

»DIE SCHULDGEFÜHLE GEGENÜBER MEINER EX SIND AUCH SIEBEN JAHRE NACH DER TRENNUNG NICHT VERBLASST.«

Verflossene, die Freunde bleiben – diese Erfahrung habe ich nie gemacht. Wie soll das wohl zu erreichen sein? Das wüsste ich wirklich gern. Erstrebenswert ist es sicher, denn schließlich sind unsere Ex-Partner Teil unserer ganz eigenen Geschichte, und mit den Ex-Partnern geht immer auch ein großes Stück dieser Geschichte verloren. In meinem Bekanntenkreis gibt es ein paar Männer, die mit ihren Ehemaligen befreundet sind, die scheinen irgendetwas richtig gemacht zu haben. Aber es bringt nichts, sie zu beneiden, ich kann mir ja doch keinen Charakterzug aus ihrer Persönlichkeit herauspicken und sagen: »So will ich auch sein.« Jeder hat eben andere Tugenden und Fehler.

Manchmal denke ich, die Tiefgründigkeit meiner Beziehungen macht es für mich so schwierig, sie nach der Trennung in eine oberflächlichere Freundschaft umzuleiten. Und ich denke, wenn ich eine Freundschaft mit meiner Ex aufbauen könnte, wäre ich ein anderer Mensch und würde dadurch einige Tugenden an mir vermissen, die ich mag. Dass ich emotionsgeladene, intelligente Gespräche wie dieses hier führen kann, obwohl ich ein Computermensch bin, zum Beispiel. Dass ich gern für andere Menschen da bin, freiwillig und von Herzen, obwohl es oft genug den Anschein hat, als würde ich nur helfen, wenn jemand meine Hilfe einfordert, um mir keine Schuldgefühle aufzuladen. Womit wir auch schon beim Thema wären.

Beim Schlagwort »Ex-Partner« fällt mir sofort meine letzte Freundin Melissa ein, die Vorgängerin meiner Frau Doris. Melissa und ich begegneten einander vor fünfzehn Jahren in einer Psychogruppe. Ich: Student mit argen psychischen Problemen auf der Suche nach Beistand in dieser Selbsthilfegruppe. Sie: Schon länger dabei, aber ebenso unsicher und haltlos im Leben wie ich. Wir hatten etwas gemeinsam. Wir wurden ein Paar. Etwa fünf Jahre lang lief es gut mit uns beiden, dann entwickelten sich unsere Lebenswege auseinander. Während Melissa entdeckte, dass sie Lesbierin und Künstlerin ist, abdriftete und einen Weg einschlug, der nicht von Erfolg gekrönt war, schmiss ich mein Studium, legte einen formvollendeten Berufseinstieg hin und arbeitete bald zehn Stunden am Tag, sechs Tage die Woche. Kurz: Ich hatte mich etabliert.

Dieser wahre Grund für unsere Differenzen ist mir erst heute, in einer späten, rückblickenden Deutung klar geworden. Damals suchten wir die Ursachen der Misstöne zwischen uns tief in unseren Seelen. Was uns in entgegengesetzte Richtungen driften ließ, war ganz klar nicht Melissas neue sexuelle Orientierung. In den späten Achtzigern galt ein solches Geständnis nicht als Schock, sondern als modern. Und ich als moderner Mann, der mit einer emanzipierten Frau umgehen konnte, hatte es laut gesellschaftlichem Anspruch zu akzeptieren. Und das tat ich. Ich dachte – dem Zeitgeist entsprechend – wirklich: »Dann ist Melissa eben lesbisch. Ist doch nichts dabei!« Plötzlich eine homosexuelle Freundin zu haben war damals auch kein Grund, die Beziehung aufzulösen. Heute sieht das anders aus, da wäre in einer solchen Situation für mich selbstverständlich sofort Schluss. Damals empfanden wir anders, ernst und wahrhaftig anders, wir redeten uns das nicht bloß ein.

Man sollte meinen, dass nun große Umstellungen in unserem Sexleben anstanden. Von wegen. Sex war schon lange kein Thema mehr gewesen, damit hatten wir nach der frühen Anfangsphase unserer Beziehung abgeschlossen und bereits seit einigen Jahren eher wie Bruder und Schwester zusammengelebt. Aus heutiger Sicht muss ich natürlich einräumen, dass zu dem Zeitpunkt längst der Wurm drin war, doch wir legten uns die Entwicklungen in unserem Bestreben, alles und jedes sorgfältig zu reflektieren, so zurecht, dass sie plausibel klangen. Wir waren mit der platonischen Freundschaft, die wir Beziehung nannten, durchaus zufrieden gewesen. Doch je mehr sich Melissas neue Lebenseinstellungen festigten und je mehr ihrer neuen Träume scheiterten, desto trauriger und vereinnahmender wurde sie. Diese neue Stimmung gefiel mir nicht, ich wollte und konnte nicht ständig aktiv an ihrem Seelenleben teilhaben, ständig nur geben. Drei Jahre lang gab ich mir ihr zuliebe größte Mühe. Und streckte meine Fühler gleichzeitig anderweitig aus.

Schließlich trat Doris, meine jetzige Frau, in mein Leben. Und ich verliebte mich von ganzem Herzen. Wie wohltuend diese unbeschwerten Gefühle nach dem funktionsuntüchtigen Konstrukt, das Melissa und ich Beziehung nannten, doch waren! Bald hatte ich ausgelotet, dass Doris Single war, und mich voller Elan und Enthusiasmus in diese neue Liebe gestürzt. Kurz darauf taten wir uns zusammen. Gleichzeitig jedoch war ich nicht in der Lage, mich von Melissa zu lösen. Wenn ich zurückdenke, war ich bei keiner einzigen Beziehung gut darin, die Trennung auszusprechen. Jedes Mal blieb ich vage, jedes Mal verlief das Ganze mehr oder weniger im Sande. Ich weiß, dass das ein Manko ist, ich weiß, dass ich lernen muss, mich zu trennen.

Bei Melissa jedoch brachte ich es nicht übers Herz. War unfähig, eine klare Schlussbotschaft zu senden. Und so verstand meine Ex zwar, dass ich mich anderweitig verliebt hatte und Zeit mit dieser neuen Liebe verbringen wollte, aber sie verstand nicht, was das für sie selbst bedeutete. Dass sie keine Ansprüche mehr an mich hatte. Im Gegenteil, sie krallte sich an mich, meldete mehr Bedürfnisse an denn je. Ich hätte ihr deutlich machen müssen: »Melissa, ich will keinen Kontakt mehr!«, zog es aber vor, mich mit ein paar Tricks aus der Affäre zu ziehen. Wir nannten Freundschaft, was uns noch verband, mehr als Freundschaft war ja genau genommen seit Jahren nicht mehr zwischen uns gewesen. Aber Freundschaft heißt, dass jeder von uns nach wie vor das Recht darauf hatte, sich auf den anderen verlassen zu können.

Was mir zu viel war, was mir nichts mehr bedeutete, während Melissa darauf pochte. Dementsprechend schlecht starteten Doris und ich in unsere gemeinsame Zukunft. Meine jetzige Frau fühlte sich durch mein Verhalten schwer misshandelt. Ich dachte: »Solange mir klar ist, dass ich Doris will und Melissa nicht mehr, ist doch alles in Ordnung.« Doris dachte: »Was soll denn das? Warum springt er ständig, sobald seine Ex ruft? Warum überweist er ihr regelmäßig Geld und mir nicht?« Sie litt, ich litt auch, begriff aber nichts.

Unendlich gemächlich begann sich der Kontakt aufzulösen. Ich versuchte, Melissas Forderungen nach meiner Zeit zu kanalisieren, ihr gegenüber kühler zu werden: »Ich kann nur noch montags für dich da sein, versteh doch, in meinem Leben gibt es jetzt auch einen anderen Menschen, der mir wichtig ist.« Ungefähr ein Jahr nahm diese Übergangsphase in Anspruch, um von hundert auf null Prozent Melissa herunterzufahren. Viel zu lang! Und selbst als der Kontakt dann schließlich abbrach, waren die offiziellen Schlussworte noch immer nicht gefallen. Und aus diesem Grunde hängt mir die Trennung bis heute nach, überkommt mich bis heute ein ungutes Gefühl, wenn ich daran denke.

Einem zufälligen Treffen mit Melissa, das mir in unserer Kleinstadt durchaus noch bevorstehen könnte, versuche ich, so gut es geht aus dem Wege zu gehen. Zum Glück überschneiden sich unsere Freundeskreise überhaupt nicht mehr, sodass ich wenigstens in dem Bereich keine Einschränkungen hinnehmen muss. In dem Moment, in dem ich vom psycho-orientierten Studentenzottel mit viel Gefühl und wenig Einfluss zu einem aufstrebenden, etablierten jungen Mann geworden war, hatte ich mich auch von meinen alten Freunden abgewandt und mich mit Menschen umgeben, die meine neuen Einstellungen teilten. Insofern passen weder Melissa noch ihre Leute in mein aktuelles Leben. Und doch, obwohl ich seit sieben Jahren mit Doris zusammen und inzwischen sogar mit ihr verheiratet bin, könnte ich immer noch nicht souverän damit umgehen, meine Ex zu sehen. Warum nicht? Weil ich voll von Schuldgefühlen bin. Die ganze verfahrene Chose müsste mal so richtig psychodramamäßig ausagiert werden, dann könnte ich vielleicht endlich meinen Frieden mit der Vergangenheit schließen. Doch der großen Konfrontation mit all meinen Irrwegen mag ich mich nicht stellen, fühle ich mich nicht gewachsen. Böse könnte man formulieren: Ich hoffe darauf, die Sache erfolgreich auszusitzen. Manchmal scheint es mir wirklich, als heile die Zeit alle Wunden. Schließlich sind auch meine anderen Ex-Beziehungen, an deren Ende unschöne Trennungen standen, irgendwann verjährt. Als ich einer alten Liebe neulich beim zwanzigjährigen Abiturjubiläum über den Weg lief, merkte ich, dass von all den Empfindungen, die wir uns damals geschworen hatten, absolut nichts mehr übrig geblieben war. Keine Liebe, keine Schuldgefühle. Also besteht möglicherweise die Chance, dass auch die Erinnerung an die Trennung von Melissa irgendwann verblasst.

Andererseits: Warten hemmt, Warten lohnt sich nicht. Besser, ich nehme mein Leben selbst in die Hand. Eineinhalb Jahre Therapie habe ich ja sogar schon hinter mir, was mir auch sehr gut getan hat. Therapie ist zunächst sehr destruktiv. Dein ganzes Leben wird aufgequirlt, dir wird erst richtig klar, welche zahlreichen Probleme du überhaupt mit dir herumschleppst. Im Nachhinein aber, wenn die Vergangenheit aufgearbeitet ist, spürst du eine befreiende Erleichterung. Therapie ist natürlich teuer. Und so brach ich leider genau an dem Punkt ab, an dem wir begannen, uns mit meiner Mutter auseinanderzusetzen. Ein Fehler, wie ich heute weiß.

Meine Mutter hat zu verantworten, dass ich Frauen gegenüber solche extremen Schuldgefühle entwickele. Das fängt schon innerhalb der Beziehung an: »Oh Gott, was soll ich bloß tun, wenn ich ein Bedürfnis habe, das meine Partnerin verletzen könnte?!« Spätestens jedoch, wenn es zur Trennung kommt und ich ganz sicher sein kann, dass ich ihr wehtue, überkommen mich die Schuldgefühle mit voller Wucht. Ich spüre eine wahnsinnig starke Verantwortung für die Frauen, mit denen ich mich einlasse, und wahnsinnig starke Schuldgefühle, wenn ich dieser Verantwortung nicht gerecht werde.

Melissa hat diese Schuldgefühle durch ihre Vorwürfe: »Du nimmst überhaupt nicht mehr an meinem Seelenleben teil!« und ihr Jammern: »Die Welt ist so schlecht! Keiner mag mich, auch du nicht!« verstärkt. Ich will nicht behaupten, dass ihre Einstellung dem Extrem der Emanzipation: »Alle Männer sind Vergewaltiger!« gleichkam, aber sehr weit davon entfernt war sie nicht. In ihren Augen wurde ich schuldig gesprochen, allein aufgrund der Beweislage, dass ich ein Mann war. Um diese Schuld und diesen Mangel wettzumachen, musste ich grundsätzlich erst einmal leiden. Sicher sind Schuldgefühle bis zu einem gewissen Grad gesund oder zumindest normal, aber ich sehe mich nicht in der Lage, angemessene von unangemessenen zu unterscheiden.

Und wer hätte mir dieses Feingefühl beibringen müssen? Meine Mutter. Die erste Frau, der ich es recht machen wollte und nie recht machen konnte. Sie war ständig von einer Aura der Depressivität umgeben, und wie sehr ich mich auch bemühte, ich konnte kein Lächeln auf ihr Gesicht zaubern. Einzelne Situationen habe ich längst verdrängt, in Erinnerung geblieben sind mir vor allem die Assoziationen grau, traurig und trostlos, die ich mit der Ausstrahlung meiner Mutter verbinde. Bis heute krallen ihre Dunkelheit und die altbekannten Schuldgefühle nach mir, sobald ich mich in ihre Nähe begebe. Weshalb ich meine Mutter genau wie meine Ex so gut wie möglich meide. Ja wirklich, die negativen Gefühle, die ich meiner Mutter gegenüber hege, ähneln denen, die ich mit Melissa verbinde, sehr. Mir scheint, Doris ist die erste Frau in meinem Leben, die meiner Mutter nicht ähnelt – wir führen eine stabile Ehe. Es heißt ja, dass man sich als Mann unbewusst immer wieder in den Frauentyp verguckt, den die eigene Mutter verkörpert. Na gut, vielleicht haben Doris und meine Mutter auf irgendeine Weise auch Gemeinsamkeiten, aber auf jeden Fall nicht auf dieser Katastrophenebene.

Meine Frau und ich haben im Laufe unserer Beziehung viel Zeit in intensive Diskussionen über meine Ex, meine Schuldgefühle und den Einfluss meiner Mutter gesteckt. Doris weiß, was mich diesbezüglich bewegt, sie weiß aber auch, dass ich sie liebe. Eigentlich sollte das Thema zwischen uns geklärt sein. Doris ist nicht eifersüchtig auf Melissa, hat auch keine Angst mehr, mich an sie zu verlieren. Und doch, im Streit ist meine Ex immer noch gegenwärtig. Sie hat keine zerstörerische Kraft mehr in dem Sinne, dass es in ihrer Macht stünde, der Auslöser für Missstimmungen zwischen Doris und mir zu sein. Doch wenn wir aus anderen Gründen Zoff haben, bringt Doris Melissa gern wieder aufs Tapet, benutzt sie sozusagen als Munition. Angenommen, wir befinden uns in einem Gefühlskonflikt, weil ich meine Ruhe brauche und Doris auf Abstand halte, dann wirft sie mir vor: »Als Melissa noch zwischen uns stand, hast du mich genauso behandelt!« Oder wenn es mal wieder um die Finanzen geht, ein Thema, über das wir uns häufig fetzen, weil ich unser gesamtes Einkommen bestreite und Doris fast nichts dazu beiträgt, sagt sie: »Als Melissa kein Geld hatte, hast du ihr regelmäßig jede Menge Taler zugeschustert und mir nicht!« Mann, werde ich wütend, wenn Doris ein ums andere Mal mit meiner Ex anfängt! Ich kann und will das nicht akzeptieren und weise meine Frau in solchen Momenten bestimmt in ihre Schranken. Die Geschichten mit Melissa sind einfach zu lange her, und ich habe genug dafür gebüßt, finde ich. Meist verlagern sich unsere Streits dann auf andere Aspekte, verfliegen irgendwann und mit ihnen die Erinnerung an meine Ex. Für den Moment zumindest.

Doris hat zu ihren Verflossenen übrigens überhaupt keinen Kontakt mehr. Sie geht ihnen aus dem Weg, ist wegen einem sogar aus ihrer Heimat weggezogen. Er hatte ihr das Lebensgefühl dort komplett verdorben. Was ich absolut nachvollziehen kann, schließlich will ich Melissa auch nicht mehr begegnen. Die ähnlichen Erfahrungen, die Doris und ich in dieser Beziehung gemacht haben, machen sicherlich einen Aspekt der Nähe aus, die wir zueinander empfinden.

Mein direkter Vorgänger war Jungbauer. Doris schildert ihn mir als ungeheuer doof. »Ich habe mich«, sagt sie dann immer, »einfach in den falschen Mann verliebt.« Ob sie das ernst meint? Keine Ahnung, vielleicht will sie mir auch schmeicheln. Und wenn schon, ich höre mir die Geschichte gern an, so gut wie ich darin abschneide! Ein anderer Ex: Der Vater des Sohnes, den Doris mit in die Ehe gebracht hat. Der Junge ist jetzt achtzehn, und ich habe ihn gefühlsmäßig an Sohnes Statt adoptiert. Wir haben eine

Superebene miteinander gefunden, und ich bin stolz darauf. Sein Vater ist ein Hassfaktor für Doris, und nachdem ich den Mann zweimal gesehen habe, kann ich dieses negative Urteil nur bestätigen. Er zahlt keinen Unterhalt, hockt in Kneipen herum und ist – ehrlich gesagt – fast ein Penner. Auch in diesem Fall habe ich kein Problem damit, Doris' Ex als Ungeheuer zu sehen, so muss ich mir wenigstens keine Gedanken über das Verhältnis meiner Frau zu ihrem Verflossenen machen. Natürlich habe ich mir die Frage gestellt: Wie konnte sie bloß erst jemanden wie ihn lieben und dann jemanden wie mich? Die einzige sinnvolle Erklärung lautet: Doris war jung, sie hat sich von dem Mann getrennt, noch bevor ihr gemeinsames Kind auf der Welt war, und abgesehen davon liegt die Episode ewig weit zurück. Mehr will ich gar nicht wissen!

Dass ich mich hier offenbare, hat schon etwas von einem versuchten Befreiungsschlag. Ich will mich zwingen, mich noch einmal mit Melissa zu beschäftigen, um herauszufinden, was in meinem Leben wirklich schief gelaufen ist. Und wie ich endgültig mit der Vergangenheit abschließen kann. Einem Ultimatum von Doris' Seite nach dem Motto: »Schaff endlich die Unklarheiten aus dem Weg, oder wir bekommen Ärger!« würde ich mich nicht beugen wollen. Klar müsste ich irgendwie reagieren, schließlich liebe ich meine Frau. Was aber viel eher gegen meine Schuldgefühle helfen würde, wäre zu sehen, dass es Melissa gut geht. Wenn sie auf mich zukäme und mir versichern würde, dass sie über unsere Trennung hinweg ist, dass sie keine Verletzungen davongetragen hat, dass zwischen uns keine Rechnungen mehr offen sind und sie mir keine Schuld am Scheitern unserer Beziehung gibt, dann wäre die Last von meinen Schultern genommen. Ja, das wäre wirklich eine Erleichterung!

Andersherum: Käme Melissa auf mich zu, um mir noch einmal auf die Pelle zu rücken oder Ansprüche anzumelden, wäre das furchtbar. Ziemlich sicher bin ich mir allerdings, dass sie nicht mehr antreten wird, weil Klärungsbedarf bestünde. Ihrerseits sind wohl keine Fragen offen geblieben. Obgleich ja zu jedem zwischenmenschlichen Problem mindestens zwei Beteiligte gehören.

Insofern liegen einige Gründe für meine Unfähigkeit, mich zu trennen, auch im Verhalten meiner Ex versteckt. Aber was sollte es bringen, gemeinsam zur Therapie zu gehen, um Licht ins Dunkel zu bringen?

Melissa und ich haben im Laufe unserer Beziehung so viel diskutiert und analysiert, dass eine Paartherapie keinen Schritt nach vorn, sondern einen Schritt zurück in alte Muster bedeuten würde. Die Reflexionsebene war Teil unserer Beziehung, darum haben wir im Grunde auch keine Möglichkeit der Klärung ausgelassen. Eine Therapie nach der Trennung hätte nicht zu einem sauberen Ablösungsprozess beigetragen, sondern wäre Teil des aufzulösenden Systems »Beziehung« gewesen. Im Nachhinein empfinde ich diesen pseudo-therapeutischen Aspekt, den Melissa und ich in unserer Beziehung pflegten und für eine besondere Art der Verbundenheit hielten, als wirklich nervig. Er entsprang einer gesellschaftlichen Strömung, die es nicht mehr gibt, seit die emotionalen Achtziger in die eiskalten Neunziger umschlugen. Ist ja in vielen Bereichen so: Was einem früher wichtig war, erscheint einem heute einfach albern. Dazu kommt: Ich habe den Glauben daran, dass Paartherapien Beziehungen retten, verloren. Meine eigenen Eltern waren selbst in den Siebzigern schon avantgardistisch genug, um sich nicht scheiden zu lassen, ohne uns vorher zur Familientherapie zu schleppen. Erfolglos. Zurückgeblieben ist meine Einstellung: Wozu erst der ganze Psychoscheiß, wenn das Schicksal dann doch seinen Lauf nimmt?

Apropos Eltern: Die Uhr meiner Mutter tickt. Das ist mir nur allzu deutlich bewusst. Ich spüre: Zwischen uns muss irgendetwas passieren. Bald. Es liegt mir durchaus etwas daran, auf ihre alten Tage wieder ein gutes Verhältnis zu ihr zu entwickeln. Aber geht das nicht bitte, ohne die Probleme zwischen uns noch einmal aufzurollen? Manchmal verwünsche ich wirklich die Tatsache, dass meine Familie Erfahrung mit der Psychologie hat. Es ist furchtbar, wenn meine Mutter auf den Familienfesten, auf denen ich sie zwei-, dreimal im Jahr sehe, zu mir sagt: »Es tut mir Leid, dass ich dich nie geliebt habe!«, anstatt: »Schön, dich zu sehen!« Was soll ich mit so einem Bekenntnis anfangen? Das brauche ich nicht! Warum können wir nicht über die positiven Erlebnisse und Erinnerungen sprechen, die uns zweifellos auch verbinden? Wie oft wünsche ich meine Mutter mit ihrer ganzen Art zum Teufel. Diese alte, hutzelige, depressive Frau. Andererseits ist mir auch klar: Sie wird sich mit ihren siebzig Lenzen nicht mehr ändern. Und eine Versöhnung müsste von mir ausgehen, ich müsste die Stärke aufbringen, ihr Gerede zu ertragen, meine Erwartungen an sie herunterzufahren. Und ich glaube tatsächlich, ich bin fast so weit.

Was ich nicht glaube: Dass sich meine Probleme mit Frauen in Luft auflösen würden, wenn ich mit meiner Mutter reinen Tisch gemacht hätte, nur weil die Ursache in ihr liegt. Diese beiden Themenkomplexe hingen vielleicht ursprünglich einmal zusammen, haben sich jedoch inzwischen verselbstständigt. Ole und seine Mutter sowie Ole und seine Schuldgefühle gegenüber Frauen – das sind jetzt zwei verschiedene Paar Schuhe. Und wenn ich ein Problem geklärt hätte, müsste ich mir das andere trotzdem noch vornehmen.

Ich wusste: Wenn ich mich auf dieses Interview einlasse, würde ich noch einmal über einen prägenden Abschnitt meiner Vergangenheit nachdenken müssen, den ich sehr lange ausgeklammert habe. Dementsprechend widerwillig kommen mir die Worte über die Lippen. Andererseits: Während wir hier miteinander sprechen, geht mir auf, dass ich in weit größerem Maße geistige Klarheit über die Sache habe, als ich dachte. Ja, ich kann das alles besser deuten und einordnen, als ich mir zugetraut hätte.

Eine positive Erkenntnis: Melissa hat an Schrecken deutlich verloren. Und noch etwas – auch wenn es im Widerspruch zu dem steht, was ich die ganze Zeit erzählt habe: Auf gewisse Weise habe ich mich doch schon von meiner Ex gelöst, nur eben noch nicht von meinen Schuldgefühlen und meiner Trennungsunfähigkeit. Insofern bin ich jetzt interessiert, den Mechanismus, der hinter all dem steckt, verstehen zu wollen. Macht das Sinn, diese beiden Dinge zu trennen? Vielleicht nicht, aber wenn es so einfach wäre, mit seiner Ex klarzukommen, wäre es ja auch nicht so bedeutsam, wenn aus Ex-Partnern Freunde geworden sind. Und wenn es so einfach wäre, sein Leben zu erklären, dann säßen nicht so viele Leute in der Therapie!

Das Fernsehen gaukelt uns immer vor, es gäbe nur eine endliche Anzahl von Mustern, nach denen unser Leben ablaufen kann. Und es gaukelt uns vor, dass wir Sinn und Struktur darin finden können, wenn wir nur intensiv genug darüber nachdenken. Wenn ich so ausführlich über mein eigenes Leben erzähle wie jetzt, merke ich selbst, wie stark die Versuchung ist, sich diesem Schubladendenken hinzugeben. Aber vielleicht hat das Leben gar nicht notwendigerweise einen Sinn, ein Ziel und ein Happy End. Vielleicht kostet es viel Überwindung, setzt aber sinnvollere Energie frei, den Krautsalat so stehen zu lassen, wie er ist.

Britta, 42, Kreditsachbearbeiterin

»MEINEN EX HALTE ICH IMMER NOCH FÜR EINEN TOLLEN KERL, MIT DER EX MEINES MANNES DAGEGEN BIN ICH BIS AUFS BLUT VERFEINDET.«

Mit Ex-Partnern kenne ich mich aus. Mein Mann hat geliebt, ich habe geliebt, bevor wir uns begegneten – das ist doch heutzutage nicht mehr ungewöhnlich. Ich bin eher der Typ »Lass uns Freunde bleiben« als der Typ »Ex und hopp« und habe es auch tatsächlich geschafft, mit meinem Ex eine Freundschaft aufzubauen, obwohl er mir das Leben während unserer Ehe nicht gerade leicht gemacht hat. Doch ich musste am Beispiel meines Mannes und seiner Ex auch erleben, wie alle guten Vorsätze scheitern, weil eine Verflossene sie boykottiert. Und wie man beginnen kann zu hassen und seine Vergangenheit zu verwünschen. Aber fangen wir vorne an.

Fünfzehn Jahre war ich alt, als ich mit einem mittelprächtigen Hauptschulabschluss in der Tasche auf Lehrstellenjagd ging. Zu mehr als einem Zeugnisdurchschnitt von 3,8 hatte es nicht gereicht – nicht weil ich dumm, sondern weil ich schlicht und ergreifend faul gewesen war. Keine Lust zu lernen, Flausen im Kopf und lieber mit Freunden im Jugendfreizeitheim unterwegs als mit den Hausaufgaben zugange. Eine große Bank in B. gab mir dennoch eine Chance im Rahmen eines Unterstützungsprogramms für schwer zu vermittelnde Jugendliche zwischen fünfzehn und siebzehn. Mit sechs anderen Mädels stieg ich dort als so genannte »Bürobotin« ein, was wie so viele Jobbetitelungen nach mehr klingt, als es ist. »Laufmädchen in der Poststelle« trifft es wohl eher. Wir hasteten von Abteilung zu Abteilung, bemühten uns, besonders freundlich, hilfsbereit oder pfiffig zu sein und dadurch aufzufallen. Hofften auf ein Stellenangebot, das uns erst einmal aus dem Keller ins Erdgeschoss befördern würde, schön langsam Schritt für Schritt. Erinnert ein bisschen an Michael J. Fox in der Komödie »Das Geheimnis meines Erfolges«. Wie er nutzte ich jede noch so kleine Chance, erkannte schnell, dass Faulheit hier bestimmt nicht mehr angesagt war. Landete dadurch zwar nicht gleich in der Chefetage (das bleibt wohl ein Hollywoodmärchen), aber mit achtzehn dann doch zumindest im Kundendienst. Während viele der anderen Mädels im Zahlungsverkehr hängenblieben, wo sie heute noch Belege stempeln, lernte ich, korrekt zu arbeiten. Etwas anderes konnte ich mir gar nicht erlauben, denn wenn der Kassenbestand nicht stimmte, gab es Ärger. Außerdem vertiefte ich mich freiwillig in die Materie. Besuchte Seminare, wann immer sich die Gelegenheit bot, vom Lehrgang über Stressmanagement oder Gesellschaftsrecht bis zum Englisch- und Excel-Kurs. Erarbeitete mir auf diese Weise das Wissen und die Praxis, die die Auszubildenden in drei Jahren kompakt vorgesetzt bekamen, innerhalb von zehn Jahren selbst. Inzwischen bin ich vierzig, seit fünfundzwanzig Jahren berufstätig, immer noch – oder besser: wieder – bei derselben Bank zuständig für Spezialfinanzierungen großer Objekte und ganz schön stolz auf das, was ich geschafft habe.

Es gab nur eine einzige Phase in meinem Leben, während der ich mein berufliches Vorankommen vernachlässigt habe, und das war während meines Erziehungsurlaubs nach der Geburt Bernhards und meiner Tochter. Sechs Monate lang konzentrierte ich mich hundertprozentig auf unser Baby, sechs Monate jobbte ich in der Akkord-Datenerfassung, danach reizte mich die Idee, beruflich wieder voll einzusteigen. Aber wohin mit der Kleinen? Ein Wunschkind »parkt« man doch nicht einfach irgendwo bei irgendwelchen fremden Leuten! »*Ein* Kind kriegt man heutzutage neben dem Job irgendwie groß«, hatte ich immer gedacht, »diese Verantwortung kann und will ich tragen.« Tja, ganz so einfach gestaltete sich die Vereinbarung von Kind und Karriere dann doch nicht. Weder von meiner, noch von Bernhards Familie war Hilfe zu erwarten, zu weit waren unsere Verwandten in Deutschland versprengt. Keine Nichte, die sich als Babysitter ein paar Cent hätte dazuverdienen wollen, keine Oma, die im Notfall die Wadenwickel hätte kühl halten können, während ich arbeiten ging. Was blieb mir anderes übrig als die Kündigung?

Gerade als ich begann, mich damit abzufinden, fügte sich doch alles anders. Eine Tagesmutter aus meinem Bekanntenkreis bot an, sich um meine Tochter zu kümmern. Eine Möglichkeit tat sich auf, landete im Zwischenspeicher meines Hinterkopfes. Bis ich eines Tages mit dem Kinderwagen in der Schalterhalle vorfuhr, um mir ein paar Überweisungsvordrucke mitzunehmen, und dabei meinem ehemaligen Chef über den Weg lief. »Was machen Sie eigentlich den ganzen Tag, Britta?«, fragte er. »Ich versorge mein Kind!«, entgegnete ich. »Wollen Sie nicht wieder bei uns anfangen? Bei flexibler Arbeitszeit?« Natürlich wollte ich! Plötzlich schien doch alles so zu funktionieren, wie ich es mir immer ausgemalt hatte! Bis auf Bernhard, der funktionierte leider nicht.

Mit fünfundzwanzig hatte ich ihm mein Jawort gegeben. Nicht zu früh, um die Konsequenzen dieser Entscheidung überblicken zu können. Nicht zu früh, um mir meiner Liebe sicher zu sein. Wäre da nur nicht sein Alkoholproblem gewesen, dessen Ausmaß ich nicht von Anfang an erkannte. Bernhard ist keiner von den Typen, die sich jeden Tag sinnlos die Birne zuschütten und womöglich auch noch ihre Frauen und Kinder verprügeln, auf so einen wäre ich nicht hereingefallen. Bernhard trinkt nur dann zu viel, wenn es einen echten Anlass gibt. »Quartalssäufer«, sagt man doch. Oder »Frustsäufer«. Anfangs bloß alle paar Monate, dann alle paar Wochen, alle paar Tage. Über die Gründe kann ich nur Vermutungen anstellen, denn Bernhard schwieg sich aus. Mauerte sogar, als ich eine gemeinsame Therapie vorschlug. Nichts zu machen. War ich zu stark für ihn? War er überfordert mit dem Kind, mit der harten Schufterei als Hafenfacharbeiter bei der Rohkaffeeverladung? War er eifersüchtig auf meine kleine Karriere? Vielleicht steckt in all diesen Vermutungen ein Stückchen Antwort, dazu seine labile Psyche. Bernhard hat einen Knacks weg, seit ihn seine Mutter, kaum dass er sechs Monate zählte, ins Heim gegeben und danach noch vier Kinder bekommen und bei sich behalten hatte. Als Einziger ungewollt zu sein, eine harte Erfahrung, die sicher Spuren hinterlässt. Destruktive Spuren wie den Alkoholismus, dem er verfallen ist, aber auch konstruktive Spuren wie seine Vaterqualitäten. Denn eins muss ich Bernhard lassen, als Elternteil hat er sich seine Mutter wahrlich nicht zum Vorbild genommen! Wickeln, füttern, Nachtwachen schieben – nichts war ihm zu viel, wenn es um seine Tochter ging. Wirklich ein Traumvater! Eigentlich auch ein Traummann, wäre da nicht diese Macke.

Der Alkohol hat unsere Ehe zerstört – und nur der Alkohol. Ich wäre mit Bernhard zugrunde gegangen, wenn ich nicht zugelassen hätte, dass meine Liebe sich zurückzieht. Wir waren, das beschreibt es treffend, in unserer Ehe »zu zweit einsam«. Seine Labilität gewann immer wieder die Oberhand. Die Verantwortung blieb komplett an mir hängen, Bernhard war keine Unterstützung, sondern eine zusätzliche Belastung, ein zweites Kind. Wenn wir abgesprochen hatten, dass er unsere Kleine um halb drei von der Tagesmutter abholen sollte, weil ich sie morgens um elf vor der Arbeit hingebracht hatte, geschah es mehr als einmal, dass mich die Tagesmutter um fünf anrief und fragte: »Wer holt denn heute das Kind ab?« Bernhard war betrunken, trieb sich irgendwo herum und hatte die Realität ausgeblendet. Wie hätte ich ihn noch lieben sollen? Als ich dann dahinter kam, dass er eine andere Frau kennen gelernt und mit ihr seit drei Wochen eine Affäre hatte, traf mich der Schlag nicht mehr ganz so hart. Wir rauften uns zwar noch mal für ein halbes Jahr zusammen, aber dann ging gar nichts mehr. Meine Stimmung: komisch, aber nicht deprimiert. Ich bat ihn zu gestehen und auszuziehen, er tat beides widerspruchslos. Zurück blieb eher ein schales Gefühl als Schmerz, und auch das legte sich bald. Unsere Liebe war eben schon lange, lange vorher vergangen.

In der Endphase unserer Ehe ging es nicht mehr um Emotionen, nur noch um das Materielle. Nicht, dass wir uns um Geld gestritten hätten wie so viele andere Ex-Paare vor uns, ich stellte ja nicht einmal Unterhaltsforderungen, aber es gab keine Gefühle mehr auseinander zu dividieren, nur noch Dinge. Wir setzten uns ganz vernünftig hin und überlegten, wie sich das Materielle wohl am besten regeln ließe. Und als wir diese Diskussion hinter uns hatten, ging unsere Beziehung von einer Ehe übergangs- und lautlos in eine Freundschaft über. Bernhard ist und bleibt ein toller Mensch. Ich habe ihm verziehen. Ich ziehe klare Grenzen zwischen Bernhard, dem unzuverlässigen Alkoholiker, und Bernhard, dem liebevollen Ehemann und Vater. Sein gutes Herz sticht seine Macke bei weitem aus. Immer mal wieder denke ich: »Was wäre er für ein toller Kerl, wenn er diese Macke abstellen könnte!« Und diese Gefühle verberge ich nicht, sondern empfinde sie als angemessen – schließlich habe ich ihn mal geliebt. Mein Ex hat mir nichts getan, warum sollte ich ihn plötzlich aus meinem Leben ausschließen? Warum muss man sich wegen seiner Verflossenen zerfleischen, wenn die Fronten doch geklärt sind?

Es ist wohl eine Typfrage, wie man mit den Ex-Partnern seines aktuellen Partners klarkommt. Natürlich habe ich ein gewisses Interesse an dem Vorleben meines Lebensgefährten Thorsten, man will ja wissen, was auf einen zukommt. Aber man sollte es mit den Nachforschungen nicht übertreiben. Wenn Thorstens Ex Tina sich nicht so bescheuert verhalten würde, dass ich gar nicht anders kann, als mich mit ihr auseinanderzusetzen, würde ich mich überhaupt nicht für sie interessieren. Bei Frauen, die zu neugierig auf die Exen ihres Partners sind, ist oft mangelndes Selbstbewusstsein der Grund. Zum Beispiel, wenn sie Angst haben, in Sachen Sex mit der Ex verglichen zu werden. Dabei passiert das jedem mal, denn niemand kann sich davor verwahren, diesen Vergleich unterschwellig anzustellen. Gleichzeitig liegt es auch immer an dem neuen Partner, es gar nicht erst so weit kommen zu lassen. Ich kann die Ängste dieser Frauen nur verstehen, wenn die Männer das Thema Ex-Frauen wirklich ständig zur Sprache bringen. Oft entstehen Spannungen auch durch die Ungerechtigkeit des Unterhaltsrechtes, wenn die erste Frau Unterhalt empfängt und die zweite schuften muss, damit die Familie Butter auf dem Brot hat. Ich glaube, neben dem Thema Kinder liegt hier das größte Konfliktpotential zwischen den Ex-Partnern. Thorsten ist Bernhard jedenfalls egal. Er braucht sich auch keine Sorgen zu machen, weil er weiß, dass ich ihn liebe, dass er in meinen Augen ein noch tollerer Kerl als Bernhard ist und dass meine Gefühle für meinen Ex niemals wieder aufleben werden. Ausgeschlossen. Und genauso gibt er mir zu verstehen, dass ich mir seiner Liebe sicher sein kann. Eifersucht ist wirklich nicht der Grund für meinen Hass auf Thorstens Ex-Frau Tina.

Aber noch mal zurück zum Thema Vergebung. Ich kann Bernhard ehrlich verzeihen, weil ich *verstehe*, warum er zu dem geworden ist, der er ist. Viele seiner negativen Charaktereigenschaften gehen auf das Konto seiner Mutter. Als ich kurz nach der Geburt unserer Tochter einmal versuchte, das Eis zu brechen, indem ich ihr sagte, dass sie Oma geworden war, und ihr damit vermitteln wollte, dass sie in unserer kleinen Familie willkommen ist, lernte ich eine völlig gefühlskalte Frau kennen. Dieses Telefonat hat mir die Augen geöffnet, jetzt sehe ich vieles klarer, habe das Thema Bernhard für mich sortiert. Wir sind uns, und darüber bin ich heilfroh, vor allem in einer Angelegenheit einig: Nur weil wir unsere Ehe in den Sand gesetzt haben, darf unsere Tochter nicht darunter leiden. Sieben Jahre war sie bei der endgültigen Trennung alt, und wir taten alles, um ihr jegliche Angst sofort zu nehmen. »Keiner von uns verlässt dich, wir sind beide genau wie vorher für dich da!«, versicherten wir ihr. »Du wohnst bei Mama, darfst Papa aber immer besuchen, wenn du Lust hast.« Zwei Wochen, dann hatte sich das alles eingespielt. Unsere Tochter verstand und versteht sich gut mit Bernhards neuer Freundin, mit der er heute noch zusammenlebt. Manchmal rief sie mich auf der Arbeit an: »Mama, ich bin das Wochenende bei Papa! Tschüss!« Weg war sie, und das war okay so. Sie hat nicht gelitten. Ich kann nur alle Eltern eindringlich bitten: Wenn ihr Probleme habt, euch sogar scheiden lasst, trennt die Eltern- und die Paarebene! Seht diesen Umbruch im Leben durch die Augen eurer Kinder, macht euch ihre Gedanken! Das schlimmste Verbrechen, das Eltern nach der Scheidung an ihren Kindern verüben können, ist, sie als Spielball gekränkter Eitelkeiten zu benutzen und gegen den Ex-Partner aufzuhetzen. Gerade kleine Kinder sind so leicht zu beeinflussen.

Die Scheidung. Danach ein, zwei lockere Beziehungen, zu mehr war ich anfangs nicht bereit. Vorsichtig war ich inzwischen geworden. Achtete und achte bis heute peinlich genau darauf, wie viel ein Mann trinkt und wie er sich unter Alkoholeinfluss benimmt. Insofern kann ich sagen: Ja, Bernhard hat einen Einfluss auf mein Leben, bis heute. Ab und zu mal richtig über den Zacken hauen? Kein Problem. Machen wir auch. Aber sobald mich nur die Ahnung beschleicht, dass da etwas in Zusammenhang mit Alkohol im Argen liegt, gehe ich. Und das ist nicht nur so dahergesagt, das ist mir bitterernst. Ich habe es schon getan. Das geht dann von der Erkenntnis bis zur Umsetzung der Trennung rasend schnell, da bin ich sehr entscheidungsfreudig. Hatte dabei aber nie – nicht einmal im Zuge meiner Trennung von Bernhard – das Gefühl, es nicht zu schaffen, das Gefühl von Verzweiflung oder Ausweglosigkeit. Ich empfinde solche Krisen eher als Motivation, noch mehr für meine Unabhängigkeit zu tun, sie mir zu erhalten. Wenn ich merke, dass mich ein Mann aus- oder benutzen will, lasse ich ihn fallen wie eine heiße Kartoffel. Auch das ist mir schon passiert. Aber dann wird ein Haken drangemacht und fertig. In Liebesdingen bin ich sehr absolut. Wenn ich liebe, liebe ich total. Dann opfere ich mein letztes Hemd für meinen Mann. Denselben Einsatz erwarte ich kompromisslos von ihm. Lege sehr viel Wert auf Treue, ein Seitensprung – unverzeihlich. Die Eifersucht ist eine gute Bekannte, wenn es einen Grund gibt, werde ich ziemlich unausstehlich. Ex-Partner sind aber kein Grund, die sind Vergangenheit. Meine Eifersucht bezieht sich immer auf die Gegenwart. Das bleibt nicht aus, wenn man wie ich mit einem sehr attraktiven Mann zusammenlebt, einem lustigen Gesellen, in der Damenwelt beliebt. Ich kann mein waches Auge nicht verhehlen, aber meinem Vertrauen in Thorsten tut das keinen Abbruch. Schließlich hat er mir nie einen Grund gegeben, an seiner Treue zu zweifeln.

Das war wild mit uns damals: Wir trafen uns in meiner Stammkneipe, es knallte heftig, und zwei Monate später zogen wir bereits zusammen. Fünf Jahre ist das jetzt her. Fünf glückliche Jahre. Ich nenne Thorsten meinen Mann, obwohl wir nicht geheiratet haben. Wir würden so gern, aber wir können nicht – wegen seiner Ex-Frau Tina.

Eine selbstherrliche, egoistische Nutte, das ist diese Tina, wenn ich das mal so sagen darf. Nicht, dass ich etwas gegen Prostituierte hätte, wirklich nicht. Das Wort »Nutte« benutze ich in seiner Funktion als Schimpfwort, als das deutlichste Schimpfwort, das mir einfällt für eine Frau, die ich abgrundtief hasse. Thorsten empfindet dieselbe Abscheu auf einem ähnlich hohen Level, nur dass seine Motivation eine andere ist als meine. Ihn hat Tina zutiefst verletzt. Mich will sie übers Ohr hauen. Inzwischen würde ich sogar so weit gehen zu schwören: Wenn diese Frau blutüberströmt und um Hilfe bettelnd vor mir auf der Straße läge, ich würde sie nicht eines Blickes würdigen. Ihr genau den Egoismus vorführen, mit dem sie uns all das angetan hat.

Er neununddreißig, sie dreiundzwanzig – trotz der Jährchen dazwischen passte es, als sich die beiden kennen lernten. Thorsten ist eben der junggebliebene Jeanstyp, hatte damals schon einen Sohn und war nicht auf weiteren Nachwuchs aus. Tina dagegen brachte eine uneheliche Tochter mit in die Beziehung und fing bereits nach drei Wochen an, von einer gemeinsamen Zukunft, von weiteren Kindern zu träumen. Keine Chance, Thorsten war sich seiner Sache sicher, der Termin für das Beratungsgespräch beim Urologen in Sachen Sterilisation stand. Aber die vier Wochen bis dahin reichten Tina, um ihn das erste von etlichen Malen, die noch folgen sollten, an der Nase herumzuführen und damit auf weite Sicht auch in mein Leben hineinzupfuschen. »Ich nehme«, versprach sie, »die Pille!«, tat es nicht und wurde prompt schwanger. Zwillinge. Nun ist Thorsten ein Mann, der zu dem, was er angerichtet hat, steht. Er war bereit, sich auf die neue Lebenssituation einzustellen, wollte für die Kleinen sorgen. Doch als die ein dreiviertel Jahr alt waren, heckte Tina den zweiten Streich aus, machte Schluss: »Ich liebe dich nicht mehr« und ließ ihn die Zwillinge fortan nicht mehr sehen, bloß noch für sie zahlen.

Kaum zu glauben, dass Thorsten noch einmal auf sie reinfiel. Aber genau das geschah. Männer denken eben manchmal eine Etage tiefer. Und das hat diese falsche Schlange gezielt ausgenutzt.

Und gleichzeitig einen anderen Knopf gedrückt, der die meisten Männer abschrecken, bei ihm jedoch ebenso todsicher funktionieren würde: Tina sprach plötzlich von Hochzeit! »Endlich«, dachte Thorsten erleichtert, »endlich erfüllt sich das, wonach ich mich die ganze Zeit gesehnt habe! Endlich eine heile, funktionierende Familie und meine Kinder um mich herum!« Also heiratete er sie. Nur um drei Tage nach der Hochzeit die vierte böse Überraschung zu erleben: Für Kinderbetreuung hatte Thorsten gesorgt, den Tisch im Restaurant bestellt, die Blumen gekauft. »Zieh dich schick an«, empfing er sie nach der Arbeit, »ich will dich ausführen!« Die Antwort aber fiel anders aus als erwartet: »Du glaubst doch nicht, dass ich mit dir irgendwo hingehe!? Wie sieht das denn aus, du bist doch viel zu alt für mich!«

Manchmal lassen wir Menschen uns ärger verletzen, als wir es uns selbst zutrauen würden. Tinas Tyrannei fand kein Ende: Im März war ihr der Fiesta zu klein, Thorsten kaufte ein Familienmobil. Im April waren ihr die Möbel nicht mehr gut genug, er kaufte eine neue Wohn- und Kinderzimmereinrichtung. Und im Mai hieß es wieder einmal: »Mit uns wird das nichts.« Ende Juni, einen Tag vor seinem Auszug, klingelte spät abends um elf Thorstens Telefon. Eine weibliche Stimme: »Ist Ihre Frau da?« Er: »Nein.« Sie: »Mein Mann auch nicht.« Tina hatte offenbar eine Affäre mit dem Mann der Anruferin – und das nach gerade mal achtzehn Monaten Ehe! Zwar versöhnte sich ihr Liebhaber wieder mit seiner Frau, nachdem alles aufgeflogen war, doch Thorsten machte nun endgültig einen Haken an die Sache.

Tina ihrerseits lernte bald darauf einen neuen Mann kennen, Werner, der bei ihr und den Kindern sofort einzog. Und damit geriet das Drama erst wirklich ins Rollen, beziehungsweise begann es an dieser Stelle, mich und mein Leben mit einzubeziehen. Werner war nirgends polizeilich gemeldet, versichert oder offiziell angestellt. Während er sein Geld schwarz verdiente, gab sich Tina mit einem 360-Euro-Job zufrieden. Schon als sie noch mit Thorsten zusammen war, hatte sie sich über lange Strecken auf der Sozialhilfe ausgeruht. Madame hatte einfach keine Lust zu schuften. Eine narzisstische Person, diese Frau, bei der sich alles um ihre eigenen Vorteile und Bedürfnisse dreht. Ihr Arbeitgeber hätte ihre Stelle jederzeit aufgestockt, das wurde mir klar, als ich bei ihm vorstellig wurde und selbst Interesse an einer Arbeit vortäuschte. Der Mann suchte händeringend Leute, Tina hätte durchaus mehr Geld verdienen können, sie wollte bloß nicht. Sie wollte uns auspressen. Natürlich zahlten wir keinen Unterhalt, woraufhin sie beim Sozialamt kassierte. Das wiederum von uns das Geld zurückforderte – 11 000 Mark! Das brachte das Fass zum Überlaufen. Wir baten die zuständige Senatorin in der Stadtverwaltung um Hilfe, schilderten ihr in einem Brief unseren Fall, fügten Details über Tinas und Werners Machenschaften hinzu, die ein Detektiv für uns herausgefunden hatte. Wir bekämpften die beiden bis aufs Blut, und sie flogen böse auf. Auf dem Papier sind wir als Sieger hervorgegangen, denn das Sozialamt entschied, dass wir die 11000 Mark nicht zahlen mussten. Aber wir fühlen uns nicht als Sieger, denn Tina hat immer noch Bestimmungsgewalt über unser Leben.

Sie hält die Zwillinge von Thorsten fern, hetzt sie gegen ihn auf. Dabei konnten die beiden unseren letzten Besuch vor zwei Jahren kaum erwarten. Die Bilder sind in meinem Kopf, als wäre es gestern gewesen: Die Kleinen liefen wie immer mit offenen Armen und strahlenden Gesichtern auf uns zu, bremsten dann jedoch abrupt ab und erstarrten in zwei Metern Distanz zu Salzsäulen: »Mama hat uns verboten, euch anzufassen!« Ihr Einfluss auf die Zwillinge ist so enorm, unserer nicht vorhanden. Der Berater im Jugendamt sagte uns unverblümt auf den Kopf zu: »Lassen Sie die Kinder bei Ihrer Ex-Frau, denn sie erleben dort die scheinbar geregelten Verhältnisse, die sie brauchen. Alles andere würde sie nur durcheinander bringen.« Damit muss Thorsten sich wohl oder übel arrangieren.

Trotz allem: Gut, dass unsere Beziehung ein bisschen zur Ruhe gekommen ist. Zwar war die Belastung durch Tina groß, doch war sie nie eine Bedrohung für unser Miteinander, im Gegenteil: Sie hat uns sehr stark zusammengeschweißt. Wir sind beide Kämpfernaturen und darum füreinander geschaffen. Als wir uns kennen lernten, war alles anders als mit den vorherigen Partnern. Tina hatte nie Thorstens Wohnungsschlüssel, mir gab er ihn nach einer Woche. Sie hatte nie eine Kontovollmacht, ich habe sie schon lange. Aber es ist mehr als das: Es ist das Gefühl, das Wissen, zu Hause zu sein, das bis heute anhält, ohne dass wir viel dafür tun müssten. Wir leben gemeinsam jeden Tag, stehen zueinander und vertrauen uns. Gleichzeitig lassen wir dem anderen den Freiraum, den er braucht. Diese Balance funktioniert ohne Worte, rein aus dem Gefühl heraus. In den fünf Jahren unserer Beziehung haben wir uns erst fünfmal in die Wolle gekriegt, das ist doch völlig im Rahmen. Auch mit meiner Tochter versteht sich Thorsten blendend. Gefühlsmäßig spricht alles dafür, ihn zu heiraten, diesen Schritt ein zweites Mal voller Vertrauen in unsere Gemeinsamkeit zu wagen, aber die Fakten sprechen dagegen. Die deutsche Gesetzgebung verschafft Tina einen solchen Einfluss, dass ich, die ich mit dieser Frau überhaupt nichts zu tun habe, möglicherweise mit meinem Geld, das nach der Heirat auch Thorstens Geld wäre, für sie aufkommen müsste. Und das werde ich ums Verrecken nicht tun.

Natürlich habe ich mir ein ums andere Mal die Frage gestellt: Wie konnte Thorsten so eine Frau lieben? Ich habe diese Frage auch oft an ihn weitergegeben: »Wie konntest du bloß?« Er: »Vor unserer Hochzeit war Tina eine ganz liebe und warmherzige Frau!« Diese Antwort muss mir reichen. Kann sich ein Mensch in so kurzer Zeit so vollkommen wandeln? Tinas eigener Bruder sagt, ja. Auch er ist von ihr über den Tisch gezogen worden und hat mir irgendwann einmal erzählt, wie es zu ihrem Sinneswandel zwischen der ersten Trennung und der Hochzeit kam. Die Mutter soll sie überredet haben: »Heirate ihn, damit du versorgt bist, Kind!«

Wie auch immer, ich kann damit umgehen, dass es diese Person in Thorstens und meinem Leben gibt, denn erstens bin ich sehr glücklich und zweitens habe ich mir angewöhnt, die Dinge so zu nehmen, wie sie sind. Wenn es sich um negative Ereignisse oder Emotionen handelt, versuche ich, sie zu ändern oder für mich besser darzustellen und dann den bestmöglichen Zustand zu akzeptieren. Drittens habe ich früh gelernt, den Kopf nie in den Sand zu stecken, sondern Probleme anzupacken. Als extrovertierter Mensch gehe ich auch damit sehr offen um. Probleme lösen sich selten von allein, aber sie lassen sich nahezu immer lösen, wenn man die Lösung wirklich finden will (manche Menschen scheinen sich bloß lieber selbst zu bemitleiden). Aus diesem Wissen heraus ziehe ich enorme Energie. Mein Glas ist immer halbvoll, nie halbleer. Positiv denken! Wir haben nur dieses eine Leben! Es gibt da diesen schönen Spruch: »Gib mir den Mut, Dinge zu ändern, die ich ändern kann. Gib mir die Kraft, Dinge zu akzeptieren, die ich nicht ändern kann. Und gib mir die Weisheit, eins vom andern zu unterscheiden.« Daran glaube ich. Die »Weisheit der Unterscheidung« bedeutet für mich die Einsicht, dass man andere Menschen nicht ändern kann, nur sich selbst. Ich kann für meine eigenen Belange kämpfen, diesen Kampf möglicherweise verlieren, aber sogar aus jeder Niederlage lässt sich lernen. Eines meiner Steckenpferde ist die Psychologie. Aber die beste Schule ist und bleibt das Leben. Und ich lebe sehr gern.

Aufgeben? Klein beigeben? Solche Gedanken kenne ich nicht. Dafür bin ich meiner Mutter dankbar, denn diese Stehaufmännchen-Mentalität hat sie an meine Schwestern und mich weitergegeben. Es gibt nur ganz wenige Momente, in denen mir alles zu viel wird, in denen mir zum Weinen zumute ist. Als ich mich auf einen Mann eingelassen hatte, der sich als unberechenbarer Psychopath und Bedrohung für meine Tochter entpuppte, war so ein Moment gekommen. Kurzzeitige Hilflosigkeit und Verzweiflung. Aber selbst da bin ich gleich im Anschluss zur Hochform aufgelaufen.

Ansonsten bin ich sehr stark und lebe das auch aus, frei nach dem Motto »Leben und leben lassen«. Das gilt sogar für Bernhard, denn er tut mir ja nichts. Letztendlich schadet er doch nur sich selbst. Ich lasse ihn leben, dafür muss er dann auch die Konsequenzen seines Alkoholismus' tragen. Nur wenn jemand meiner Familie zu nahe kommt, ihr Böses will oder einfach nur sehr berechnend auf Kosten anderer lebt, dann lasse ich nicht mehr leben. Ich selbst versuche, mich so zu verhalten, dass ich jederzeit in den Augen anderer vor meinen eigenen Prinzipien bestehen würde. Seit ich durch puren Zufall auf das Internetforum *www.isuv.de* gestoßen bin und mich dort mit anderen Scheidungsbetroffenen austausche, erlebe ich häufig Doppelmoral und den Versuch, das Streben nach dem eigenen Vorteil mit fadenscheinigen Argumenten zu legitimieren. Meistens treffe ich auf Menschen, denen meine Ansichten zu radikal, zu frauenfeindlich sind. Trotzdem bleibe ich am Ball, denn das Forum bietet mir immer wieder die Bestätigung, dass meine eigene Trennung so über die Bühne gegangen ist, wie es sein sollte. Ich kann mir bis heute keine Vorwürfe machen, meinem Kind geschadet zu haben, und das ist das Wichtigste. Manchmal juckt es mich in den Fingern, einem anderen Schreiber meine Telefonnummer und meine Hilfe als eine Art Kummerkastentante anzubieten.

Irgendwie habe ich mein Leben ganz gut im Griff, von mir aus kann alles so bleiben, wie es ist: mein Mann, mein Kind, mein Job, mein Ex. Ich möchte gesund bleiben und mit Thorsten alt werden, meine Tochter auf dem Weg ins selbstständige Leben unterstützen, ohne als Mutter zu versagen. Ich möchte die Freundschaft zu Bernhard aufrechterhalten. Und ich möchte erleben, dass das Familienrecht grundlegend reformiert wird, damit dieses lebenslange Unterhaltsjoch ein Ende hat. Die Scheidungsraten steigen permanent, aber immer noch werden den Erstehefrauen unter Umständen lebenslange Versorgungsansprüche garantiert. In neunzig Prozent aller Fälle sind es die Männer, für die dann das Motto lautet: »Wer das Risiko eingeht, kommt darin um.« In Zeiten der Emanzipation ein sehr schwaches Bild und Zeugnis der modernen Frau. Gesellschaftlich ist es immer mehr akzeptiert, dass eine Ehe nicht mehr zwangsläufig ein Leben lang hält. Leider hinkt die Rechtsprechung dieser Einsicht weit hinterher. Ich bin dafür, dass bei Scheidungen das Schuldprinzip wieder eingeführt wird. Und jeder Heiratswillige sollte vor der Eheschließung verpflichtet werden zu unterschreiben, dass er diese Regelung gelesen und verinnerlicht hat und dass er sich der Konsequenzen im Falle einer Scheidung bewusst ist. Spannend zu sehen wäre, wie viele Leute dann noch heiraten würden.

Elke, 43, Kaufmännische Angestellte

»IRGENDWANN WUSSTE ICH NICHT MEHR, OB ER EINEN AN DER WAFFEL HATTE ODER ICH.«

Bevor ich es nicht am eigenen Leib erfahren hatte, wusste ich nicht, dass es so etwas wie Stalking gibt. Jetzt weiß ich, dass es die Hölle ist, von dem Mann, den man geliebt hat, verfolgt zu werden, obwohl mein Fall im Vergleich zu anderen noch vergleichsweise harmlos klingt. Wenn man einmal in dieses Thema, das in der Öffentlichkeit so wenig diskutiert wird, eintaucht, ist man erstaunt, wie viele Menschen unter einem Stalker leiden, ohne dass es jemand mitbekommt, ohne dass darüber berichtet wird. Von Missbrauch und Gewalt hört und liest man täglich in den Medien, von Stalkingopfern nur alle Jubeljahre mal, dabei leben in diesem Land jede Menge von uns. Ich wünsche mir die Aufmerksamkeit der Öffentlichkeit, darum erzähle ich hier meine Geschichte.

Vor vier Jahren lernte ich Anton in einer Disco kennen. In meiner Ehe war ich nicht glücklich, nie glücklich gewesen. Für meinen Ex-Mann war ich nur da, um die Kinder großzuziehen, Essen zu kochen und mich im Bett hin und wieder willig zu erweisen. Dementsprechend ausgehungert nach Zuneigung war ich. Und so hatte Anton ein leichtes Spiel. Er umwarb mich wie eine Königin, sagte pausenlos Dinge wie: »Ich liebe dich abgöttisch! Ich liebe dich über alles!« und erreichte damit, dass ich kurze Zeit später alles hinschmiss und mich scheiden ließ. Aber Anton war mehr als nur ein willkommener Anlass für den längst überfälligen Befreiungsschlag, den ich mir bis dahin einfach nicht zugetraut hatte, ich dachte wirklich, ich hätte in ihm meinen Traummann gefunden.

Ich genoss die liebevolle, zärtliche Aufmerksamkeit, die er mir schenkte, in vollen Zügen. Wir gingen tanzen und essen, wozu sich mein Ex-Mann nie bemüßigt gefühlt hatte, wir saßen aber auch viel aneinander gekuschelt vor dem Fernseher und hatten ganz viel Sex (Oh Gott, wenn ich heute daran denke, könnte ich kotzen!). Anton hatte weder Geld noch Bekannte, Ersteres hatte seine Ex angeblich ausgegeben, Letztere vertrieben. Meine Freunde waren ihm allerdings auch nicht recht, sodass ich mich nach und nach immer mehr von meiner Umwelt distanzierte, weil ich keinen Streit mit Anton riskieren wollte. Irgendwann erledigten sich auch unsere romantischen Dates zu zweit, denn ich ertrug es nicht, wie Anton währenddessen andere Frauen anstarrte und mit ihnen flirtete. Zwar organisierte er es immer so, dass er in der Kneipe hinter mir stand, damit ich die Blicke, die er anderen zuwarf, nicht sehen sollte, aber ich sah ja die Reaktion der Frauen! Bis dahin hatte ich unsere gemeinsame Zeit als sehr schön empfunden, nun sah ich das etwas anders. Antons ständige Zuwendungen begannen, mir auf den Nerv zu gehen. Ich begriff, dass er mir die süßen SMSe nicht schrieb, um mir eine Freude zu machen, sondern um mich zu kontrollieren. In dem knappen Jahr, das ich mit ihm verbrachte, belog er mich, betrog er mich und lebte auf meine Kosten. Redete mich so kirre, dass ich schließlich nicht mehr wusste, ob er einen an der Waffel hatte oder ich.

Mehrmals versuchte ich den Absprung, nur um jedes Mal von Anton bekniet und weich gekocht zu werden, und zwar so lange, bis ich bereit war, ihm noch eine Chance zu geben. Und noch eine. Und noch eine. Bis zu diesem einen Tag, an dem ich während einer Diskussion den Satz: »Ich kenn' dich doch!« fallen ließ. Er reagierte unerwartet, mit einem ganz seltsamen Unterton in der Stimme: »Nein, du kennst mich nicht!«

Ich war misstrauisch geworden. Wühlte in seinen Sachen und wurde im Papierkorb seines PCs unter »Gelöschte Mails« fündig. Anton hatte sich nicht einmal die Mühe gemacht, die Nachrichten an seine Internetbekanntschaften zu verstecken oder wenigstens so zu vernichten, dass ich sie nicht mehr hätte lesen können. Ich las von einer Kollegin, mit der er sich zum Tanzen treffen wollte, allerdings nicht in unserer Disco: »Die ist zu öde!« Klar, dort hätte ich ihn ja erwischen können! Ich las von einer Achtzehnjährigen, der er seinen Besuch ankündigte: »So eine nette Frau wie dich habe ich noch nie kennen gelernt!« Es schien ihm nichts auszumachen, dass die Dame über zweihundert Kilometer entfernt lebte – wenn er mich besuchen sollte, zickte er bereits wegen fünf Kilometern und ein paar Tropfen Sprit herum. Ich las, wie er mit diesen Frauen geflirtet und mich geleugnet hatte. »Na warte!«, dachte ich und klickte mich unter einem Pseudonym in dem Chatroom ein, in dem er häufig unterwegs war. Keine zehn Minuten vergingen, bis Anton mich unter seinem Nickname, den ich ja nun kannte, anbaggerte. Wir chatteten eine Weile, chatteten ein paar Tage später ein zweites Mal und verabredeten uns gleich zum Blind Date. Anton verabschiedete sich von mir mit der Ausrede, ein Freund habe angerufen und brauche dringend seine Hilfe. Mit einer Freundin, die mir Beistand angeboten hatte, weil Anton ihr schon lange ein Dorn im Auge war, fuhr ich zum Treffpunkt. »Jetzt«, sagte ich zu ihr, » lassen wir ihn hochgehen!« Kaum, dass wir um die Ecke bogen und Anton vor dem Café stehen sahen, lief er weg. Er muss ihr Auto sofort erkannt haben. Hinterher behauptete er zwar, er hätte schon im Chat geahnt, um wen es sich handelte, aber das konnte ich nicht glauben. Wieso hätte er sich dann mit mir verabreden sollen? An diesem Abend ging das Stalking los.

Schon auf der Heimfahrt begannen der Telefonterror und die Angst. Während meine Freundin und ich an einer Tankstelle hielten und mit angehaltenem Atem eine Stunde verstreichen ließen, weil wir Angst hatten, Anton würde uns auflauern und von der Straße abdrängen, rief er mindestens dreißig Mal an. Doch was blieb mir anderes übrig, als irgendwann nach Hause zu fahren? Kurz nachdem ich dort angekommen war, stürmte Anton mit einer Mordswut auf mich in die Wohnung. Er schrie, er tobte, rannte durch die Zimmer und sammelte ein paar Klamotten zusammen. Knallte seine Tasche dermaßen heftig auf den Boden, dass ich dachte, das Parkett würde bersten. Auf dem Weg zur Tür hinaus hielt er unvermittelt inne, drehte sich zu mir um und ahmte mit der Hand ein Messer nach, das eine Kehle durchschnitt – eine eindeutige Drohung. Dann war ich allein, und die Angst packte mich. Wenn ich an diese Szene denke, läuft mir heute noch ein Schauer den Rücken hinunter.

In den folgenden Tagen rief Anton ständig an, forderte eine Aussprache. Und noch eine. Und noch eine. Wie hätte ich damals wissen sollen, dass er ein Stalker ist und wie man sich solchen Menschen gegenüber verhält!? So ließ ich mich immer wieder auf Treffen ein, bemüht, meine Entscheidung zu erklären. Anton wollte nicht verstehen, stellte mich als herzlos hin. Als er wegen einer Blinddarmentzündung für eine Woche ins Krankenhaus eingeliefert wurde, erzählte er mir, er habe Krebs. Weinte, jammerte, weil ich mich nicht um ihn, den angeblich Todkranken, kümmern wollte. Wenig später stellte sich heraus, dass er sich den Krebs ausgedacht hatte.

Als Anton aufging, dass er bei mir auf die weinerliche Tour nicht mehr weiterkommen würde, dass ich nicht mehr auf seine Lügengeschichten reinfiel, verlegte er sich wieder auf den Telefonterror. Rief so oft in meiner Firma an, dass weder meine Kollegen noch ich uns auf die Arbeit konzentrieren konnten, beinahe hätte ich meinen Job verloren. Allein meine Handymailbox meldete zwanzig, fünfundzwanzig Anrufe pro Tag, der Anrufbeantworter zu Hause zeichnete zwei weitere Dutzend auf. Tag und Nacht klingelten die Telefone. Dazu erreichten mich zehn bis fünfzehn SMSe pro Nacht.

Was er eigentlich wollte, war Anton, glaube ich, selbst nicht so ganz klar. Entweder beschimpfte er mich als »Dreckschlampe« oder drohte: »Du wirst dich noch wundern, was heute so passiert. Ich hab' mir was ganz Besonderes für dich einfallen lassen!«, oder er schleimte sich ein: »Ich liebe dich, du bist mein Schicksal!« Seine Formulierungen wählte er jedoch immer so, dass man sie nicht hätte gegen ihn verwenden können. Jeder Richter würde sagen: »›Dreckschlampe‹, das kann einem im Streit schon mal rausrutschen. Mit ›was besonderes einfallen lassen‹ könnte er doch einen Blumenstrauß gemeint haben. Und über die Liebeserklärung können Sie sich doch freuen!« Nur ich kannte den widerlichen Unterton in Antons Stimme, nur ich wusste, wie das, was er sagte und schrieb, wirklich gemeint war.

Anton setzte mich mit meinen Aktien, die noch über sein Depot liefen, unter Druck. Er stahl meinem Sohn seinen Haustürschlüssel und verschaffte sich in meiner Abwesenheit Zutritt zu unserer Wohnung. Durchforstete meinen Computer, checkte mein Handy, sandte meine Telefonnummernliste auf seins. Oft genug spürte ich, dass er da gewesen war, ohne dass ich es hätte beweisen können. An anderen Tagen legte er es geradezu darauf an, mir zu zeigen, dass er allgegenwärtig war. Einmal lag, als ich von der Arbeit nach Hause kam, ein Kondom mitten auf dem Nachttisch. Dazu muss man wissen, dass wir beim Sex Präservative benutzt hatten. Und dass ich nach unserer Trennung, um nicht mehr daran erinnert zu werden, restlos alle Kondome aus der ganzen Wohnung zusammengesucht und entsorgt hatte. Natürlich hätte es theoretisch sein können, dass ich das eine übersehen hatte. Jeder wies mich auf diese Möglichkeit hin. Aber ich war mir hundertprozentig sicher, dass mein Ex es auf den Nachttisch gelegt hatte.

Anton drohte, von der Brücke zu springen. Meine neue Beziehung zu zerstören. Er versteckte sich hinter den Hecken bei den Mülltonnen, sprang hervor und erschreckte mich beinahe zu Tode. Von dem Tag an traute ich mich kaum noch, den Abfall runter zu bringen. Eines Tages – ich hatte mir vorgenommen, meine Angst zu vergessen und endlich einmal wieder für ein paar Stunden Spaß und Ablenkung zu genießen – saß ich mit einem Bekannten beim Abendessen im Restaurant. Plötzlich entdeckte ich Anton in der Dunkelheit draußen am Fenster, von wo aus er uns beobachtete. Auf dem Heimweg fuhr er unmittelbar hinter mir her, zeitweise Stoßstange an Stoßstange, ließ sich ein wenig zurückfallen, als wir unser Wohngebiet erreichten, und schaltete die Scheinwerfer aus, damit ich ihn nicht mehr sehen sollte. Aber wie immer wusste ich, er war da. Zu Hause angekommen stürzte ich so schnell es ging zur Tür, doch Anton war schneller, versperrte mir den Weg. »Du hast«, sagte er »Gyros mit Pommes gegessen, zwei Cola getrunken und sechs Zigaretten geraucht. Dein Bekannter hat einen Grillteller gegessen, zwei Bier getrunken und zehn Zigaretten geraucht.« Ich glaube, Anton ging es einzig und allein um die Kontrolle. Er wollte mir zeigen, dass er mich in seiner Gewalt hatte. War, so stark er sich geben mochte, aber gleichzeitig auch innerlich zerrissen und auf gewisse Weise schwach. Es gab Momente, in denen er tat, als könne er kein Wässerchen trüben, und flehte, zu mir zurückkommen zu dürfen.

Wir Stalkingopfer werden oft nach dem schlimmsten, aufwühlendsten Erlebnis mit unserem Verfolger gefragt und können darauf selten eine Antwort geben. Es ist die Summe der Anrufe, der Schrecksituationen, der Manipulationen und das beständige Gefühl, beobachtet und tyrannisiert zu werden, das die Hölle ausmacht, in der wir leben. Die dauerhafte Anspannung, Hochspannung, unter der wir stehen, macht uns marode. In meinem Fall hat das Stalking etwa ein halbes Jahr gedauert. Ein halbes Jahr Angst. Hass. Zorn. Schmerz angesichts der Erkenntnis, wie sehr ich mich hatte verarschen lassen und wie mein Leben Stück für Stück zerstört wurde. Panik. Der Blick über die Schulter, der Blick in den Rückspiegel, der Blick ins Schaufenster wurde zur Gewohnheit. Ein Scheißgefühl war das, sich nirgendwo mehr sicher zu fühlen. Peinlich war das, ständig Freunde bitten zu müssen, mich irgendwo abzuholen oder hinzubringen, auf mich aufzupassen. Ich empfand Scham darüber, so naiv gewesen zu sein, mich mit jemandem wie Anton eingelassen zu haben. Mir sind in meinem Leben viele schlimme Menschen über den Weg gelaufen, aber Anton war die Krönung. Wie hatte ich mich nur so in einem Menschen täuschen können?

Warum war ich überhaupt so lange bei ihm geblieben? Ich wusste ja sogar, dass Anton meine Vorgängerin geschlagen hatte! Aber das hielt mich nicht ab, im Gegenteil, ich neigte dazu, Entschuldigungen für ihn zu suchen: »Seine Ex wird ihn provoziert haben, ohne Anlass hätte er sie sicher nicht verprügelt!« Oder: »Das ist doch alles Vergangenheit, er hat sich geändert, mich hat er jedenfalls noch nicht angerührt!« Dass es ein Verbrechen ist, wenn ein Mann seine Frau schlägt, ob mit oder ohne Anlass, kam mir nicht in den Sinn. Heute denke ich manchmal: Mir muss echt jemand ins Gehirn geschissen haben, dass ich so blöd sein konnte. Aber ich weiß auch, dass es nach wie vor leicht ist, auf Anton reinzufallen. Er ist so ein guter Schauspieler. Gibt sich im einen Moment liebevoll und zärtlich, im anderen brutal und gemein. Zuckerbrot und Peitsche. Damit macht er einen mürbe – und abhängig.

Jede Frau liebt das Gefühl, etwas Besonderes zu sein, und Anton gab es mir. »Du bist die tollste Frau der Welt ...«, sagte er und verschluckte den Rest: »... solange du machst, was ich will.« Oder: »Ich kann es nicht eine Nacht ohne dich aushalten ... (weil ich sexsüchtig bin).« Ich liebte seine Komplimente und wollte nicht darauf verzichten müssen. Dazu kam, dass mein Ex-Mann, zu dem ich auch nicht das beste Verhältnis habe, schon die ganze Zeit versuchte, mir unsere beiden zwölf- und dreizehnjährigen Kinder wegzunehmen. Ich befürchtete, dass die Behörden die beiden meinem Ex-Mann zusprechen würden, wenn sie erfuhren, an was für einen Kerl ich geraten war. Also tat ich so, als sei alles in Ordnung, und blieb bei Anton. Hoffte, dass sich unsere Beziehung normalisieren würde.

Ich war damals nicht so selbstbewusst wie heute. Die Gründe dafür liegen tief in meiner Kindheit verborgen. Meine Mutter war früh gestorben, mein Vater hatte erneut geheiratet, und ich passte nicht in sein neues Leben hinein. Ich war irgendwie fehl am Platze. Mein Vater, meine Freunde wie schließlich auch Anton behandelten mich nach dem Motto: »Wenn du machst, was ich will, hab' ich dich lieb, wenn nicht, dann nicht.« Mit dieser Tour wollten sie mich umerziehen, und es gelang ihnen auch. Mein Fehler war, jedes Mal wieder zu tun, was von mir erwartet wurde. Bis mir aufging: »Das bist ja gar nicht mehr du, Elke!« Dann machte ich Schluss, nur um in die nächste Beziehung zu schlittern, in der sich das Muster ein weiteres Mal wiederholte.

Und so war ich in meiner unerfüllten, unbefriedigenden Ehe gelandet. Sex hatte ich jahrelang als etwas Notwendiges, nicht als etwas Schönes erlebt. Um ehrlich zu sein: Ich hatte kein einziges Mal gescheiten Sex gehabt. Keinen einzigen Orgasmus. Bis Anton kam, der sich in diesem Bezug von seinen Vorgängern unterschied. Ich fand ihn attraktiv, dazu seine schmeichelnden Komplimente, seine zärtlichen Finger – und mein Begehren war erweckt. Er ging beim Sex auf mich ein, war zärtlich und experimentierfreudig, kümmerte sich um mich und meine Bedürfnisse, er verschaffte mir einen Höhepunkt! Das wollte ich wieder und wieder erleben, durch die körperliche Erfüllung war mein Urteilsvermögen irgendwie eingeschränkt. Ich glaube, nur deshalb kam ich ein ums andere Mal wieder angekrochen und bat ihn um Verzeihung, wenn ich mich endlich dazu durchgerungen hatte, ihn vor die Tür zu setzen. Ein paar Monate lang genoss ich das Gefühl, begehrt und befriedigt zu werden. Bis sich herausstellte, dass Anton sexsüchtig ist. Dass er mich drängte, mit ihm zu schlafen, dass er sich andere Frauen nahm, wenn ich keine Lust hatte, dass er sich oral an mir bediente, wenn ich schlief. Sein Leben drehte sich ausschließlich um Sex und Computer. Vielleicht holte er sich im Bett das Selbstwertgefühl, das er sonst nicht hatte. Vielleicht erniedrigte er mich, um sich selbst zu beweisen, was für ein ganzer Kerl er ist. Heute spüre ich ihm gegenüber körperliches Unwohlsein, Hass, Ekel und Verachtung.

Irgendwann stieß ich im Internet auf den Begriff »Liebeswahn« und das Stalkingforum. Welche Erleichterung! Hatte ich mich vorher nicht getraut, meinen engsten Freundinnen zu erzählen, dass ich von Anton verfolgt wurde, sah ich nun, dass ich bei weitem nicht die Einzige war. War ich mir sicher gewesen, niemand würde mir glauben, bekam ich nun Zuspruch und Trost von anderen Betroffenen. Das Glücksgefühl ist nicht zu beschreiben. Ich selbst hatte mich ja schon nicht mehr für voll genommen und mich für reif für den Psychiater erklärt. Hatte mein eigenes Bauchgefühl, meine Menschenkenntnis infrage gestellt und mich für einen absoluten Einzelfall gehalten. Sich selbst nicht mehr über den Weg zu trauen, das war das Schlimmste für mich. Die Moderatorin im Stalkingforum half mir wirklich. Sie gab mir und den anderen Tipps: »Nehmt eure unguten Gefühle ernst. Informiert euer Umfeld, auch wenn es mordspeinlich ist. Legt euch neue Telefonnummern zu, aber meldet die alten nicht ab, damit es dem Stalker nicht auffällt. Zieht um, zieht wenn möglich weit weg.«

Wirklich schützen kann man sich trotzdem nicht. Ich kenne Betroffene, die hunderte Kilometer zwischen sich und den Stalker gebracht haben, nur um wenig später feststellen zu müssen, dass er oder sie den neuen Wohnsitz längst enttarnt hatte. Wie schnell würde die Deckung auffliegen, wenn eine ahnungslose Praktikantin im Büro meine geheime Privatnummer herausgäbe. Oder wenn Anton eine Frau anrufen ließe, die sich als gute Freundin von mir ausgibt. Umziehen kommt für mich sowieso nicht infrage, schon allein wegen der Kinder. Vom Dorf in die Anonymität der Großstadt, das kann ich ihnen nicht antun. Wir sind so richtige Landeier aus Überzeugung. Und so mürbe gemacht hat mich Anton trotz allem nicht, dass ich wegen diesem Arschloch bereit wäre, mein ganzes Leben aufzugeben. Andere Betroffene haben es gemacht. Es gibt Männer, die von Frauen verfolgt werden. Es gibt Frauen, die von Männern verfolgt werden, die nicht ihre Ex-Partner sind. Aber die meisten Betroffenen erzählen Geschichten, die meiner ähneln. So sehr, dass ich manchmal denke: Die sind alle an denselben Mann geraten. Unsichere Frauen, geschiedene Frauen, Frauen mit Kindern, denen kann der Stalker besser drohen, die sind nicht so flexibel, das weiß er. Frauen mit einer großen Portion Naivität, auch die muss ich mir vorwerfen lassen. Frauen, die die Sehnsucht nach Zuneigung treibt.

Meine Nachfolgerin an Antons Seite, die nach zweieinhalb Jahren Beziehung erst vor wenigen Tagen den Absprung geschafft hat, ist auch so ein Typ. Gitta, eine liebe, nette Frau, die mir Leid tat. Durch sie wurde er endlich von mir abgelenkt, seine Wut ließ er nun an ihr aus. Schlug sie, übergoss sie mit Spülwasser und stieß sie die Treppe hinunter. Kurz nachdem Anton und Gitta ein Paar wurden, rief sie mich an, wir trafen uns. Ich erzählte ihr alles, warnte sie vor diesem Mann. Aber sie glaubte mir nicht, wie ich mir ein Jahr zuvor auch nicht geglaubt hätte, und ließ sich dennoch auf ihn ein. Als Anton herausfand, dass ich mit Gitta geredet hatte, demolierte er mein Auto. Dann denunzierte er mich im Internet unter vollem Namen als Schlampe, sein letzter Streich – bis jetzt.

Seit einem Jahr habe ich nichts mehr von Anton gehört, seit eineinhalb Jahren habe ich einen neuen Freund. Tobias kannte ich schon zehn Jahre, als ich mich in ihn verliebte. Ein Mann aus dem Freundeskreis, zu dem die Vertrauensbasis schon existierte – auf einen Fremden würde ich mich nicht mehr einlassen. Zu groß ist die Angst, wieder an einen Stalker zu geraten. Obwohl ich durchaus selbstbewusster geworden bin, die Angst verlangt das von mir. Ich sage in meiner neuen Beziehung, was ich will. Anfangs eher zufällig, ich kannte Tobias gut, schüttete ihm mein Herz aus und dachte: »Dem kann ich ja erzählen, was ich wirklich denke, was ich wirklich vom Leben will, wo keine Liebe ist, kann auch keine Liebe sterben.« Als sich Tobias dann trotz meiner Offenheit in mich verliebte, war ich ganz baff. Da habe ich wirklich einen Glücksgriff getan.

Ich hoffe und glaube, dass die Beziehung mit Tobias eine Zukunft hat, dann muss ich nie mehr die Angst haben, auf der Suche nach einem neuen Mann an einen Stalker zu geraten. Einige Stalkertricks und -eigenschaften kenne ich inzwischen natürlich. Stalker horchen Frauen aus, denn sie wissen, dass sie bei einem bestimmten Typ leichtes Spiel haben. Auf selbstbewusste Frauen, die ihnen sowieso den Laufpass geben würden, haben sie es nicht abgesehen. Stalker suchen unsichere Frauen mit wenig Selbstbewusstsein. Und wie finden sie die? Indem sie das Gespräch ganz nebenbei auf das Thema Ex-Partner bringen: »Was für Erfahrungen hast du denn so mit Männern gemacht?« Dann lügen sie der Frau vor, sie hätten selbst eine schlimme Ehe oder Beziehung hinter sich. Ein Lockmittel, das Mitleid und ein Gemeinschaftsgefühl in den Frauen wecken soll. Wenn sie darauf anspringen, weiß der Stalker: »Die kann ich um den Finger wickeln.« Ein auffälliges Indiz ist auch aufdringliches Werben. Jeder normale Mann, der Interesse an einer Frau hat, würde nach dem ersten Kennenlernen ein paar Tage warten, dann anrufen. Ein Stalker klingelt oft schon auf dem Handy durch, bevor man außer Sichtweite ist. Er gibt einem das Gefühl, die tollste Frau der Welt zu sein, und ist dabei von Anfang an unheimlich anhänglich. Diesem Trick würde ich nicht noch einmal auf den Leim gehen. Aber eine Garantie gibt es dennoch nicht, Stalker sind gerissen und erfinderisch, wenn es darum geht, ihre Opfer zu demütigen.

Mein Lebensgefährte Tobias sagt in Bezug auf meinen Ex: »Hab keine Angst. Jetzt bin ich da, und wenn er wieder mit seinen Spielchen anfängt, erstatten wir Anzeige.« Bloß was nutzt mir das, wenn mein Lebensgefährte die ganze Woche über nicht da ist, weil er in einer anderen Stadt arbeitet, und ich Nacht für Nacht Angst habe, dass Anton mich krankenhausreif prügelt? Tobias versucht zu verstehen, aber er kann, wie alle, die nicht erlebt haben, was ich erlebt habe, die wirren Gedankengänge eines Stalkers einfach nicht nachvollziehen. Die Geschichten klingen ja auch alle wirklich so absurd, dass sie kaum zu glauben sind. Wenn man selbst ein gradliniger Mensch ist, kann man sich gar nicht vorstellen, dass jemand derart kaltblütig lügen kann. Außer Denunzierungen oder verbalen Angriffen habe ich tagsüber nichts zu befürchten, im Hellen ist Anton ein Feigling. Aber nachts fühlt er sich sicher, nachts kommt die Angst.

Gitta hat inzwischen Anzeige erstattet und will vor Gericht gehen, mit mir als Zeugin. Auch das macht mir Angst. Zwar bot ich ihr meine Hilfe an, schließlich verbindet uns eine Art Schicksalsgemeinschaft, aber für sie aussagen ...? Ich weiß nicht. Ein Bekannter bei der Polizei sagte mir, die Chance, dass Anton verurteilt würde, stände gleich null. Gitta hätte keine Beweise, und mir hätte er nichts Handfestes angetan. Dreimal war ich bei der Polizei, dreimal wurde ich nur belächelt. Die wussten nicht mal, was Stalking ist. In Amerika gibt es Gesetze gegen Stalker, hier nicht. Also was sollte eine Verhandlung bringen, außer dass ich im Geiste alles noch einmal durchleben müsste? Ich schlafe auch so schon schlecht genug. Wenn ich aussage, wird Anton sicher wütend auf mich werden und mich von neuem verfolgen. Wenn ich nicht für Gitta aussage, wird *er* vielleicht versuchen, mich zu einer Aussage zu zwingen, schließlich müsste ich unter Eid bestätigen, dass er mir gegenüber nicht gewalttätig war. Wie ich es auch drehe und wende, die Angst, dass bald alles von vorn beginnt, werde ich nicht los. Ich war so froh, dass er mich bis jetzt in Ruhe gelassen hat. Seit einem Jahr keine SMS, kein Anruf, kein heimliches Auflauern. Man wird etwas ruhiger, beginnt, positiv in die Zukunft zu schauen, aber die Furcht lässt einen nie vollständig los. Und jetzt, wo ich befürchten muss, dass alles noch einmal ins Rollen kommen könnte, verstecke ich mich wieder zu Hause. Nicht mal zum Dorffest habe ich mich getraut.

Was ich mir für die Zukunft wünsche: Dass Anton verknackt wird, damit nicht noch mehr Frauen auf ihn reinfallen. Man sieht ja jetzt schon, wie er sich gesteigert hat. Mich hat er belogen, betrogen und verfolgt, das waren ja noch vergleichsweise Peanuts, Gitta hat er verprügelt und in den Keller gesperrt, wird er die Nächste umbringen? Der Mann ist eine tickende Zeitbombe, die irgendwann durchknallen wird.

Rudolf, 45, Redakteur

»MEIN VERHÄLTNIS ZU MEINER TOCHTER LEIDET DARUNTER, DASS MEINE EX JEGLICHEN KONTAKT ABBLOCKT.«

Die Hälfte aller Ehen wird geschieden, wer weiß wie viele Partnerschaften ohne Trauschein werden aufgelöst, und dementsprechend gibt es in Deutschland Millionen Scheidungskinder, die dennoch ein Anrecht auf ihre Eltern haben. Ganz klar, dass das Thema Ex-Partner in unserer Zeit wichtiger ist denn je. Gerade wenn Kinder involviert sind, können sich die Eltern nicht einfach so voneinander verabschieden, weil ihre Liebe eingegangen ist. Ihre Verbundenheit war während der Beziehung oder Ehe um die Nuance enger, die gemeinsame Kinder nun einmal ausmachen, und diese Verbundenheit lässt sich wegen der Kinder nicht ohne weiteres auflösen. Die Verantwortung, für den Nachwuchs zu sorgen und ihn zu begleiten, bis er erwachsen ist, bleibt bestehen. Trotzdem habe ich unsere Tochter Maria, die das letzte Bindeglied zwischen meiner Ex Angelika und mir ist, zu keinem Zeitpunkt als negatives Anhängsel empfunden, das mich daran hindert, meinen eigenen Weg zu gehen. Im Gegenteil, Maria war immer eine Bereicherung für mich.

Zwölf Jahre sind seit der Trennung von Angelika vergangen, und in den gesamten zwölf Jahren nahm sie niemals von sich aus Kontakt auf. Enthielt mir wichtige Informationen über Reisen, Ferienplanung, die Weihnachtsfeiertage und sogar über schwere Krankheiten unserer Tochter vor. Ständig war ich damit beschäftigt, ihr hinterher zu telefonieren, um zu erfahren, wie es Maria ging, wie sie sich entwickelte und was sie plante. Inzwischen kommunizieren wir über Rechtsanwälte, und natürlich geht es dabei vorrangig um Geld. Ich, der ich in Teilzeit arbeite und verdiene, soll dennoch vollen Unterhalt zahlen?! Eine Rechtspraxis, die Väter diskriminiert.

Streit, Missverständnisse und Kommunikationsschwierigkeiten prägen unser Verhältnis, dabei sind die Voraussetzungen für ein ausführliches, friedliches Miteinander bei uns doch eigentlich viel eher gegeben als bei anderen Ex-Partnern und ihren Kindern – schließlich leben Angelika und Maria kaum zwanzig Kilometer von meiner jetzigen Frau Katrin und mir entfernt. Doch der Frieden, die Normalität stellt sich zwischen uns nicht ein, aus dem einfachen Grunde, dass von Angelikas Seite nichts kommt. Und dass die Loyalität Maria an die Entscheidung ihrer Mutter bindet.

Anfangs galt bei uns das übliche Besuchsrecht: alle vierzehn Tage ein Wochenende plus einen weiteren Tag zwischen zwei dieser Besuche verbrachte Maria bei mir, doch diese Abmachung schlief langsam, aber sicher ein. Zuletzt sah ich Maria höchstens einmal im Monat. Erst in den letzten Jahren, seit sie einen eigenen Computer hat und ihn auch gern und ausführlich nutzt, entwickelte sich ein engerer, ein andersartiger Kontakt zwischen uns. Wir schicken E-Mails hin und her – phantastisch, diese Technik! Und an dem, was Maria schreibt, merke ich, dass sie Vertrauen zu mir entwickelt hat. Sie erzählt nämlich nicht nur von ihren Erfolgen, sondern auch von ihren Misserfolgen, von schlechten Noten zum Beispiel. Oder davon, dass sie auf einer Party einen über den Durst getrunken hat. Und trotzdem, es reicht mir nicht. Marias Alltag bleibt mir verborgen, ich kenne ihre Freundinnen nicht, fühle mich aus vielen Bereichen ihres Lebens ausgeschlossen.

Die Gefühle, die zwischen Angelika und mir existierten, liegen so lange zurück, dass selbst die Erinnerung daran längst verblasst und unwichtig geworden ist. Doch meiner Liebe zu Maria wegen wünschte ich mir, meine Ex und ich wären nicht im Streit auseinandergegangen. Weil sie ihre persönlichen Befindlichkeiten über die unserer Tochter stellt und meine Gesprächsversuche boykottiert, bin ich sauer auf Angelika, genervt von ihr und ärgerlich.

Wenn ich darüber nachdenke, fällt mir auf, wie sehr sich meine Einstellung ihr gegenüber gewandelt hat. Während unserer Beziehung wie auch während unserer Trennung hielt ich – ganz der feministisch sozialisierte Partner – die Frauen für den überlegenen Teil der Menschheit. Sie führen keine Kriege, schien mir, schlagen nicht gleich zu, bieten Wärme und Nähe, sind kommunikativ und gut drauf. Heute weiß ich es besser. Meine Ex ist Pädagogin, was ihr die Fähigkeit verleiht, ihre Entscheidungen immer einleuchtend zu begründen, so einleuchtend, dass ich mich gern überzeugen ließ und kooperativ zeigte. Ein Fehler, wie ich heute weiß, denn zum einen wurde meine Zustimmung nicht honoriert und zum anderen führte sie zu dem, was ich heute so bedaure: zur Entfremdung von meiner eigenen Tochter.

In den ersten fünf Jahren nach der Trennung ließ ich nichts unversucht, um Gespräche über die Erziehung von Maria herbeizuführen, über die Vorlieben unserer Tochter und unsere Möglichkeiten, sie zu fördern. Doch wenn absolut nichts zurückkommt, schwindet der Enthusiasmus und macht der Resignation Platz. Ich gab auf. Wurde wütend. Versuchte, diese Regung nicht auf meine Tochter übergehen zu lassen, ihre Mutter vor ihr nicht schlecht zu machen. Doch die Idealsituation, in der Kinder im Allgemeinen und Scheidungskinder im Besonderen völlig aus den Streitigkeiten zwischen ihren Eltern herausgehalten werden, funktioniert in der Realität natürlich so nicht.

Ich könnte Maria ja nicht einmal erklären, warum ihre Mutter mich dermaßen ablehnt, denn es ist mir selbst nicht ganz klar. Einen Punkt konnte ich schon für mich ausmachen, in dem zwischen Angelika und mir etwas schief gelaufen ist: Wir hatten uns bei der Arbeit im Kindergarten kennen gelernt, sie war Praktikantin, ich Betreuer, und ich hatte mich in ihre Art, mit Kindern umzugehen, verliebt. Mir gefielen die Wärme und Herzlichkeit, die sie ausstrahlte, wenn sie sich um die Kleinen kümmerte, sie beschäftigte. Diese Eigenschaft an ihr schätzte ich zunächst, dann begann sie, mich zu rühren, und schließlich ging davon Angelikas Anziehungskraft aus. Unser Draht zueinander kam über unsere Begeisterung für unseren Beruf zustande, und wir vergaßen darüber, dass die gemeinsame Liebe zu Kindern nicht mit der Liebe zwischen zwei Erwachsenen gleichzusetzen ist. Doch kann das als Trennungsgrund gelten?

Ja, wir hatten Streit, zuletzt auch eine schlechte Phase, die scheinbar kein Ende nehmen wollte, das will ich gar nicht leugnen. Es ging um Arbeitslosigkeit und einen beruflichen Neustart, es ging um die Überlastung durch das Kind. Beide forderten wir vom anderen mehr, als der imstande war zu geben. Doch nachdem die Teller geflogen und die Trennungsdrohungen ausgesprochen waren, erkannte ich, dass etwas zwischen uns schief lief. Entschied mich zu kämpfen. Die Beziehung zu retten. Holte uns professionellen Beistand durch eine Paarberatung. Doch trotz meiner Bemühungen nutzte Angelika die Gelegenheit nicht zur Auseinandersetzung, sondern um die Trennung vor Publikum endgültig offiziell zu machen.

Da der Wohnungsmarkt jedoch zu der Zeit angespannt war, blieb uns nichts anderes übrig, als noch ein halbes Jahr zusammenzuleben. Die beste Zeit, die wir je miteinander hatten! Wir ließen die gegenseitigen Vorwürfe fallen und näherten uns wieder an. Wir erkannten, dass jeder von uns beiden sein Bestes gab, und forderten nicht mehr als das. Einfach alles entspannte sich zwischen uns. Wir gaben eine prima Wohn- und Erziehungsgemeinschaft ab, aber Angelika drängte darauf, die Trennung durchzuziehen. Trotzdem standen, nachdem sich etliche Streitpunkte in Luft aufgelöst hatten, eigentlich alle Zeichen auf Freundschaft.

Daraus ist offensichtlich nichts geworden, dennoch besteht für mich inzwischen kein Klärungs- oder Aufarbeitungsbedarf mehr. Nach zwölf Jahren Funkstille ist mein Interesse daran, Angelika die Fragen zu stellen, die für mich noch nicht beantwortet sind, erloschen. Mein Interesse gilt nur noch unserer Tochter. Ich glaube nicht, dass mich diese unvollendete Vergangenheit in Gegenwart und Zukunft blockieren kann. Letztendlich weiß doch niemand genau, warum seine Beziehung in die Brüche gegangen ist – da stelle ich keine Ausnahme dar. Ich weiß nur: Die Liebe erlischt nicht zum Zeitpunkt der Trennung, wenn man derjenige ist, der verlassen wurde. Doch wenn man über Wochen, Monate und

Jahre hinweg nicht versteht, warum man nicht mehr geliebt wird, dann verkümmert das Gefühl langsam, aber sicher, eben weil man seine Ex nicht mehr versteht und sich dadurch von ihr distanziert.

Die Geschichte mit Angelika liegt innerhalb einer längst vergangenen Lebensphase, ist zu lange her, zu weit weg, als dass ich mir wünschen würde, den Kontakt aufzufrischen. Und das, obwohl ich eigentlich jemand bin, der für Freundschaft unter Ex-Partnern plädiert, der dazu bereit gewesen wäre – damals. Schließlich gibt es Menschen, die es tatsächlich schaffen, eine solche Freundschaft aufzubauen, die besonders unter Ex-Partnern, die Kinder miteinander haben, so wichtig ist, denn Eltern bleiben Eltern.

Und ein glückliches Familienleben bleibt das Ideal. In diesem Zusammenhang fällt mir ein, dass es doch einen einzigen Moment nach der Trennung gab, in dem meine Ex den Kontakt suchte. Sie tauchte überraschend bei uns auf, um Katrin und mir mitzuteilen: »Ich wünsche nicht, dass Maria bei euch die heile Familie erlebt.« Ziemlich genau das waren ihre Worte. Dahinter steckte natürlich Angst, dass es unserer Tochter bei Katrin, unserem kleinen Sohn und mir besser gefallen könnte als bei ihr, die sie noch keinen neuen Partner gefunden hatte. Ich verstand Angelikas Motivation sogar, auch ihre Angst. Katrin tippte sich bloß an die Stirn und verstärkte weiter ihr gutes Verhältnis zu Maria, das sich ziemlich schnell entwickelt hatte. Natürlich hatte es leichte Startschwierigkeiten gegeben, war Katrin skeptisch gewesen, als ich zu ihr sagte: »Ich habe eine Tochter, die ich über alles liebe, und wenn du mit Maria nicht klarkommst, wird es schwierig sein, dass wir beide eine Beziehung führen.« Katrin hatte sich von mir unter Druck gesetzt gefühlt, doch das legte sich bald. Heute quatscht sie mit meiner Tochter, wenn ich mich mit unserem Kleinen beschäftige, und geht sogar hin und wieder mit ihr aus.

Das gefällt mir an Katrin, da ist sie ein ganz anderer Typ als Angelika. Nicht, dass ich Vergleiche anstellen würde. Die fünf Jahre, die zwischen der Trennung von meiner Ex und dem Kennenlernen meiner neuen Frau lagen, waren lang genug für mich, um die Lebensphasen wie auch die Frauen auseinander zu dividieren.

Doch wenn ich jetzt drüber nachdenke, könnten sie wirklich unterschiedlicher nicht sein. Vom Äußeren. Vom Charakter her. Katrin ist lebendig, nach außen gerichtet, lebt ihr Mitteilungsbedürfnis in einer Theatergruppe auf der Bühne aus. Angelika dagegen ist introvertiert, gibt wenig von sich preis.

Die innere Prägung durch die Erfahrung mit Angelika trage ich natürlich auf meinem Herzen. Trotz der fünf Jahre Entwöhnung musste ich mir anfangs schon klarmachen, dass Katrin nicht meine Ex ist, dass ich auf die eine nicht reagieren konnte wie auf die andere, dass jede Beziehung ihre eigenen Spielregeln hat. Ein Beispiel: Angelika neigte dazu, wahnsinnig aufzudrehen, wenn sie sich geärgert hatte, und kam dann nur schwer wieder auf den Boden, selbst wenn das Problem schon lange aus der Welt war. Ich reagierte auf ihre Ausbrüche üblicherweise mit einem halb genervten, halb spöttischen: »Hallo, ist gut jetzt!« Meist fasste ich sie dabei am Arm, um sie zu beruhigen. Als Katrin und ich die ersten Streits hatten, griff ich instinktiv ebenfalls nach ihrem Arm und aktivierte meine Beschwichtigungsformel: »Hallo, ist gut jetzt!« Verständlicherweise ging meine Frau total an die Decke, fühlte sich zu Unrecht abgewürgt. Und ich musste eine völlig neue Art zu streiten lernen: Sich an einen Tisch zu setzen, nicht nebeneinander, sondern gegenüber ohne körperliche Berührung, und das Missverständnis zu klären.

In solchen Momenten, in denen meine Vergangenheit mich unterbewusst einholte, interessierte sich Katrin durchaus für meine Ex, wollte verstehen, wie mein Verhalten zustande kam. Ganz am Anfang kamen dazu die üblichen Fragen: »Was macht Angelika eigentlich? Wie lebt sie?« Witzig ist, dass wir einander nie über den Weg gelaufen waren, obwohl wir alle in derselben Stadt lebten. Später in unserer Beziehung pendelte sich Katrins Interesse an meinem Vorleben auf ein normales Maß ein. Das Gespräch kam zum Beispiel darauf, wenn ich traurig war, weil Maria sich eben nach einem Wochenende bei uns verabschiedet hatte. Dann versuchte meine Frau zu ergründen: »Was heißt das jetzt für uns?« Doch ausführlich kennen lernen will sie Angelika nicht. Das käme mir auch komisch vor, ich würde von ihr wissen wollen: »Was soll denn das jetzt?« Katrin ist auch nicht eifersüchtig. Doch, ist sie schon, aber nicht auf meine Ex, sondern zum Beispiel auf die Zeit, die ich unserem Sohn widme. Auf die Zeit, in der ich neue Spielideen für ihn entwickele. Dann fragt sie: »Und welche Ideen entwickelst du für unsere Spiele?« Doch auf meine Verflossenen ist sie nicht eifersüchtig, da gebe ich ihr ja auch überhaupt keinen Anlass.

Es gibt da noch eine weitere Ex-Freundin, mit der ich alle halbe Jahre mal telefoniere. Angelikas Vorgängerin. Die Beziehung hielt ein paar Monate, bis die Frau eines Tages mit einem Cabriolet in den Süden rauschte und ich sie erst nach Jahren wiedersah. Heute mögen wir uns, tauschen uns über die Arbeit aus (sie ist in der gleichen Branche wie ich), über unsere Beziehungen, über Filme und Literatur, eben über Gott und die Welt. Wir sind gute Freunde, einfach, weil wir uns so lange kennen, aber die Beziehung ist schon allein aufgrund der Entfernung nicht eng.

Das Thema »Sex mit der Ex« habe ich für mich abgehakt, da besteht absolut keine Gefahr mehr. Mit Angelika wäre körperliche Nähe in dieser unterkühlten Atmosphäre ohnehin absurd, doch selbst wenn wir in Freundschaft verbunden wären – aus dem Alter bin ich einfach heraus. Vor zwanzig Jahren hätte ich ein Sexangebot von meiner Ex vielleicht nicht sofort abgelehnt. Jungbullen ergreifen nun einmal jede Gelegenheit, die sich ihnen bietet. Kann ich aus eigener Erfahrung bestätigen, denn ja, ich hatte schon einmal Sex mit einer Ex. Hinterher fragte ich mich dann allerdings leicht irritiert: »Und was sollte das jetzt?«

Ich hatte mich einfach treiben lassen und der Frau ihr Spielchen gegönnt. Sie hatte gewusst, dass ich frisch verliebt war, und testen wollen, ob sie trotz meiner neuen Freundin noch attraktiv für mich wäre. Um ihr Ego aufzupolieren. Und ich hatte es zugelassen. Das würde mir heute nicht mehr passieren, denn ich weiß, dass ich mit einem Seitensprung, egal ob mit einer Ex oder einer neuen Bekanntschaft, meine Ehe aufs Spiel setzen würde. Und das ist der Orgasmus nicht wert. Natürlich kann ich mir vorstellen, geilen Sex ohne Herz und Verstand mit einer anderen als meiner Frau zu haben, doch sind mir inzwischen andere Dinge wichtiger: die seelische Gemeinsamkeit, die ich bei der Liebe mit Katrin spüre, die Sicherheit, sie körperlich zu kennen, zu wissen, was sie will und braucht und was sie scharf macht. Das Disco-Gebaggere ist mir einfach zu anstrengend.

Insofern hat Katrin also nichts zu befürchten. Und ich umgekehrt auch nicht, obwohl sie und ihr Ex sich ziemlich nahe stehen. Die beiden haben ein super Verhältnis, spielen zusammen Theater und treffen sich auch jenseits der Proben und Vorstellungen. Reden über die Schauspielerei, Buddhismus, Gott und die Welt. Ihr Ex ist durchaus ein Thema zwischen uns, denn er hat seinen Platz in ihrem Leben. Eifersüchtig bin ich deshalb nicht. Klar gibt es eine Ebene zwischen den beiden, zu der ich keinen Zugang finde. Aber ich strebe diesen Zugang auch nicht an. Mir gefällt es, Katrin auf der Bühne zu sehen, doch ihre Liebe zum Theater kann und will ich nicht auf dieselbe Weise teilen, wie es ihr Ex tut. Was wir gemeinsam haben, unsere Vorlieben, unseren Sohn, unsere Erinnerungen an schöne Zeiten und unsere Pläne, schätze ich sehr, in den anderen Teil ihres Lebens muss ich mich nicht hineindrängen. Ich habe ja auch Freunde, vor allem männliche, mit denen ich eine Verbundenheit spüre, die Katrin ausklammert.

Natürlich mussten wir uns aneinander gewöhnen, mein Vorgänger und ich. Ein paar Wochen lang dominierte in mir das erhebende Gefühl, der bessere Mann zu sein – schließlich hatte ich ihn ausgestochen. Nachdem diese Regung sich verflüchtigt und ich ihn auf einer Geburtstagsparty kennen gelernt hatte, kamen wir miteinander klar. Und unser gegenseitiger Respekt voreinander ist eindeutig der richtige Weg, denn jetzt, da ich Katrin und ihn auch im Umgang miteinander erlebt habe, weiß ich sicher, dass sie ihre Fühler nicht in seine Richtung ausstreckt. Und solange sich daran nichts ändert, habe ich kein Problem mit ihrem Ex. Dabei spielen die beiden auf der Bühne sogar ein Liebespaar. Im aktuellen Stück gibt es diese Szene, in der er ihr beim Rendezvous auf der Parkbank eine Rose überreicht. Allerdings nicht in der Verkleidung als Romeo und Julia, sondern als Clowns. Sie kommen sich in dieser Szene näher, aber ich beobachte nicht eifersüchtig und penibel, ob sie dabei die Grenze des dramaturgisch Notwendigen überschreiten. Nein, ich bin stolz, wenn ich sehe, wie sich der Humor der beiden trifft und aufs Publikum überschwappt.

Was mir zu weit ging, war, dass Katrin anfangs ein Foto von sich und ihm im Zimmer hängen hatte. Ich hatte nun wirklich keine Lust, mir tagtäglich anzuschauen, wie sie ihren Ex anhimmelte. Doch sie wollte mich damit nicht verletzen. Das Bild hing einfach da, sie hatte sich daran gewöhnt und fand es schön. Doch als sie merkte, dass es mir wirklich etwas ausmachte, hatte sie auch kein Problem damit, es abzuhängen. Als Zeichen der Liebe. Ich glaube, man fühlt sich den Verflossenen seiner Lebensgefährtin gegenüber nur ohnmächtig, wenn man sich ihrer Liebe nicht sicher ist. Das mag zu Beginn einer Beziehung so sein. Doch inzwischen bin ich mir sicher und kann mit ihrem Ex umgehen wie mit einem normalen Bekannten.

Der Mann nimmt mir ja nichts weg, im Gegenteil. Katrin kommt immer fröhlich und ausgeglichen vom Theaterspielen zurück, ist beschwingt und möchte mit mir über ihre Erlebnisse reden. Manchmal verliert sie sich so sehr in ihren Schilderungen aus der Bühnenwelt, dass ich ihr gar nicht folgen kann. Dann bin sogar ich froh darüber, dass sie einen Gesprächspartner hat, der ihr in dieser Beziehung mehr bieten kann als ich. Sie führt ein Leben mit mir, doch ich bin nicht das Einzige, was ihr Leben ausmacht. Und das ist gut so, denn Eindrücke von außen fungieren ja immer auch als Korrektiv für die Partnerschaft. Das Beziehungsideal, nach dem zwei Partner einfach jeden Bereich des Lebens teilen, habe ich mit Angelika damals auch angestrebt, aber es führte nur zu Abhängigkeiten. Ein einziger Mensch kann nicht alle Bedürfnisse seines Partners abdecken.

Insofern ist die Beziehung, die ich mit Katrin führe, in gewisser Hinsicht reifer, als es die mit Angelika war. In vielem, was man nach dem Ablösungsprozess von Mutter und Vater erlebt, spiegelt sich ja die eigene Herkunftsfamilie wider. Die Beziehung der Eltern lässt sich natürlich nicht eins zu eins auf die eigene übertragen, doch manche Aspekte schon. Die laufen dann eine

Generation später wieder schief. Beispielsweise hatte ich als Kind einen viel wärmeren Kontakt zu meiner Mutter als zu meinem Vater, so wie das Maria jetzt leider auch erlebt. Damals war das allerdings allgemein die Situation, denn in der klassischen Rollenverteilung arbeitete der Vater, überließ der Mutter die Erziehung des Nachwuchses und war für uns nur selten ansprechbar. Erst später, als mein Vater pensioniert und ich selbst Vater wurde, bemühte ich mich um eine Annäherung. Weil ich plötzlich seine Anerkennung spürte. Weil er mir bei einer Wanderung gestand, was ich mit sechzehn viel dringender hätte hören wollen und müssen: »Ich hätte mich gern mehr um dich gekümmert, als du klein warst, aber es war eben meine Pflicht zu arbeiten, und deine Mutter steckte so sehr in ihrer Rolle als Erzieherin, dass sie dich völlig vereinnahmte.« Ein Vorsatz war mir wie so vielen anderen Altersgenossen meiner Generation immens wichtig: Ich wollte keine Beziehung führen, wie sie mir meine Eltern vorlebten. Keine ritualisierte Beziehung, in der alles seinen Zeitpunkt und seinen geregelten Ablauf hatte. Mit sechzehn fragte ich meine Mutter ein ums andere Mal, warum sie sich denn nicht von meinem Vater trenne: »Das ist doch ätzend, wie ihr zusammenlebt!«

Und doch, obwohl ich alles, aber auch wirklich alles anders machen wollte als meine Eltern, wärmte ich mit Angelika ähnliche Beziehungsmuster wieder auf. An meinem Vater hatte ich oft kritisiert, dass er nicht in der Lage war, sich zu entschuldigen. Dass er stattdessen am nächsten Tag mit einem Blumenstrauß auftauchte und glaubte, damit alles wieder gut gemacht zu haben. Ich wusste, das ist es nicht, was deine Frau braucht, und dennoch kamen mir die Worte »Es tut mir leid« genauso schwer über die Lippen wie ihm. Und das war dann auch ein Punkt, den Angelika mir an den Kopf warf, als sie beschlossen hatte, sich von mir zu trennen. Vor diesem Hintergrund meine ich erkannt zu haben, dass das Scheitern meiner ersten Beziehung notwendig war, damit ich nicht nur begreifen konnte, *dass* ich das Zusammenleben mit einer Frau anders angehen musste, als meine Eltern es getan hatten, sondern *wie*. Wäre natürlich verantwortlicher und leichter auszubügeln gewesen, wenn ich diesen Lernprozess in einer Beziehung ohne Kind absolviert hätte.

Trotz des Schmerzes über den Verlust der Nähe zu meiner Tochter: Überflüssig möchte ich die Beziehung mit Angelika nicht nennen. Die Erfahrung war elementar wichtig für meine Persönlichkeitsbildung und die Überprüfung meiner Werte, ist jedoch inzwischen so weit weg. Meine Vergangenheit ist keine Vergangenheit, in der ich die Grundsteine gelegt habe, auf denen ich nun mein Haus bauen kann. Es ist eher eine Vergangenheit, in der ich schon einmal beim Hausbau gescheitert bin und die mich veranlasst hat, es anderswo ein zweites Mal mit neuen Materialien zu versuchen.

Vor einiger Zeit schaute ich mir gemeinsam mit Maria Fotos von früher an. Was sich gar nicht so leicht gestaltete, denn es existieren nicht viele. In den drei Jahren, in denen Angelika, Maria und ich eine Familie waren, habe ich meist fotografiert und bin auf den wenigsten Aufnahmen selbst mit drauf. Abgesehen davon habe ich bei meinem Auszug – bewusst oder unbewusst, ich weiß es nicht – sämtliche Alben bei Angelika zurückgelassen. Gemeinsame Fotos von Maria und mir gibt es fast nur aus der Zeit nach der Trennung. Und diese schauten wir uns also an. Ein merkwürdiges Gefühl. Seltsam, mich zu sehen, mich mit Angelika zu sehen. Völlig fremd, die Bilder kamen mir vor, wie im Mittelalter geknipst, so weit weg war die Erinnerung an die Momente, die sie festhielten. »Angelika«, dachte ich, »ist attraktiv, immer noch.« Ich versuchte auch, mich an die schönen Momente unseres gemeinsamen Lebens zu erinnern, doch ich fand wenige konkrete Erinnerungen. Meine Ex und ich mit einem Glas Rotwein in der Hand den Feierabend genießend – solche Szenen habe ich nicht gespeichert. Nur an die Ereignisse, die mit Maria zusammenhängen, kann ich mich erinnern. An ihre Geburt, die so schnell über die Bühne ging, in nur fünf Stunden, an die emotionsgeladenen Tage danach, als mein winziges Kind auf meinem Bauch lag. Doch diese Erinnerungen weckten keine Wehmut in mir, nur den Gedankenblitz: »Ach, stimmt ja, das gab's ja auch noch in meinem Leben!«

Fünfzehn Jahre später stehe ich ganz woanders. Für die Zukunft wünsche ich mir eine ausführlichere und intensivere Bindung zu meiner Tochter, doch den Kontakt zu Angelika werde ich nicht suchen. Meine Ex soll nicht in der Gegenwart herumspuken, in der sie nichts zu suchen hat. Sobald Maria achtzehn ist, wird sich das noch viel besser einrichten lassen als jetzt, denn dann muss ich mich nicht mehr mit ihrer Mutter absprechen und kann mit dieser Phase abschließen. Sollte mir irgendwann daran liegen, die Vergangenheit aufzuarbeiten, unbeantwortete Fragen neu aufzuwerfen, dann nicht mit Angelika, sondern mit Maria. Sie wird, sobald sie sich abgenabelt hat, einen anderen, objektiveren Blick auf die zerrüttete Beziehung ihrer Eltern haben als jetzt. Dann wird sie die Frage stellen, die sie bisher noch nicht gestellt hat: »Warum habt ihr euch getrennt?« Ich wollte ihr dieses Gespräch nie aufdrängen, deshalb steht es noch aus. Denn die Erfahrung hat mich gelehrt: Sobald ich die Nähe zu Maria forciere, zieht sie sich zurück. Nur wenn sie von selbst auf mich zukommt, ist sie offen für eine Vater-Tochter-Beziehung. Also spiele ich Gummiwand, reagiere auf ihre Bedürfnisse, statt meine eigenen anzumelden. Das wird sich irgendwann ändern. Und dann wird die Neugier kommen. Vielleicht hat sich Maria bisher nicht getraut zu fragen, vielleicht hat es sie bisher wirklich nicht interessiert, was zwischen ihren Eltern schief gelaufen ist. Doch eines Tages wird sie fragen, da bin ich mir sicher. Und dann werde ich versuchen, es ihr zu erklären.

Lars, 45, Lehrer

»ICH BIN DANKBAR, DASS MEINE EX UND MEINE HERZFRAU BEIDE WARMHERZIGE, GOLDENE SEELEN HABEN.«

Manche Menschen kennen nur Schwarz oder Weiß. Ich aber wehre mich gegen diese Art von Schubladendenken und versuche, die Zwischentöne des Lebens auszumachen. Ein Beispiel: mein Beruf. Als Inhaber einer so genannten Patchwork-Lehrstelle in der Erwachsenenbildung gibt es für mich keine klare Gliederung des Tages in Arbeits- und Freizeit. Morgens geht es meistens um viertel vor acht los, mittags habe ich mehrere Stunden Pause, abends noch einmal Unterricht bis maximal zweiundzwanzig Uhr. Meinem Privatvergnügen gehe ich nach, wenn ich dazu komme. Joggen, schlafen, das Leben genießen – irgendwann um die Mittagszeit eben. Was meine Hobbys angeht, sind die Grenzen genauso fließend. Lese ich Zeitungen oder Bücher, reise ich oder schaue fern, nehme ich die Informationen und Eindrücke einerseits aus eigenem Interesse auf, andererseits mit den Augen des Lehrers, der sie im Unterricht verwenden kann. Insofern ist mein Beruf mein Hobby, insofern kann ich mit dem Schwarzweißblick nichts anfangen. Eben diese Offenheit für Zwischentöne spiegelt sich auch in meiner privaten Lebenssituation wider. Ich bin nach wie vor mit meiner Ex Bettina verheiratet, wohne mit ihr und unserer gemeinsamen Tochter in einem Haus, obwohl meine Liebe längst einer anderen gehört. Annika. Meiner Herzfrau.

Warum ich mit Bettina und nicht mit Annika zusammenlebe? Es gibt so viele Gründe. Als ich meine Ex, die mit beiden Beinen bereits fest im Leben stand, kennen lernte, hatte ich mich gerade an der Universität immatrikuliert und lebte noch bei meinen Eltern. Bettina – fünf Jahre älter als ich, längst zu Hause ausgezogen und seit einigen Jahren im Beruf – erleichterte mir die Abnabelung. Und so rutschte ich direkt vom Elternhaus in eine biedere, geregelte Erwachsenenwelt, die mit dem Studentenlotterleben, das meine Kommilitonen führten, nichts gemein hatte. Da ich durch eine starke Mutterbindung geprägt bin und eine sehr weiche Seite mitbekommen habe, fand ich auch nichts dabei, Haushalt und Wäsche zu machen und mein Studium so zu organisieren, dass ich Bettina abends, wenn sie von der Arbeit kam, zu Hause erwarten konnte.

Nach unserer Hochzeit übernahmen wir einen vierstöckigen, hundertjährigen Altbau von meinem Schwiegervater inklusive Schulden und investierten noch einmal hundertzwanzigtausend Mark hinein. Das Haus gehört uns nun beiden zu je fünfzig Prozent. Unsere Ersparnisse stecken darin, und unser Eigentum jetzt noch einmal gegen zwei Mietwohnungen einzutauschen, wäre eine deutlich höhere Belastung für uns. Die doppelte Haushaltsführung kostet einfach mehr. Zum einen sind es also rein wirtschaftliche Überlegungen, die uns davon abhalten auseinanderzuziehen. Und das finde ich nicht verwerflich. Früher wurden Ehen schließlich regelmäßig nach wirtschaftlichen Gesichtspunkten geschlossen. Ein Bauer sah zu, dass seine Frau als Bäuerin taugte, statt nach der großen Liebe zu suchen. Der Begriff Liebe ist mir sowieso viel zu vage, gerade weil Menschen häufig die Art haben, von heut' auf morgen zu verkünden: »Ich liebe dich nicht mehr.« Die Liebe ist flüchtig wie Parfum. Seine gesamte Existenz darauf aufzubauen wäre unklug.

Der zweite Grund, aus dem ich nicht bei meiner Ex ausgezogen bin, ist unsere Tochter. Nachdem ich mein Studium beendet und mein Referendariat begonnen hatte, kam Bettina auf mich zu und sagte: »Wir müssen Entscheidungen treffen. Willst du Kinder?« Ich erwiderte wie alle Männer: »Ja. Später.« Doch Bettina war Anfang dreißig und spürte das Ticken ihrer biologischen Uhr: »Mit fünfunddreißig werde ich mich nicht mehr auf eine Schwangerschaft einlassen, das Risiko wäre mir zu groß. Wenn du jetzt kein Kind haben willst, dann werden wir eben keins bekommen.« Das wollte ich allerdings auch nicht. Abgesehen davon begann sich die steigende Lehrerarbeitslosigkeit abzuzeichnen, ob mir eine feste Anstellung bevorstand, war also mehr als fraglich. Und so timeten wir die Zeugung haargenau. Einen Monat nach dem Ende meines Referendariats kam unsere Tochter nach einer schwierigen Schwangerschaft, die Bettina zum Großteil liegend in der Klinik verbracht hatte, zur Welt. Der bewusste Zeugungsakt, die gemeinsame Angst um das Kind, das Erlebnis der Geburt – da entstehen Verbindungen, die sich so leicht nicht wieder lösen lassen. Verbindungen, die vielleicht größer und weniger vergänglich sind als Liebe.

Als ich meiner inzwischen volljährigen Tochter vor sechs Jahren beichtete, dass ich eine Freundin habe, war das für sie ein Schock. Klar. Ein Vater ist der erste Mann im Leben einer Frau, und indem er ihr sagt, dass er sich verliebt hat, verstößt er sie aus ihrer Prinzessinnenposition. Mit Sicherheit eine schwere narzisstische Kränkung für ein Kind. Dementsprechend plagte mich mein schlechtes Gewissen. Ich fühlte mich schuldig daran, dass meine Tochter plötzlich in der Schule absackte, ertrug es nur schwer, dass sie sich von mir abkapselte und eine enge Verbindung zu ihrer Mutter aufbaute. Heute bin ich mir manchmal nicht sicher, ob die beiden zusammen ausgehen, weil sie wirklich so dicke Freundinnen sind oder weil meine Tochter Mitleid mit Bettina hat. Doch das geht nur die beiden etwas an, da habe ich mich nicht einzumischen. Probleme, die nur meine Tochter betreffen, versuche ich dagegen, mit ihr gemeinsam zu lösen.

Nachdem Bettina und ich uns an die Umstellungen, die das Kind in unserem Leben verlangte, gewöhnt hatten, begannen wir, unser Wirtschaftsabkommen auszuarbeiten, dessen Grundfesten uns bis heute zusammenhalten. Das Ausprobieren, was für uns funktioniert und was nicht, nahm einige Zeit in Anspruch. So kümmerte ich mich zunächst um das Kind und spielte den Hausmann, während Bettina den Part übernahm, uns finanziell abzusichern. Nach einem halben Jahr erfüllte mich das Bedürfnis, ebenfalls Geld für die Familienkasse beizusteuern, und ich konnte es nicht dadurch kompensieren, dass ich mich weiterhin zu Hause um alles kümmerte. Also fuhr ich LKW, half tapezieren oder bei der Gartenarbeit, arbeitete im Krankenhaus, einfach, um etwas zu tun. Das Gelbe vom Ei waren diese Gelegenheitsjobs nicht, also nahm ich Vertretungslehrstellen an. Auch das war nicht ideal, denn sobald eine Kollegin aus der Mutterschaft oder ein Kollege aus der Krankenzeit zurückkehrte, stand ich wieder auf der Straße und brachte es so auf zehn Arbeitsverträge in fünf Jahren. Endlich ergab sich die Gelegenheit auf eine beamtete Vollzeitstelle. Nun brauchten wir neben den Kinderfrauen auch Haushaltshilfen, und unser Wirtschaftsabkommen wurde immer ausgeklügelter.

Wann sich die Liebe zwischen Bettina und mir verabschiedet hat, kann ich zeitlich gar nicht so genau einordnen. Auf den Liebesrausch des ersten Jahres folgt die Zeit der Beziehungsarbeit, in der sich die Partner aufeinander einspielen. Irgendwann beginnt man, gemeinsame Entscheidungen zu treffen, die Entscheidung für ein Kind zum Beispiel, und die Liebe wandelt sich. Das Gefühl ist allmählich ein anderes. Inzwischen war auch klar, dass wir in vielerlei Hinsicht als Paar nicht zusammenpassten. Im Urlaub wurde das immer sehr deutlich, wenn Bettina mir zuliebe mit in die Berge fuhr und sich zu einigen Spaziergängen bereit erklärte, während ich lieber gewandert oder mit dem Rad unterwegs gewesen wäre und sie lieber am Strand gelegen oder ein paar Boutiquen unsicher gemacht hätte.

Dass mir in meiner Ehe wirklich etwas fehlte, merkte ich nach etwa fünf Jahren, spätestens aber, als das Kind auf der Welt war. Bei Bettina ließ die Lust nach, nachdem die Biologie ihren Sinn erfüllt hatte. Manchmal hatten wir wochenlang keinen Sex. Immer öfter bekam ich zu hören: »Wir führen ein schönes Leben miteinander, aber ich begehre dich nicht mehr. Soll ich etwa mit dir schlafen, wenn ich doch keine Lust darauf habe?« Nein, sollte sie natürlich nicht. Andererseits hatte ich auch keine Lust, mit Kerzen und Kuschelmusik eine pseudo-romantische Verführungsstimmung zu kreieren, um Bettinas Lust zu wecken. Meine eigenen Bedürfnisse lebte ich aus, indem ich fremdging. Nachdem ich mich mehrmals in meinen Gefühlen für meinen Seitensprung verstrickt hatte, entschied ich, dass es wohl besser sei, die Sache rational anzugehen und die Liebe zu kaufen, anstatt meine Ehe aufs Spiel zu setzen, und ging alle paar Wochen in den Puff. Auch nicht die Lösung. Eine Nebenbeziehung ergab sich beinahe automatisch – über eine Anzeige lernte ich Annika kennen, meine Herzfrau.

Die Fronten waren zwischen uns von Anfang an geklärt: Wir waren beide auf Sex aus, weil er uns in unseren Ehen fehlte. Annikas Mann hatte sich aufgemacht, im Osten seiner Karriere nachzugehen, und sie allein zurückgelassen. Drei Jahre lang hielten wir uns an die Spielregeln, dann nahmen unsere aufkeimenden Gefühle füreinander überhand. Ich hatte Annika immer gewarnt: »Wir dürfen uns bloß nicht verlieben!« Sie hatte mich beim Wort genommen und mir gezeigt, wie das ist – Sex ohne Gefühle. Nicht schön. Also hatte ich ein Zugeständnis gemacht: »Na gut, ein bisschen Liebe ist okay, wir müssen das eben dosieren.« Hin und wieder ein prickelndes Sekt-Picknick im Grünen mit anschließendem Sex im Hotel war also erlaubt. Doch auf Dauer konnten wir das Aufblühen unserer Liebe so nicht verhindern. Natürlich nicht.

Nach fünf Jahren Heimlichkeit bekam Bettina mit, dass es Annika in meinem Leben gab. Sie machte eine Szene, verlangte von mir, mich von meiner Herzfrau zu trennen, und prallte an meiner Grundsatzeinstellung ab: »Ich weigere mich, das Leben so schwarzweiß zu betrachten! Was ist das für ein Unsinn: entweder du oder die andere?« Wenn sie sich in der Situation nicht wohl fühlte, sollte sie ihre Konsequenzen ziehen, doch ich würde diese Entscheidung nicht treffen. Und Annika würde ich nicht aufgeben. Weil ich sie liebte und weil meine angetraute Frau unmöglich verlangen konnte, dass ich ohne Sex und körperliche Nähe an ihrer Seite weiterlebte. Bettina, von nun an meine Ex, akzeptierte und blieb. Anders Annikas Mann. Als er von unserem Verhältnis erfuhr, reichte er recht bald die Scheidung ein. Zwar hatte ich versucht, ihm zu erklären, dass er das nicht tun müsse, schließlich habe er selbst eine Freundin im Osten, doch er entpuppte sich als Dummbatz und wollte nicht verstehen. Annika versuchte zwar noch, ihre Ehe zu retten, zumal ich sie vorwarnte: »Wenn du dich scheiden lässt, heißt das nicht automatisch, dass ich mich auch scheiden lasse«, aber es war einfach zu viel zwischen uns passiert, als dass wir hätten voneinander lassen können.

Seit sechs Jahren leben wir nun das Leben, das ich eingangs angedeutet habe. Bettina, unsere Tochter und ich in unserem Haus, auf dessen hundertvierzig Quadratmetern jeder von uns dreien genug Platz hat, um sich sein Reich zu schaffen. Montags bis freitags fühle ich mich in meinen beiden Räumen wohl, kann meiner Ex aus dem Weg gehen, wenn mir danach ist. Den Status als Ehepaar wollen wir aus steuerlichen Gründen nicht aufgeben. Meine Herzfrau akzeptiert das. Bei Annika verbringe ich die Wochenenden, und wir wachsen beständig enger zusammen. Ihr ist klar, dass ich meine Familie nicht aufgeben werde, dass ich keinen Familientausch vollziehen will. Meine Familie gegen ihre Familie, statt meiner Tochter plötzlich ihren Sohn – lieber nicht. Was auf keinen Fall bedeutet, dass ich mir nicht vorstellen könnte, mit Annika zusammenzuziehen und das Leben eines normalen Paares zu führen. Wenn meine Ex fragt: »Und wie geht's jetzt mit deiner Herzfrau weiter?«, dann räume ich durchaus die Möglichkeit ein, dass Annika und ich irgendwann miteinander leben werden. Nur eben nicht jetzt, solange die Kinder noch bei uns sind. Ganz ehrlich, vielleicht benutzen wir die Kinder auch als Ausrede. Meine Herzfrau und ich haben wie jedes verliebte Paar Angst vor dem nächsten Schritt, Angst vor der Alltagsroutine, die uns bald und unausweichlich einholen würde, wenn wir jeden Morgen gemeinsam aufwachten und jeden Abend gemeinsam zu Bett gingen.

So wie es ist, ist es gut – für den Moment. Meine Ex und ich haben ein Agreement: Jeder führt sein Leben, wie er es möchte. Sie hat sich weitgehend aus dem Berufsleben zurückgezogen, weil sie mehr Zeit für sich braucht, ich trage achtzig Prozent des Familieneinkommens, weil ich gern arbeite. Sie weiß über Annika Bescheid, kennt jedoch keine intimen Details meiner neuen Beziehung. Ich schnüffele meinerseits nicht in ihrem Privatleben herum, frage nicht, mit wem sie ins Kino geht, wen sie vögelt. Wir informieren uns gegenseitig darüber, wann wir daheim, wann wir unterwegs und wo wir zu erreichen sind, aber wir weihen einander nicht in alle Einzelheiten ein. Wenn mich jemand fragt: »Hat Bettina eigentlich einen neuen Partner?«, muss ich gestehen: »Ich weiß es nicht!« und ernte dabei immer erstaunte Blicke. Ich weiß es wirklich nicht. Andererseits würde ich mich schon als ihren Freund bezeichnen, denn wir reden durchaus über Privates, wenn uns danach ist. So erzählt sie mir zum Beispiel, wie enttäuscht sie von den Männern ist, für die eine Beziehungen immer gleich Sex bedeutet. Ich versuche ehrlich wie ein Freund, ihr die Augen zu öffnen: »Du wirst keinen Mann finden, der ohne Sex auskommt!«

Meine Ex und meine Herzfrau kennen sich inzwischen – das bleibt nicht aus, wenn man mit beiden so eng zusammenlebt und so offen umgeht. Wir haben uns sogar schon einmal zu dritt ins Kino getraut, allerdings möchte ich diesen Abend nicht wiederholen. Eine echte Dreiecksbeziehung, in der alle Parteien zusammenleben und frei miteinander umgehen, würde ich nicht haben wollen. Das wäre mir zu eng. Da wäre der Streit vorprogrammiert. Bei Annika und mir hat es nie Streit gegeben. Vielleicht, weil wir in diese Situation hineingewachsen sind und Zeit hatten, uns daran zu gewöhnen: Bettina und ich haben uns langsam auseinander gelebt, Annika und ich langsam zueinander gefunden. Bis zu dem Punkt, an dem wir jetzt stehen. Bettina sagte einmal zu mir: »Ich spüre, dass diese Frau dich mehr liebt und begehrt, als ich es tue.« Und das stimmt. Ich fühle mich zum ersten Mal als Mann geliebt und begehrt.

Unser Modell funktioniert, solange wir uns an die ungeschriebenen Spielregeln halten. Dazu gehört, dass ich nie in Bettinas und meinem Haus mit Annika vögeln würde. Dazu gehört auch, dass Annika Bettina ihre Hilfe nicht verweigert, wenn sie darum gebeten wird, weil meine Ex zum Beispiel einen neuen Frauenarzt sucht. Natürlich gibt es Phasen, in denen es besser, und Phasen, in denen es schlechter läuft. Kehrte ich zum Beispiel letztens aus dem Urlaub mit Annika zurück und fand eine furchtbar schlecht gelaunte Bettina vor: »Du bist der König und ich das Aschenputtel, du lebst auf der Sonnenseite des Lebens, ich auf der Schattenseite.« Ich entgegnete: »Wenn du so empfindest, müssen wir uns trennen.« Nach einigem Nachdenken kam sie dann doch zu dem Schluss, dass sie nichts ändern wollte.

Meine Ex ist meine Alltagspartnerin, wir sind perfekt organisiert, wunderbar aufeinander eingespielt. Bringen unsere gemeinsame Aufgabe, die Erziehung unserer Tochter, zu einem würdigen Ende. Das verbindet. Gleichzeitig empfinde ich einen Beschützer- oder Versorgerinstinkt gegenüber Bettina. Nicht, dass ich mich deshalb erpressen lassen würde. Als sie letztens mehr Geld forderte, habe ich meine Einkünfte offen gelegt und gesagt: »Ist nicht!« Aber selbst wenn sich unsere Wege irgendwann einmal trennen sollten, werde ich dafür sorgen, dass sie ein gutes neues Leben bekommt, dafür fühle ich mich verantwortlich.

Ich binde nicht jedem gleich auf die Nase, was sich in meinem Privatleben abspielt, aber so langsam haben alle mitbekommen, dass meine Frau und ich getrennte Wege gehen und dass ich eine Freundin habe. Meine Arbeitskollegen zum Beispiel fielen erst kürzlich aus allen Wolken. Die meisten kriegen es einfach nicht auf die Reihe. Schon allein das Gedankenspiel eines Lebens mit zwei Frauen, wie ich es führe, ist ihnen zu kompliziert. Manchmal kommen sehnsüchtige Reaktionen: »Du hast es gut, darfst zwei Frauen um dich haben!« Manchmal klingen die Zweifel durch: »Das muss doch nervig sein, sich nicht nur auf die Bedürfnisse von einer Frau einzustellen, sondern gleich auf die von zwei Frauen!?«

Tja, bei mir funktioniert's. Das muss in der Familie liegen, denn mein Bruder lebt eine ähnliche Variante: Weil er die Apotheke, die er mit seiner Ex hochgezogen hat, nicht aufgeben will, betreibt er sie weiterhin mit ihr. Und weil sie dem Staat nicht den Großteil ihrer Einkünfte überlassen wollen, lassen sie sich nicht scheiden. Doch nach Feierabend geht mein Bruder seit zwanzig Jahren heim zu seiner neuen Liebe. Und unser Vater – erst letztens blätterte ich alte Fotoalben durch und sah ihn mitten im Krieg, zwischen Zerstörung und Elend, mit zwei Frauen im Arm in die Kamera lächeln. Das sagt doch alles – meine Gene sind vorbelastet.

Bin ich glücklich? Da muss ich gegenfragen: Was ist schon Glück? Ich lebe, wie ich es für richtig halte, und fühle mich wohl dabei. Wenn das Glück ist, bin ich glücklich, ja. Ich fühle mich jedoch nicht verantwortlich dafür, dass Annika und Bettina glücklich sind, und das habe ich beiden deutlich gemacht: »Wenn ihr so nicht mehr leben könnt oder wollt, sprecht euer Problem mit der Situation an, dann finden wir gemeinsam eine Lösung. Wenn ihr glaubt, eure Konsequenzen ziehen zu müssen, dann tut das und führt euer Leben so, dass es euch gut tut. Wenn ihr die Probleme aber weder ansprecht noch eure Konsequenzen zieht, dann kann ich nichts dafür, wenn ihr nicht glücklich seid.«

Ob Bettina nun glücklich ist oder nicht: Ich denke, sie weiß meine Vorteile zu schätzen und deshalb bleibt sie. Sie hat in mir einen zuverlässigen Alltagspartner, der ihr ein Leben ermöglicht, das ihr ein anderer Mann vielleicht nicht so selbstverständlich ermöglichen würde. Sie hat in mir Rückhalt und weiß, dass ich immer für sie da bin, wenn sie Hilfe braucht. Das weiß sie nicht nur, weil ich es ihr verspreche, sondern weil ich es ihr über die langen Jahre unserer Ehe bewiesen habe. Und sie weiß, dass es schwer sein wird, einen Mann zu finden, der genauso verlässlich an ihrer Seite ist wie ich. Außerdem würde es ihr unheimlich schwer fallen, allein zu sein. Also ist sie zumindest zufrieden mit der Situation – und bleibt.

Ich selbst wüsste nicht, warum ich glücklicher sein sollte, wenn ich allein lebte. Was gäbe es zu gewinnen? Mehr Freiheit? Nein, ich nehme mir bereits jetzt die Freiheit, die ich will und brauche – privat und auch beruflich, so bin ich gestrickt. Vor einigen Jahren hatte ich es zum Beispiel zum Schulleiter gebracht und nach einigen Monaten im Amt gemerkt, dass der Mehrverdienst zu gering war im Vergleich zu dem zusätzlichen Druck, der auf mir lastete. Läppische tausend Mark mehr für schlaflose Nächte und einen verrückt spielenden Blutdruck? Nein danke, sagte ich und machte freiwillig einen Karriereschritt zurück. Genauso entscheidungssicher und direkt formuliere ich in Sachen Liebe, was ich will und was nicht. Mein Männernetzwerk aus männlichen Freunden, Bekannten und meiner Männergruppe, der ich seit fünfzehn

Jahren angehöre, hilft mir sehr bei der Besinnung auf meine Bedürfnisse und der Umsetzung meiner Entscheidungen.

Bleibt Annika, meine Herzfrau. Sie ist auch glücklich, glaube ich. Zumindest zeigt sie mir nichts Gegenteiliges. Wenn sie mir die Pistole auf die Brust setzen würde: »Entweder du ziehst mit mir zusammen, oder es ist aus!«, würde ich versuchen, ihr zu erklären, dass das momentan nicht geht. Ihr gerade volljähriger Sohn, der noch nicht zu Hause ausgezogen ist, lebt seit Jahren die Rolle des Hausherrn mit aller Freiheit, sein Radio oder seinen Gitarrenverstärker aufzudrehen, wann immer es ihm beliebt. Weder will ich mit ihm konkurrieren noch seinen Ersatzvater spielen, und ich denke, da würde er mir zustimmen. Annika sähe es gern, wenn wir wunderbar miteinander klarkämen oder sogar zu dritt in den Urlaub fahren würden. Ich bin der Meinung: Das gibt nur Krach, der sich dann auch auf Annikas und meine Beziehung auswirken würde. In der Tat hatten ihr Sohn und ich den einen oder anderen heftigen Streit, gerieten einmal sogar fast in eine Rangelei. Annika riss uns auseinander und schrie: »Ich liebe euch doch beide! Seht zu, dass ihr miteinander klarkommt!« Und das tun wir jetzt. Solange ich mich nicht in seine Erziehung einmische und er Rücksicht auf mich nimmt.

Solange Annikas Sohn sein Revier verteidigt, werde ich nicht auf die Idee kommen, mit ihr zusammenzuziehen. Danach werden wir es wohl probieren. Uns ist beiden klar: Uns erwartet ein gemeinsamer Spätsommer. Wir werden keine Kinder mehr zusammen bekommen, nicht mehr mit dem Motorrad bis hinunter in die Türkei fahren – der heiße Juli unseres Lebens ist vorbei. Wenn ich darüber nachdenke, dass Annika ihre wilden Jahre mit anderen Partnern erlebt hat, zu denen sie übrigens kaum noch Kontakt pflegt, werde ich schon etwas traurig. Doch dann besinne ich mich auf das, was vor uns liegt. Reisen, Kino, Konzerte, Jazzfestival, Literaturlesungen – alles, was die kulturelle Szene so bietet, werden wir mitnehmen. Ich glaube, Annika freut sich darauf, ohne ungeduldig oder mit der aktuellen Situation unzufrieden zu sein. Sie sagt: »Ich würde gern mit dir zusammenziehen, aber ich warte nicht darauf, dass es passiert.« Und diese Einstellung gefällt mir. Frauen werden für meinen Geschmack viel zu oft mit dem Begriff »warten« assoziiert – ich bin doch kein Bus!

Mein Herz ist bei Annika zur Ruhe gekommen, das weiß sie, und deshalb kann sie Bettina in meiner Nähe akzeptieren. Sie weiß, dass ich ihr nicht fremdgehen würde, weil ich in ihr gefunden habe, was ich suche. Wieso sollte ich mich noch einmal zu neuen Ufern aufmachen, wenn die Seele endlich zu Hause angekommen ist? Annika vermittelt mir das wunderbare Gefühl, dass sie mich nicht nur für das, was ich bin, liebt, sondern auch, weil ich ihr gut tue. Sie sagt: »Manchmal spüre ich den Wunsch, dich jetzt sofort zu sehen, dann bin ich traurig, dass das nicht geht. Doch gleichzeitig weiß ich: Die Liebe, die uns verbindet, ist das Große, das Gute.« Sie sagt Lebensgefährte zu mir – oder Freund. Und wenn eine Einladung für »Annika und ihren Mann« kommt, korrigiert sie den »Mann« nicht, obwohl wir kein Ehepaar sind. Das finde ich schön. Ich selbst meide das Wort Freundin, wenn ich von ihr spreche, denn Freundin klingt oberflächlich, klingt nach Fickbeziehung. Mir gefällt das Wort Herzfrau, denn bei Annika weiß ich einfach: Sie ist meine Frau! Hört sich bescheuert an, wenn ich im selben Atemzug erzähle, dass ich mit einer anderen Frau zusammenlebe, oder?

Aber ich fühle mich sehr sicher in mir selbst. Vielleicht nicht jeden einzelnen Tag, jede einzelne Sekunde himmelhoch jauchzend, aber alles in allem schon glücklich. Die Männergruppenarbeit hat mir dabei geholfen, so weit zu kommen. Mein Leben ist vielfältig. Aber auch hier gilt: Schwarzweiß lässt sich das nicht betrachten. Ich werde mich nicht zum Vorbild machen und allen anderen Männern predigen: »Ich habe das absolute Supermodell erfunden, lebt alle wie ich!« Was für mich funktioniert, kann für andere völlig falsch sein. Was heute für mich funktioniert, kann morgen schon scheitern, weil sich die Bedürfnisse der Beteiligten geändert haben. Aber eins kann ich sicher sagen: Viele Männer setzen sich Rosinen in den Kopf, wenn sie ihre Ex verteufeln und meinen: »Mit der neuen Frau werde ich jetzt glücklich!« oder so eng mit ihrer Verflossenen verbunden sind, dass sie sofort springen, wenn sie anruft und heult. Irgendetwas stimmt doch da nicht!

Das Fernsehen redet uns ein, dass das Leben ganz leicht in Schwarz und Weiß einzuteilen wäre. Diese verlogenen Filme, in denen sich die Paare entweder am Ende scheiden lassen oder wieder zueinander finden. »Untreu« zum Beispiel mit Richard Gere. Er: zufrieden mit Haus, Frau, Kind und Job, Frau geht fremd, alles geht den Bach runter. So ein Schwachsinn! Jeder Mensch ist eigenständig und selbst für sein Leben verantwortlich. Und wenn eine Ehe zerbricht und die Beteiligten nicht in der Lage sind, eine für alle tragbare Lösung zu finden, kann man die Schuld nicht dem Schicksal in die Schuhe schieben!

Es gibt nur eins, was ich noch weniger ertragen kann als das: Hass. Natürlich hat es Zeiten gegeben, in denen Bettina danach zumute war, mich umzubringen. Als sie herausfand, dass es Annika in meinem Leben gibt, zum Beispiel. Aber diese Phase haben wir hinter uns gelassen, können uns inzwischen sogar freundschaftlich umarmen. Und Hass kann ich nicht einmal dulden, wenn meine Tochter leichtsinnig dahin sagt: »Ich hasse meine Freundin, sie hat mir dieses und jenes angetan.« Ich bin hass- und eifersuchtsfrei und vermute, dass das an meiner engen Bindung zu meiner Mutter liegt, die mir eine friedliebende, harmonische Ader mitgegeben hat. Ich lehne Hassenergie um mich herum ab und bin darum sehr dankbar, dass meine Ex und meine Herzfrau beide warmherzige, goldene Seelen haben. Ich vertraue fest darauf, dass das, was ich mir aufgebaut habe, gut ausgehen wird. Ich lebe meine Zukunft.

NACHWORT

Den Frauen und Männern, die mir ihre Geschichten für dieses Buch zur Verfügung gestellt haben, gilt mein aufrichtiger Dank für ihre Offenheit und ihr Vertrauen.

Für diejenigen, für die dieses Buch einen Anreiz darstellt, sich ausführlicher mit dem Thema Ex-Partner auseinanderzusetzen, ein paar Worte zum Angebot im Internet. Dort habe ich einige meiner Interviewpartner kennen gelernt, allerdings nicht auf den Seiten, auf die ich zunächst gesetzt hatte. Vielleicht können meine subjektiven, journalistisch orientierten Eindrücke bei der Recherche dienlich sein, es handelt sich allerdings keinesfalls um fundierte Nützlichkeitstests.

Rege frequentiert und seriös ausgerichtet ist die Seite www.exentreff.de, die im Jahr 2002 online geschaltet wurde. Die User: Betroffene von Ehescheidungen und Trennungen nach langjährigen Beziehungen, hauptsächlich im Alter zwischen dreißig und fünfzig. Es handelt sich im Kern um eine eingeschworene Gemeinde, deren Mitglieder einander gut kennen und viel Vertrauen entgegenbringen. Neulinge werden jedoch, sofern sie sich an die Regeln halten, herzlich willkommen geheißen. Die Diskussionen drehen sich häufig um das Thema Scheidungskinder, aber auch der erste Trennungsschmerz, das danach einsetzende Gefühl von Einsamkeit und die Angst vor einer neuen Bindung werden besprochen. Die User wissen Rat bei fachlichen Fragen zu Unterhalt, Besuchsrecht oder Antragsformularen aus dem Sozialamt, aber auch in Herzensangelegenheiten (»Wie entliebt man sich?«).

Ähnlich funktioniert www.maenner-und-scheidungen.de/forum, wo durchaus nicht nur die Herren der Schöpfung diskutieren.

Eher zwielichtig geht es bei www.X-freun.de zu. Vom Aufrufen dieser eher selten konsultierten Seite ist abzuraten, denn gleich beim ersten Klick und jeder weiteren Bewegung springt eine Vielzahl unkontrollierbarer Popup-Fenster sexuellen Inhalts auf, die mühsam von der Oberfläche entfernt werden müssen. Dahinter verbergen sich nicht ganz ernst gemeinte Erste-Hilfe-Tipps für Verlassene sowie eine Datenbank, mittels der Ex-Partner wieder zusammengeführt werden sollen, was natürlich nur in dem unwahrscheinlichen Fall funktioniert, dass sich beide registriert haben. Des Weiteren gibt es ein Forum, in dem Verlassene sich gegenseitig beistehen können, wenn sie denn wollen. Ernsthaft sind die Beiträge dort selten, zumal das Forum ohnehin nicht besonders oft besucht wird.

Auch hinter www.ex.hatepage.com steckt nicht viel Sinn und Verstand. Männlein und Weiblein dürfen in getrennten Foren ihren Frust ablassen, was allerdings zwischen jeder Menge reichlich fehlplatzierter Werbung nicht gerade Spaß macht. Außer kommerziellen finden sich hier unkonstruktive Beiträge à la: »Ich warne alle Frauen vor xxx aus xxx, er betrügt nach Strich und Faden. Ruft ihn alle unter der Handynummer xxx an und beschimpft seine Mailbox!«

Eine süße Idee verbirgt sich dagegen hinter www.greatboyfriends.com. Hier empfehlen Frauen ihre Ex-Freunde weiter. Wo sonst gibt es getestete Männer mit Qualitätssiegel und Anleitung aus erster Hand? Leider hat sich dieser Service bisher nur in englischer Sprache etabliert.

Wer echten Beistand sucht, ist gut beraten, in einem der vielen Liebes- und Partnerschaftsforen sein Herz auszuschütten. Nette junge Leute zwischen fünfzehn und dreißig Jahren sind auf www.onlineglueck.de unterwegs, sympathische Menschen jeden Alters treffen sich auf der Familienseite www.urbia.de. Bei diesen beiden Surftipps handelt es sich um eine rein zufällige Auswahl von zwei aus tausenden Foren, in denen ich allerdings besonders freundlich behandelt wurde.

Eine spezielle Facette des Themenkomplexes rund um die Ex-Partner ist das Phänomen des »Stalking«, um das es in Elkes Geschichte geht. Der Begriff leitet sich vom englischen »stalk« für »Pirsch« bzw. »stalker« für »Jäger« ab und beschreibt das Verfolgtwerden durch einen Menschen, der nicht akzeptiert, dass seine Liebe und Nähe nicht erwünscht sind. Bei dem »Stalker« kann es sich um einen Ex-Partner, aber auch um einen fremden Menschen handeln. Informationen, Beistand von anderen Betroffenen, ausführlichen fachlichen Rat und Kontakt zu Selbsthilfegruppen gibt es unter www.stalkingforum.de.

Allein erziehende Elternteile, die den gemeinsamen Kindern zuliebe einen vernünftigen Umgang mit ihren Ex-Partnern anstreben, finden in folgenden Onlinemagazinen Austausch mit Gleichgesinnten: www.paps.de (Väter) und www.amikio.de (Mütter und Väter). Auch für Alleinerziehende gibt es sicherlich zahlreiche weitere Angebote, doch in diesen beiden wurde ich bereitwillig unterstützt und kann sie allen Betroffenen darum guten Gewissens wärmstens empfehlen.

So weit meine Surftipps rund ums Thema Ex-Partner – viel Spaß bei der weiteren Beschäftigung damit!

Maja Roedenbeck

Weitere Titel aus dem Programm »Liebe, Lust und Leidenschaft«

Geschichten von der Quarterlife Crisis

Junge Erwachsene zwischen 20 und 30 erzählen

Ist das Leben, das ich führe, das Leben, das ich führen will?« Diese Frage stellen sich die zwanzig jungen Erwachsenen zwischen 20 und 30, die in diesem Buch ihre Geschichten erzählen.
Sie haben seit ihrem Auszug von zu Hause inzwischen schon ein paar Jahre lang auf eigenen Beinen gestanden, Entscheidungen getroffen, Träume verworfen oder verwirklicht. Doch plötzlich sind sie nicht mehr sicher, ob sie den richtigen Weg eingeschlagen haben. »Will ich nicht vielleicht lieber einen ganz anderen Beruf lernen? Auswandern? Heiraten? Ein Kind bekommen? Mich trennen? Mich sozial engagieren? Reisen? Mich ausleben, bevor ich mich festlege? Meine Einstellungen und Werte überdenken? Andere Prioritäten setzen?«, fragen sie sich.
Quarterlife Crisis heißt dieses Phänomen auf Neudeutsch. 99 Prozent aller Eltern sagen: »Was soll denn das für eine Sinnkrise sein? Die jungen Leute haben doch heutzutage alle Möglichkeiten und Freiheiten, ihr Leben zu gestalten!?«
99 Prozent aller 20- bis 30-Jährigen sagen: »Entscheidungsschwierigkeiten? Zweifel? Unzufriedenheit? Ganz genau so geht's mir auch!«
Die jungen Erwachsenen, die in diesem Buch ihre Geschichten erzählen, haben alle ihre eigenen Sorgen und ihre eigenen Träume. Aber eines haben sie gemeinsam: Sie wollen ihr Leben nicht vergeuden. Und das macht die Entscheidung so schwierig.
Aber diejenigen unter ihnen, die ihre Quarterlife Crisis inzwischen hinter sich gelassen haben, wissen jetzt, dass eine gewisse Portion Risikobereitschaft zu einem erfüllten Leben dazugehört. Um es mit Marias Motto zu sagen: »Ein Schiff liegt sicherer im Hafen, aber dazu wurde es nicht gebaut.«

Maja Roedenbeck
GESCHICHTEN VON DER QUARTERLIFE CRISIS
Junge Erwachsene
zwischen 20 und 30 erzählen
320 Seiten, Taschenbuch
ISBN 3-89602-453-1
12,90 EUR

Das Gesamtprogramm des Verlages finden Sie im Internet:

In guten wie in schlechten Zeiten

Langzeitpaare erzählen ihre Erfolgsgeschichten

Lange Zeit hieß es, die lang haltende Partnerschaft sei ein »Auslaufmodell«. Jahrzehnte mit einem Partner zu verbringen – das galt als »langweilig«, »kompliziert« und »nicht zeitgemäß«. Doch neuerdings zeigt sich immer wieder: Die große Mehrheit aller Deutschen sehnt sich nach einer Partnerschaft fürs Leben!

- *»Es gibt keinen Trend zur Single-Gesellschaft. Wir leben ganz klar in einer Paar orientierten Gesellschaft. Der größte Teil, etwa 90 Prozent – das gilt auch für die Jugend – will in einer Partnerschaft leben«, sagt Norbert F. Schneider, Soziologie-Professor*
- *»In einer Umfrage unter deutschen Jugendlichen erklärten 94 Prozent, sie glaubten an die große Liebe, 70 Prozent wünschten sich sogar eine einzige Beziehung für den Rest des Lebens«, schreibt Der Spiegel*
- *»Der echte, vom Alleinleben überzeugte Single bleibt ein Einzelfall. Gerade 3 Prozent gehören zu den heirats- und familenunwilligen Einzelgängern«, sagt Matthias Horx, Zukunftsforscher*

Fragt sich nur: Wie funktionieren solche glücklichen Langzeitbeziehungen in der Wirklichkeit? Wie gelingt Paaren eine zufriedene, das Leben und die Persönlichkeit bereichernde Partnerschaft? In diesem Buch erzählen 15 Langzeitpaare, wie sie ihre Liebe meistern.

Liebende im Alter zwischen 30 und 75 Jahren, Menschen mit bewegten oder geradlinigen Lebensläufen, Unbekannte und Prominente, Hetero- und Homosexuelle berichten von ihrer Vergangenheit, ihrem Alltag und ihren Zukunftsplänen als Paar. Ein Buch, das keine »Patentrezepte« nennt, sondern von realen Liebes-Wegen berichtet. Ein Buch, das Neugier stillt und zur Partnerschaft ermutigt.

Nele-Marie Brüdgam
IN GUTEN WIE IN SCHLECHTEN ZEITEN
Langzeitpaare erzählen
ihre Erfolgsgeschichten
ca. 320 Seiten, Taschenbuch
ISBN 3-89602-484-X, 9,90 EUR
Erscheint im April 2004

IMPRESSUM
Maja Roedenbeck
DU BIST NICHT MEINE ERSTE LIEBE
Zwanzig Frauen und Männer erzählen
vom Umgang mit den Ex-Partnern

ISBN 3-89602-484-1

BILDNACHWEIS
Titelfoto: Mike Witschel
Foto der Autorin: Silke Rudolph